GESTION

Comprendre et séduire la génération Z

Comportements de consommation et relations des post-millennials avec les marques

Sous la direction de
Wided Batat

ellipses

Retrouvez les livres de la collection « Gestion »
sur le site www.editions-ellipses.fr

ISBN 9782340-020870

32, rue Bargue 75740 Paris cedex 15

www.editions-ellipses.fr

Table des matières

Remerciements

Je tiens chaleureusement à remercier tous les professionnels, les scientifiques et les experts qui m'ont assistée dans la réalisation de cet ouvrage. Je tiens ici à les remercier tous pour leur collaboration et dont les échanges autour de la génération Z et des jeunes connectés ont alimenté les réflexions de cet ouvrage. Ce fut une belle expérience de partage...

Merci aussi à mon éditeur Ellipses et à Marion Denos pour sa confiance et ses remarques pertinentes qui ont permis l'élaboration de cet ouvrage.

Introduction

Qu'ils soient Français, Américains, Italiens ou Danois, les jeunes qui appartiennent à la même culture occidentale constituent une génération connectée, appelée « génération Z » ou les post-millennials pour qui les nouvelles technologies font partie intégrante de leur socialisation. La finalité de la consommation de la génération Z est avant tout symbolique, émotionnelle et relationnelle, et non purement utilitariste. La consommation des marques est donc un moyen qui facilite l'intégration et le conformisme du jeune Z à une culture de consommation juvénile en phase avec les codes et les normes des pratiques de consommation chez les post-millennials.

C'est à travers les pratiques de consommation et les activités culturelles que se crée une « identité générationnelle ». L'identité Z se construit et se façonne dans une « culture de consommation Z » en rupture avec les générations précédentes X et Y. Au-delà d'une définition délimitant la tranche d'âge de la génération Z, cet ouvrage met en avant l'idée d'une consommation ancrée dans une « culture juvénile générationnelle » qui semble, à première vue, homogénéiser l'ensemble des jeunes Z en les opposant à leurs aînés X et Y. Ainsi, les jeunes Z partagent un attrait identique pour les pratiques de consommation et les marques populaires de leur groupe et, de ce fait, ces dernières participent à l'élaboration de références générationnelles communes.

Bien que la génération Z soit actuellement un sujet tendance « *hot topic* » et fait l'objet de plusieurs tribunes et chroniques dans les différents magazines à destination des responsables marketing, des directeurs des ressources humaines, des institutionnels et des éducateurs, on ne trouve pas de documentation professionnelle et scientifique qui aborde l'ensemble des pratiques de la génération Z selon un regard transversal (regard des professionnels, des scientifiques et des éducateurs) et multisectoriel (dans différents domaines de consommation). Cela signifie que les professionnels qui s'intéressent aux jeunes ne disposent pas nécessairement de références scientifiques et pratiques sur le sujet.

Afin de nourrir les connaissances sur la génération Z, j'ai invité des auteurs français et internationaux à vivre une expérience de partage de connaissance dans l'objectif de produire un ouvrage référence rédigé sous ma direction dans l'optique de fournir une vision concrète et appliquée des pratiques de consommation de la génération Z dans l'ère digitale et expérientielle, où chaque chapitre sera illustré par de nombreux exemples, figure et tableau de synthèse.

Le choix de diriger ce livre sur la génération Z est le résultat de mon intérêt personnel pour les jeunes Z et leurs cultures juvéniles que j'étudie depuis plus de 15 ans. C'est donc naturellement que j'ai voulu, à travers ce livre, poursuivre dans cette direction en invitant des professionnels et des chercheurs français, canadiens, belges, suisses reconnus pour leur expertise à participer à cet ouvrage référence sur la génération Z. Il s'agit, en effet, du premier et seul ouvrage référence qui présente, à travers les 15 chapitres écrits par ces auteurs, la génération Z selon plusieurs cadres de d'analyse issus des études scientifiques de ces auteurs, de leurs réflexions philosophiques et de leurs expériences professionnelles.

Ainsi, tous les auteurs des chapitres de ce livre ont apporté une contribution permettant de clarifier les enjeux marketing, professionnels, institutionnels, pédagogiques et éducationnels liés à la génération Z.

Dans le premier chapitre, je propose de revenir aux fondamentaux et aux idées reçues sur les générations en interrogeant l'essence-même du concept « génération Z » à travers trois questions principales : Quel est le fondement du concept de « génération Z » et ses limites ? Quelles sont les caractéristiques de consommation de cette génération ? Quel marketing pour fidéliser et reconquérir la génération Z ? Ce chapitre apporte des réponses à ces questions en présentant, dans un premier temps, une lecture critique de la définition de la génération Z. En second temps, je présenterai le nouveau marketing « *Youth* Marketing Générationnel » (YMG).

Dans le deuxième chapitre, Patrick Cosi et moi-même introduisons l'idée de *Experiential Disruption* ou « Rupture Expérientielle » pour élaborer des campagnes de communication à destination des jeunes de la génération Z. Dans ce chapitre, nous introduisons un nouveau concept à travers une nouvelle approche « *Experiential Disruption* », très importante en matière de communication en général, et en communication à destination des Z en particulier.

Au troisième chapitre, Élodie de Boissieu présente l'enjeu pour les marques de luxe de considérer davantage la génération Z. En effet, la génération Z constitue pour les opérateurs de l'industrie et des services du luxe, une cible particulièrement stratégique. Non seulement celle-ci représente le quart du premier marché du luxe, les États-Unis, mais elle est en plus profondément mondialisée. L'objectif de ce chapitre est de démontrer à travers l'étude des pratiques des marques que des congruences existent bel et bien entre les industries du luxe et les attentes de la Gen-Z.

Dans le quatrième chapitre, Joël Brée se penche sur l'analyse des marques comme une solution matérielle aux problèmes d'identité des jeunes Z. L'objectif de ce chapitre est de montrer comment les marques permettent aux jeunes Z de mettre en avant leur personnalité et d'exprimer leur identité auprès du groupe à travers l'usage des réseaux sociaux.

Continuant dans l'analyse des marques, Gwarlann de Kerviler s'intéresse, dans le chapitre 5, à la relation marque-bloggeur et aux jeunes de la génération Z qui utilisent leur blog pour développer une identité propre et appartenir à des communautés. L'objectif est de montrer comment cette plateforme d'expression personnelle et de communication peut être une opportunité d'expansion de soi pour le jeune Z. On s'intéressera, dans ce chapitre, au fait que les marques ne sont plus les seules à prendre la parole sur leurs valeurs, leurs produits ou leurs axes de différenciations : elles doivent composer avec d'autres acteurs qui vont aussi influencer leur image et leurs performances.

Dans le sixième chapitre, Joëlle Mainguet-Suarès explore l'évolution numérique et son impact sur les pratiques de lecture de la génération Z. l'objectif de ce chapitre est de montrer comment cette évolution a modifié la façon dont les jeunes Z traitent, des signes, des images, un langage, sur les différents supports et en particulier sur le Web, autant par la forme que par son contenu, et l'intégration essentielle de critères de lecture revendiqués par les Z.

Un autre domaine de pratiques culturelles est présenté dans le septième chapitre par Franck Moulai, qui propose une réflexion sur la génération Z et les musées. Ce chapitre détaille les étapes qui ont conduit progressivement à la mise en place de la politique tarifaire incitative basée sur la gratuité pour les jeunes Z, puis dresse le bilan de cette politique et en cerne les limites, notamment concernant la mixité sociale. Sont détaillées ensuite les stratégies marketing qui ont fait leurs preuves en France et ailleurs pour attirer les jeunes Z dans les musées.

Dans le huitième chapitre, Cléo Collomb et Xavier Manga s'intéressent aux compétences numériques de la génération Z et comment ces derniers développent un savoir lire et écrire proprement numériques sur lesquels les entreprises doivent s'aligner. Ce chapitre cherche à montrer, exemples concrets à l'appui, que loin de n'être qu'un consommateur captif produisant des traces numériques vampirisées par des acteurs privés (*data is the new oil*), la génération Z impose aux entreprises de s'adapter à ses savoirs lire et écrire numériques. Elle est donc le moteur du développement d'une réelle culture numérique avec laquelle il faut désormais composer et dont nous cherchons ici à donner quelques clés.

Le neuvième chapitre présente les comportements à risque chez la génération Z. dans ce chapitre, Élodie Gentina et Pierre-François Dancoine tentent de comprendre les mécanismes identitaires sous-jacents aux comportements à risque des « Z » est crucial pour un grand nombre d'acteurs - parents, professeurs, professionnels dans le domaine de la santé public, des pouvoirs publics, etc. L'objectif de ce chapitre est donc de décrypter les comportements de consommation à risque qui caractérisent les « Z » aujourd'hui pour comprendre les mécanismes identitaires sous-jacents à l'adoption de tels comportements, mais aussi comprendre comment y répondre.

Dans le dixième chapitre, Claude Pecheux présente la publicité média à destination de la génération Z et les enjeux réglementaires. Ainsi ce chapitre vise à comprendre comment la génération Z réagit-elle à la publicité média et si cette génération née avec les nouvelles technologies doit-elle être plus « protégée » qu'une autre. Ce chapitre est structuré autour de deux thèmes principaux : la question de la publicité média et des formes de communication hybride, et les enjeux réglementaires.

Au onzième chapitre, Xavier Manga aborde la communication numérique et le marketing stratégique que les marques de mode envisagent pour séduire les jeunes la génération Z. Ce chapitre se propose d'étudier ces stratégies en se penchant sur le travail de captation des professionnels de la mode au travers des marques Asos pour *As Seen On Screen* (un spécialiste du prêt-à-porter en ligne situé au Royaume Uni), ZARA (un magasin de prêt-à-porter espagnol) et H&M (un magasin de prêt-à-porter suédois). Ces trois géants mondiaux de la mode s'avèrent être de précieux sésames dans une analyse soucieuse d'englober les questions de la commercialisation de la mode de façon transversale.

Dans le douzième chapitre, Alain Decrop se penche sur le processus de prise de décision de la génération Z dénommée « génération peut-être ». Ce chapitre a pour objectif de cerner les raisons (individuelles, sociales, culturelles) qui expliquent l'indécision caractéristique de cette génération « peut-être » qui a peur de s'engager et qui préfère le « zapping » au « focusing ». La dernière partie du chapitre est consacrée aux principaux défis marketing qui découlent de cette génération « peut-être ».

Le chapitre treize par Stéphanie Lessard se propose d'analyser les pratiques alimentaires des jeunes Z. Ce chapitre présentera les préoccupations qui ont éveillé les consciences de la génération Z et comment celles-ci altèrent les représentations de l'alimentation et de l'aspect santé.

Dans le chapitre quatorze, Isabelle Muratore s'interroge sur la propension de la génération Z à être une génération éco-responsable. Un certain nombre d'interrogations jalonnent cette réflexion. Quelle est l'attitude et la sensibilité de la génération Z à l'égard de l'environnement ? Cela se traduit-il par un comportement éco-responsable ? Quels facteurs et, plus précisément, quels sont les agents de socialisation les plus à même d'influencer cette génération en matière d'attitude et de comportement éco-responsables ? Enfin, les membres de cette génération Z constituent-ils des acteurs de changement en matière d'attitude et de comportement éco-responsables ? Et si tel est le cas, sous quelles conditions ?

Enfin, le dernier chapitre par Maryse Côté-Hamel présente les comportements touristiques des voyageurs Z. Bien que les jeunes de la génération Z n'aient pas encore tous commencé à voyager sans la présence de leurs parents, ils accordent déjà beaucoup d'importance au voyage et cet intérêt continuera de croître. L'objectif de ce chapitre est de comprendre les motivations et attentes spécifiques de ces jeunes voyageurs. Leurs compagnons de voyage, leur cycle de voyage, de même que les stratégies marketing adaptées à ce segment de consommateurs seront également discutés.

Chapitre 1

Pourquoi les Z sont une génération unique ? Vers un Youth Marketing Générationnel

Wided Batat, Docteur et Professeur Chercheur en Marketing

Introduction

Pour les marques, chaque apparition d'une génération pose de nouvelles questions sur la transmission, la continuité et la rupture des comportements sociaux (travail, consommation, vie quotidienne...). Dès la fin des années 1980, on assiste à un changement de paradigme comportemental dans la société, accompagné de l'émergence d'une nouvelle génération « génération Z » avec ses propres valeurs et croyances acquises durant ses premières années de socialisation. De plus, l'alignement simultané de la génération Z et du siècle de l'information a eu un impact puissant qui a créé un large fossé en termes de valeurs et de traits caractéristiques de la consommation entre la génération Z et celles qui l'ont précédée.

Les chercheurs anglo-saxons qui se sont penchés sur l'étude des caractéristiques de la génération Z lui confèrent plusieurs dénominations. On retrouve ce concept sous différents vocables tels que *Gen Z, Net* ou *Web Generation, Post-Millennials, Nexters, Generation Next, Digital Natives* ou bien *Digital Generation.* Dans les pays anglo-saxons tels que l'Australie, les États-Unis et le Royaume-Uni, les médias ont largement contribué à la diffusion et à la propagation de l'idée de **différences générationnelles** dans la société en mettant en scène des comportements spécifiques de la génération Z connectée en rupture avec les codes des générations précédentes.

Bien qu'il ait une revendication d'une spécificité liée à chaque terme utilisé dans les différentes études, les auteurs s'accordent sur un principe commun selon lequel les individus appartenant à cette génération sont nés à la fin des années 1980 et au début des années 1990 jusqu'aujourd'hui. En outre, l'émergence de la génération Z est une conséquence de la **démocratisation de l'usage des technologies numériques** et de leur intégration dans le quotidien d'une génération Web 2.0 dont les membres partagent **une culture numérique commune**.

Les jeunes Z font partie intégrante d'une génération Internet et sont en train **d'inventer une nouvelle culture de consommation**, dont les codes leur sont spécifiques, et sont en rupture avec les codes des générations précédentes : les générations X et Y.

Ce phénomène générationnel met en lumière les différences entre les générations et crée de nouvelles opportunités pour les marques de se pencher sur les caractéristiques de consommation des jeunes Z, leurs valeurs, leurs attitudes et surtout **les significations qu'ils attribuent à leurs pratiques, marques et expériences de consommation**.

Les caractéristiques distinctives et spécifiques de la génération Z ont des implications sur la manière dont cette génération réagit et crée des changements dans la société en termes de comportements et nouvelles tendances de consommation. Ainsi, le concept de génération Z permet aux responsables marketing et aux enseignes qui s'adressent aux jeunes de mieux appréhender les attentes des jeunes consommateurs Z en prenant en compte les traits saillants de leur culture de consommation juvénile dans l'élaboration d'une stratégie basée sur un nouveau **Youth Marketing Générationnel (YMG)** efficace et pertinent permettant de mieux répondre aux attentes fonctionnelles, symboliques, relationnelles et émotionnelles de la génération Z.

L'objectif du présent chapitre est d'apporter des éléments de réponses aux questions suivantes : Quel est le fondement du concept de « génération Z » ? Quelles sont les caractéristiques de consommation de cette génération ? Quel marketing pour fidéliser et reconquérir la génération Z ? Ce chapitre apporte des réponses à ces questions en présentant, dans un premier temps, une lecture critique de la définition de la génération en s'appuyant sur l'idée de la théorie générationnelle comme fondement de base du concept de génération Z. En second temps, on présentera les principaux traits qui différencient la génération Z des autres générations et un nouveau marketing Youth Marketing Générationnel (YMG).

I. La génération Z : un concept flou et flottant

L'idée générationnelle n'est pas nouvelle et est souvent au cœur des débats impliquant des chercheurs de différentes disciplines, des gouvernements et des professionnels sur les pratiques des jeunes consommateurs et l'impact des nouvelles tendances juvéniles émergentes dans les différents domaines de consommation : tourisme, luxe, alimentaire, distribution, textile, loisirs, culture, etc.

Bien que la génération Z soit un concept important, sa définition demeure néanmoins superficielle et varie d'un écrit à un autre. En effet, le concept de génération Z manque d'approfondissement sur le plan sociohistorique et méthodologique menant ainsi à des interprétations, des conclusions et des recommandations hétéroclites. Afin de donner une meilleure définition du concept, il est donc primordial de retracer l'historique du concept de « génération Z » de manière pluridisciplinaire et de présenter ses implications pour les marques et les enseignes qui s'intéressent aux jeunes Z.

La notion de « génération Z » est une thématique émergente dans les études transversales en sciences humaines. Les publications académiques sont exclusivement anglo-saxonnes et sont basées sur des études menées principalement dans le contexte américain. Ainsi, dans les études anglo-saxonnes, la notion de génération Z permet de rassembler les jeunes, quelle que soit la tranche d'âge à laquelle ils appartiennent, sous **une seule identité homogène** qui les différencie des générations précédentes X et Y.

II. La théorie générationnelle : un principe fondateur de la génération Z

La théorie générationnelle permet de comprendre et de déterminer les cohortes des personnes en fonction de leur appartenance à une génération définie objectivement selon le critère d'année de naissance (Pendergast, 2010).

Il s'agit d'un cadre théorique dynamique et socioculturel mobilisant une approche globale qui permet de couvrir l'ensemble de la génération, au-delà des caractéristiques individuelles. Cette démarche définit les modèles générationnels représentatifs des caractéristiques et des tendances à travers les différents groupes générationnels. En ce sens, les membres vivants d'une génération « *living génération* » continueront à évoluer et à se redéfinir souvent dans un périmètre de temps prédéfini dont les contours sont limités. La théorie de génération constitue donc un cadre conceptuel qui permet aux responsables marketing d'explorer et de comprendre les dimensions du marché juvénile des générations Y et Z au-delà de la segmentation traditionnelle.

1. Génération Z à travers un regard sociohistorique : retour aux origines

L'idée de « génération » et de « fossé générationnel » dérivée de la théorie générationnelle n'est pas nouvelle, puisqu'elle date du début des années 1950 (Mannheim, 1952). L'approche sociologique de Karl Mannheim (1952) qui, comme le rappelle Namer (2006), insiste sur **le lien qui construit une génération** (être né dans la même période) et **l'unité de chaque génération**.

Mannheim souligne également **l'accélération du rythme d'apparition des générations**, attribuée notamment à la succession toujours plus rapide des changements qui caractérisent l'époque contemporaine. Cette définition n'est d'ailleurs pas contestée dans les travaux récents sur l'effet générationnel (Donnison, 2007).

Cependant, il n'y a pas qu'une seule définition acceptée ou qu'une version « authentique » de la théorie générationnelle ; il existe de nombreuses définitions considérées comme crédibles et légitimes. Dans ce chapitre, on se contentera de présenter l'apport des auteurs pionniers qui ont contribué à la diffusion et à l'enrichissement de la théorie générationnelle.

Bien que la théorie générationnelle soit une approche utile permettant d'enrichir les connaissances sur la génération Z en matière de différence générationnelle, elle n'est cependant que rarement utilisée dans les études marketing. Contrairement au monde anglo-saxon et à l'Allemagne, la théorie de génération de Karl Mannheim est restée longtemps ignorée ou rejetée en France. Mais, elle semble aujourd'hui trouver une place centrale et un intérêt croissant dans les études sur les pratiques de consommation des jeunes générations Z et Y (Kjeldgaard et Askegaard, 2006).

Cet intérêt s'est manifesté à travers la publication de deux livres consacrés à Mannheim et la traduction en français de son étude sur « le problème des générations » (Mannheim, 1990). Considérée aujourd'hui comme un classique en sociologie, l'étude du sociologue allemand Mannheim **critique les approches classiques des générations telles que l'approche positiviste et quantitative essentiellement française**, et met en évidence l'approche historique et qualitative d'origine allemande.

2. Quatre approches de la génération Z

La théorie générationnelle et son apport à la définition de la génération Z renvoie généralement à quatre approches définies par le sociologue Attias-Donfut en 1991 :

- une approche démographique (ensemble des personnes d'une même classe d'âge) ;
- une approche généalogique et familiale (parents/enfants) ;
- une approche historique (temps moyen pour qu'une personne soit en âge d'être autonome et insérée dans la vie sociale et professionnelle) ;
- et une approche sociologique (cohorte générationnelle, ou groupe d'individus partageant un certain nombre de pratiques et de représentations car approximativement du même âge et ayant vécu à la même époque).

En plus de ces quatre approches, Mannheim a révolutionné le champ des études sur les générations en apportant une contribution majeure qui a consisté à définir trois concepts majeurs (voir figure 1) qui permettent de construire la dimension sociologique de la génération Z.

Figure 1 : Les trois concepts majeurs de la génération Z

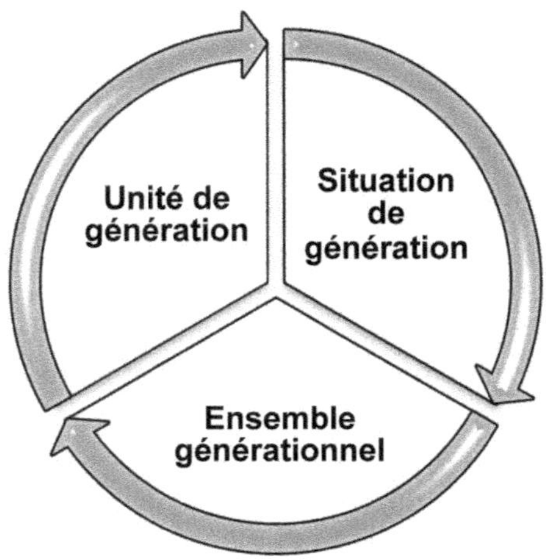

- le premier concept, la **situation de génération**, renvoie à une « situation de classe » qui met en avant le principe d'appartenance à un même espace historico-social. Ce qui caractérise la situation de génération, ce n'est pas la seule contemporanéité chronologique mais l'appartenance à un « même espace historico-social » ;

- le deuxième concept, l'**ensemble générationnel**, signifie la participation au destin commun de l'unité historico-social, à travers la création de liens sociaux réels entre les individus de la même génération et qui partagent des contenus réels, sociaux et intellectuels ;
- enfin, le troisième concept, l'**unité de génération**, désigne un lien beaucoup plus concret qui reflète l'appropriation, par les individus, d'expériences communes à l'intérieur d'un ensemble générationnel. En donnant du sens à leurs expériences communes, les individus d'un ensemble générationnel affirment leur spécificité et se différencient des autres entités.

3. Les contributions de la sociologie à la théorie générationnelle

Au-delà des contributions de Mannheim, d'autres auteurs en sociologie tels que Attias-Donfut (1991) et Girardet (1983) se sont approprié le concept de génération tout en redéfinissant ses contours en fonction du **contexte** et de l'**époque**.

Pour Attias-Donfut, le concept de génération désigne « un rapport de filiation par exemple la génération des parents et celle des enfants. Dans ce cas, les individus n'ont pas exactement le même âge. Il peut être aussi une période historique de 20 ou 30 ans qui correspond au temps nécessaire pour renouveler la direction d'une société.

Enfin, le concept de génération regroupe des gens sensiblement du même âge qui ont partagé des expériences ayant façonné leur mode de vie et leur manière de penser. Par exemple : la génération de la crise des années trente » (1991, p. 58). Dans le cas de partage d'expériences, les individus appartenant à la même génération se définissent par rapport aux **caractéristiques de leur époque et sont conscients de ce qui les différencie des générations** précédentes.

4. Les limites de la sociologie à la théorie générationnelle

Bien que la théorie générationnelle ait été d'une grande utilité pour les sociologues et les démographes, il existe quelques limites liées à la perspective générationnelle rendant difficile l'analyse des comportements juvéniles dans les générations jeunes telles que la génération Z.

La première limite concerne un « **problème de localisation générationnelle** ». Cela concerne l'absence d'une définition absolue de l'année à laquelle appartient chaque génération. La définition « opérationnelle » peut différer d'un auteur à un autre en fonction de la culture et de la discipline de chaque auteur (voir tableau 1).

Tableau 1 : Une synthèse de l'année de naissance et de la tranche d'âge des différentes générations

Année de naissance	Nom de la génération	Tranche d'âge de la génération en 2009
1901-1924	GI[1]	85-108 ans
1925-1942	Génération silencieuse	67-84 ans
1943-1960	Baby Bommers	49-66 ans
1961-1970	Génération X	28-48 ans
1971-1980	Génération Y	7-27 ans
1981-2016	Génération Z	6 ans et plus jeune

1. La génération GI représente les américains enrôlés dans la Deuxième Guerre mondiale

La deuxième limite de la théorie des générations est liée à l'origine américaine du concept générationnel, souvent utilisé par des anglophones (ceux dont l'anglais est la langue maternelle, ou ceux qui l'ont adoptée et qui ont une culture liée à la pratique de cette langue malgré les différences ethniques et géographiques). En effet, avec la globalisation et la diffusion des Technologies de l'Information et de la Communication (TIC), en particulier l'accès à Internet, l'influence grandissante anglophile et la monoculturation de la société montrent que le nombre d'individus qui peuvent être inclus dans les cohortes générationnelles est en permanente évolution.

5. Quelles sont les typologies de chaque génération ?

Les membres d'une génération partagent les mêmes centres d'intérêt, les mêmes croyances et valeurs et les mêmes comportements de consommation quel que soit la culture ou la zone géographique. Pendergast (2009) a proposé une synthèse de l'ensemble des valeurs et des croyances typiques pour chaque type de génération. Cette classification intègre aussi les traits de chaque typologie générationnelle (voir tableau 2). Celle-ci rassemble quatre éléments principaux :

- les tendances récurrentes basées sur le type de génération (idéaliste, réactive, héroïque et artistique) ;
- la reconnaissance que les années formatrices de l'enfance - où il existe une exposition à une pléthore de facteurs - détermine les valeurs morales indispensables et le système de croyance de la génération ;
- la reconnaissance des stades du cycle de la vie (enfance, jeune adulte/adulte et sénior) et par conséquent les caractéristiques de chaque typologie de génération à ces stades ;
- une génération de naissance définie par ses attributs uniques à n'importe quelle période donnée (Baby Boomers, génération X, génération Y, génération Z, etc.).

Tableau 2 : Les différences entre les générations

Facteurs	Génération X	Génération Y	Génération Z
Croyances et valeurs	Éthique de travail, sécurité	Diversité, liberté	Style de vie et hédonisme
Motivations	Progrès et responsabilité	Individualité	Découverte de soi, relationnel
Prise de décision	Autorité, fidélité à la marque	Experts, informés, zappeurs	Amis, peu fidèles à la marque
Dépense et épargne	Payent à l'avance et épargnent	Avertis vis-à-vis du crédit, confiants, investisseurs	Dépenses incertaines, besoins à court terme, Dépendent du crédit
Types d'apprentissage	Oral, axé sur le contenu et le monologue	Oral, dialogue visuel	Visuel et multi-sensoriel
Marketing et communication	Masse	Descriptif, direct	Participatif, viral et *via* les amis et les pairs
Éducation scolaire	En classe, formelle, un contexte calme	Tables rondes, planification, ambiance détendue	Non structuré et interactive
Management et leadership	Contrôle, autorité et esprit d'analyse	Coopération, compétences, acteurs faiseurs	Consensuel, créativité et tâtonnement

Adapté de Pendergast (2009)

Afin de mieux comprendre le comportement des consommateurs de la génération Z, la partie suivante sera consacrée à la découverte des caractéristiques et des spécificités de cette génération qui marque le passage à l'ère « digitale » et, par conséquent, le changement des comportements et l'émergence de nouvelles cultures et tendances de consommation.

III. Les traits communs et caractéristiques des Z

En s'appuyant sur les études et les contributions de plusieurs auteurs spécialistes de générations, on a pu identifié les principales caractéristiques de la génération Z. on peut donc dire qu'il s'agit d'une génération de consommateurs :

- qui ont un intérêt grandissant pour les marques, les amis, les loisirs et la culture digitale ;
- qui sont confiants, détendus, engagés ;

- qui représentent la génération qui a un niveau d'éducation très élevé par rapport aux générations précédentes ;
- qui manifestent un fort besoin de sécurité ;
- qui sont impatients, centrés sur leur bien-être tout en appréciant l'esprit d'équipe et la collaboration ;
- et qui ont été épargnés par les guerres mais subissent une grande pression de la société pour réussir dans la vie professionnelle.

Une des principales caractéristiques des jeunes Z est le « *multitasking* » ou l'art de combiner plusieurs tâches à la fois. Ces *multitaskers* travaillent souvent en équipe grâce aux réseaux sociaux en ligne et sont influencés par les amis, en ligne et les pairs.

Toutes ces caractéristiques dépendent des interactions entre les jeunes Z et le **contexte social et économique qui existe durant leurs premières années de socialisation lesquelles sont influencées par les générations précédentes**. Celles-ci apportent des politiques et des pratiques communautaires formant ainsi les traits de la génération Z. Ces influences, comme le notent Fields et al. (2008) renvoient au fait que « la génération Z, comme groupe, a une influence grandissante dans notre culture, avec un impact puissant sur le monde du travail » (2008, p. 2). Les membres de la génération Z sont identifiés comme représentant un « **phénomène culturel** ».

Bon à savoir

Sur le plan historique, les caractéristiques de la génération Z ont été détaillées par un certain nombre d'historiens comme Howe et Strauss (2000), dont le travail a forgé une grande partie de la pensée académique concernant les recherches sur les caractéristiques de cette génération.

Le travail de ces deux auteurs a été récupéré par les chercheurs à travers le monde pour constituer une base de réflexion commune sur l'émergence d'une nouvelle génération. La pensée de Howe et Strauss a été largement utilisée dans les études anglo-saxonnes **visant la compréhension et le ciblage de la génération Z à des fins de marketing, communication, développement de produits, de l'enseignement supérieur et des médias**.

Par ailleurs, la définition de Howe et Strauss a aussi été utilisée par les professionnels et les associations de recherche afin de mettre en place des stratégies pour cibler et fidéliser à long terme les membres travailleurs de la génération Z.

Selon Howe (2006), il existe **sept traits** de base unifiant l'ensemble des individus de la génération Z et permettant de les considérer comme un collectif :

- **Singulier** : les membres de la génération Z se perçoivent comme uniques et différents en raison de leurs compétences numériques, en plus du fait que la majorité d'entre eux proviennent de foyers avec peu d'enfants ;
- **Protégé** : ils sont protégés par leurs parents et par la collectivité grâce aux initiatives politiques telles que le port obligatoire du casque de vélo, de ceinture de sécurité, la pose obligatoire de clôtures autour des piscines, etc.
- **Confiant** : bien qu'ils aient connu un contexte économique difficile, ces jeunes ne perdent pas espoir et gardent un niveau de confiance élevé et confirment que la seule chose certaine est l'incertitude elle-même ;
- **Esprit d'équipe** : ils préfèrent le travail en équipe tel que le bénévolat et le sport collectif ;

- **Conventionnel** : ils sont perçus comme ayant des aspirations relativement conventionnelles centrées sur leur carrière professionnelle et visant l'équilibre entre le travail, la vie familiale et la citoyenneté ;
- **Sous-pression** : ils passent plusieurs heures au travail et, en fin de journée, doivent s'occuper d'autres tâches familiales et sociales ;
- **Performant** : il s'agit de la première génération avec un niveau d'étude aussi élevé. Pour les membres de cette génération, la réussite professionnelle est sociale et est étroitement liée au niveau d'éducation.

Bien que ces sept traits de base soient caractéristiques d'une génération unique, et largement acceptés par la communauté scientifique, ils ne sont cependant pas définitifs. En effet, il existe d'autres traits. Ces traits peuvent aussi évoluer et changer au fil du temps en fonction des **événements environnementaux** qui surviendront sur les plans global, social, économique, politique, ou autres et qui vont façonner la future génération.

Ainsi, on peut classifier les principales caractéristiques de la génération Z selon cinq grandes thématiques (voir figure 2). Ces cinq catégories seront détaillées dans la partie suivante.

Figure 2 : Les cinq 5 caractéristiques de la génération Z

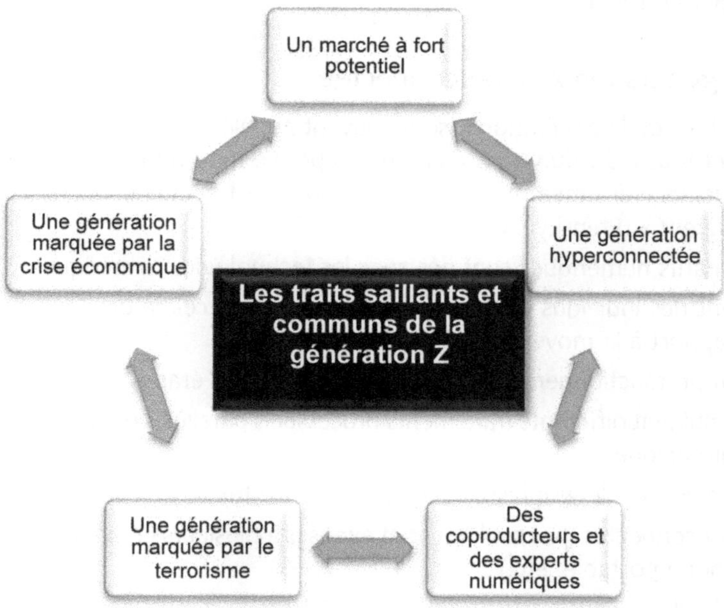

1. La génération Z comme marché à fort potentiel et cœur de cible pour les marques

Selon l'INSEE[1], en 2003, la population française est passée à 59.635.000, soit une augmentation de plus de 5.300.129 millions depuis les années 1980. Bien que ces estimations ne prennent pas en compte le nombre d'immigrants, ce qui a un impact sur la taille de la population de la génération Z, il est évident qu'elle regroupe, dans le monde, un très grand nombre d'individus.

D'après les prévisions du United States Census Bureau (2006), la taille de la population mondiale vers l'an 2050 est estimée à 9 536 111 257 individus. Cela signifie que les premiers-nés de la génération Z, à l'âge de 45 ans, avec une espérance de vie de 83 ans pour les femmes et 78 ans pour les hommes, vont représenter la moitié de la population mondiale et, par conséquent, la moitié des consommateurs sur le marché et des professionnels employés dans les entreprises.

Dans le contexte national américain, l'ensemble des consommateurs de la génération Z dépense en moyenne 30 millions de dollars à chaque visite au centre commercial. Leur pouvoir d'achat est supérieur à 200 milliards de dollars et leur pouvoir de prescription sur les achats familiaux représente entre 300 et 400 milliards de dollars (Martin et Turley, 2004). Les consommateurs de la génération Z dépensent beaucoup d'argent mais restent une cible très difficile à atteindre même si les marques ont appris à utiliser des tactiques différentes pour les cibler.

2. Une génération Z hyperconnectée

Les membres de la génération Z sont souvent appelés les natifs numériques « *digital natives* » et tout individu vivant à la même époque mais dont la naissance précède l'année de naissance des membres de la génération Z est appelé immigrant numérique « *digital immigrent* » (Prensky, 2006).

- les Z natifs numériques sont nés avec les technologies numériques ;
- ce sont des individus qui ont un rythme de vie accéléré et peu conventionnel par rapport à la moyenne ;
- ils ont un fonctionnement aléatoire plutôt que par étapes ;
- ils combinent différents traitements processuels parallèles plutôt qu'un processus linéaire unique) ;
- pour eux, c'est le graphisme d'abord et non le texte ou le texte ensuite ;
- ils sont connectés (pas seuls) et sont exposés à plusieurs écrans (TV, ordinateurs, téléphone portable, etc.) ;
- et enfin ils passent beaucoup de temps à l'intérieur.

1. Site Web INSEE : http://www.insee.fr/fr/themes/theme.asp?theme=2, consulté le 13 novembre 2015

La spécificité numérique des membres de la génération Z a conduit à la prolifération des outils technologiques. Une étude américaine menée auprès de plus de 7000 membres de la génération Z aux États-Unis montre que :

- 97 % de ces jeunes possèdent un ordinateur ;
- 94 % des Z ont un téléphone portable (Reynol et Mastrodicasa, 2007).

De plus, les Z utilisent les produits technologiques différemment des membres des autres générations notamment le téléphone mobile (Batat, 2006 ; 2008). Une étude lancée en 2004 sur les usages du réseau social Facebook[1] a mis en avant les caractéristiques suivantes :

- parmi les 150 millions d'usagers actifs sur Facebook, 45 % sont des hommes et 55 % sont des femmes ;
- la démographique est représentée par le groupe des 18-25 ans ;
- un usager a en moyenne un groupe de 100 amis sur le site ;
- plus de 3 milliards de minutes sont passées chaque jour dans le monde sur le site Facebook ;
- plus de 13 millions d'usagers actualisent leurs profils au moins une fois par jour ;
- plus de 800 millions de photos et 5 millions de vidéos sont téléchargées sur le site chaque mois ;
- plus de 20 millions de groupes d'usagers actifs existent sur le site.

Par ailleurs, une étude sur les étudiants Post-Millénaires et leurs usages des outils numériques dans deux contextes différents réalisées par les deux chercheurs McMahon et Pospisil en 2005 a permis de mettre en évidence les caractéristiques des usages numériques propres aux étudiants Z :

- le besoin en informations ;
- le besoin d'accès rapide et immédiat à l'information (immédiateté) ;
- le multitasking : gestion multi-tâches ;
- et la capacité à gérer de multiples aspects de leur vie.

3. Une génération Z de coproducteurs et d'experts numériques

Les membres de la génération Z se sentent naturellement à l'aise avec l'usage des TIC dans leurs activités quotidiennes. Les technologies numériques leur assurent un lien permanent avec le monde numérique tout en leur offrant une dimension ludique avec les jeux, la possibilité de socialiser à travers les réseaux sociaux et les informations nécessaires pour accomplir leur travail.

Chez la génération Z, l'information n'est donc plus réservée qu'aux professionnels et aux experts. À titre d'exemple, le site Wikipédia est une encyclopédie multilingue gratuite qui est co-produite grâce à la collaboration de plusieurs volontaires à travers le

1. http://www.facebook.com/press/info.php?statistics, consulté le 17 juin 2016

monde et souvent c'est à l'initiative d'un membre natif digital de la génération Z, qui ensuite collabore avec les membres des générations X et Y pour produire les informations nécessaires.

Ces pratiques remettent en question l'expertise et la compétence du professionnel qui a été formé pour ce travail (exemple : le journaliste). Ces usages se banalisent et se répandent parmi tous les membres de la génération qui sont considérés par la société comme des experts ou des *lead-users* (Von Hippel, 2005). Le concept de *lead-users* développé par Von Hippel met en lumière la collaboration qui se manifeste à travers la participation du consommateur Z dans la co-création de l'offre.

4. Une génération Z marquée par le terrorisme

La génération Z est aussi la première génération à avoir connu le terrorisme durant son enfance. Considérés comme des citoyens du monde, ils forment une cohorte d'individus marqués par le terrorisme, ce qu'on ne retrouve dans aucune des générations précédentes. Il s'agit ici d'une combinaison d'une série d'événements terroristes qui se sont produits durant leurs premières années formatrices de valeurs et de croyances.

Les TIC ont permis l'exposition massive des jeunes de la génération Z aux événements terroristes. La date qui a marqué un tournant dans la vie des membres de la génération Z par rapport à la génération X ou les « Baby-Boomers » est l'événement des attaques terroristes du 11 septembre 2001 aux États-Unis. Ces attaques ont visé les deux tours jumelles du World Trade Centre à New York et ont fait environ 2998 morts. Plusieurs personnes à travers le monde ont regardé l'événement à la télévision. Le partage des informations en ligne, souvent non traitées, donne au téléspectateur Z la possibilité de vivre cette expérience en direct en étant plus informé que les personnes qui sont réellement sur le site.

Il n'est donc pas surprenant qu'une étude sur les membres adolescents de la génération Z (alors âgés de 13 à 17 ans) réalisée par le New Politics Institute en 2006, montre que les adolescents sont particulièrement concernés par la question de la sécurité alors que le crime et le terrorisme ont forgé les premières années de leur enfance. Les événements terroristes et leur diffusion *via* les outils numériques ont contribué au renforcement du filet de sécurité qui entoure les membres de la génération Z.

5. Une génération Z marquée par la crise économique

Sur le plan financier, les comportements de chaque génération sont différents car ils sont étroitement liés aux tendances sociales de la société dans laquelle ils sont socialisés. Les membres de la génération Z sont donc familiers avec le crédit et, souvent, ils dépendent financièrement de leurs parents, contrairement à la génération des « Baby-Boomers » et la génération X qui sont des épargnants avisés.

Par ailleurs, l'avènement de la crise économique mondiale, en 2008, a marqué l'entrée difficile des membres de la génération Z dans le monde du travail.

Ainsi, les prévisions de perte d'emplois, la fermeture des entreprises, les restrictions des crédits et l'augmentation des prix des logements marquent le passage d'une ère stable, solide avec un niveau de confiance élevé, vers une conjoncture économique favorable pour un avenir financier incertain. Ces effets réunis renvoient à des facteurs tels que : l'immédiateté, la satisfaction à court terme, les risques, la sécurité et la communication au sein de la génération Z.

Il n'est donc pas surprenant que les valeurs de cette génération reflètent le besoin de sécurité et de sûreté, et une certaine confiance en eux-mêmes due à leur maîtrise des TIC. Par conséquent, le changement fréquent et le progrès technologique sont des réalités réconfortantes pour la génération Z, mais le même environnement peut être troublant pour les générations précédentes.

IV. *Youth* Marketing Générationnel (YMG) : comment les marques peuvent-elles utiliser la *Youth Culture* des Z pour les reconquérir et les fidéliser ?

Les membres de la génération Z font partie de la société de consommation post-moderne qui regroupe des tribus de jeunes consommateurs dont les comportements s'inscrivent dans le cadre d'une culture de consommation juvénile. Identifier les différentes cultures juvéniles permettrait aux marques de mieux comprendre les tendances de consommation émergentes chez les Z et les significations que le groupe - en théorie homogène - attribue à ses expériences de consommation.

La notion générationnelle est donc considérée comme très générale en ne permettant pas de saisir toutes les dimensions symboliques et fonctionnelles de l'expérience de consommation des jeunes Z. Afin de mieux cibler les consommateurs Z un Youth Marketing Générationnel (YMG) doit incorporer les codes de la culture de consommation juvénile pour reconquérir et fidéliser les jeunes consommateurs Z.

Dans son livre « Les nouvelles *Youth* Cultures » (Éditions EMS, 2017) Wided Batat propose une nouvelle approche marketing et de représentation des jeunes en identifiant les caractéristiques des *Youth* Cultures auxquelles ils appartiennent.

Une stratégie marketing efficace mobilisant le YMG se doit donc d'intégrer les six éléments suivants : l'hédonisme et la *coolitude*, l'esprit généreux et bénévolat, le symbolisme et le sens donnés aux marques, la consommation expérientielle, l'influence des modèles de référence, et enfin le contexte culturel de la génération Z (voir figure 3).

Figure 3 : Un Youth Marketing Générationnel (YMG) basé sur les cultures juvéniles

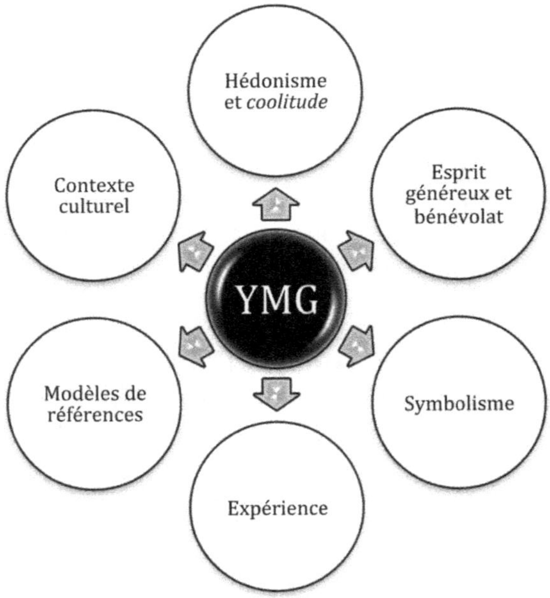

1. La dimension hédoniste et cool de la génération Z

L'étude réalisée par Ferguson (2008) a mis en évidence l'idée d'une consommation hédoniste et « *cool* » définie par les membres de la génération Z. Cette étude exploratoire montre que la définition de l'aspect « cool » est largement partagée par les membres de la génération Z. En revanche, la majorité des membres de la génération Z font la distinction entre la dimension « cool » de l'activité et le profil du consommateur qui la pratique. En ce sens, la définition de la dimension « cool » de l'activité de consommation dépend du sens **qui émerge et qui est partagé par les membres d'une génération** : ce qui est considéré comme « cool » pour les jeunes de la génération Z ne l'est pas pour les membres de la génération Y ou X.

2. L'esprit généreux et bénévole chez les Z : l'exemple du don

Plusieurs études mettent en évidence un comportement spécifique de don de la part de la génération Z. Par exemple, dans l'étude réalisée par les deux chercheurs américains Ringer et Garma (2006) sur les comportements et les motivations d'aide à autrui, des générations « X », « Y » et « Z », les résultats montrent qu'il existe une différence de perception du besoin d'aide à autrui entre ces trois générations. Bien qu'il n'y ait pas d'effet significatif sur la motivation d'aide à autrui comme besoin personnel dans les trois générations, la dimension sociale et communautaire du besoin d'aide à autrui est plus présente chez les membres de la génération X et Y que chez ceux de la génération Z. Les auteurs expliquent cette différence selon plusieurs facteurs :

- tout d'abord, en tant que personnes d'âge mûr, les membres de la génération X et Y semblent être plus socialement responsables que ceux de la génération Z ;
- en plus, les membres de la génération X et Y ont une carrière professionnelle leur permettant un revenu stable, d'où leurs prédispositions à aider ceux qui sont en difficulté et, par conséquent, ils sont plus susceptibles de devenir des donateurs ;
- aussi, la plupart des membres de la génération X et Y sont déjà des parents impliqués dans l'éducation de leurs enfants et ils sont donc plus motivés à aider la communauté locale dans les développements des services adaptés aux besoins de leurs enfants (par exemple, des clubs sportifs ou des dispositifs d'éducation) ;
- d'autres facteurs comme le stade du cycle de vie et les expériences (travail, famille, événements de la vie) incitent les membres de la génération X et Y à donner un sens à leur vie à travers une forte implication sociale et communautaire.

Ainsi, la compréhension des motivations altruistes des différentes générations dans le but d'attirer et de fidéliser les donateurs à long terme, serait bénéfique pour les organisations à but non lucratif. Cela permet aux professionnels de solliciter et de fidéliser des donateurs membres de la génération Z en faisant appel à leurs émotions notamment sur des questions sociales ou en faisant appel à **l'empathie**. Pour cibler la génération Z, la **communication doit porter sur l'importance de l'acquisition de compétences et d'expériences**, ce qui correspond à la vision autocentrée de l'aide (motivation intrinsèque) perçue par les membres de cette génération.

Ainsi, l'esprit généreux et la représentation du don sont en cohérence avec la façon dont la génération Z se décrit : tournée vers les autres, libre, peu associée aux notions de devoir et d'effort. Leur engagement et l'investissement dans des causes charitables doivent sans doute produire du plaisir pour les attirer et les motiver.

3. La consommation symbolique des marques chez les Z : l'exemple de la marque Red Bull

Étant donné la taille et l'influence de la génération Z ainsi que le nombre de marques comme « Red Bull » ciblant exclusivement cette génération (Miller, 2007), l'image de la marque est devenue un enjeu stratégique pour les professionnels et les responsables marketing. Dans son étude sur la génération Z australienne, Miller a étudié l'image de la marque « Red Bull » et l'intention d'achat chez les jeunes consommateurs Z. Miller montre que l'image de la marque est étroitement liée à l'influence économique de la génération Z.

L'émergence de cette nouvelle génération est une des raisons pour lesquelles un certain nombre de marques comme Red Bull ont choisi d'axer leur communication sur les caractéristiques des membres de la génération Z. L'intérêt grandissant porté à cette génération s'explique par le fait que la construction d'un sentiment d'identité est d'autant plus fort chez cette génération que chez les autres générations. Marque, image et esthétique sont donc trois éléments primordiaux dans la vie quotidienne des membres de la génération Z qui utilisent les marques pour s'exprimer et construire leur propre identité.

4. La consommation expérientielle chez les Z : le cas du retail et ses « *Malls* »

Bien que la fréquentation des centres commerciaux soit un sujet d'intérêt pour les professionnels du retail depuis au moins 35 ans, les études sur la fréquentation des « Malls » par les consommateurs Z n'ont pas bénéficié du même engouement, à l'exception d'une étude publiée par deux chercheurs américains Taylor et Cosenza en 2002 qui montrent que les adolescentes Z « d'âge mûr » ont des sentiments neutres vis-à-vis des centres commerciaux. Les adolescentes de la génération Z fréquentent les Malls pour vivre des expériences passionnantes. En effet, au cours de leur préadolescence et de leur adolescence, ces jeunes femmes ont beaucoup fréquenté ces lieux pour voir et être vues.

D'ailleurs, certains centres commerciaux sont submergés par des hordes de jeunes consommateurs Z flâneurs, d'où la mise en place de nouveaux règlements et de restrictions visant les jeunes Z (Hazel, 2001). D'autres études montrent qu'il existe des différences entre les membres de la génération Z et les générations précédentes. Les résultats de leur étude mettent en évidence l'importance de la musique et de l'ambiance pour attirer les jeunes clients de la génération Z.

Ainsi, les responsables des centres commerciaux doivent être particulièrement prudents en mobilisant la variable musique car, selon les deux auteurs Yalch et Spangenberg (1993), la perception de la musique chez la génération Z n'est pas universelle et varie en fonction de l'âge. Bien que les directeurs des centres commerciaux considèrent parfois que les jeunes Z sont une source de problèmes, ils ne négligent néanmoins pas la croissance de ce segment et les dépenses qui en découlent.

5. Le rôle et l'influence des modèles de référence chez les consommateurs de la génération Z

Selon les deux auteurs Minkiewicz et Bridson (2007), les héros et les modèles font partie intégrante de la vie quotidienne de la génération Z et ont un impact significatif sur leurs valeurs, attitudes et leurs comportements de consommateurs.

Les résultats de leur étude montrent que chez les adolescents et les jeunes adultes du groupe d'âge « 15-25 ans » de la génération Z, les modèles sportifs et les célébrités ont beaucoup d'importance dans leur vie quotidienne. En revanche, la cohorte la plus âgée a tendance à considérer ces modèles comme moins influents dans leur vie car ces jeunes sont plus autonomes et intéressés des modèles issus de leur entourage (les amis, la famille et les collègues de travail) qui ne sont pas imposés par les médias.

D'autres études ont d'ailleurs été consacrées à l'importance des modèles (*role models*) et ont mis en évidence leur influence sur les valeurs et les comportements de consommation des. Ces études soulignent aussi le fait que les modèles peuvent agir comme des anti-héros ou des modèles négatifs et dans ce cas, leur influence est plutôt négative.

6. La génération Z et la culture nationale : la culture chinoise et les valeurs de la génération Z

Les deux auteurs Smith et Hill (2009) ont étudié les valeurs culturelles comme source de motivation pour les consommateurs de la génération Z. Ces deux auteurs ont exploré les valeurs culturelles des consommateurs chinois de la génération Z. En effet, avec l'économie du marché et les évolutions sociales dans la société de consommation chinoise, on peut s'attendre à ce que les individus nés dans cette société acquièrent des valeurs et des comportements de consommation différents des générations précédentes et identiques à ceux de la génération Z en occident.

En utilisant le travail de Hofstede (1980) sur les valeurs culturelles et la typologie des cultures (distance du pouvoir, individuel vs. collectif, masculin vs. féminin, forte vs. faible incertitude), les deux auteurs montrent que, contrairement à la société occidentale, la quatrième dimension de la typologie de Hofstede (forte vs. faible incertitude) se justifie difficilement dans le contexte chinois.

Les résultats des études menées sur la génération Z dans le contexte occidental ne reflètent pas les comportements de la génération Z chinoise. Les valeurs des jeunes consommateurs chinois sont identiques à celles des générations précédentes. Contrairement aux jeunes occidentaux, les consommateurs chinois de la génération Z sont encore **très collectivistes** car ils ont besoin de sécurité, de conformité, et de bienveillance. Ainsi, les présupposés selon lesquels les valeurs des consommateurs chinois de la génération Z auraient subi des changements en raison des réformes économiques, des nouvelles tendances sociales et de l'Intérêt grandissant pour les produits et la culture occidentale sont donc réfutés.

En effet, les valeurs culturelles chinoises restent très ancrées et enracinées dans la culture nationale et sont donc transmises de génération en génération, et à la génération Z, tout en résistant aux changements et à la globalisation.

En guise de conclusion de ce chapitre, on peut donc noter que la génération Z est définie par une empreinte démographique sur la pyramide des âges. Or, elle tend à s'en affranchir pour devenir une véritable « culture », un réel « état d'esprit et style de vie » que l'on retrouve chez les membres des autres générations. Ainsi, les principales caractéristiques postmodernes de la culture de consommation Z sont l'individualisme, l'accumulation et l'acculturation, l'hyperconsommation, l'interconnexion de par les réseaux sociaux et le monde réel, l'impatience, l'inventivité, la socialisation, et l'hédonisme. Pour les jeunes de la génération Z, les loisirs et le ludisme sont au centre de leurs pratiques de consommation. Le temps libre des jeunes Z, qu'ils travaillent, cherchent un emploi ou étudient, est consacré aux sorties, aux soirées, au cinéma, aux boîtes de nuit et aux clubs de sport, soit des activités de socialisation.

Ce qu'il faut retenir

L'idée générationnelle n'est pas nouvelle et est souvent au cœur des débats sur les pratiques des jeunes consommateurs dans les différents domaines de consommation : tourisme, luxe, alimentaire, distribution, textile, loisirs, culture, etc.

Bien que la génération Z soit un concept important, sa définition est néanmoins superficielle et changeante. Le concept de génération Z manque d'approfondissement sur le plan sociohistorique et méthodologique.

La théorie générationnelle est donc un principe fondateur de la génération Z et permet de donner une meilleure définition du concept en présentant ses implications pour les marques et les enseignes qui s'intéressent aux jeunes Z.

La théorie générationnelle définit la génération Z selon quatre approches majeures :

- une approche démographique ;
- une approche généalogique et familiale (parents/enfants) ;
- une approche historique ;
- et une approche sociologique.

Les principales caractéristiques de la génération Z regroupent cinq traits essentiels :

- une génération Z comme fort marché potentiel et cœur de cible ;
- une génération Z connectée ;
- une génération Z de coproducteurs et d'experts numériques ;
- une génération Z marquée par le terrorisme ;
- une génération Z marquée par la crise économique.

Le Youth Marketing Générationnel (YMG) permet aux marques d'utiliser la culture de consommation des Z pour les reconquérir et les fidéliser en se focalisant sur les six éléments importants :

- **hédonisme et la *coolitude*,**
- **esprit généreux et bénévolat,**
- **symbolisme,**
- **consommation expérientielle,**
- **modèles de référence,**
- et enfin le **contexte culturel.**

Références

C. Attias-Donfut, *Générations et âges de la vie. PUF. Coll. Que sais-je ?*, 1991.

W. Batat, *L'usage du téléphone mobile par les adolescents.* In : Innovation Technologiques (ed. By C. Ammi), pp : 300-313. Éditions Hermès Lavoisier, 2006.

W. Batat, Exploring adolescent development skills through Internet usage : a study of French 11-15 year olds, *International Journal of Consumer Studies*, 2008, pp : 379-381.

W. Batat, *Les nouvelles Youth Cultures ; tendances et pratiques de consommation d'une génération méjugée et paradoxale*, Collection Consommation des 0-25 ans, Éditions EMS, 2017.

S. Donnison, Unpacking the millennial's : a cautionary tale for teacher education. *Australian Journal of Teacher Éducation*, 2007, pp : 1-13.

S. Ferguson, Generation Y as community : Consuming « cool » globally. In Bengstsson, A. et Eckhardt, G. (Eds.) *Proceedings of the Consumer Culture Theory Conference*, Boston, USA, 2008, pp : 38-39.

B. Fields., S. Wilder., J. Bunch et R. Newbold, *Millennial leaders : Success stories from today's most brilliant generation Y leaders*, Ingram Publishing Services, 2008.

R. Girardet, *Du concept de génération, Revue d'histoire moderne et contemporaine.* Vol. XXX, 1983. pp : 257-270.

D. Hazel, *Centers turn to curfews as a last resort to cope with teens, shopping centers today.* www.icsc.org. 2001, Consulté le 16 mai 2016.

G. Hofstede, *Culture's consequence : International differences in work-related values*, Sage : Beverly Hills, 1980.

N. Howe, *A generation to define a century.* Working paper, Association for Supervision and Curriculum Development Annual Conference, Worldwide Issues, Chicago, Illinois, 1-3 April, 2006.

N. Howe, et W. Strauss, *Millennial's rising : The next great generation.* Vintage Books : New York, 2000.

D. Kjeldgaard et S. Askegaard, The glocalization of youth culture : the global youth segment as structures of common difference. *Journal of Consumer Research*, 22, pp : 231-247, 2006.

K. Mannheim, *Essays on the sociology of knowledge.* Routledge & Kegan Paul : London, 1952.

K. Mannheim, *Problems of sociology in Germany.* In Volker Meja and Nico Stehr (ed.) Knowledge and Politics : The Sociology of Knowledge Dispute, pp : 121-128, Routledge : London, 1990.

C.-A. Martin, et L. Turley, Malls and consumption motivation : an exploratory examination of older generation Y consumers. *International Journal of Retail and Distribution Management*, 2004, pp : 464-475.

K. Miller, Examining the role brand fit plays in generation Y's propensity to purchase. *Australian and New Zealand Marketing Academy* (ANZMAC) Conference, New Zealand, 2007.

J. Minkiewicz, et K. Bridson, The relevance of role models to older aged generation Y consumers. *Australian and New Zealand Marketing Academy (ANZMAC) Conference*, New Zealand, 2007.

G. Namer, *Karl Mannheim, sociologue de la connaissance : la synthèse humaniste ou le chaos de l'absolu*. L'Harmattan, Paris, 2006.

D. Pendergast, Generational theory and home economics : future proofing the profession. *Family and Consumer Sciences Research Journal*, 2009, pp : 504-522.

D. Pendergast, *Getting to know the Y Generation*. In : Benckendorff, P. et al. (eds) Tourism and Generation Y. CABI Publisher, Australia, 2010, pp : 1-16.

M. Prensky, Listen to the natives. *Educational Leadership*, 2006, pp : 8-13.

J. Reynol, et J. Mastrodicasa, Connecting to the Net Generation : what higher education professionals need to know about today's college students. *NASPA*, Washington, DC, 2007.

A.-C. Ringer, et R. Garma, Does the motivation to help differ between generation X and Y ? *Australian and New Zealand Marketing Academy (ANZMAC) Conference*, Dunedin, New Zealand, 3-5 Décembre, 2006.

S. Smith, et S.R. Hill, Understanding cultural values of Gen Y and Z Chinese consumers. *Australian and New Zealand Marketing Academy (ANZMAC) Conference*, New Zealand, 2009.

S. Taylor, et R. Cosenza, Profiling later aged female teens : mall shopping behavior and clothing choice. *Journal of Consumer Marketing*, 2002, pp : 393-408.

United States Census Bureau, Total population for the world : 1950–2050. Accessible sur http://www.census.gov/ipc/prod/wp02/wp-02001.pdf, 2006, Consulté le 22 juin 2016.

E. Von Hippel, *Democratizing innovation*, Mass., MIT Press, Cambridge, 2005.

R. Yalch, et E. Spangenberg, Using store music for retail zoning : A field experiment. *Advances in Consumer Research*, Leigh McAlister and Michael L. Rothschild, eds., Provo, UT : Association for Consumer Research, 1993, pp : 632-636.

Chapitre 2

Une nouvelle méthode *Experiential Disruption* pour les campagnes de communication à destination des jeunes Z

Patrick Cosi, Expert en communication expérientielle et disruptive
Wided Batat, Docteur et Professeur Chercheur en marketing

Introduction

L'idée de l'approche *Experiential Disruption* ou « Rupture Expérientielle » pour élaborer des campagnes de communication à destination des jeunes de la génération Z trouve son origine dans les travaux scientifiques et les expériences professionnelles des deux auteurs de ce chapitre qui travaillent depuis plus de 20 ans dans le domaine de la communication, la création et le *Youth* marketing.

La synthèse de nos observations terrains et de nos études scientifiques publiées sur le sujet a été le fruit d'une collaboration entre le professionnel de la communication que je suis et le monde scientifique. Ce chapitre est surtout le fruit de ma collaboration avec Wided Batat, Docteur et Professeur Chercheur en marketing reconnue pour ses travaux de recherche et son expertise en matière de marketing des jeunes.

Dans ce chapitre, nous introduisons un nouveau concept à travers une nouvelle approche « *Experiential Disruption* », très importante en matière de communication en général, et en communication à destination des Z en particulier. Pour comprendre les fondements et les implications de la communication fondée sur la Rupture Expérientielle pour fidéliser et reconquérir les jeunes Z, ce chapitre se propose de développer cette thématique autour de trois axes majeurs. Dans un premier temps, l'approche *Experiential Disruption* sera définie suit à un retour aux origines qui a permis l'émergence de cette approche. Ensuite le rôle de la *Experiential Disruption* dans la communication sera abordé. Et enfin les leviers et les supports de communication issus de l' *Experiential Disruption* à destination des Z seront détaillés et illustrés à travers des campagnes de communication basée sur la méthode « *Experiential Disruption* » que nous avons réalisées.

I. La méthode *Experiential Disruption* : de quoi parle-t-on ?

Il s'agit d'un processus hybride et complexe fondé sur une logique exploratoire et analytique guidée par un *design thinking* critique et expérientiel (*critical & experiential design thinking*) qui regroupe 4 piliers majeurs :

- la pensée critique (*critical thinking*) ;
- l'approche expérientielle (*experiential approach*) ;
- l'empirisme (*cognitive and rational approach*) ;
- et la subjectivité introspective (*subjective introspection*).

La méthode *Experiential Disruption* s'applique à tous les domaines, en allant du marketing et de la communication, à la vie économique, sociale, familiale, culturelle et éducationnelle, en passant par la gestion des ressources humaines, la recherche, le design, l'innovation, etc.

1. L'approche disruptive : retour aux origines

L'idée de la disruption n'est pas nouvelle. Elle trouve ses premières origines dans les sciences de la nature où elle est employée à l'occasion de catastrophes. Son introduction dans les sciences économiques et de gestion date du début des années 1940 et a été employée sous le vocable « destruction créatrice » dans les écrits de l'économiste Joseph Schumpeter avec la parution de son livre « Capitalisme, Socialisme et démocratie » publié en anglais aux États-Unis en 1942 et traduit en français en 1951. Cette idée a ensuite été reprise par Théodore Levitt dans son livre « Innovation et marketing » publié en 1969.

Au début des années 1990, le terme « technologie de rupture » ou « disruption technologique » fut introduit et défini par Clayton Chrisensen, inventeur du concept *disruptive innovation* et professeur éminent à la Harvard Business School, dans des articles de recherche et puis dans un livre intitulé « *The Innovator's Dilemma* » publié en 1997. C'est dans les années 1990 qu'on assiste à une prolifération de l'usage de plusieurs concepts issus de cette idée : « disruptive », « disruptive innovation », « *disruptive technology* ». Cette prolifération a conduit l'agence de communication TBWA à déposer en 1992 la marque DISRUPTION.

L'ensemble des contributions liées à la définition de l'approche disruptive est synthétisé dans le tableau ci-contre (voir tableau 1).

Tableau 1 : Synthèse des définitions de l'approche disruptive

Discipline	Concept	Année et auteurs	Définition
Économie	Création destructrice	Joseph Schumpeter (1942)	Le concept désigne le processus continuellement à l'œuvre dans les économies. Il est lié à la disparition simultanée de secteurs d'activité économique faisant émerger de nouvelles activités économiques.
Marketing	*Disruptive innovation*	Clayton Chrisensen (1997)	Désigne les innovations de rupture, et en fait la base de son enseignement (ex : la disruption digitale).
Communication	Disruption	TBWA (1992)	L'innovation disruptive est une innovation de rupture, par opposition à l'innovation incrémentale, qui se contente d'optimiser l'existant.

Plusieurs définitions de l'approche disruptive existent et varient selon les auteurs et les disciplines. Dans ce chapitre, ce qui importe, ce n'est pas la définition exhaustive de la disruption, mais **plutôt la perspective selon laquelle cette dernière est considérée**. On peut donc dire que le terme « disruption » peut être défini selon six perspectives fondamentales (voir figure 1).

Figure 1 : Les six perspectives de la disruption

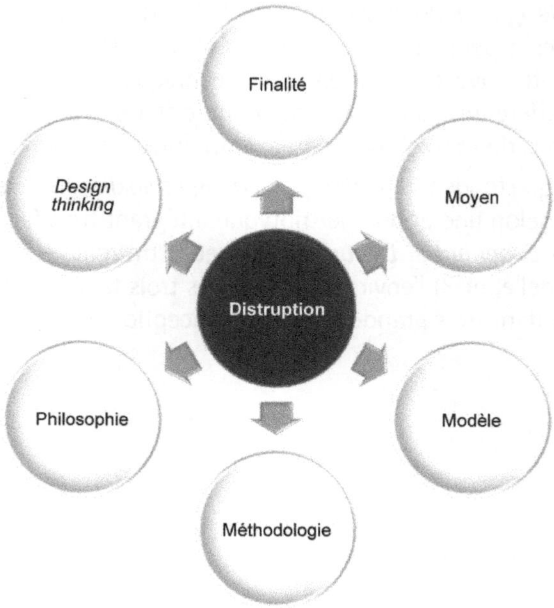

- la disruption comme **finalité** en matière d'innovation (approche économique à travers l'innovation technologique et l'émergence de l'économie digitale) ;
- la disruption comme **moyen** pour expliquer les mutations sociales (une disruption sociologique à travers la rupture des comportements entre générations) ;
- la disruption comme **modèle** de management ou bien modèle économique (les nouveaux business modèles) ;
- la disruption comme **méthodologie** créative : la définition de TBWA ;
- la disruption comme **philosophie de vie** qui s'exprime selon une idéologie définie ;
- et la disruption comme ***design thinking*** à la fois critique et expérientiel : **C**ritical & **E**xperiential **T**hinking (**CET**).

La perspective de la disruption comme *design thinking* basée sur un CET que nous avons développée suite à nos différentes études et expertises au cours des 20 ans dernières années est le fondement même de notre méthode innovante « ***Experiential Disruption*** ». Elle a aussi prouvé son importance dans la mise en œuvre de campagnes de communication à destination des jeunes Z, une génération disruptive, expérientielle, critique et créative.

2. *Experiential Disruption* comme *design thinking* : une créativité disruptive issue de la pensée critique et expérientielle

Contrairement au *design thinking* qui fait référence aux compétences analytiques et intuitives et regroupe l'ensemble des méthodologies de travail et des outils utilisés pour une finalité de créativité ou bien dans le cadre d'un projet d'innovation, le *disruptive design thinking* est un processus complexe, dynamique et évolutif.

Le *disruptive design thinking* s'appuie sur l'idée d'une pensée critique et expérientielle intégrant les aspects analytique et intuitif du *design thinking* dans le but de concilier des contraintes diverses (économiques, techniques, opérationnelles, etc.) et de faire converger les différentes idées issues de profils différents (ingénieurs, scientifiques, artistes, professionnels du marketing, créatifs, communicants, jeunes, étudiants, etc.).

Suivant une logique fondée sur le *disruptive design thinking*, la *Experiential Disruption* peut être appliquée selon une approche triptyque intégrant trois facteurs majeurs sans lesquels la méthode *Experiential Disruption* ne peut être réalisée : 1) le porteur, 2) la culture organisationnelle, et 3) l'environnement. Ces trois facteurs sont liés les uns aux autres et s'inscrivent dans trois grandes phases : conception, concrétisation et adoption (voir figure 2).

Figure 2 : Le processus de *Experiential Disruption*

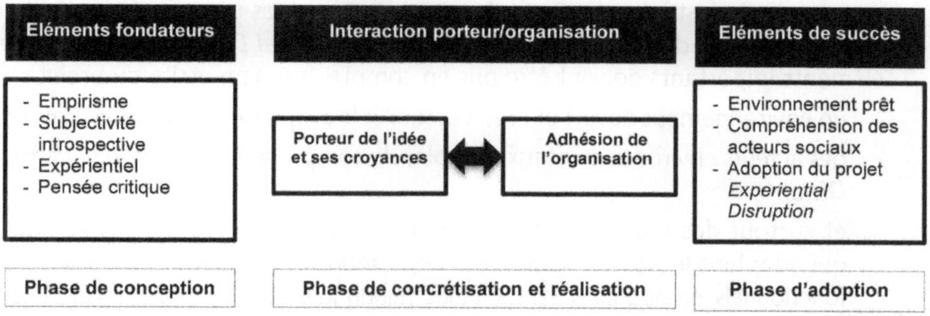

© Dr. Wided Batat (2016)

- le *Experiential Disruptor* est porteur de l'idée de Rupture Expérientielle et peut être le créateur, l'entrepreneur ou le responsable du projet. Dans ce cas le processus *Experiential Disruption* est étroitement lié aux connaissances, au parcours professionnel, à la formation, aux croyances, à la personnalité, au style de vie, au mode de consommation, aux valeurs, aux habitudes, à l'idiologie et à la philosophie de vie du porteur. Tous ces facteurs ont une influence directe ou indirecte sur l'émergence de l'idée et la façon dont l'*Experiential Disruption* se façonne ;
- la culture organisationnelle est un autre facteur important permettant la création et la concrétisation des projets basée sur l'idée de *Experiential Disruption*. La culture organisationnelle est définie par le modèle entrepreneurial, la diversité des compétences internes, la croyance forte et l'adhésion du personnel de l'organisation à la logique *Experiential Disruption* du porteur. En effet, si les équipes ne croient pas à la logique *Experiential Disruption* et n'adhèrent pas aux valeurs et à la philosophie liées à cette démarche créative et innovante, le *Experiential Disruptor* ne sera jamais capable de réaliser son idée. Par ailleurs, pour permettre la réalisation de projets expérientiels et disruptifs, les équipes doivent posséder des profils divers. La somme des compétences constitue la fusion des cerveaux, et donc des idées génératrices de l'*Experiential Disruption* ;

- l'environnement où le projet *Experiential Disruption* est lancé est très important. Il regroupe des acteurs multiples : les consommateurs, les institutionnels, le gouvernement, les industriels, etc. Ces acteurs interagissent les uns avec les autres, et ont des attentes différentes liées au projet *Experiential Disruption*. Ainsi, trois éléments importants doivent être pris en compte pour la réussite du projet :
  - un environnement ouvert et prêt à accueillir le projet *Experiential Disruption* ;
  - des acteurs environnementaux capables de comprendre le projet *Experiential Disruption* ;
  - et surtout des individus, des organisations et des acteurs professionnels qui adoptent le projet *Experiential Disruption* car il répond à leurs besoins fonctionnels, émotionnels, symboliques, relationnels, économiques, relationnels, sociaux, etc.

Cette *Experiential Disruption* triptyque qui s'inscrit dans une démarche critique et expérientielle « Critical & Experiential Thinking (CET) » peut être réalisée en utilisant trois compétences fondamentales (voir figure 3).

Figure 3 : Les compétences nécessaires pour l'élaboration de l'*Experiential Disruption*

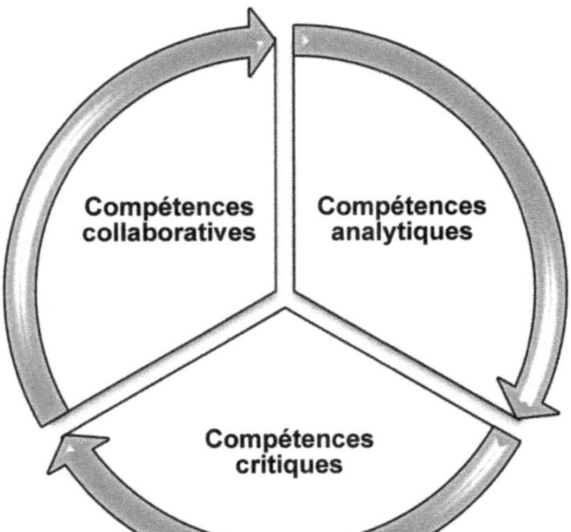

- les compétences analytiques : une maîtrise des études immersives et exploratoires pour saisir la dimension expérientielle. Contrairement aux études quantitatives et qualitatives, les études immersives telles que l'auto-ethnographie, l'ethnographie ou encore l'introspection subjective offrent une compréhension approfondie et exhaustive de l'expérience, un élément fondateur de l'*Experiential Disruption* ;

- les compétences critiques : une habilité intellectuelle pour développer la pensée critique en effectuant une gymnastique de va-et-vient qui alterne des phases subjectives et des phases analytiques ;
- les compétences collaboratives : une capacité à co-créer dans une logique de *knowledge management*. Il s'agit de la capacité de l'organisateur de faire travailler les différentes compétences dans l'organisation de manière « cross-compétence » favorisant l'intelligence collective.

L'approche *Experiential Disruption*

L'approche *Experiential Disruption* s'appuie sur un *design thinking* de rupture en suivant une logique de créativité basée sur une pensée critique et expérientielle : *Critical & Experiential Thinking* (CET). La réussite d'une stratégie *Experiential Disruption* dépend de trois facteurs majeurs : 1) le porteur de l'idée *Experiential Disruption*, 2) la culture organisationnelle *Experiential Disruption* et l'adhésion du personnel interne à cette dernière et 3) l'environnement d'accueil du projet de rupture expérientielle et son adoption par les acteurs sociaux, économiques, institutionnels, scientifiques, etc.

© Dr. Wided Batat, 2016

II. La méthode *Experiential Disruption* « Rupture Expérientielle » dans la communication : comment ça marche ?

Le processus *Experiential Disruption* dans la communication met en évidence l'expérience disruptive comme un élément essentiel pour marquer les esprits des cibles, les interpeller, les émotionner et différencier la marque ou l'entreprise de ses concurrents. La créativité « *Experiential Disruption* » est donc le fondement de l'émergence de nouveaux produits et de nouveaux services et surtout d'une nouvelle philosophie de vie, de comportements et de pratiques de consommation en mettant en place un processus créatif qui s'appuie sur le lancement des idées hétérodoxes et nouvelles (*uncommon*) en décalage par rapport à la pensée orthodoxe et dominante (*mainstream/common*) et conventionnelle.

Ces idées peuvent trouver leur origine dans plusieurs sources dont l'usage varie selon quatre processus créatifs majeurs, que les responsables de communication et les marques doivent suivre pour mener à bien leurs stratégies marketing et communication basées sur la Rupture Expérientielle (voir figure 4). Cette méthode de création de valeurs, d'innovations et de ruptures (d'idée, de technologie, de création) passe avant tout par l'étude, la création et la valorisation de l'expérience (client, public, consommateurs) par la rupture. C'est l'expérience disruptive qui doit dominer l'établissement d'un positionnement et d'un discours (voir figure 4).

Figure 4 : Les quatre processus *Experiential Disruption*

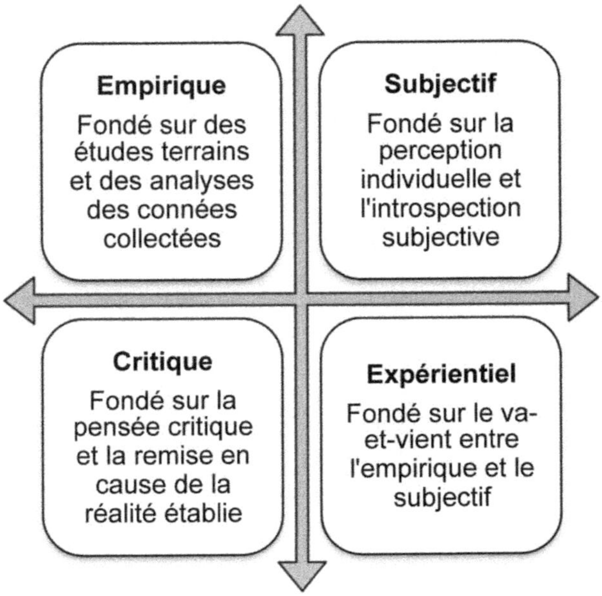

1. Le processus *Experiential Disruption* empirique

Le processus *Experiential Disruption* empirique se base sur une approche rationnelle et analytique impliquant plusieurs étapes de validation et de contre-validation. Ce processus est basé sur un raisonnement caractérisé par les éléments suivants :

- peu de solutions sont produites pour répondre à une problématique liée à la stratégie, le marketing, l'innovation et la communication ;
- les solutions produites sont exhaustives et liées les unes aux autres ;
- les solutions suivent une méthode systématique ;
- les solutions ont un fondement dans les études réalisées et dans les résultats de l'analyse de l'environnement et de ses cibles ;
- chaque solution doit être justifiée et argumentée.

Le processus *Experiential Disruption* empirique permet aux responsables marketing et aux directeurs de communication d'analyser leur contexte et la concurrence directe et indirecte selon trois niveaux d'analyse : macro, méso et micro :

- un niveau macro-environnemental : à travers l'analyse des dimensions économiques, culturelles, sociales, écologiques, politiques, environnementales et technologiques ;

- un niveau méso-environnemental : en analysant la concurrence directe et indirecte et les différentes cibles : consommateurs « potentiels, directs, indirects, prescripteurs, etc. » (BtoC) ou entreprises (BtoB), institutionnels et gouvernements (BtoG), etc.
- un niveau micro-environnemental : en analysant les acteurs internes liés à l'entreprise ou à la marque (personnel et clients actuels).

À travers cette analyse triptyque approfondie, le directeur marketing et communication sera en mesure de définir un positionnement juste et cohérent avec l'offre et les attributs tangibles (fonctionnels) et intangibles (relationnels, émotionnels, symboliques, idéologiques, etc.) de la marque ou du produit permettant la mise en place d'une stratégie marketing et d'une campagne de communication efficaces.

Afin de mettre en œuvre un processus *Experiential Disruption* empirique, il existe plusieurs outils et techniques marketing adaptés à chaque niveau d'analyse (voir tableau 2).

Tableau 2 : Les outils d'analyse du processus *Experiential Disruption* empirique

Les niveaux du processus *Experiential Disruption*	Eléments analysés	Outils d'analyse
Macro-environnemental	Environnement externe et ses composantes : politiques, économiques, sociologiques, technologiques, écologiques et légales	La matrice Pestel
Méso-environnemental	• La culture de la marque et son histoire • Les objectifs de l'entreprise • Le positionnement et la stratégie marketing	• La matrice des compétences • La matrice BCG • La matrice du cycle de vie • Les 5 forces de Porter
Micro-environnemental	Les cibles BtoB, BtoC, BtoG, etc.	• *Desk Research* • Études quantitatives • Études qualitatives • Études expérientielle et e-expérientielles

Un processus *Experiential Disruption* empirique : le cas d'un challengeur dans le transport de produits de l'industrie agroalimentaire

Dans le cadre de la mise en place d'une campagne de communication institutionnelle, ce challengeur voulait faire connaître son activité auprès de ses cibles BtoB et BtoC :

- suite à cette demande, on a mis en place une approche *Experiential Disruption* empirique qui nous a révélé l'incohérence de la demande par rapport à la problématique réelle du groupe.
- on a mis en place une *desk research* pour comprendre la structure du marché et le secteur, réaliser un benchmark empirique des concurrents directs et indirects, conduit plusieurs entretiens qualitatifs avec les acteurs suivants : les membres de la direction générale, les clients, les consommateurs finaux, les restaurateurs collectifs et individuels, etc.
- l'analyse des données a aidé à faire ressortir le fossé entre le projet réel du groupe et la vraie problématique qui consistait à définir, avant toute chose, un positionnement claire et lisible.

Ces études empiriques ont donc permis au groupe de :

- se positionner en tant que référence sur son marché et faire évoluer son projet d'entreprise ;
- bâtir une communication institutionnelle au service du projet et de l'identité du groupe.
- La contribution de la communication *Experiential Disruption* empirique regroupe les éléments suivants :
- faire évoluer le positionnement du groupe : de transporteur de produits alimentaires à **créateurs de saveurs ;**
- mettre en évidence le discours et l'offre basés sur les paradoxes du goût (ex : on mange une raclette en famille le soir, et demain midi un plat exotique avec de nouvelles saveurs) ;
- positionner le groupe en matière d'enjeux diététiques et de sécurité alimentaire, une première pour un transporteur ;
- définir un engagement à l'égard des enjeux environnementaux et la disparition des espèces (ex : la crevette de Madagascar) ;
- faire évoluer la gamme de l'offre et donc élargir le marché ;
- enfin la communication *Experiential Disruption* empirique a permis de positionner ce transporteur comme un pionnier et un modèle suivi par ses concurrents, mais jamais égalé.

2. Le processus *Experiential Disruption* subjectif

Le processus *Experiential Disruption* subjectif s'appuie sur une approche personnelle et introspective que l'individu va mettre en place de manière consciente ou inconsciente pour trouver des idées, des concepts et des produits créatifs et disruptifs à la fois.

L'approche *Experiential Disruption* subjective est traduite par une idée créative issue de la subjectivité et de l'interprétation personnelle de l'individu et se caractérise par les éléments suivants :

- plusieurs solutions sont produites pour répondre à une problématique liée au territoire ;
- les solutions produites sont en vrac et peuvent être dissociées les unes des autres ;
- la créativité humaine est au centre du processus : les idées subjectives et sans fondement sont aussi considérées.

Un processus *Experiential Disruption* subjectif : une campagne de communication pour inciter les jeunes Z à s'inscrire sur les listes électorales

Dans le cadre de la mise en place d'une campagne de communication gouvernementale pour inciter les jeunes Z à s'inscrire sur les listes électorales, une logique *Experiential Disruption* subjective fondée sur une introspection personnelle et les expériences individuelles avec les jeunes a été mise en place.

Afin de parler aux jeunes Z et les convaincre de s'inscrire sur les listes électorales, on est parti du constat suivant :

- les politiques ne connaissent pas bien les jeunes et tentent à tort de faire appel au jeunisme dans leur communication à destination de cette cible ;
- ils ont tendance à employer des formules jeunes, un langage et des termes jeunes, croyant qu'il s'agit de la meilleure façon de les convaincre ;
- cependant, cette approche a été un échec total, car les jeunes ne sont pas dupes, ils sont dotés d'une grande intelligence, et donc ils savent très bien que ce sont bien des adultes qui leur parlent pour des intérêts d'adulte, et ainsi il ne s'agit pas d'une démarche sincère ;

En observant les jeunes autour de nous, on a opté pour une communication *Experiential Disruption* subjective en partant du postulat suivant :

- voter c'est avant tout s'exprimer ;
- les jeunes Z adorent s'exprimer ;
- leur mode d'expression c'est la bouche ;
- et donc on va leur dire que s'ils ne s'inscrivent pas, ils ne pourront pas s'exprimer, comme s'ils n'avaient pas de bouche ;
- enlever la parole aux jeunes Z, c'est bien pire que les faire taire.

Cette idée est traduite dans le visuel ci-dessous qui a été un succès phénoménal et a poussé les jeunes à se révolter et donc à s'inscrire sur les listes électorales.

Pour les politiques, cette campagne a eu un impact très fort en matière d'augmentation du taux des jeunes inscrits sur les listes électorales.

© Patrick Cosi (B&C Consulting Group)

3. Le processus *Experiential Disruption* expérientiel

Le processus *Experiential Disruption* expérientiel intègre les deux approches empirique et subjective. Il s'agit d'un processus rotatif qui évolue et s'adapte en fonction de l'évolution des expériences qui ont pour finalité de proposer une idée, une innovation, un concept ou un produit *Experiential Disruption* (voir figure 5).

Figure 5 : Le processus *Experiential Disruption* expérientiel

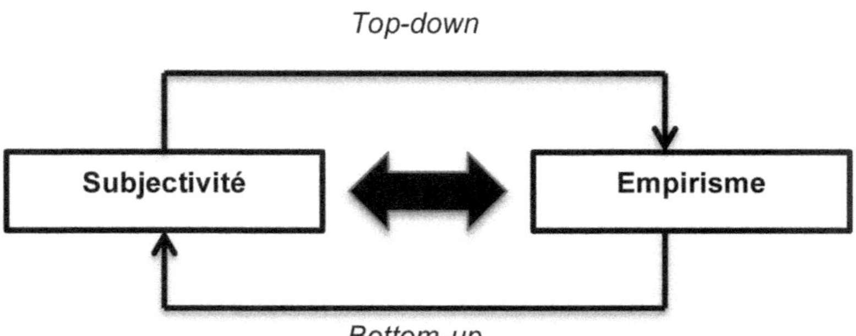

Le processus *Experiential Disruption* expérientiel s'appuie sur un apprentissage expérientiel qui fait référence à l'expérience comme source de développement de compétences créatives et disruptives en utilisant deux sources de créativité :

- une source d'origine **intellectuelle** ;
- et une source liée au rôle central que joue **l'expérience** dans le processus *Experiential Disruption.*

L'idée de la *Experiential Disruption* **expérientielle** met en évidence un processus dynamique à travers deux procédés complémentaires : « *top-down* » et « *bottom-up* » offrant un continuum entre la phase *Experiential Disruption* empirique et la phase subjective.

Cette approche est la plus complète et la plus efficace pour mettre en place un processus de Rupture Expérientielle, car elle permet d'intégrer l'aspect cognitif représenté par la dimension analytique mais ne néglige pas le rôle de sa dimension subjective.

Un processus Experiential Disruption expérientiel pour créer un stand original et unique dans le secteur pharmaceutique

Dans le cadre d'un projet de réalisation de stand original, on a opté pour un processus *Experiential Disruption* expérientiel en suivant un va-et-vient entre la subjectivité personnelle et les données empiriques liées au secteur et à ses acteurs. On a donc collecté des données issues de différentes entrevues, immersion, études documentaires, analyse de l'environnement, etc. et opté pour la fusion de plusieurs compétences liées à des profils tels que les ingénieurs, les artistes, les créatifs, les analystes, les médecins, etc.

L'objectif est de faire émerger un acteur pharmaceutique comme une entreprise innovante et avant-gardiste.

L'idée de départ était de faire en sorte que les visiteurs du stand vivent une expérience immersive chargée en émotions.

La proposition de stand expérientiel et immersif a fait appel à l'intégration des nouvelles technologies numériques et du storytelling expérientiel en proposant un concept de stand « **parc d'attraction scientifique** » qui regroupe les éléments suivants :

- le stand comme lieu de socialisation : organisation de rencontres ;
- un laboratoire 4D immersif ;
- la réalisation d'une vidéo expérientielle 4D retraçant le voyage d'une molécule dans le corps humain et le séquençage ADN.

Le résultat :

- le client a eu le stand le plus visité dans le salon ;
- le client a multiplié son nombre de visiteurs ;
- une image innovante du stand et des produits du client.

4. Le processus *Experiential Disruption* critique

Le processus *Experiential Disruption* critique s'appuie sur le développement d'une pensée critique de la réalité et le questionnement des représentations sociales déjà établies. La pensée critique est l'élément principal dans la mise en œuvre d'un processus *Experiential Disruption* critique. Ainsi, l'approche *Experiential Disruption* critique est étroitement liée aux résultats d'un apprentissage qui regroupe :

- une multitude de compétences sociales, transgressives, cognitives, techniques, numériques, etc.
- un contenu théorique et pratique ;
- des habilités et des attitudes du responsable du projet *Experiential Disruption.*

Le processus *Experiential Disruption* critique vise à décrire une situation problématique pour laquelle les créatifs doivent faire preuve d'esprit critique.

La situation problématique fait référence à l'existence d'une option ou de plusieurs options possibles et évidentes, ce qui explique l'intérêt d'utiliser une pensée critique pour sortir de l'évidence et faire émerger des idées *Experiential Disruption*, au départ pas très évidentes.

La pensée critique doit donc être encouragée à chaque stade au sein des équipes créatives et aussi dans l'ensemble des services à travers différentes activités opérationnelles, stratégiques, etc. Même des activités habituelles, comme la prise de notes lors de réunions, peuvent être à l'origine du développement d'une pensée critique. Pendant la prise de notes, les individus utilisent leur esprit critique, afin de juger si les notes qu'ils ont sélectionnées sont conformes à l'émergence d'une idée créative et disruptive.

Un processus *Experiential Disruption* critique : humaniser une figurine

Qui a dit que des figurines de poupées étaient faites pour les enfants et ne sont pas dotées de dimension humaine. Comment cibler les adultes de 30 à 60 ans ? Telles sont les questions qu'on s'est pensées dans le cadre du processus *Experiential Disruption* critique mis en place pour réfléchir sur cette problématique et proposer une stratégie marketing et communication efficace.

III. La méthode *Experiential Disruption* dans les campagnes de communication à destination des jeunes Z

La communication *Experiential Disruption* à destination des jeunes Z s'appuie sur un *design thinking* expérientiel et critique à la fois. Cette communication doit faire référence à un changement structurel de l'individu Z et de la société dans laquelle il vit et évolue. L'idée sous-jacente dans la communication *Experiential Disruption* à destination des Z suit une logique postmoderne qui met l'accent sur les principes philosophiques qui servent à structurer la société (Batat et Frochot, 2014) : 1) la fragmentation de l'identité des jeunes de la génération Z, 2) l'inexistence d'une vérité absolue, et 3) la disparition des distinctions. La communication *Experiential Disruption* est non seulement nécessaire, mais elle est primordiale pour réussir les campagnes de communication à destination des Z.

Contrairement à n'importe quelle autre méthode, la *Experiential Disruption* constitue l'approche la plus en phase avec les valeurs, les normes et les codes partagés par les membres de la génération Z.

Cette section présente les leviers que les responsables marketing et les directeurs de communication peuvent mobiliser pour communiquer avec les Z. Des supports de commination issus de l'*Experiential Disruption* seront proposés par la suite.

1. Quels sont les leviers *Experiential Disruption* pour séduire les jeunes Z ?

Contrairement à la communication traditionnelle, dans la perspective *Experiential Disruption*, les entreprises et les marques doivent, non seulement répondre aux besoins fonctionnels des jeunes Z, mais aussi leur proposer une offre pertinente à travers une communication *Experiential Disruption* intégrant la pensée critique des Z et leur expérientiel en s'appuyant sur les leviers caractéristiques des jeunes Z. Ces leviers issus de l'*Experiential Disruption* regroupent sept caractéristiques primordiales pour la réussite d'une campagne de communication fondée sur l'*Experiential Disruption* à destination de la génération Z (voir figure 6).

Figure 6 : Les sept leviers *Experiential Disruption* de la communication avec les Z

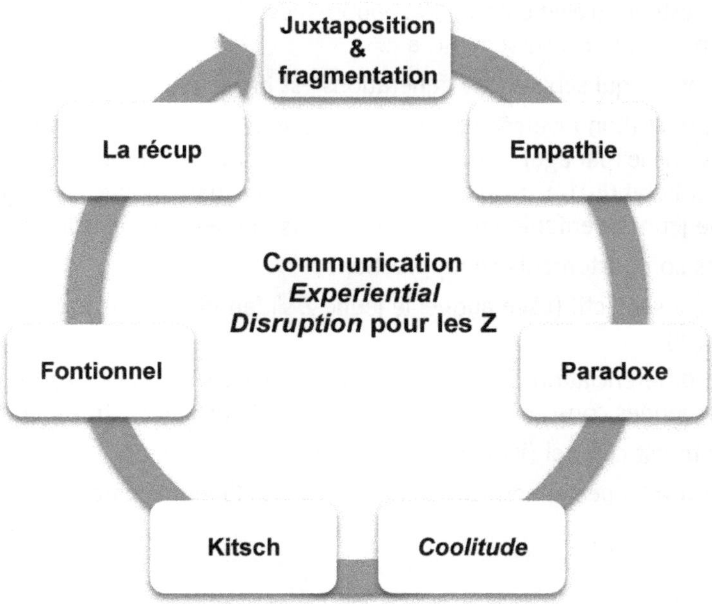

Ces sept leviers seront expliqués et illustrés à travers des images de campagnes de communication basée sur l'*Experiential Disruption* que nous avons réalisées pour des annonceurs et les marques au niveau national et international.

a. Juxtaposition et fragmentation : je peux être ceci et son contraire en même temps

Le jeune Z se caractérise par une identité fragmentée et regroupant des juxtapositions de plusieurs caractéristiques qui ont des finalités opposées. Contrairement à une communication destinée à la société de consommation qui regroupe des adultes et des acteurs sociaux dont les comportements sont souvent conventionnels et quasi-homogènes pour les raisons suivantes :

- Homogénéisation des **institutions sociales** (famille, institution scolaire, etc.) ;
- homogénéisation **des grands systèmes de pensée** : idéologies/discours de références : rationalisme, grands systèmes politiques, etc.) ;
- et homogénéisation des **individus** : le principe de l'identité : identité professionnelle, sexuelle, idéologique, etc.).

La communication *Experiential Disruption* à destination des jeunes Z prône la fragmentation et la juxtaposition des valeurs et de l'identité jeune selon une logique fondée sur :

- l'effacement des hiérarchies établies permettant ainsi le mélange des genres : la remise en cause de la distinction élitaire/populaire en proposant des offres combinant culture élitiste et populaire à la fois ;
- la coexistence d'éléments a priori opposés liés à la dissolution des cloisonnements : information + divertissement, etc.
- la frontière qui séparait les générations est brisée par le culte de la jeunesse :
  - socialisation inversée et remet en cause la méthode de segmentation traditionnelle (par âge) : à travers la nouvelle méthode Segmenculture développée par Batat (2017), on assiste à l'apparition de quatre nouveaux Segmencultures de jeunes : enfanlescents, adonaissants, adolescents et adulescents ;
  - les comportements se rapprochent ;
  - l'âge subjectif (l'âge auquel le jeune Z s'identifie) versus l'âge chronologique (réel).
  - la différenciation masculin/féminin est parfois remise en cause : des profils de jeunes consommateurs métrosexuels, androgynes, transgenres, etc.
  - tout est culturel (jeux vidéo), il n'y pas de sous-culture ;
  - le développement du multiculturalisme et de **l'identité patchwork** (Batat, 2015).

Les jeunes Z ne sont donc plus concernés par les valeurs de la société des adultes, qui est homogène et structurée, car elle reste marquée par l'absence de diversité. Ainsi, pour communiquer de manière efficace avec les jeunes Z, la communication *Experiential Disruption* met en évidence les traits saillants et les caractéristiques de cette génération où l'on constate un prénomme de fragmentation/juxtaposition à travers :

- la fragmentation de l'individu : l'identité Z se fragilise ;
    - entre les attitudes auparavant opposées : le Z peut être donc musicien le soir ; étudiant le jour et sportif de haut-niveau le week-end ;
    - en fonction des moments de sa vie : le jeune Z ne se projette plus dans des modèles on tend vers une plus grande flexibilité identitaire ;
- la fragmentation de la société : l'émergence de multiples groupes/tribus de jeunes Z :
    - cette fragmentation se trouve dans l'offre marketing stimulée par Internet et les réseaux sociaux ;
- la fin des modèles sociologiques traditionnels : tous les modes de vie deviennent légitimes :
    - pour les Z, le modèle patriarcal explose ;
    - le modèle masculin traditionnel est remis en question par les Z ;
    - la féminité Z devient plurielle
    - le Z connaît d'autres structures familiales : famille homoparentale, transgenre, etc.

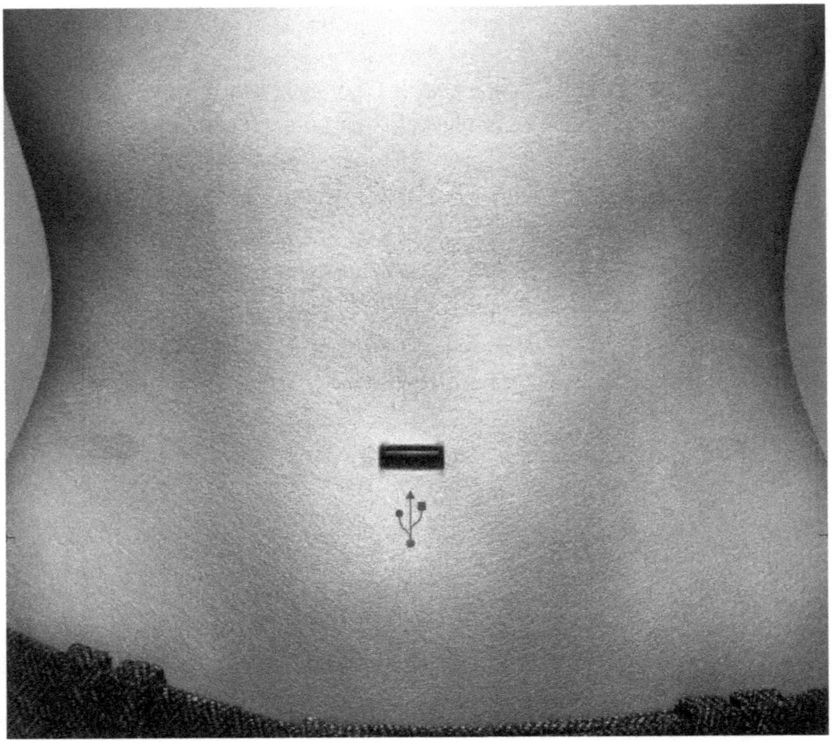

© Patrick Cosi (B&C Consulting Group)

b. Empathie : je suis le seul à te comprendre, car je comprends ce que tu vis

L'empathie est une attention personnalisée et bienveillante de la marque à l'égard de sa cible. Une communication *Experiential Disruption* qui s'adresse aux jeunes de la génération Z se doit d'intégrer et de traduire son capital émotionnel capable de montrer une empathie contribuant à générer une émotion positive et une proximité chez les jeunes Z.

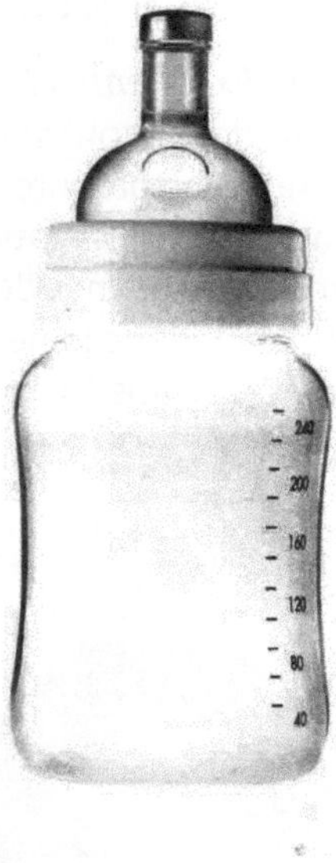

© Patrick Cosi (B&C Consulting Group)

© Patrick Cosi (B&C Consulting Group)

c. Paradoxe : le bien fait mal et le mal fait du bien…

Une campagne de communication *Experiential Disruption* à destination des jeunes Z peut s'appuyer sur un discours paradoxal contribuant ainsi à créer la connivence et la confusion. Le discours paradoxal peut prendre plusieurs formes basées sur des contradictions liées aux comportements à la fois rationnels et irrationnels (dictés par l'idiologie, la subjectivité et l'émotionnel) des jeunes de la génération Z. Par exemple : je suis écolo, mais je ne crois pas à l'écologie, donc je ne sais pas si je suis vraiment écolo, ou bien dans le discours « sois spontané et sois toi-même », « sois différent et dans le *mainstream* de la société ».

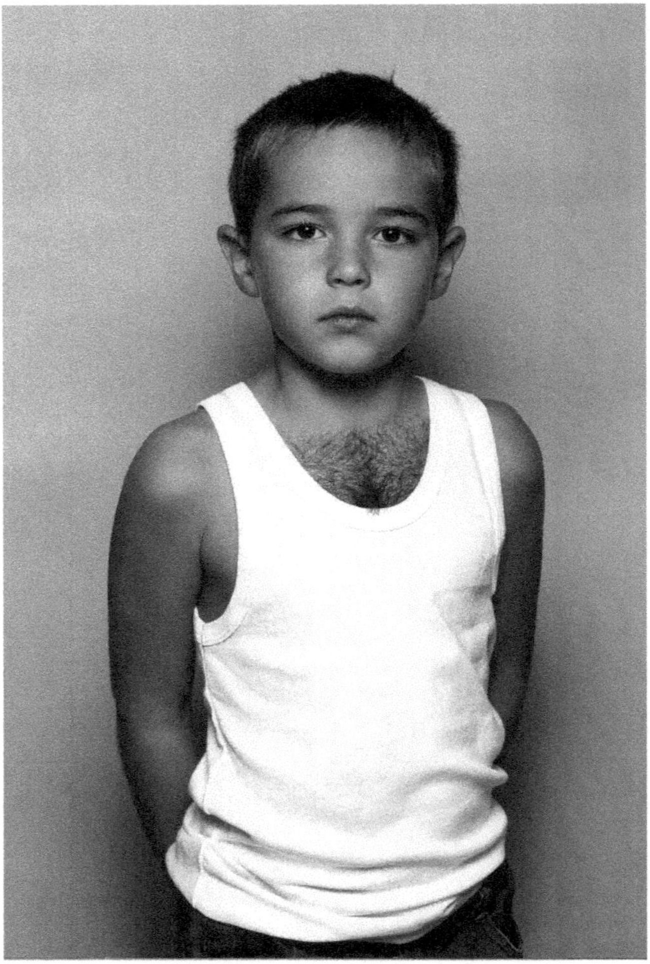

© Patrick Cosi (B&C Consulting Group)

d. *Coolitude* : faire le contraire de ce qui est demandé

Le terme « *cool* » est issu des cultures anglo-saxonnes et ne date pas d'hier. Il est apparu dans les années 1950 et a été utilisé dans des anciennes civilisations d'Afrique occidentale déportées vers le nouveau monde par les marchands d'esclaves où le Cool est employé pour dissimuler la réalité derrière un détachement ironique (Barth et Muller, 2008). En marketing, le terme a souvent été associé aux pratiques de consommation.

Au-delà de la notion *coolitude* utilisée en marketing et définie par Barth et Muller (2008) comme « une consommation sans contraintes. Une alternative à la résistance et au retrait est la *coolitude*, une façon d'être, d'exister, sans être là ». La *coolitude* dans la communication *Experiential Disruption* désigne des pratiques, des comportements et des discours qui mettent en évidence le contraire de ce qui est demandé dans un esprit transgressif des règles établies par les adultes et la société construite selon les règles de ces derniers et dans laquelle les Z vivent, par exemple « fumer c'est bon pour la santé », « le fast-food c'est bon pour la ligne », etc.

© Patrick Cosi (B&C Consulting Group)

e. Kitsch : *le cool* c'est quand ce n'est pas *cool*

Le kitsch représente l'usage hétérogène, dans une communication, de caractéristiques et d'éléments considérés comme communs, démodés ou populaires. Son emploi nécessite donc nécessairement un jugement de valeur ancré dans une culture donnée (ce qui est kitsch en France, ça ne l'est pas en Allemagne : exemple des sandales portées avec des chaussettes blanches en plein été) et la norme qui le conditionne. L'esprit kitsch et sa traduction en offre ou en communication est très plébiscité par les jeunes Z. cela peut être expliqué par les raisons suivantes :

- les jeunes consommateurs Z ont évolué et ne veulent plus de discours premier degré ;
- les marques doivent leur montrent qu'elles ont compris en décalant le discours vers le kitsch ;
- la communication doit donc intégrer un style utilisant des éléments démodés, considérés de mauvais goût par la culture établie et valorisés dans leur utilisation seconde.

Dans la communication *Experiential Disruption* à destination des jeunes Z, le kitsch peut donc être traduit selon l'idée : **le vrai sens c'est l'inverse** « vous êtes cool si vous n'êtes pas cool ». Ainsi, en décalant le discours, les marques établissent une connivence et une complicité avec les Z en se basant sur la logique sous-jacente : « on sait que tu sais que nous faisons exprès d'être de mauvais goût ». Comme c'est volontaire c'est drôle et bien vu par les jeunes Z.

© Patrick Cosi (B&C Consulting Group)

f. La dimension fonctionnelle, l'utilité et juste ça

Les jeunes Z sont reconnus comme des experts des marques et de la communication, les entreprises doivent donc reconnaître leur expertise en matière de publicité et de marketing. Elles doivent leurs montrer qu'elles ont compris qu'elles ne pourraient pas les attraper avec les clichés habituels.

Ainsi une communication *Experiential Disruption* qui se base sur un aspect fonctionnel représenté par l'utilité de la marque ou du produit se doit de proposer aux jeunes Z d'acheter le produit et son bénéfice fonctionnel uniquement. Il s'agit donc d'un retour à la logique de USP *Unique Selling Proposition* tout au début de l'émergence du marketing dans les années 1950.

g. La récup : on n'invente rien, on recycle tous

Une communication *Experiential Disruption* à destination des jeunes Z n'est pas entièrement nouvelle ou foncièrement dotée d'une originalité (une idée qui n'existe pas encore), elle peut être unique en s'appuyant sur une démarche de récupération des éléments culturels déjà bien connus et les intégrer de manière adéquate à la campagne de communication à travers une reprise directe des valeurs au premier degré ou une utilisation décalée : « j'ai compris que vous savez que ceci est réellement nul. Moi aussi. Nous sommes donc sur la même longueur d'onde ».

2. Vers des supports de communication *Experiential Disruption* pour les Z

La méthode *Experiential Disruption* appliquée à la communication implique aussi l'usage de supports de communication *Experiential Disruption* intégrant un ou plusieurs leviers de l'*Experiential Disruption* pour créer un lien fort avec les jeunes Z. Parmi les supports de communication *Experiential Disruption* qui peuvent être utilisés pour communiquer avec la génération Z, on peut citer les suivants.

a. un support *Experiential Disruption* sacré/profane

Ce support se base sur une juxtaposition qui intègre deux dimensions opposées : le sacré et le profane. Le sacré permet à la société de créer une séparation ou une opposition entre les différents éléments du monde ordinaire.

- le sacré désigne donc ce qui est mis en dehors des choses ordinaires, banales, communes ; il s'oppose essentiellement au profane, mais aussi à l'utilitaire. Le profane quant à lui désigne la réalité ordinaire qui ne se définit que par opposition à ce qui est sacré ;
- ce faisant, un support communicationnel *Experiential Disruption* juxtaposant les deux dimensions sacrée et profane que les responsables marketing et les directeurs de communication peuvent utiliser pour communiquer avec les Z peut être traduit à travers la considération de la bible ou de tout autre manuscrit religieux (sacré) en support pour faire connaître, aimer ou acheter un produit ou une marque (profane) ;
- en effet, la bible est l'ouvrage le plus imprimé, diffusé et lu dans le monde entier. Il peut donc permettre la diffusion des idées et leur promotion partout dans le monde. Un autre support symbolisant le sacré, le drapeau peut être utilisé comme support de communication *Experiential Disruption* ;

- Cependant, la dimension sacrée et profane est définie par le contexte culturel et la perception individuelle ou collective où il a été façonné : ce qui est profane pour les uns, ne l'est pas pour les autres et ce qui est profane/sacré dans une culture ne l'est pas dans une autre.

b. un support *Experiential Disruption* réalisme/hyperréalisme

Il s'agit de support qui va utiliser la confrontation de deux dimensions opposées : le réel et l'hyperréel :

- l'hyperréalité est l'un des principes fondateurs du postmodernisme introduit par le sociologue Lyotard en 1979 et repris récemment par Batat et Frochot dans leur livre référence « Le marketing expérientiel : comment concevoir et stimuler l'expérience client » publié chez les éditions Dunod en 2014 ;
- l'hyperréalisme est le fondement de la société de hyperconsommation dans laquelle évoluent les jeunes Z. Il s'agit de la représentation de l'image dans la communication. L'image se détache de ses référents et devient une composante stratégique dans les discours marketing.
- parmi les supports permettant le mélange réel et hyperréel, le roman (hyperréel) de marques (réel) est un support de communication *Experiential Disruption* pertinent pour promouvoir, faire connaître, faire aimer ou faire acheter une marque ou un produit en immergeant le lecteur Z qui est aussi consommateur dans un monde hyperréel offert par le récit narratif dans le roman. La marque ou le produit devient alors un roman littéraire ;

c. Un support *Experiential Disruption* humain/matériel

Un autre support qui peut être considéré pour l'élaboration d'une communication *Experiential Disruption* à destination des jeunes Z intègre la juxtaposition de deux dimensions : humaine et matérielle. Les marques pourront ainsi s'afficher sur le corps humain qui leur sert de support de communication. Cette communication se traduit soit par l'usage des tatouages ou bien de l'homme-cyborg, une sorte de fusion entre l'humain et la machine grâce au progrès technologique et à la connectivité des objets.

d. Un support *Experiential Disruption* souillure/propreté

Pour une communication *Experiential Disruption*, des supports proposant de mélanger les deux dimensions souillure/propreté existent. L'exemple de la communication sur un papier toilette déjà pratiqué par Qublicité (Qublicité France SAS), une agence spécialisée dans le support de communication papier toilette.

- Qublicité a été lancé fin 2012, avec l'ambition d'aboutir à une nouvelle forme de publicité en procurant un nouveau support publicitaire aux annonceurs et une nouvelle manière de passer du temps aux toilettes aux consommateurs ;
- cette agence propose des publicités sur les papiers hygiéniques avec une double épaisseur offrant une douceur et un confort de qualité.
- en effet, le papier toilette permet d'atteindre un public large et particulièrement les jeunes Z

Bien évidemment d'autres supports existent : les mouchoirs en papier par exemple, tout dépend du levier mobilisé par la marque pour atteindre les jeunes Z. Il faut donc se poser la question quel message souhaitez-vous communiquer aux jeunes Z ? Et pourquoi ?

Ce qu'il faut retenir

La mise en place d'une approche *Experiential Disruption* est considérée comme nécessaire, voire primordiale pour élaborer des campagnes de communication à destination des jeunes Z.

Il s'agit d'un processus hybride et complexe fondé sur une logique exploratoire et analytique guidée par un *disruptive design thinking* critique et expérientiel (*critical & experiential design thinking*) qui regroupe 4 piliers majeurs :

- **la pensée critique (***critical thinking*) ;
- **l'approche expérientielle (experiential approach) ;**
- **l'empirisme (cognitive and rational approach) ;**
- **et la subjectivité introspective (subjective introspection).**

La méthode *Experiential Disruption* s'applique à tous les domaines allant du marketing et de la communication, à la vie économique, sociale, familiale, culturelle, en passant par l'éducation, la gestion des ressources humaines, la recherche, etc.

La réussite d'une stratégie *Experiential Disruption* dépend de trois facteurs majeurs :

1. **le porteur de l'idée** *Experiential Disruption* ;
2. **la culture organisationnelle** *Experiential Disruption* et l'adhésion du personnel interne à cette dernière ;
3. **l'environnement d'accueil du projet** *Experiential Disruption* et l'adoption par les acteurs sociaux, économiques, institutionnels, scientifiques, etc.

Il existe quatre processus *Experiential Disruption* : empirique, subjectif, expérientiel et critique.

La communication *Experiential Disruption* doit s'appuyer sur 7 leviers principaux pour communiquer avec les jeunes Z : juxtaposition et fragmentation, empathie, paradoxe, *coolitude*, kitsch, fonctionnel et la récup.

Références

I. Barth et R. Muller, La coolitude comme nouvelle attitude de consommation : être sans être là. Réflexion prospective. *Management & Avenir*, 2008, pp 18-36.

W. Batat, Changing places and identity construction : subjective introspection into researcher's personal destination experiences. *International Journal of Culture, Tourism and Hospitality Research*, 2015, pp. 379-387.

W. Batat, *Les nouvelles youthcultures : tendances et pratiques de consommation d'une génération méjugée et paradoxale*, Collection Consommation des 0-25 ans, Éditions EMS, 2017.

W. Batat et I. Frochot, *Marketing expérientiel : comment concevoir et stimuler l'expérience client*, Dunod, 2014.

C.M. Christensen, *The Innovator's Dilemma : When New Technologies Cause Great Firms to Fail*, Harvard Business School Press, 1997.

J. F. Lyotard, *La condition postmoderne*, Minuit, 1979.

Chapitre 3

La génération Z et le luxe : son profil et ses pratiques de consommation sont-ils compatibles avec les codes du luxe ?

Élodie de Boissieu, Directrice de l'École Internationale du Marketing du Luxe (EIML-Paris)

Introduction

La génération Z constitue pour les opérateurs de l'industrie et des services du luxe, une cible particulièrement stratégique. En effet, non seulement celle-ci représente un poids important pour le luxe (le quart du premier marché du luxe, les États-Unis), mais elle est en plus profondément mondialisée[1], ce qui est un atout majeur pour ces marques de luxe à envergure internationale. Elevé dans un environnement de crises politiques, écologiques et socio-économiques, le consommateur Z quant à lui, est en mal de repères. Zappant d'un canal de consommation à l'autre ou d'une marque à l'autre, il sollicite les communautés virtuelles et cherche dans le Web un moyen de conforter ses choix en partageant instantanément ses expériences d'achat ou ses relations personnelles avec les marques de luxe.

Si les habitudes de consommation de cette nouvelle génération (accessibilité, fugacité, importance de l'expérience) ne semblent à première vue pas compatibles avec les valeurs incarnées par le luxe traditionnel (rareté, transgénérationnelle, culte de l'objet), l'objectif de ce chapitre est de démontrer à travers l'étude des pratiques des marques que des congruences existent bel et bien entre les industries du luxe et les attentes de la Gen-Z. Dès lors, quelques questions se posent :

- quelles sont les attentes de la Gen-Z par rapport à sa consommation de produits de luxe ?
- quelles sont ses valeurs et y a-t-il une rencontre possible avec celles incarnées par les marques de luxe ?
- Le Z et le luxe ont-ils réellement besoin l'un de l'autre et si c'est le cas, quels sont leurs apports mutuels ?
- quelles sont les marques de luxe qui cherchent consciemment ou non à parler à cette génération spécifique et comment le font-elles ?

Consacrées « *love brands* » malgré elles, certaines marques de luxe (Christian Louboutin, Mickael Kors, Balmain, etc.) s'adressent et s'attachent en effet au Z sans le savoir, tandis que d'autres plus traditionnelles et statutaires (Hermès, Tiffany's, etc.) lui

1. 68 % d'entre eux se projettent dans un emploi à l'étranger. *Source* : *Baromètre de l'humeur des jeunes diplômés*, Deloitte, 2016 (www2.deloitte.com), consultation du 3 au 20 novembre 2015.

offrent de solides références rassurantes dans un monde rempli d'incertitudes. La question posée par ce chapitre est donc de savoir si le luxe peut être à terme une voie de sortie et d'épanouissement pour le Z et si, à son tour, le client Z peut être un moyen pour le luxe de descendre de son piédestal, de se désacraliser, de se remettre en question.

I. Le profil de la génération Z et ses attentes de consommation du luxe

Connectée parfois instantanément jusqu'à cinq écrans (télévision, mobile, ordinateur fixe, portable, MP3) alors que la génération précédente n'en utilise que deux, la jeunesse Z se distingue avant toute chose par sa sur-consommation du canal internet et des réseaux sociaux ainsi que par sa capacité à zapper d'un média, d'un canal de distribution ou d'une marque à l'autre. Résolument omni-canal, le Z met l'image et l'esthétique au cœur de son expérience d'achat du luxe, une expérience qui n'a de sens que si celle-ci est adoubée par ses pairs et sa communauté au fil de *stories*[1] ou de jeux en ligne dans lesquels il se met en scène avec la marque.

1. Génération « zapping »

Zappeur dans sa vie en général, le consommateur Z a un comportement d'achat compulsif, moins raisonné[2] et moins fidèle[3] que la génération précédente. Hédoniste, il privilégie les expériences aux produits de luxe, et son envie ou son plaisir du moment oriente ses préférences d'achat selon un parcours client de plus en plus complexe à comprendre pour les acteurs du luxe.

a. Le Z est omni-canal et zappe d'un lieu de consommation de luxe à l'autre

Le Z se caractérise par un comportement d'achat omni-canal. Il explore, compare et devient l'expert du produit de luxe (« *smart shopper* ») par le biais des différents supports immédiatement disponibles (portable, ordinateur, tablette). Il prend sa décision d'achat en ligne et en fonction de ses envies du moment, choisit son lieu d'achat. Envie d'un achat plaisir ou besoin d'une immersion à la marque, il surfe du site e-commerce à la boutique physique, en passant par des sites promotionnels comme Vente-Privée[4] ou de seconde main tels que Vestiaire Collective ou Instantluxe[5] dans lesquels les codes du luxe sont parfaitement respectés.

Il s'agit pour ce consommateur au comportement d'achat hédoniste de choisir le canal le plus commode pour répondre au plus près à son besoin de l'instant.

1. Référence aux histoires éphémères racontées par les utilisateurs du réseau social Snapchat
2. *Source* : enquête Eventbrite/Harris, 2016.
3. Seulement 30 % des Z interrogés contre 45 % des millenials pensent que le programme de fidélité d'une marque est un facteur de différenciation de ses boutiques, selon une enquête EY (*Retail Loyalty Survey Report*, 2016, étude menée sur 400 jeunes Z et 1000 Y, entre le 2 et le 13 janvier 2015).
4. Le site *Ventes Privées* (22 millions de membres en 2016) a récemment développé un espace dédié aux marques de luxe : « vente-privée Lounge » afin de se rapprocher davantage encore de l'esthétique des sites des marques de luxe.
5. Racheté en Juin 2016 par le groupe Galeries Lafayette, InstantLuxe possède une communauté de 700 000 membres répartis en Europe. Une étude Exane-Paribas estime à 16 milliards d'euros la taille du marché de l'occasion du luxe, pour une part de marché mondiale de 7 %.

Le Web est le premier lieu de rencontre entre le Z et le luxe

« *Bientôt nous devrons penser à récompenser les clients qui vont en boutique plutôt que sur le Web pour effectuer leurs achats ; les marques de luxe devront offrir en boutique des produits moins chers que sur leur site Web par exemple* »[1], déclare Alain Nemarq, PDG de Mauboussin, l'une des premières marques de luxe à s'être intéressée aux *millenials* (génération Y) et *post-millenials* (génération Z) en développant une offre *access* plébiscitée sur des campagnes d'affichage dans le métro parisien.

En effet, au-delà même de son usage du Web pour mûrir sa décision d'achat (45 % des achats luxe dans le monde ont été influencés par une interaction digitale[2]), le Z se démarque des autres générations de consommateurs par la sur-représentation de ses achats sur le canal internet[3]. Pour certaines catégories de produits de luxe comme les produits cosmétiques, de maquillage ou la mode et ses accessoires, le canal Web est déjà privilégié aux boutiques physiques par les jeunes et 55 % d'entre eux préfèrent acheter leurs vêtements en ligne[4] par exemple. De même, pour les marques plus *masstige* davantage consommées par les jeunes générations (Burberry, Longchamp, Mickael Kors), le poids du Web dans les achats est plus important (voir figure 1).

Figure 1 : Les ventes du luxe issues du canal Web

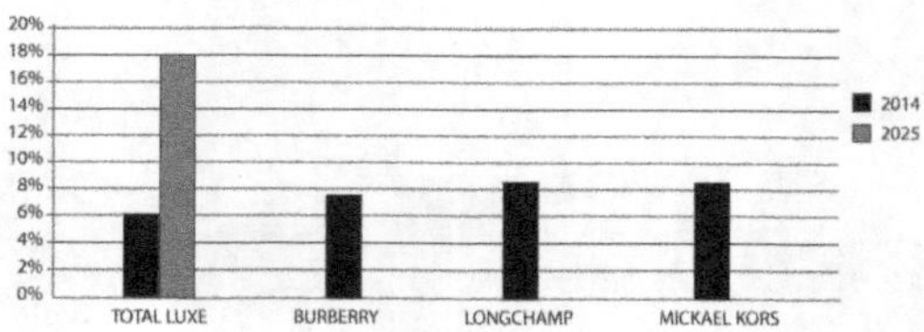

Source : Exane BNP- Paribas, 2014

La boutique de luxe fait encore partie du parcours du client Z.

Malgré sa sur-représentation sur le canal Web, le client Z reste attaché à la boutique de luxe. Cependant, les motivations du Z pour se déplacer en boutique ont évolué et les acteurs du luxe reconfigurent leurs points de vente *off-line* pour répondre à ses nouvelles attentes.

1. Alain Nemarq, PDG de Mauboussin, entretien 11/07/2016
2. *Source* : étude McKinsey/Altagamma, Juillet 2015
3. *Source* : Retail Loyalty Survey Report, EY, 2016
4. *Source* : Enquête quantitative Nelly Rodi/ Google menée sur 1000 consommateurs de luxe âgés de 18-24 ans, résidant en France, Etats-Unis et Japon, 2016

Reconnecter le Z avec la boutique de luxe

La boutique Karl Lagerfeld met l'expérience utilisateur au cœur de sa digitalisation en offrant les mêmes facilités que celles proposées par le web avec un accès permanent à la prise de conseil auprès de sa communauté. Ainsi, des iPads ou *tweet mirrors* sont mis à la disposition du client dans les cabines d'essayage pour que celui-ci se prenne en photo et partage ses essayages avec sa communauté. Les portants des vêtements sont également interactifs, ce qui lui permet de s'abstraire du conseil du vendeur pour obtenir l'information désirée (prix, stock, caractéristiques du produit).

Les étudiants de l'EIML Paris devant la boutique Karl Lagerfeld du boulevard Saint-Germain
© EIML - Paris

Tableau 1 : Les leviers de motivation du Z pour aller en boutique

Les +	Les -
Le shopping est un véritable loisir	Le conseil du vendeur
	Le fait de toucher les produits
Le besoin d'essayer les produits	La possibilité de livraison « click and brick »

Source : Synthèse de l'enquête Nelly Rodi/Google, 2016

La possibilité de livrer ses achats réalisés sur le Web en boutique ne représentant pas un levier important pour le Z[1], la boutique de luxe doit se transformer pour se connecter davantage au Z et lui proposer une « expérience utilisateur »[2] qui intègre à la fois :

- son parcours multicanal ultérieur (sur le Web) ;
- les contacts avec sa communauté virtuelle ;
- l'accès aux coulisses ou aux secrets de la marque.

Introduction de *beacons*[3] qui personnalisent le parcours client (Barney's à Chelsea), *Google glass* reproduisant à domicile l'expérience de maquillage vécue en magasin (Yves Saint-Laurent), casque de réalité virtuelle « *Dior Eyes* » donnant accès au *backstage* des défilés de la maison, etc. Tous ces dispositifs originaux permettent au luxe de reconnecter peu à peu le Z avec ses lieux de consommation traditionnels.

Ainsi, quel que soit le canal utilisé par le Z, celui-ci doit être considéré à la lumière du Web : c'est l'expérience utilisateur qui prévaut dans son choix, allant de la simplification de sa navigation jusqu'au fameux « *waouh effect* », l'idée étant qu'il n'y ait pas de rupture dans le récit de marque à travers les différents points de contact qu'il utilise[4].

b. Le Z zappe d'une marque de luxe à l'autre

Zappant d'un lieu de consommation à l'autre ou d'un écran au suivant, le Z n'a également aucun complexe à switcher d'une marque à l'autre, voir à assortir pour une même catégorie de produits des articles *fast fashion* avec des pièces de marque de luxe. « ***Pourquoi une passion quand on peut en avoir dix*** », déclare le Z dans l'enquête Nelly Rodi/Google (2016) quand on l'interroge sur le métier qu'il souhaite exercer plus tard.

Le Z est « omni », il veut tout embrasser et n'est pas surpris de voir les plus grands chefs comme Thierry Marx, se mettre dans la rue pour cuisiner des hamburgers ou passer dans le métro et y voir exposées certaines maisons joaillières de la place Vendôme.

1. *Source* : Retail Loyalty Survey Report, EY, 2016
2. L'expérience utilisateur (ou, en anglais, User Experience) renvoie à l'expérience digitale vécue par le client.
3. Les *beacons* sont des petits capteurs de reconnaissance qui permettent de divertir le visiteur avec des contenus multimédias (vidéos, looks books, interviews de designers), mais également d'accompagner son shopping en fonction de ses contacts digitaux sur les plateformes de l'enseigne.
4. *Source* : Les vitrines du luxe, E. de Boissieu & G. Milleret, Eyrolles, 2016.

Dans la mode ou la joaillerie comme dans la haute gastronomie, **le Z passe du fast food au restaurant étoilé et du bijou fantaisie à l'accessoire de luxe, sans transition**.

« *Intéressés par une multitude de choses, nous voulons partager avec vous nos expériences et nos coups de cœur. Notre ambition est de conseiller humblement une jeune génération ambitieuse soucieuse de sa réussite. Cette génération particulière, hybride, combine les inspirations : elle est capable de manger des burgers comme de la truffe, de combiner du H&M avec du Kenzo, de sortir à l'Opéra comme en Festival...Peu à peu, nous voulons construire une référence accessible à Paris pour les jeunes gens cherchant des solutions aux questions qu'ils se posent quotidiennement. Nous parlerons tant de mode que de design, de sport comme de restaurants et d'expos ainsi que de joaillerie, etc.* » (Extrait du manifesto du blog Hero Paris, un blog né d'une association de deux étudiants de la génération Z, Heirama et Romain)

c. Le Z switche d'un genre et d'une valeur à l'autre dans le luxe

Pour cette génération « zapping » qui refuse de se plier aux contingences de la société et du luxe en particulier par crainte de voir son identité propre entravée, les frontières culturelles n'ont plus lieu d'être. Ainsi, les valeurs incarnées par le luxe peuvent aussi bien être portées par une actrice institutionnelle à la notoriété internationale comme Marion Cotillard (Dior), une rock-star issue du groupe Métalica (Brioni), une maquilleuse transsexuelle ou un graffeur de rue.

En utilisant pour sa dernière campagne publicitaire H&M by Kenzo, de jeunes artistes de rue méconnus du grand public (maquilleuse londonienne, musicien parisien, etc.), le géant suédois répond à cette confusion des valeurs souhaitée par la jeune génération et brouille les frontières entre le luxe exclusif et le luxe pour tous.

Dans la même lignée, des marques comme Burberry, Gucci, Vivienne Westwood ont décidé de fusionner l'ensemble de leurs lignes Homme et Femme à partir de 2016, comme une réponse à cette génération très libérée socialement et en faveur du « mariage pour tous ».

Le mix marketing du Z et du luxe

Web to store, store to web, produits de mass ou de luxe exclusif, portés par des icônes ou des illustres inconnus, le Z n'a pas de limites. Pour lui, le luxe n'est pas unique, il est omni.

Figure 2 : Le mix-marketing du Z et du luxe

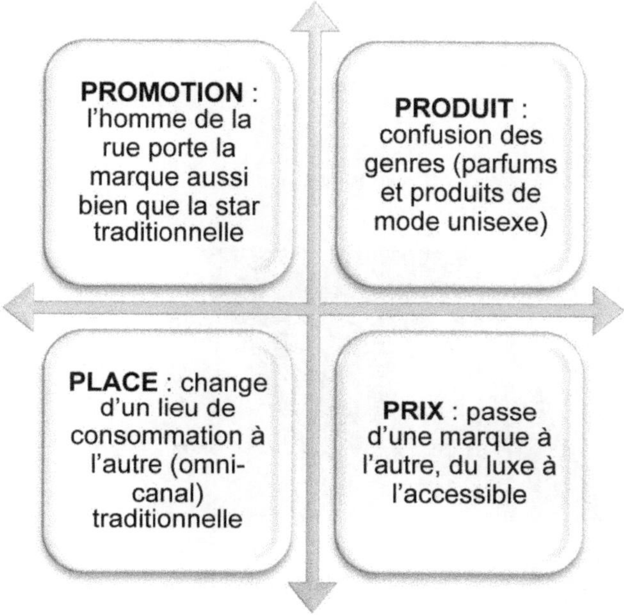

2. Génération « show » et luxe

Dans leur mode de communication, les jeunes Z sont généralement plus attentifs aux images qu'aux textes : selon une étude Opinionway (Juin 2016), 53 % ont déclaré faire d'abord attention aux photos sur un site de marque (contre 44 % pour l'ensemble de la population interrogée), puis aux graphiques (24 %).

D'autre part, ceux-ci vont préférer dans les images celles qui suscitent de l'émotion (52 %) avant tout, et non de la réflexion ou du rêve. Dès lors, toute mise en scène visuelle qui leur renvoie un message émotionnel fort et instantané est relayée spontanément par cette génération qui décide de s'en emparer pour la partager avec son club de pairs.

Esthétique, émotion, expérience avec la marque, tous ces *insights* du Z n'ont en effet de sens que lorsqu'il peut les partager avec sa communauté en se mettant soi-même en scène. Par conséquent, le luxe revoit sa politique de communication et alimente sur les réseaux sociaux des contenus non plus seulement institutionnels[1] (événements, campagnes de publicités, nouvelles collections, actualités liées à l'utilisation d'égéries), mais reposant aussi sur des interactions avec ses jeunes fans (offres commerciales, concours, questions-réponses, conseils, tutoriels, etc.).

1. *Source* : étude Digital luxury – décembre 2012

Figure 3 : Les principaux axes de communication du Z et le luxe

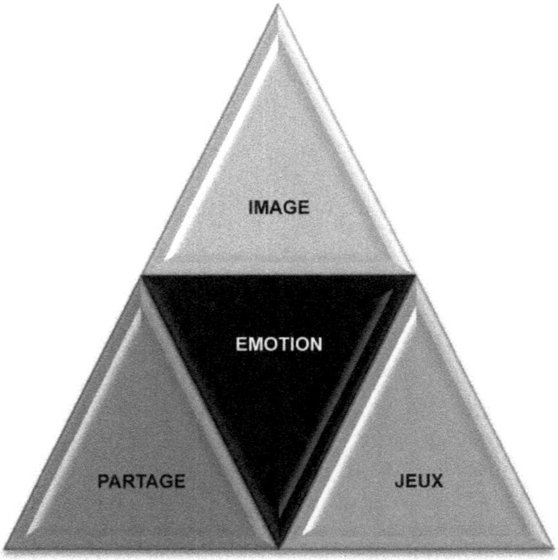

Source : Opinionway, Juin 2016

a. Le jeune z privilégie l'esthétique pour communiquer sur le luxe

Réponse parfaite aux attentes de cette génération Z, la plateforme de partage de photos, Instagram (300 millions d'utilisateurs en 2015) est celle privilégiée dans le cadre de l'expression des relations du Z et du luxe. En effet, après le secteur de l'alimentation, le luxe est le deuxième sujet le plus échangé sur Instagram avec 2,6 millions d'images partagées tous les mois à travers le monde.

Les thèmes les plus représentés concernent :

- la joaillerie-horlogerie (44 %) ;
- les chaussures (36 %) ;
- la maroquinerie (15 %) ;
- et enfin les vêtements (5 %)[1].

Selon le cabinet d'études Forester, les utilisateurs d'Instagram passent quotidiennement 21 minutes sur ce réseau, 80 % des usagers ont moins de trente ans et le taux d'engagement[2] (4 %) de ce média est largement supérieur à celui de ses concurrents Facebook (0,07 %) et Twitter (0,03 %). Aussi, les marques de luxe s'emparent de ce réseau d'autant plus qu'il place l'esthétique, l'image, la photo et la vidéo au cœur de son dispositif.

1. *Source* : Linkfluence, 2016
2. Le taux d'engagement se mesure par le rapport entre le nombre d'interactions et le nombre d'abonnés ou fans de la marque.

Balmain, comme réponse à la génération insta-esthétique

L'ultramédiatisation du directeur artistique de Balmain, Olivier Rousteing, a largement contribué au réveil et au succès de cette belle endormie et son rachat par le fond Qatari Mayhoola pour 500 millions d'euros (quinze fois son EBITDA) en est la preuve.

Dès sa prise de fonction, le jeune DA de 25 ans poste des selfies qui le mettent en scène du matin au soir avec ses amis stars comme Kim Kardashian ou lors de ses voyages. Un créateur 2.0 ayant plus d'1 million de followers sur Instagram issu de la génération Y qui parle aux jeunes Z, prescripteurs de sa marque.

b. Pour exprimer sa relation avec le luxe, le Z valorise l'authenticité et l'exclusivité

Loin de l'esthétique irréaliste proposée sur le média Instagram, l'application Snapchat dont 60 % des utilisateurs ont moins de vingt-cinq ans[1] détient aujourd'hui 150 millions d'actifs chaque jour (et autant de clichés envoyés). Selon l'agence de tendance Nelly Rodi, il s'agit du premier réseau social employé par les jeunes Z avant Instagram et Facebook pour partager leurs émotions avec leurs marques, mais pour le moment, les acteurs du luxe n'ont investi que modestement cette plateforme.

La dimension éphémère associée au caractère « brut » et volontairement non retouché des photos partagées ne semble pas en adéquation avec les codes des principaux acteurs traditionnels du luxe. En revanche, certains *outsiders* comme Burberry ou Valentino ont récemment compris l'intérêt de ce lieu d'échange qui privilégie la spontanéité des « beaux moments », l'exclusivité et l'instantanéité des contenus proposés pour les utilisateurs, au détriment d'une esthétique de papier glacé retouché traditionnelle.

Accès à des *backstages* de défilés ou visualisation des collections avant leur démonstration dans le monde entier, la collection printemps-été de Burberry a ainsi été dévoilée en primeur aux utilisateurs de Snapchat qui ont relayé ensuite l'information sur tous les réseaux sociaux, créant ainsi un *buzz* bien plus important que n'importe quel média.

L'effet Snapchat dont les images partagées mélangent mise en scène, hasard et fort pouvoir émotionnel a d'ailleurs motivé l'autre réseau du Z, Instagram, à faire évoluer son format au profit de visuels plus naturels, plus authentiques, ponctués même de défauts[2].

c. Le Z utilise le jeu pour se mettre en scène avec sa marque de luxe

Ré-enchantement de son quotidien par la superposition d'éléments imaginaires dans le monde réel, besoin d'expériences émotionnelles fortes, attention particulière portée à l'image (plutôt qu'aux textes), la génération Z a également besoin de jeux pour nourrir ses relations avec sa marque. Dès lors, s'inspirant du succès conjoint des jeux-vidéos, de

1. *Source* : Étude Snapchat, Etats-Unis, 2016.
2. En Août 2016, le troisième réseau social le plus utilisé dans le luxe après Facebook et YouTube, Instagram a lancé une nouvelle fonctionnalité fortement inspirée de son concurrent Snapchat : « Instagram Stories » : « *Instagram stories lets people share photos and videos that have a life span of no more than 24 hours with friends follow them [...] Our mission has always been to capture and share the world's moments, not just the world's most beautiful moments* » (Kevin Systrom, co-fondateur et directeur opérationnel d'Instagram, New-York Times, 2/8/2016).

l'explosion des réseaux sociaux et des actions collectives menées auprès du Z, le luxe a bien compris la nécessité du principe de *gamification*[1] pour engager cette cible vis-à-vis de sa marque :

- applications pour Smartphone (quizz, essayage virtuel, etc.) (cf. encadré) ;
- ou jeux-concours (cf. encadré) suivis et partagés par les réseaux sociaux.

Il s'agit de trouver des moyens pour engager et fidéliser à long terme cet adolescent « zappeur ». Rapprocher marques et jeunes autour d'événements sportif, ludique, ou simplement divertissant en s'inspirant du succès des jeux en réalité augmentée[2] permet ainsi de l'immerger virtuellement dans l'univers créé par la marque. Grâce à ce nouveau principe de jeu d'expérience immersive[3], la marque dispose d'une audience plus active, totalement imprégnée de ses codes narratifs qui lui permet d'engager son audience à plus long terme. « *L'utilisateur est obligé d'être concentré s'il ne veut pas perdre, et forcément va être beaucoup plus réceptif à tous les messages que lui donne l'annonceur* », explique à l'AFP Clément Muletier, consultant spécialiste de la *gamification.*

Le n° 1 mondial de la cosmétique introduit la gamification augmentée dans le luxe

S'associant avec Image Metrics, L'Oréal a ouvert la voie au luxe en matière de réalité augmentée et de gamification auprès de la génération Z grâce à son application « MakeUp Genius » téléchargée par près de 20 millions d'utilisateurs dans le monde depuis son lancement en mai 2014.

En 2016, une nouvelle licence sur ses gammes de maquillage consolide son expertise dans le domaine de la cosmétique virtuelle. « *Cette nouvelle licence avec Image Metrics nous permettra d'explorer de nouvelles possibilités, d'être encore plus connectés à nos consommateurs* », a déclaré Cyril Chapuy, directeur général de L'Oréal Paris International dans un communiqué de presse.

L'application est un système de reconnaissance faciale destiné à appliquer un maquillage virtuel en temps réel pour voir les effets d'un produit sur son visage et aider à la décision d'achat.

1. Utilisé par de nombreux secteurs, le marché de la *gamification* devrait passer à plus de 5 milliards de dollars en 2018 sachant qu'il est actuellement valorisé à 2,8 milliards de dollars en 2016 (source : étude de l'agence Markets&Markets, 2015).
2. Cf. le succès du jeu Pokémon sorti en juillet 2016.
3. *Source* : Décision Marketing, « *L'expérience immersive créée par un jeu promotionnel en réalité augmentée destine aux enfants* », Isabelle Muratore et Olivier Nannipieri, janvier-mars 2016.

Face à ce consommateur Z pour qui tout achat est un acte pleinement social, les marques de luxe se transforment en de véritables intermédiaires relationnels à coup d'images évocatrices ou d'ashtags symboliques, des modératrices de communautés, des pourvoyeuses de contenus culturels, de divertissements, de conseils en tout genre (*via* notamment le réseau Pinterest)[1].

Le luxe diffuse des images ou des textes sur les réseaux virtuels de plus en plus éloignés de ses produits au profit des valeurs qu'il souhaite incarner, en vue de créer des relations personnelles, intimes avec son jeune public. La fin de la distanciation du luxe par rapport à ses clients est en route.

Jimmy Choo utilise le terrain du jeu pour cibler les Z

Afin de s'assurer l'engagement des Z, Jimmy Choo a créé un véritable buzz sur les réseaux sociaux en s'associant avec Foursquare, à l'occasion du lancement de sa nouvelle collection de chaussures *trainers*.

Plus de 4 000 jeunes ont participé au jeu de piste consistant à trouver une paire de chaussures à travers les rues de la capitale londonienne après avoir trouvé des indices sur twitter.

Résultat : 285 000 mentions de la marque sur Facebook, plus de 4 000 tweets et 250 blogs couvrant l'événement. Même les ventes en boutique ont augmenté de 33 % à la suite de la parution de ce jeu avec la marque dans le support londonien The Evening Standard.

3. Génération « share » le luxe

À la fois en mal de repères dans sa vie et rythmé par le « peer-to-peer » dans ses transactions, le jeune Z a besoin en permanence de l'adoubement de ses pairs pour légitimer ses achats ou justifier ses choix. Aussi, il prend systématiquement conseil avant ses achats auprès de sa communauté et partage ses expériences d'achat et de vie avec ses pairs pour leur donner une caution supplémentaire.

D'autre part, cette génération marquée par les sites d'économie collaborative comme Air B&B et le Boncoin s'intéresse plus que jamais aux sites de location ou de réutilisation dont les produits proposés ont déjà été cautionnés par leurs anciens propriétaires. Donner une seconde vie, faire perdurer l'expérience, le Z a bien compris que c'est dans l'échange qu'il s'enrichit et nourrit sa propre existence.

1. Le réseau social Pinterest (100 millions d'utilisateurs par mois dont 55 % l'utilise comme moteur de recherche à l'achat versus 12 % sur les autres réseaux sociaux) propose des idées shopping et de tendances mode, décoration et gastronomie illustrées par des images vidéos. Le Z y suit ses séances de gym, des projets d'équipement pour sa maison et des tutoriels pour ses cheveux et sa beauté par exemple. En 2016, Pinterest a choisi le luxe comme partenaire principal (BareMinerals, Behr Paint, Kate Spade New York, Lionsgate, Purina) dans le cadre de son nouveau lancement de vidéos publicitaires.

a. Le Z « like » son expérience de luxe pour la faire perdurer

Selon le jeune Z, l'expérience de luxe n'est pas individualiste, elle est collective et ne prend son sens que lorsqu'elle rayonne au-delà de son lieu de consommation. Le *social shopping* est ainsi le mode d'achat de prédilection de cette génération qui utilise les *Tweet mirrors* et autres écrans interactifs disponibles dans les boutiques, pour exporter instantanément son look sur les médias sociaux et solliciter l'avis de ses amis avant d'acheter les produits essayés.

Les achats sont de plus en plus connectés et malgré la forte notoriété attachée aux marques de luxe (qui devrait dépasser le recours à des avis extérieurs), les produits et services de cet univers sont corrélés aux retours d'expérience de leurs clients.

Pour répondre à ces spécificités, certains sites de marques de luxe ont d'ailleurs créé des boutons de consultation sur les réseaux sociaux à côté des produits présents sur leur site e-commerce[1].

b. Le Z a besoin de la reconnaissance de ses pairs pour légitimer ses choix dans le luxe

Les Z apprennent l'existence de nouvelles marques à travers leurs proches, les sitcoms, les blogs de mode et utilisent moins que leurs prédécesseurs les magazines et autres médias traditionnels pour s'informer sur les marques de luxe. Dès lors, leurs pairs, les personnes qui leur ressemblent par leur mode de communication ou parce qu'ils font partie de leur communauté virtuelle, constituent leurs principaux référents et servent même de clé d'entrée à l'achat pour certains produits et services de luxe ; les avis des bloggueurs ou les stars les plus *likées* et ceux des simples consommatrices ont parfois plus de poids que l'ancienneté ou l'héritage de la marque de luxe.

Les bloggeurs sont ses premiers influenceurs

The Blond Salad, avec sa fondatrice et bloggeuse italienne, Chiara Ferragni, possède autant d'abonnés que Barack Obama (6,5 millions de followers Instagram et 500 000 visiteurs uniques par mois, en 2015) et détient son propre site de e-commerce (www.shop.theblondsalad.com) et Garance Doré, la doyenne française du blog (dix ans d'existence) est aussi renommée qu'Anna Wintour et compte une large gamme de produits dérivés à son nom ainsi qu'un studio de création à New-York.

Dans la mode comme dans la beauté (les « *beautystas* »), les conseils avisés et tutoriels divers de la communauté des bloggeurs sont de véritables leviers à l'achat pour les Z.

Par ailleurs, les bloggeuses en général n'hésitent pas à monnayer leur puissance de diffusion auprès des marques de luxe (The Blond Salad génère 2 millions de revenus annuels grâce aux bannières publicitaires présentes sur son blog ainsi qu'à ses partenariats avec Louis Vuitton et Burberry[2]) ou simplement à user de leur style et leur plume pour influencer leurs lecteurs sur les « *love brands* » et les « *it-bags* » du moment.

---

1. À court terme, cet engouement pour le e-commerce devrait s'intensifier avec la mutation de la plateforme Instagram en canal de distribution, comme l'est déjà aujourd'hui son concurrent Pinterest (avec son épingle « acheter » qui pousse les usagers à l'achat d'impulsion)
2. *Source* : Business of Fashion, 02/09/2016

Les égéries du luxe restent son modèle de référence

Cette génération est également très sensible au comportement de consommation de ses égéries et les marques de luxe les utilisent et les choisissent comme porte-drapeau plus subtilement que dans une campagne de publicité traditionnelle. En effet, le nombre d'abonnés de la star devient le seul critère de mesure objectif de sa notoriété et les stars de cinéma d'autrefois sont remplacées par de jeunes références dans le monde de la musique, de la mode ou du sport qui utilisent le plus largement possible les mêmes moyens de communication que les Z.

Cristiano Ronaldo dépassant les 100 millions de *likes* sur Facebook, David Guetta (55 millions), Clara Delevingne (12 millions sur Instagram) ou Kim Kardashian sont les nouveaux porte-parole des marques horlogères ou de mode. « *Quand Kim Kardashian se poste sur Instagram avec de nouvelles chaussures Louboutin, la demande sur le modèle qu'elle porte est immédiate* », Bruno Alazard, directeur digital marketing chez Christian Louboutin[1].

L'idée est que « *l'instagirl fasse le pont entre la mode (ou le luxe), le divertissement et le social media* », selon Jane Hertzmark Hudis, présidente d'Estée Lauder[2]. En effet, pour apporter une vraie caution, l'égérie utilisée doit continuer à nourrir le capital de la marque et c'est la mise en situation de ses relations avec la marque transmise sur les réseaux sociaux qui est fondamentale. «*Quand Ronaldo twitte sur une réunion avec Tag Heuer, cela vaut une fortune* », souligne l'ex dirigeant de Tag Heuer, Jean-Claude Biver. *La clé d'entrée d'une relation reste la disponibilité émotionnelle de l'ambassadeur, sa cohérence et sa sympathie envers la marque […]. L'activité d'un ambassadeur sur les médias sociaux a beaucoup plus de crédibilité auprès des jeunes que si c'est la marque qui s'exprime*[3].»

Mais l'avis de ses pairs est tout aussi important

Si 50 % d'entre eux estiment qu'il est plus facile de communiquer avec les autres *via* le virtuel[4], les Gen Z ont besoin du retour sur expérience de leur communauté proche et de partager avec elle leur expérience de vie (avec l'objet procuré par exemple).

C'est par le partage que le bien, acheté ou non, revêt toute son importance. Dès lors que la communauté est un récepteur d'expérience, il est naturel que certaines marques utilisent ses membres comme égéries le temps d'une campagne de publicité.

1. *Source* : entretien, Cité du Luxe, EIML Paris, 31/03/2016
2. *Source* : Challenge, 16/05/2015
3. *Source* : Challenge, 16/05/2015
4. *Source* : « Gen Z : digital in their DNA », JWT Intelligence, Avril 2012

Les « Clergerie girls » : les it-girls d'aujourd'hui

Habitué à tout maîtriser, le luxe laisse parfois sa parole aux jeunes générations qui vont adouber leurs produits aux yeux des jeunes Z. Ainsi, des maisons comme Robert Clergerie n'hésitent-elles pas à utiliser comme égéries de simples clientes qui deviennent de véritables ambassadrices « *testimonial* » pour la marque. Initiée en 2016, la campagne publicitaire des « Clergerie girls » porte aux nues de simples jeunes consommatrices qui partagent leur expérience avec la marque et leur style de vie auprès de leur communauté.

Figure 4 :
Le processus d'achat du client traditionnel du luxe

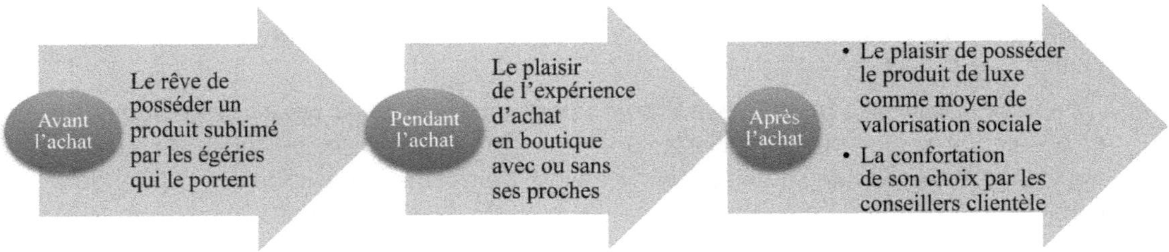

Le processus d'achat du luxe par la génération Z

Du désir d'achat d'un produit ou d'un service de luxe à la réalisation de son acte d'achat, le comportement du Z se distingue profondément de celui du client traditionnel du luxe. Pour le Z, le rêve de luxe se transmet par sa communauté virtuelle alors que pour les autres types de clients, le désir de luxe est nourri par les égéries et autres « monstres sacrés » qui le portent.

Pendant l'acte d'achat, le Z est constamment relié aux autres tandis que l'habitué du luxe vit son accès à la possession seul. Après l'achat, le Z se met en scène avec le produit de luxe pour intensifier son plaisir avec sa communauté ; le client traditionnel, quant à lui, voit dans le produit de luxe un moyen de valorisation sociale et confronte ses choix avec les autres clients ou les vendeurs du magasin.

c. Même pour consommer le luxe, la notion de partage passe par le mimétisme, la location et la réutilisation

Génération « me too » et luxe

Plus angoissés, moins protégés (du fait des réseaux sociaux) et davantage en quête de repères que leurs grands frères et sœurs, les jeunes Z sont largement connectés à leurs parents et ont un comportement d'achat mimétique avec ceux-ci : « *mes parents sont mes meilleurs amis* », déclarent les deux tiers d'entre eux selon une enquête[1]. La plupart d'entre eux achètent les mêmes marques de vêtements qu'eux, comme Gap, Polo, Tommy Hilfiger, etc.[2]

Plus encore, ils utilisent les mêmes articles de mode que leurs parents ; d'où le succès en France de marques de mode et de lingerie comme Comptoir des Cotonniers, initiateur du tandem mère-fille dans ses campagnes de communication, ou bien des marinières Petit Bateau et des maillots de bain Vilebrequin ou Darjeling qui proposent des produits coordonnés pour la mère (ou le père) et la fille (ou le fils).

Au-delà de la propriété et la maximisation de l'intérêt économique sous-jacent, cette génération « partage » cherche dans cet acte d'achat spécifique à créer un lien social ***transgénérationnel :*** c'est une « extension de soi » du côté du parent, c'est une nécessité de revendiquer son statut de « petit adulte » autonome tout en créant des liens émotionnels forts avec sa famille du côté du jeune[3].

Patek Philippe, la marque horlogère que l'on se transmet génération après génération

Manufacture horlogère, Patek Philippe créé des garde-temps qui sont parmi les plus désirables du monde. Une désirabilité nourrie par les campagnes publicitaires « Générations » de la marque : « *on est jamais tout à fait propriétaire d'une montre Patek, c'est elle qui vous choisit et vous demande de la garder pour les générations à venir* », rappelle l'accroche.

Ce comportement d'achat donne finalement du sens à leur acte d'achat tout en lui conférant une caution supplémentaire. Cette habitude de consommation est visible à la fois pour les produits de mode mais aussi pour les produits plus statutaires, comme les montres.

1. *Source* : *Consumer Insights*, Viacom, Octobre 2013.
2. *Source* : *Consumer of Tomorrow*, 2011.
3. *Source* : « La propension des mères à échanger des vêtements avec leur fille adolescente : quelles conséquences pour le marketing », Decoopman I., Gentina E., Décisions marketing, avril-juin 2013

Génération « luxe and co[1] »

Chaque action qui compose la vie du Z telle que se loger (apartager.com, réseau-cosi.com), se nourrir (Amap comme la ruche qui dit oui), voyager ou se déplacer (Uber, Blablacar, Air B&B), s'habiller (sacdeluxe, l'habibliothèque), s'équiper (Le Boncoin) est désormais accessible sous forme du partage, de la location, du troc ou du prêt à travers des plateformes et sites internet dédiés.

Dès lors, le luxe s'organise pour répondre à cette nouvelle économie collaborative, ce phénomène de « *couch-surfing* » (selon le sociologue Michel Maffesoli) et se rend accessible lui aussi en acceptant plus ou moins tacitement de référencer ses propres produits ou ses biens sur ces sites communautaires ; si le luxe est éternel, le Z lui donne une seconde vie en l'incitant à se mettre à sa disposition par le biais de ces nouveaux lieux d'échange. Dès lors, le Z accède au luxe quand il veut et au rythme qu'il souhaite, et la variable du prix devient secondaire.

Tableau 2 : Les principaux sites et plateformes créés dans le domaine de l'économie collaborative

Secteurs/Cible	Grand public	Clientèle du luxe
Immobilier	Appartager.com AirB&B	Le Collectionist OneFiveStay AirB&B 5 étoiles
Équipement de la maison	Le Bon Coin	
Habillement	Troc Vestiaire Rentrez vous Videdressing Pretachanger	Rent the runway Chic by Choice Vestiaire Collective InstantLuxe L'Habibliothèque Sacsdeluxe
Voitures	Uberpop Blablacar	Voitures noires Toys club
Horlogerie		Lease a Watch
Voyages	Coachsurfing Les Malles Berthault (bagages Delsey à louer)	Share a jet Sail Sharing Boatferly

Génération « second hand » et luxe

Comme pour les sites promotionnels dans les années post-internet, les marques de luxe ont tardé à reconnaître le référencement de leurs produits d'occasion sur les sites Internet de seconde main.

1. Référence au livre best-seller de Dana Thomas, *Luxe & Co.*

Aujourd'hui, confronté à une génération qui ne perçoit plus ces cloisonnements comme discriminants pour la marque, le luxe va jusqu'à cautionner ces produits déjà usés pour les transformer en produits *vintages*[1]. Certaines marques *outsiders* n'hésitent pas à développer des partenariats exclusifs avec des sites comme Videdressing ou Vestiaire Collective : Jean-Charles de Castelbajac a ainsi créé des éditions limitées distribuées exclusivement sur Videdressing et Gucci s'associe avec la maison Christies pour légitimer l'authenticité de ses produits d'occasion vendus par la maison de ventes aux enchères (« *Gucci collectors* »).

Le luxe créé ainsi lui-même un luxe *vintage* comme besoin de revendiquer son statut de marque transgénérationnelle sur laquelle le temps n'a pas de prise, auprès de la Gen-Z.

II. Les valeurs et les attentes de la génération z et celles du luxe : contradiction ou compatibilité ?

L'importance accordée à l'expérience et à l'émotion ainsi que le besoin d'exprimer son identité rendent les attentes du consommateur Z particulièrement compatibles avec les réponses des marques de luxe. Pour autant, la prime absolue que le Z attache à l'immédiateté, au temps court semble le distancer de cet univers « mythique » qui privilégie les temps longs.

Besoin de sensations fortes, désirs d'assouvissement immédiat, la durée de vie des produits de luxe et leur difficulté d'accès n'augmentent pas pour autant leur valeur perçue aux yeux du Z. Cependant, le jeune Z pour qui la quête de sens est essentielle peut trouver dans le luxe un moyen d'exister, une voie vers l'auto-préservation, une issue pour faire une pause dans sa course effrénée vers la consommation.

1. Expérience, émotion et valorisation de soi : trois valeurs du Z partagées par le luxe

Expérience, émotion, exclusivité nourrissent le *brand content* du luxe et séduisent les jeunes générations à la recherche de produits permettant l'affirmation de leur identité auprès de leur communauté.

a. L'expérience de luxe, avant le produit de luxe

Quand il est interrogé sur sa définition du luxe, le Z indique que l'expérience de luxe est plus importante que l'objet lui-même. Le luxe du Z renvoie en effet à quelque chose d'immatériel, il ne peut pas s'abîmer avec le temps, il reste gravé dans sa mémoire et enrichit sa vie. En revanche, pour s'inscrire dans la durée, l'expérience du Z a toujours besoin de se transmettre et d'être vécue même de loin par sa communauté.

1. Né aux Etats-Unis en 2006 avec les accessoires de mode (Bag Borrow or Steal), le marché mondial du luxe d'occasion est estimé selon Precepta (étude Xerfi) à 3,7 milliards d'euros, soit 5 % environ du marché du luxe, en 2014 (dont 300 millions d'euros en France).

Pour lui, le luxe n'a pas le même sens que pour les générations précédentes : « *le luxe n'est plus d'accumuler les richesses matérielles mais d'expérimenter les richesses immatérielles [...] la volonté de vivre à fond l'instant éternel [...] rejeter le rationalisme et chérir l'hédonisme*[1] » (Michel Maffesoli). En effet, alors qu'au XXème siècle, la consommation du luxe répondait à un besoin d'accumulation patrimoniale (léguer ses biens à ses descendants, laisser une trace, etc.) d'où la durabilité nécessaire du produit acheté, les achats de produits de luxe ne répondent pas au même besoin de possession pour les nouvelles générations.

Ainsi, la consommation du luxe tend à se déplacer des produits ancrés dans le long terme comme les produits d'horlogerie par exemple vers des services *one shot* ou immatériels comme les voyages, les hôtels, les restaurants étoilés... Il s'agit moins de posséder le luxe que de l'utiliser et le partager : « *ce consommateur pour qui jouir peut être aussi important qu'avoir* » (J-F Le Louet, Directeur Général, Agence Nelly Rodi).

« *Pour eux le luxe c'est l'expérience, vivre un voyage, manger quelque chose de bon, sentir le vent dans leurs cheveux, vivre des choses un peu dures, faire vivre tous les sens* » (Nourite Eladan-Bertein, International Consumer & Shopper Insight Director, Guerlain).

Dans le secteur de la restauration en particulier, les chefs ont bien compris l'importance de l'expérience et de sa durée pour fidéliser leur clientèle au concept de repas gastronomique dont l'obsolescence est intrinsèquement programmée.

Le cas de Pierre Gagnaire : « le temps suspendu »

Depuis l'apparition des chefs en haute gastronomie, les restaurants étoilés sont devenus des lieux de culte, des temples du luxe dans lesquels se déroulent des liturgies, des *cérémonials*, orchestrés par le maître d'hôtel et signés par le cuisinier. Dès lors, il faut en moyenne trois heures pour déguster un repas gastronomique, entre le moment où le client arrive dans le restaurant et celui où il paye son addition. La mise en scène au restaurant et l'importance accordée à la durée de consommation contribuent à nourrir la mémorabilité de l'expérience gastronomique, une expérience de luxe, un rêve partageable par tous ses clients pour tous.

« *Après quelques années où je réglais les plats de la carte sur un produit, j'aime maintenant développer des thèmes, une ambiance, une sensation [...]*

Je ressens de plus en plus une relation affective, presque émouvante avec la clientèle. Combien il est important de donner encore quelques moments d'émotions à des gens qui pratiquent votre table depuis tant d'années » (Pierre Gagnaire, wwww.pierregagnaire.com).

1. *Source* : Michel Maffesoli

b. L'effet « waouh »[1]

« *Le fait d'acquérir un produit en avant-première devient plus intéressant que le produit lui-même* », analyse Emmanuelle Le Nagard, professeur à l'ESSEC[2]. L'idée est d'obtenir ce que les autres n'ont pas réussi à avoir ou bien de recevoir de la part de la marque un supplément exclusif d'expérience. Pour les marques de luxe dont le *brand content* est incontesté (savoir-faire ancestral, clients renommés, marqueur d'histoire, créateur, etc.), l'effet "waouh" fait partie intégrante de leur *cérémonial* et les attentions portées à leurs clients privilégiés sont particulièrement exclusives. Dès lors, les aspirations du Z en matière d'expérience exclusive rencontrent parfaitement les propositions de distinction des marques de luxe.

Un exemple d'effet « waouh » chez Chaumet

Comment créer un lien indéfectible avec ses clients vip si ce n'est en leur faisant découvrir un espace habituellement fermé au public : le premier étage de sa boutique *flagship* situé place Vendôme ?

Au-delà de découvrir un véritable musée privé mis en scène par l'architecte de renom Jean-Michel Willemotte (objets historiques dont la tiare d'Eugénie, impératrice a été fabriquée par Chaumet), les clients pénètrent au sein de l'héritage de la marque de façon très exclusive.

Pour les plus chanceux d'entre eux, il y aura la découverte de l'hôte prestigieux du salon au parquet classé en pointes de Hongrie : le piano à queue de Frédéric Chopin sur lequel le compositeur a créé sa dernière mazurka opus 68 n°4. L'effet "waouh" est pleinement atteint.

c. La valorisation de soi (ou l'extension identitaire) plutôt que l'aspiration sociale

En situation de démonstration permanente, la Gen-Z est pourtant loin d'être bling-bling et elle considère à 85 % que le luxe n'est pas une fin en soi. Déjà VIP ne serait-ce qu'auprès de sa communauté, le temps d'un quart d'heure de gloire sur ses réseaux sociaux, le Z ne perçoit pas le luxe comme un moyen pour se valoriser socialement, mais plutôt comme une solution pour promouvoir son identité auprès des autres[3]. Ainsi, les jeunes préfèrent des objets statutaires et symboliques (montres et bijoux étant cités en premiers parmi les objets de luxe au Japon, seconds en France et troisièmes aux États-Unis) et des objets technologiques (comme 21 % des Américains, 14 % des Français et 12 % des Japonais) au it-bag (plébiscité par seulement 11 % des Français et 6 % des Japonais interrogés[4]) qui reste un produit de mode, inéluctablement éphémère.

1. L'effet Waouh est un concept marketing pour désigner l'étonnement d'un client vis à vis d'un produit ou service ; il s'agit pour la marque d'offrir plus que ce que le client attendait à l'origine.
2. *Source* : *Cosmetiquemag*, Juillet-Août 2016.
3. *Source* : *Décisions Marketing*, AFM, « Les jugements critiques du luxe : une approche par la légitimité », Dominique Roux, Mariem El Euch Maalej, Julie Boyer, Avril-Juin 2016.
4. *Source* : Enquête Nelly Rodi/ Google, 2016.

Un retour au luxe discret en Chine

Depuis 2011, les mesures prises par la Chine (« anti-cadeaux et banquets ostentatoires ») pour les hauts fonctionnaires conjuguées aux difficultés économiques de la Russie entrainent un retour au luxe discret. Loin des logos voyants et des marques à forte aspiration sociale, les jeunes consommateurs chinois (25-35 ans) notamment « *cherchent désormais à exprimer davantage leur personnalité et plus seulement à faire étalage de leur argent ou de leur statut social* » (Yvonne Lum, Nielsen Asie) : 62 % de la Gen Z chinoise pense d'ailleurs que « *le succès n'est pas synonyme de richesse financière* » (source : M-O Arnold, PDG de RTG Consulting group, 2016).

Quand la Chine se fait discrète, tout le monde du luxe réagit en conséquence et revoit son offre en transformant le packaging de ses produits pour qu'il soit plus authentique, moins ostentatoire, et en se recentrant sur son image artisanale ou son cœur de métier (Hermès et Shang Xia, Chanel et ses défilés des savoir-faire de son pôle Paraffection, Guerlain et l'art du parfum, etc.).

2. La « guerre contre le temps » du luxe n'est pas compatible avec l'immédiateté recherchée par la génération Z

Le rapport au temps comme référence au passé[1] (nostalgie et recherche d'authenticité) et au présent (instantanéité) n'est plus le même avec la génération Z et semble peu compatible avec les fondamentaux du luxe.

Dans les services aussi, c'est tout, tout de suite !

La plupart des marques de soins capillaires, comme celles de L'Oréal Professionnel, incitent les salons de coiffure qui référencent leurs produits à se rendre visibles sur des sites de prise de rendez-vous immédiat (comme le site britannique Haircvt qui a développé son offre à Paris récemment).

Lieu de mémoire, la marque de luxe perpétue des savoir-faire traditionnels transmis de génération en génération pour fabriquer ses produits. Ainsi, parce qu'il est un mythe, le temps n'a pas de prise sur le luxe qui devient impérissable et éternel. Or, ce besoin d'arrêter, de « suspendre[2] » le temps intrinsèquement lié aux produits de luxe ne semble pas entrer en considération pour cette génération pour qui seul le moment présent ne paraît compter.

1. Gilles Lipovestky, *Le luxe éternel*, Gallimard.
2. Référence à la montre à complications de la marque Hermès, « Le temps suspendu » qui permet au client d'arrêter l'aiguille de son garde-temps et de la remettre en marche sans que la montre ne prenne du retard.

a. Instantanéité et fluidité, le temps d'accès et d'achat aux produits de luxe doit être limité[1]

La génération Z privilégie l'immédiateté et la rapidité dans ses actes de consommation afin d'avoir le sentiment d'optimiser son temps et sa vie. Ainsi, pour gagner du temps, les Z préfèrent les marques et enseignes de luxe qui leur font gagner du temps : présence sur les réseaux sociaux (pour la prise d'information), possession d'un site e-commerce (pour l'achat en ligne et la livraison à domicile), géolocalisation pour trouver le lieu d'achat plus facilement, offre de services en boutique permettant d'éviter les files d'attente ou disposant d'horaires d'ouverture tardive. « *Le luxe extrême, c'est la simplicité pour le client* », selon Nathalie Gonzalez, directrice marketing de Nespresso France[2].

D'autre part, si la notion d'expérience reste importante pour le jeune Z, la suspension du temps associée n'est pas compatible avec sa pratique de consommation usuelle. Plus que jamais « *multitask* » grâce au mobile et à son utilisation en continu (liée notamment à l'actualisation permanente de son tissu social « IRL » digitalisé), le Z possède en effet une culture de l'instant, une culture nourrie par les fonctionnalités de l'application Snapchat. La captation de son attention ainsi que son accoutumance à une durée de vie de contenu ultra-limitée[3] ne facilitent pas les expériences de luxe.

Cependant, certains concepts de distribution ou de mise à disposition limitée des produits de luxe peuvent offrir une réponse adaptée à cette génération « *angoissée à l'idée de rater quelque chose*[4] ». « *They're attracted to a 'here today, gone tomorrow' type of concept* », déclare Jeremy Baras, le PDG de PopUp Republic[5]. Dès lors, les files d'attente générées devant les Apple Store à chaque nouveau lancement de la marque ne semblent plus incompatibles avec le désir d'instantanéité de ces consommateurs à partir du moment où elles se justifient par le caractère exceptionnel et immanquable de l'événement consacré.

1. La nouvelle offre *Amazon Premium* du leader mondial du e-commerce démontre ce besoin permanent de la jeune génération d'obtenir des objets à l'instant même où elle en exprime le désir.
2. *Source* : www.emarketing.fr, 9/11/2015
3. La société Fast Company estime à 8 secondes le temps de captation de la génération Z.
4. Le « FOMO », c'est-à-dire le « *fear of missing out* » est caractéristique de cette jeune génération.
5. *Source* : www.retailtouchpoints.fr

Tableau 3 : Le pop-up store, comme réponse au besoin d'immédiateté et d'instantanéité du Z

Caractéristiques du "pop-up store"	Avantages pour la marque deluxe	Avantages pour le client Z
Une durée de vie limitée, une offre de produits éphémère	Renforcement de la rareté de la marque	Exclusivité : le client fait partie des "happy few"
Un personnel de vente plus jeune, moins traditionnel et plus immédiat dans ses échanges avec la clientèle et une offre de produits plus accessibles (en prix et en manipulation)	Rajeunissement et modernisation de la marque	Mise en confiance du client et rapprochement avec l'univers de la marque
Un emplacement en dehors des axes traditionnels du luxe (comme le triangle d'or pour Paris, par exemple)	Différenciation de la marque par rapport aux concurrents localisés toujours dans les mêmes quartiers touristiques	Proximité et accès facilité avec la marque
Un format de point de vente ludique qui interagit avec le consommateur de manière moins formelle	Création de liens émotionnels forts avec ses clients et échanges d'informations	Création d'une expérience interactive avec la marque, amélioration de l'engagement à la marque

b. Envie de changement, la durée de vie du produit du luxe n'est pas un critère d'achat pour le Z

La Gen-Z se voit comme un caméléon, capable de bouger à l'autre bout du monde, de se réinventer ou bien de changer de métier au gré des formations en ligne et des opportunités qui se présentent à elle. En permanente mutation dans sa vie, le Z a constamment besoin de faire évoluer ses habitudes d'achat et le temps de la valeur d'usage attaché aux produits de luxe n'est pas considéré comme différenciante par rapport à d'autres produits de consommation courante. En effet, le caractère intemporel intrinsèquement lié au luxe peut devenir avilissant pour ce Z plus infidèle dans son mode de consommation et en quête de changement incessant plutôt qu'à la recherche d'achats d'investissement.

Dès lors, le « luxe éternel » s'interroge et quelques initiatives récentes de marques horlogères révèlent une légère remise en question de leurs fondamentaux. Ainsi, après avoir regardé de loin le succès des objets connectés, à « obsolescence programmée », les marques horlogères et joaillières investissent peu à peu le territoire des montres et bracelets connectés (Hermès en collaboration avec Apple, Tag Heuer, Frédérique Constant, Swarovski) ou collaborent ponctuellement avec des marques très *fashion* (Jaeger Lecoultre et Christian Louboutin), plus éphémères par leur proximité avec les tendances de la mode.

c. Besoin de sensations et d'émotions fortes : le temps de vie n'a pas de prise sur la génération Z

C'est la génération « émoticone » qui exprime de façon permanente ses émotions ou son *mood* du moment (son « *statut* » sur Facebook, par exemple) sur tous les réseaux sociaux avec une grande simplicité, immédiateté et sans filtre. Elle se sent moins vulnérable qu'une autre face à divers ennuis de santé, « intouchable », car rescapée de tous les dangers macro-économiques. Aussi, ces jeunes présentent des niveaux élevés de prise de risque et de « recherche de sensations fortes ».

Ils cherchent à connaître des expériences intenses et nouvelles apportant une sensation et un plaisir immédiats[1], d'où le succès des boissons énergisantes ou des sports extrêmes, par exemple qui présentent pourtant un vrai risque pour la santé ou un danger.

Quelques initiatives de marques de luxe tendent à répondre aux envies de cet équilibriste qui aime jouer avec le feu de façon permanente : association de Chanel (Gigi Hadid, ancienne star de téléréalité) ou Dior (Asap Rocki, chanteur au passé sulfureux) avec des égéries au mode de vie incontrôlable, création de produits de sport extrêmes, ou inspirations créatives de certaines marques ou produits (Richard Mille), etc.

3. Le luxe comme issue pour la génération Z

Besoin d'expérience et d'affirmation de soi, les produits de luxe offrent une partie de réponse à cette génération Z en quête de préservation et de distinction par rapport à sa communauté. Dès lors, si le caractère éternel du luxe ne semble pas avoir de prise sur le Z, les initiatives récentes de certaines marques révèlent que les aspirations de cette jeune génération peuvent ébranler les fondamentaux du luxe. **Le temps du luxe peut-il se mettre au diapason du temps du Z ?**

a. Le luxe comme moyen de préservation de soi

N'ayant connu que la pire récession économique depuis la crise de 1929 et hantée par les taux de suicide qui marquent sa génération[2], le Z considère l'acte de consommation comme un moyen pour exister et survivre. De même, ces jeunes sont relativement concernés par les crises environnementales et se sentent responsables de leur planète qu'ils cherchent à préserver en s'inscrivant facilement dans des actes ou associations humanitaires même pour de courte durée. Dès lors, ils attendent de la part des marques emblématiques du luxe que celles-ci soient non seulement irréprochables dans leurs actions, mais qu'elles montrent l'exemple en se faisant le porte-drapeau de valeurs dans lesquelles ils se reconnaissent.

Ainsi, quand la marque Moncler est montrée du doigt sur les réseaux sociaux et révélée comme une maison qui maltraite les oies dans son processus de confection de ses doudounes, les ventes de cet acteur du luxe en sont fortement impactées. Au

1. *Source* : article de recherche, *Arria*, 2010
2. Selon les Centers for Disease Control and Prevention, le suicide est la troisième cause de mortalité chez les jeunes âgés de 10 à 24 ans, aux États-Unis en 2014 (*Source* : « *Social Media raises fear of teen suicide contagion* », USA Today, Mai 2014).

contraire, des maisons comme Guerlain, Chaumet ou Hermès vont jouer la carte de la préservation environnementale ou culturelle pour positionner son image sur les territoires de prédilection de cette génération.

Les initiatives du luxe pour répondre au besoin de préservation de soi

- Préserver les matières premières : Lancée par Guerlain en 1912, la web-série « l'exploration de l'orchidée impériale par Michelle Yeung » présente notamment l'histoire de la naissance de la gamme de soins Orchidée Impériale et met l'accent sur les actions de préservation des orchidées du Yunan.
- Recycler des produits : avec son initiative « Petit H », Hermès réutilise des chutes de cuir pour concevoir de nouvelles créations vestimentaires.
- Défendre un patrimoine artistique : les collaborations artistiques de la maison Chaumet et les liens entretenus entre le luxe et l'art contribuent à nourrir ce besoin de préservation. Le musée éphémère Chaumet qui ouvre ses portes comme un « pop-up store » et réunit intemporalité de l'art et du luxe et instantanéité du Z cherche à « *faire partager sa haute joaillerie avec le public comme on transmet une partie de l'histoire et de l'héritage français* ».
- Préserver un savoir-faire ancestral : en immergeant les clients au sein des ateliers des filières du groupe LVMH lors de ses « Journées Particulières », le numéro un du luxe défend un patrimoine artisanal et dévoile ses coulisses au grand public.

b. Le luxe comme moyen d'exister et de se distinguer

Avoir une relation particulière avec le luxe

Dans ce monde où tout est mondialement connu, le jeune Z cherche désespérément les expériences ou les produits qui lui confèrent un statut de « *happy few* ». Le luxe peut être une façon de se distinguer à partir du moment où celui-ci lui accorde par exemple, des privilèges. Ces contacts exclusifs peuvent prendre la forme d'invitations à des événements privés organisés par la marque de luxe, des immersions au sein du patrimoine de la marque pour percer le secret de son histoire, des offres de produits en éditions limitées ou des objets uniques car sur-mesure. Ce sont les initiatives de marques comme Fendi par exemple, qui permet au client de customiser son sac à l'aide de « Fendirumi », sorte de petits monstres de fourrure évocateurs de l'univers des Pokémons, rendant ainsi son it bag unique.

Être singulier grâce au luxe

Cette course à l'exclusivité se traduit également chez le Z par une quête à la singularité : se distinguer par le bizarre, voire l'imperfection, par exemple. Ainsi, Balenciaga n'hésite-t-elle pas à utiliser sur ses deux derniers défilés, la star américaine au visage édenté, Zumi Rosow : « *Je pense qu'ils aiment ce qui est unique, nous vibrons donc à la même fréquence* », déclare Demna Gvasalia[1], la nouvelle directrice artistique de Balenciaga. De même, Kenzo, Calvin Klein, Proenza Schouler font défiler bouche entre-ouverte,

1. *Source* : interview *Marie-Claire*, Août 2016.

le mannequin Sarah Lin qui s'est faite remarquer par son appareil dentaire, accessoire évocateur de l'adolescence. « *Je ne voulais pas de bagues, mais elles sont devenues mon meilleur accessoire, me donnent l'air étrange, je ne veux jamais les enlever* », déclare le mannequin à Teen Vogue.

Découvrir des produits ou des lieux exclusifs

Saturé d'informations médiatiques, le Z cherche à se repérer et à se différencier en s'appropriant des produits de niche, exclusifs aux codes narratifs et visuellement forts. Il valorise le caractère confidentiel de certains produits de luxe. Dans le domaine de la parfumerie par exemple, si les best-sellers en Europe restent encore des marques grand public (Lancôme, Chanel, Dior), les groupes multinationaux comme L'Oréal (Proenza Schouler), Puig (Penhaligon's et l'Artisan Parfumeur) et Estée Lauder (Frédérique Malle, Le Labo, By Killian) ont acquis récemment des marques de niche en vue de conquérir ces nouvelles cibles de clients.

Les lieux confidentiels séduisent les clients Z

Cercles privés, bars confidentiels, lieux exclusifs, des endroits secrets dans lesquels des membres ou clients se retrouvent entre pairs se multiplient ces dernières années et rencontrent un vrai succès auprès de la jeune génération. « *Ces cercles dépassent le simple concept de club. La ségrégation produit de l'inclusion et des liens puissants entre ceux qui s'y retranchent* ».

Le caractère exclusif de ces clubs génère du mystère car nul ne sait réellement ce qu'il s'y passe. « *Si tout est clair, si tout est su, on élimine le sens de la vie. Il n'y a plus de recherche, plus d'attente, plus d'espoir, plus de société s'il n'y a pas de mystère. Tous les individus lambdas aspirent à un monde secret* », poursuit Michaël Dandrieux, directeur éditorial des Cahiers européens de l'imaginaire (source : interview Le Figaro, 17/06/2015).

c. Le luxe pour faire une pause

La course du luxe pour rattraper le Z a fait son temps et certaines marques de luxe prennent le contre-pied pour arrêter le temps et recentrer le consommateur sur l'essentiel. Initiatives isolées ou signaux faibles, la tendance *slow luxury* est en route.

Le retour du « slow made » dans le luxe

Le mouvement *Slow Made* prône une création respectueuse des savoirs-faire et de l'environnement ainsi que le respect du temps nécessaire au travail bien fait. Il prône également le prix juste : un prix qui serait justifié non seulement par la marque ou le logo apposé par la maison sur le produit mais avant tout, par le temps passé à la recherche autour de la conception du produit, sa fabrication et ses matériaux.

Besoin économique de réduire la voilure ou réelle volonté de ralentir la cadence pour servir plus efficacement leurs clients, les marques de mode à l'instar de Tom Ford, Gucci, Vivienne Westwood, Burberry (marque pionnière dans la digitalisation du retail de luxe) ont annoncé en 2016 des refontes de gammes, une limitation du nombre de défilés, une fusion des collections hommes-femmes et ou une mise à disposition immédiate de leurs nouveautés dans leur réseau de points de vente[1].

La nouvelle collection de Burberry prévoit également de mettre l'emphase sur ses artisans et sur la promotion du « *made in Great Britain* » grâce à une collaboration avec la marque The New Craftmen[2], comme un retour aux sources du luxe. Clarification de l'offre, amélioration de la qualité, optimisation du taux de service, mise en avant des origines de fabrication, la *slow luxury* est en route et les signaux faibles portés par la génération Z ont probablement contribué à ce retour aux vraies valeurs du luxe.

« *Réduire la voilure de notre société. La réduire aux essentiels. Ne vendre que ce que nous aimons. Toute notre structure sera guidée par la qualité. Acheter moins, bien choisir, faire durer.* », souligne Vivienne Westwood dans un communiqué de presse d'Août 2016.

d. Le Z comme salut du luxe

Le monde virtuel occupé par la jeune génération et ses réseaux sociaux a normalisé les relations entre marques et consommateurs, et motive une véritable remise en question pour le luxe qui était habitué à tout contrôler. La difficulté pour le luxe est de préserver la distance avec son consommateur tout en le faisant pénétrer à l'intérieur de ses coulisses.

Cela passe peut-être par une « dénombrilisation » de la marque de luxe qui sera contrainte par le dialogue avec sa clientèle à parler moins d'elle et à offrir davantage d'expériences uniques, émotionnelles, authentiques et exclusives avec sa communauté. Ainsi, « *le luxe comme objet ordinaire porté par des gens extraordinaires* », selon l'expression consacrée, deviendra peut-être l'extraordinaire porté par des gens ordinaires.

III. Les pratiques des marques de luxe : le luxe parle-t-il au Z ?

Les initiatives des marques de luxe pour cibler directement et exclusivement le Z semblent encore peu visibles pour des raisons économiques évidentes. Cependant, le comportement du Z et sa forte capacité d'influence, tendent à ébranler les pratiques des marques. Même les marques statutaires, institutionnelles qui voient germer les *love brands*, se remettent en question et acceptent de « jouer » avec leurs codes et leurs histoires pour dialoguer avec le Z, ce client de demain.

1. La collection « *Show now, buy now* » du dernier défilé de Burberry en septembre 2016 remet en question le concept de distanciation du luxe. Les produits défilent et sont immédiatement à disposition du consommateur.
2. Après le défilé des collections Burberry, le travail des artisans ayant participé à l'élaboration de celles-ci était exposé dans un espace dédié le temps d'une exposition en septembre 2016.

1. Les marques qui ont tout compris : les « *love brands* »

« *Aujourd'hui, pour exister auprès de cette génération, il faut devenir une « love brand* », déclare la maison Robert Clergerie[1]. Encore faut-il savoir ce que le Z définit par « *love brand* » et comment les marques de luxe se métamorphosent-elles en « *love brand* ». Selon le secteur, la variable utilisée consciemment ou inconsciemment par le luxe n'est en effet pas la même.

« Une Louboutin girl », © Billy and Hells

Comment devient-on une « love brand » ?

- Produit : une offre large sur le site Web et une offre très ciblée et moins profonde en boutique ;
- Prix : un éventail de prix très large sur le site Web mais l'assortiment choisi par le lieu de vente positionne la marque ;
- Distribution : peu de boutiques et placées sur des artères inhabituelles pour le luxe ;
- Promotion : peu d'investissement média, les clients sont les porte-drapeaux et influenceurs de la marque ;
- Une expérience de la marque unique, « *comme une marque de créateur de niche* ».

1. *Source : Cité du luxe de l'EIML Paris*, 31/3/2016.

a. Dans les industries de volume (parfums et accessoires de mode), posséder un produit de créateur est essentiel pour se démarquer

« *Une love brand, selon Bruno Alazard*[1] *(directeur digital marketing monde pour Christian Louboutin), c'est une marque qui parvient à s'imposer de façon très naturelle dans l'esprit des consommateurs [...] Louboutin possède plus de 8.5 millions de fans sur Instagram sans avoir investi un centime pour cela* ».

Pour devenir une « *love brand* », la maison Louboutin s'est attachée à toujours préserver son statut de marque de créateur en protégeant le génie créatif de son directeur artistique de toute contrainte liée au marché. « *Chez Louboutin, il n'y a pas de plan marketing, c'est une marque sincère et son créateur est authentique ; tout le monde sait que les produits sont faits en Italie dans les usines de la marque, on n'a pas besoin de communiquer sur ce sujet car nos clients savent qu'ils peuvent faire entièrement confiance en Christian* ».

Au niveau de sa distribution, la marque sélectionne scrupuleusement ses points de vente et ne possède ainsi que quatre boutiques en Chine quand des marques statutaires comme Cartier en ont plus de cent. Le vieil adage « *location, location, location* », de Sir Conran n'a pas de sens pour cette marque pour laquelle le client se déplace là où elle se trouve car "*par amour, on est prêt à aller jusqu'au bout du monde*". Dès lors, l'expérience Louboutin est toujours unique car chaque boutique référence les souliers qu'elle souhaite et ainsi, le client est toujours surpris de découvrir une offre qui évolue en fonction de ses lieux de rencontre avec la marque.

"*Seulement 50 % de l'offre est le reflet du souhait du créateur (ses "love produits"), le reste est sélectionné par le directeur de la boutique en fonction des goûts de sa clientèle et de ses envies personnelles. Paradoxalement, le site internet de Louboutin est l'unique lieu où l'on peut retrouver l'intégralité de la collection (trois fois plus de produits que sur le site de Jimmy Choo), car c'est le seul endroit où notre clientèle cherche une expérience efficace mariant à la fois la praticité, la disponibilité et la rapidité de la livraison de nos produits.*"

L'expérience digitale est peu exploitée pour le moment car elle ne souhaite pas être simplement un accessoire sans contenu de marque ; seul l'essai du pop-up store du Bon Marché en septembre 2016 introduit le partage de l'expérience du visiteur qui se fait photographier avec le designer emblématique de la maison façon portrait chic de foire, comme un retour à l'univers de saltimbanque de Christian Louboutin.

Dans la parfumerie sélective, la même envie de distinction se fait ressentir et « *la seule catégorie qui est en forte croissance dans un secteur au ralenti est celle des parfums de créateurs* », déclare Jeanne Doré de la revue Nez[2].

Lassés par des jus toujours comparables, le *post-millenial* est prêt à payer plus cher un parfum rare, à la personnalité affirmée, distribué dans des boutiques plus confidentielles. En parallèle, même des marques *mainstream* comme Burberry utilisent les *insights* du Z

1. *Source* : interview 12 septembre 2016.
2. *Source* : *Le Monde M*, 23/04/2016.

pour se démarquer : portée par Kate Moss et Cara Delavigne, la campagne publicitaire de « My Burberry » (en 2014) mettait l'accent sur le fait que les flacons de parfums pouvaient être personnalisés aux initiales de son propriétaire.

b. Quand l'offre est pléthorique (parfums, beauté), l'idée est d'inspirer confiance

« *Il y a un côté très transparent dans ma relation à ma communauté. Je suis un peu prescriptrice concernant les nouveaux produits beauté à avoir, en étant totalement objective et avec un côté bonne copine. Les marques ont compris que c'était ce sentiment de confiance qui était très difficile à obtenir auprès de la jeune génération. Elle est entourée de marques et de publicités au quotidien, elle a envie de transparence et de proximité, et qu'on ne la prenne pas de haut.* » (La fondatrice du blog jenesuispasjolie).

Si le Z est influencé par les avis de ses proches, il est loin d'être dénué de personnalité et cherche également à se forger son propre point de vue sur les marques. Ainsi, sa préférence va à celles qui sont « *clean* », éthiques, authentiques, vraies. Avec ce consommateur, la marque ne peut pas mentir et doit inspirer confiance par les produits qu'elle propose (provenance, innovation, savoir-faire). « *Le Z a des valeurs fortes liées au partage, à l'éthique ; la marque de luxe se doit d'être honnête, humble, peu distante, essentielle*[1] » (Diana Blin, Chef de Projet Prospective Soin, Groupe L'Oréal).

Dans le monde de la cosmétique, l'entrée du Z passe par la catégorie produit du maquillage, car c'est la plus attractive en prix, mais aussi « *parce qu'elle est visuelle et nourrit des tutoriels, des vidéos, outils de communication de prédilection du Z* ».

Le Z s'empare du produit de maquillage en inventant des usages ou gestuels individualisés et qui n'appartiennent qu'à lui ; c'est par ce moyen que le Z s'approprie le produit en toute confiance et en toute transparence avec la marque.

Avec Saint-Laurent (porté largement par les inflenceurs), Lancôme (notamment avec le rouge à lèvres personnalisable « Juicy Shaker ») et la récente acquisition de la marque Urban Decay (qui parle aux professionnels), le groupe L'Oréal parvient facilement à séduire la génération Z. Des produits portés par ses pairs, personnalisables et ou utilisés et cautionnés par des professionnels, voilà comment gagner la confiance du Z.

Le « Studio by Petit VIP » du groupe Barrière, un service spécifiquement développé pour les post-millenials

Afin de renouveler son offre à destination des jeunes générations, le groupe hôtelier Barrière a signé un partenariat avec la société PetitVIP, un concept ludo-éducatif, intergénérationnel, multiculturel et émotionnel. La programmation est axée sur une sensibilité artistique et environnementale.

À l'hôtel Barrière Normandy et au Majestic de Cannes en particulier, lancée en juin 2016, cette offre propose un service de majordome dédié (« kids concierge »), des activités variées autour des arts, de la bande dessinée, du cinéma et des sports, et un format de restauration spécifique qui favorise les plats ludiques et faits maison.

1. *Source* : entretien 3/10/2016.

« *Urban Decay (L'Oréal) transcende la beauté et la conjugue avec féminité, audace et plaisir. Depuis plus de 15 ans, la marque agite le monde des cosmétiques avec ses noms de produits insolents, ses couleurs avant-gardistes et ses produits ultra-longue tenue qui séduisent tout en faisant tressaillir de joie les beauty addicts et les maquilleurs professionnels* ». (Source : www.loreal.com)

c. Dans l'industrie des services, c'est la recherche de l'authenticité qui prime

Dans le domaine de l'immatériel, c'est l'expérience immersive de services qui fait la différence. Ainsi, le laboratoire R&D de la chaîne hôtelière Marriott à Charlotte (États-Unis), a identifié qu'à l'opposé des X pour qui la constance et l'uniformité des prestations proposées d'un Marriott à l'autre étaient incontournables, les Z préféraient une expérience locale et distinctive qui l'immergeait à la culture locale.

Dès lors, dans le Mariott de la ville de Charlotte, il a été décidé d'intégrer quelques touches locales en demandant à des chefs et des entrepreneurs locaux d'investir les restaurants. « *À la place des strandards Starbucks, un café indépendant du coin est maintenant situé dans le lobby de l'hôtel, par exemple* », déclare le PDG de Marriott[1].

2. Les marques repères sont des référents pour la génération Z

La marque de luxe traditionnelle reste une référence pour cette génération en mal de repères et frontières, à condition que celle-ci choisisse de lui parler et de sortir de sa zone de confort. Chez les femmes Z, Chanel est la maison qui revient le plus, citée à la fois en France, aux États-Unis et au Japon. En revanche, pour les hommes Z, aucune marque ne se distingue de façon notable sur l'ensemble des marchés étudiés. La place des marques institutionnelles comme Louis Vuitton, Chanel, Dior, Tiffany ou Rolex reste prépondérante.

Tableau 4 : Les marques de luxe les plus citées par la Gen Z

France	États-Unis	Japon	
Chanel	Chanel	Chanel	FEMMES
Dior	Mickael Kors	Hermès	
Christian Louboutin	Louis Vuitton	Tiffany	
Dior	Rolex	Chanel	HOMMES
Rolex	Gucci	Hermès	
Apple	Ferrari	Louis Vuitton	

Source : étude Nelly Rodi&Google, Mars 2016.

1. *Source* : interview *Fast Company*, 2016.

a. Jouer avec ses codes identitaires pour séduire

La campagne « #lovenotlike » de Tiffany's lancée par la nouvelle directrice digitale de la marque, Diana Hong-Lesey (août 2016) n'hésite pas à jouer avec les codes identitaires plus que centenaires du fameux joaillier à la « *blue box* ». Choix de jeunes mannequins, création d'une icône Snapchat exclusive, utilisation de la sœur de Kim Kardashian, le joaillier ne craint pas de lâcher du lest et de déléguer à la jeune génération le droit de s'approprier et de s'amuser avec son logo et son identité visuelle.

De la même façon, la marque institutionnelle Guerlain a su parler aux jeunes générations simplement grâce au lancement de son parfum « la Petite Robe Noire » (numéro un des ventes parfums en France pendant les neuf semaines consécutives à son lancement). Incarnée par aucune égérie, cette petite robe noire est une icône dans la mode et le luxe et la maison du groupe LVMH a utilisé largement la silhouette de ce symbole universel de coquetterie parisienne et de liberté féminine en le faisant danser dans un monde imagé au sein duquel chacun peut se retrouver.

« *Derrière cette Petite Robe Noire parfumée, se cache une Parisienne rêvée dotée d'une personnalité un brin insolente et mutine* » (source : site www.lvmh.fr) « *Nous nous sommes inspirés d'une véritable icône de la féminité pour créer avec La Petite Robe Noire un grand parfum qui bouscule les codes de la parfumerie.* », déclare Ann-Caroline Prazan, (Directrice Marketing Parfums Guerlain[1]), il s'agit bien de bousculer les codes de ce parfumeur historique.

La Petite Robe Noire, un souffle de renouveau pour Guerlain

« Guerlain ne cherche pas à « cibler »... les employés travaillent ensemble et la création est dans les gènes de l'entreprise. Les personnes plus sensibles encore, les créateurs sentent et travaillent des projets contemporains. Ainsi, « la Petite Robe Noire parfum et maquillage » touche des jeunes filles de 10 à 77 ans ! Les produits « Smart » en soin, font la même chose. Mais, de jeunes femmes de 25 à 30 ans peuvent aussi bien porter un parfum comme l'Heure Bleue ou des parfums exclusifs de Guerlain. Elles peuvent enfin désirer posséder un rouge à lèvres Rouge G extrêmement féminin : tous ces objets disent d'elles leur féminité et leur séduction potentielle aux yeux de leurs copines et rivales et aux yeux de leurs prétendants ! » (Nourite Eladan, International Consumer and Shopper insight Director, Guerlain. *Source* : entretien 29/10/2016)

1. *Source* : www.LVMH.fr

b. La marque de luxe ne se suffit pas à elle-même, la caution de ses pairs reste importante

La Gen-Z passe beaucoup moins de temps que la population moyenne à regarder la télévision (elle remplace ces moments-là par les e-mails et réseaux sociaux) et 34 % des 15-24 ans disposent d'un « adblocker » (logiciel qui permet de ne pas être exposé aux publicités)[1]. Dès lors, « *elle est moins disponible pour entendre les messages publicitaires* » (Emmanuel Goulin, Directeur Général, Parfums L'Oréal Luxe[2]).

Aussi, même pour les marques les plus institutionnelles dans la beauté par exemple, le verdict des youtubeuses est la seule clé pour la Gen-Z qui est abonnée à au moins dix chaînes sur YouTube : « *les ados d'aujourd'hui ne supportent plus que les marques les regardent de haut. Les seules enseignes qui réussissent à tirer leur épingle du jeu sont celles qui ont compris que les ados accordent énormément de valeur à l'avis de leurs pairs.* » (Alexandra Jubé, Responsable insight et digital, Nelly Rodi). Enjoy-Phoenix, Sananas, Clara Channel, Jenesuispasjolie, Mademoiselle Gloria, etc. ont un impact beaucoup plus puissant que n'importe quel support média grâce à leurs tutoriels beauté suivis pas plusieurs centaines de milliers d'abonnés.

Ces YouTubeuses ne se prennent pas au sérieux, elles sont drôles et filment leurs conseils beauté dans leur chambre d'adolescente. Elles ressemblent à celles à qui elles s'adressent et font partie de la même « famille ». Certaines de leurs vidéos observent en moyenne plus de 500 000 vues, un indicateur qui rend négligeable l'audience des campagnes publicitaires télévisées ou autres médias traditionnels utilisés par les marques statutaires.

c. Utiliser le *storytelling*, comme lien social

La génération Z transcrit plus volontiers son récit illustré portant sur son dernier voyage de luxe plutôt que son achat récent d'un produit de luxe. L'idée est de partager une histoire avec son entourage (« *if it's not shareable, it didn't happen*[3] ») et c'est ce sur quoi certaines marques institutionnelles s'appuient pour traduire leurs codes narratifs : elles les mettent à la portée du Z afin qu'il puisse se les approprier, s'en emparer et les partager.

Très présente dans la lingerie et les parfums, la marque Calvin Klein utilise des « *ashtags* » évocateurs dans ses campagnes publicitaires qui incitent le Z à utiliser les produits pour raconter des histoires avec. L'idée est de déclarer sur Instagram ce que l'on fait en portant du Calvin Klein (« *I make money in #myCalvins* », « *I am free in #myCalvins* », « *I seduce in #myCalvins* », etc.)

La marque de bijouterie Pandora utilise également le registre de l'émotionnel pour jouer avec les repères des Z le jour de la fête des mères. Dans sa campagne de communication « *the art of you* », la maison décline des histoires de mère et fille autour de ses produits et demande à sa communauté de proposer les siennes pour les partager sur les réseaux.

1. *Source* : Étude Google Videoscope, 2015.
2. *Source* : *Le Monde M*, 23/04/2016.
3. *Source* : enquête quantitative, Piper Jaffray, 2015.

Pandora, un joaillier qui a du sens

Lancée à l'occasion de la fête des mères, la nouvelle campagne de communication de la marque américaine Pandora a placé l'émotionnel au cœur de son *storytelling*. On y voit des enfants qui doivent les yeux bandés retrouver leur maman simplement par le geste du toucher.

Le bijou Pandora est à peine présent dans la publicité, mais la marque a suscité un vif intérêt auprès des jeunes Z qui ont compris que l'on ne se distingue pas par le bijou que l'on porte : sa valeur réside dans celui ou celle qui vous l'a offert. Pandora ne se positionne pas comme une marque de luxe traditionnelle, elle est exclusive par son ancrage émotionnel qui environne ses produits.

IV. Pour aller plus loin

La Gen-Z présente un certain nombre de caractéristiques qui incitent le luxe à se remettre en question et à « lâcher la bride » avec ses clients actuels et à venir. Cependant, rien n'assure que ces nouvelles pratiques de consommation du Z perdureront à l'avenir et seront les mêmes au moment où le Z sera en âge de consommer plus que des parfums et des accessoires de mode.

Néanmoins, capitaliser sur le Z permet aux marques de luxe d'exposer différemment leurs produits, de transmettre ses codes avec plus de naturel et de facilité, de diffuser leur histoire de façon distinctive. De son côté, ayant des attentes plus fortes, le Z tend à redéfinir les codes mêmes du luxe : un luxe exclusif, transparent, authentique, expérientiel, émotionnel, partageable. En bref, un luxe simple et responsable qui renvoie à ses racines historiques, un luxe qui a du sens et lui offre des repères et une stabilité pérenne dans la confusion et les agitations de son propre monde.

Ce qu'il faut retenir

Les valeurs et les attentes de consommation du Z face au luxe peuvent sembler contradictoires à première vue : besoin d'immédiateté versus inaccessibilité du luxe, besoin de changement versus pérennité du luxe, besoin de partage versus contrôle de la marque, etc.

Pourtant, l'attrait pour toute expérience émotionnelle facile à partager rend le luxe particulièrement séduisant pour la Gen-Z qui est avant tout dans le « *show* » et le « *share* ». Dès lors, le Z qui se caractérise principalement par son caractère instable, peut trouver dans le luxe un moyen d'auto-préservation, un levier pour mieux exister ou même faire une pause dans sa course au changement. De son côté, le luxe peut utiliser le Z comme porte-drapeau pour se remettre en question, jouer avec ses codes et tester des modes de communication très audacieux et inventifs.

Pour séduire la génération Z, les initiatives des marques de luxe misent plus ou moins consciemment (« *love brands* » et marques institutionnelles) sur plusieurs niveaux :

- être exclusif, différent avec les marques de créateurs ;
- inspirer confiance, jouer la transparence ;
- être authentique, grâce à des expériences immersives distinctes ;
- jouer avec ses codes avec humour et élégance ;
- offrir un *storytelling* émotionnel qui donne envie d'être partagé ;
- laisser la place à la caution des pairs.

En bref, pour impliquer et fidéliser le Z, le marketing du luxe doit se concentrer sur le mix suivant :

- produit : une offre personnalisée, différemment accessible d'un lieu à l'autre, mais disponible rapidement ;
- prix : un éventail de prix large pour pouvoir toucher les jeunes générations ;
- distribution : une stratégie omnicanal et attachée à l'expérience client (avant, pendant et après l'acte d'achat) ;
- promotion : une politique axée sur les « histoires » de marque à partager et à vivre avec ses it-girls.

Références

B. Arnault, *the perfect paradox of star brands*, Harvard Business Review, octobre 2001, vol 79, p. 8.

V. Bastien & J.-N. Kapferer, *Luxe Oblige*, Eyrolles, 2008.

E de Boissieu & G. Milleret, *les vitrines du luxe*, Eyrolles, 2016.

E. Briones, *Luxe & Digital*, Dunod, 2016.

N. Chemla, *Luxifer, Pourquoi le luxe nous obsède*, Seguier, 2014.

M. Chevalier & M. Gutsatz, *Luxe & Retail*, Dunod, 2013.

M. Chevalier, *Quand la Chine s'éveille au luxe*, Eyrolles, 2016.

I. Decoopman, E. Gentina, *La propension des mères à échanger des vêtements avec leur fille adolescente : quelles conséquences pour le marketing*, Décisions marketing, Avril-Juin 2013, p. 75-90.

D. Dion et E de Boissieu, *la mise en scène d'un lignage, le cas des chefs dans la haute cuisine*, Décisions Marketing, 2013, p. 25-41.

D. Dion & E. Arnould, *Retail luxury strategy : assembling charisma through art and magic*, Journal of Retailing, Décembre 2011, p. 502-520

G. Lipovestky et E. Roux, *Le luxe éternel*, Gallimard, 2003.

G. Lipovetsky, *De la légèreté*, Grasset, 2016.

Y. Michaud, *Le nouveau luxe*, Stock, 2014.

I Muratore & O. Nannipieri, *l'expérience immersive créée par un jeu promotionnel en réalité augmentée destine aux* enfants, Décisions Marketing, Janvier-Mars 2016, p. 27-40.

P. Jourdan, V. Jourdan, J-C Pacitto, *Le marketing de la grenouille*, Kawa, 2016.

D. Roux, M. El Euch Maalej, J. Boyer, *Les jugements critiques du luxe : une approche par la légitimité*, Décisions Marketing, AFM, Avril-Juin 2016, p. 33-52.

D. Thomas, *Luxe & Co*, Les Arènes, 2008.

C. Turki Kervalla, *Le luxe et les nouvelles technologies*, Maxima, 2016.

P. Volle, S. Rieunier, *Tendances de consommation et stratégie de différenciation de distributeurs*, Décisions Marketing, 2002, p. 19-30.

Chapitre 4

La génération Z et les marques

Joël Brée, Professeur à l'Université de Caen et à l'ESSCA Ecole de Management

Introduction

En 2012, le philosophe Michel Serres publiait le livre *Petite Poucette* dans lequel il comparait la jeune génération actuelle avec celles des décennies passées. Le titre faisait référence à ces presqu'adultes de demain qui avaient acquis une telle habileté depuis leur plus jeune âge dans l'écriture des SMS qu'ils les rédigeaient – ce qui n'était pas le cas, même de la génération précédente[1] – avec leurs pouces ; et ce à une vitesse incroyable.

Dans l'analyse extrêmement pertinente qu'il fait de ces jeunes d'aujourd'hui, il les resitue dans une période de transition où tout change très vite, celle où la culture de l'imprimé est peu à peu remplacée par les technologies numériques, celle où tous les secteurs de l'économie semblent condamnés à traverser une crise permanente et celle où les problèmes écologiques de plus en plus nombreux conduisent à s'interroger sur l'avenir même de la planète.

Confrontée à des pressions énormes dans tous les secteurs de la société, cette génération n'a pas d'autres choix que de s'adapter. Mais, en incorrigible optimiste, Michel Serres est convaincu que ces « mutants » – comme il les appelle aussi – sauront profiter de ces prolongements d'eux-mêmes que constituent les technologies connectées de la communication pour accompagner les révolutions qui sont en marche.

Le fait d'avoir effectivement toujours vécu dans un contexte de crises successives a fait de la très grande majorité d'entre eux des individus à la fois très réalistes et très pragmatiques. Ils savent qu'ils devront être en mesure de se débrouiller en permanence et savoir faire preuve d'optimisme pour ne pas être dominés par leur environnement. Comme l'indique Alexandre Malsch[2] : « *ils n'hésitent pas à utiliser tous les moyens à leur portée pour s'exprimer, créer, discuter et finalement être jeunes*[3] ».

Selon le Rapport Cassandra publié en 2015, l'émotion est pour eux une dimension moins importante qu'elle ne l'était pour leurs aînés (il indique ainsi que si 31 % des Y sont en quête d'« émotion », ce chiffre n'est que de 20 % dans la génération Z). De fait,

1. Ceux que Prensky (2001) qualifiaient de *digital immigrants* en opposition aux *digital natives*.
2. Alexandre Malsch, est un entrepreneur français cofondateur et directeur général du groupe média *Meltygroup*.
3. *Ionismag*, p. 45, été 2013.

ce qu'ils demandent en priorité est la vérité dans tout ce qui relève de la sphère relationnelle (personnelle, professionnelle voire politique) ainsi que la transparence (peut-être la conséquence de leur omniprésence sur les réseaux sociaux)[1].

Pragmatisme, réalisme et vérité seront aussi les maîtres mots auxquels une marque devra être très attentive si elle veut pouvoir espérer créer du lien avec les jeunes consommateurs d'aujourd'hui et gagner leur confiance. Toutefois, ce sérieux apparent qui transparaît derrière ces valeurs ne signifie pas qu'ils sont plus tristes que ne l'étaient les générations précédentes au même âge ; bien au contraire, ils savent manier l'humour dans tous les sens et, comme l'indique fort justement Ezan (2015) : « *rompus à l'univers de la consommation, éduqués et hyper informés, ils ont peu à peu utilisé l'humour pour induire un nouveau rapport envers les marques* »

I. Savoir créer du lien avec les Z

Pour ce qui est des quelques marques stars, les choses évoluent assez peu au fil du temps. Ainsi, *Apple, Nike, Adidas, Google, Samsung, Coca-Cola* et *Sony* restent les marques préférées des jeunes depuis plusieurs années - avec des légères variations dans le classement d'une année sur l'autre ; il sera intéressant de voir si, en 2017, les déboires de Samsung avec son *Galaxy 7* a pu avoir un effet durable sur une relation qui semblait forte. Mais ce qui est sans doute le plus instructif est de voir que la domination mondiale de ces marques est peut-être en train de vaciller, puisque selon le dernier rapport publié en 2016 par RTG Consulting Group, *Xiaomi* (entreprise chinoise d'informatique et d'électronique) aurait détrôné *Adidas* et *Nike* pour devenir la marque la plus importante pour les jeunes chinois.

Mais si on s'intéresse maintenant à la grande majorité des marques, on constate que les jeunes issus de la génération Z - plus encore que leurs aînés - se montrent particulièrement sélectifs quand il s'agit de leur accorder un tant soit peu de confiance ou quand il s'agit de laisser entrer un message à caractère commercial dans leur univers. De fait, la frontière est parfois ténue entre ce qui peut générer un accueil chaleureux envers celles-ci et ce qui conduira à un rejet souvent ferme et définitif. C'est pourquoi il faut, comme le préconise le rapport Cassandra 2015 de Forbes, savoir établir « *des relations intimes et honnêtes* » avec ces jeunes consommateurs à la fois pragmatiques et dubitatifs.

Les jeunes qui appartiennent à cette génération Z donnent la priorité à leurs principes au détriment des marques dans les catégories de produits qui les intéressent. Bénéficier d'une réputation positive devient ainsi un des éléments clefs du dispositif qui permettra aux marques de remporter leurs faveurs. Et, de fait, le *community management* va jouer un rôle tout à fait essentiel pour maîtriser l'e-réputation de la marque et réussir à se rapprocher d'eux avec succès : savoir les écouter, être capable d'échanger avec eux, tenir compte de leurs avis et opinions... Ayant toujours connu Internet et ayant grandi

1. Même s'ils savent aussi parfaitement faire preuve d'opportunisme pour profiter de ce qu'une marque leur propose.

avec le développement des réseaux sociaux, les Z sont tout sauf des récepteurs passifs ; ils sont souvent à l'origine des échos, des bruits et des informations qui vont faire de la marque ce qu'elle est.

Alors que la génération Y se caractérisait plutôt par de la tolérance à l'égard de nombreuses questions sociétales, les jeunes nés à partir de 1995 revendiquent pleinement, quant à eux, leur diversité et s'inscrivent dans une logique de solidarité plus marquée. C'est pourquoi, les différences que l'on peut observer entre les individus (origine, ethnie, mode de vie, goûts, orientation sexuelle...) n'en sont pas vraiment pour eux ; elles traduisent plutôt la très grande variété des possibles au sein de ce que l'on appelle l'humanité ; mais, en même temps, elles véhiculent l'idée selon laquelle les responsabilités doivent être partagées par tous.

Par ailleurs, ils ont grandi au milieu d'un discours écologique à la fois omniprésent et anxiogène, de débats économiques que la disparition des grandes idéologies rendait moins clivants - mais aussi moins simplistes - et leurs premiers souvenirs forts de communication étaient en lien avec le 11 septembre ou ses conséquences. Ce qui est durable, ce qui respecte l'environnement et, de manière beaucoup plus large, tout ce qui relève de l'éthiquement correct n'est pas négociable pour cette génération.

Pour espérer gagner leur confiance avec de tels référentiels - et surtout savoir la conserver - l'authenticité doit être la priorité recherchée par la marque. Elle ne doit surtout pas essayer d'avancer masquée ou vouloir se donner une image éloignée de ce qu'elle est en réalité ; elle doit au contraire oser jouer la carte de la transparence et parler à chacun en personnalisant au maximum son message.

Selon eMarketers (2014), 43 % des *Millenials* américains veulent que les marques communiquent avec eux par courriel alors qu'ils ne sont plus que 33 % chez les jeunes Z. Il est donc recommandé d'utiliser les données disponibles sur les médias sociaux afin de donner une dimension plus individualisée à la communication. Lejealle, Ezan et Dutot (2014) soulignent que les marques doivent savoir augmenter ce qu'elles appellent « *la puissance conversationnelle* » de leurs contenus pour provoquer non seulement l'attention mais aussi l'intérêt de leur jeune public.

Être authentique pour une marque cela signifie qu'elle mérite le temps et l'argent qui lui sont consacrés d'une part, qu'elle est en phase avec leurs valeurs revendiquées et qu'elle est vraiment le reflet de ce qu'elle est ; l'engagement citoyen est important pour les Z, et ils ont tendance, de manière générale, à juger les marques à partir de leurs actions sociales.

Pour toucher ces partenaires de consommation encore jeunes, la communication publicitaire doit modifier son approche. Toute manifestation d'autorité et de condescendance doit disparaître du discours. « *Les jeunes aspirent à un rapport d'égalité avec les marques qui engage une relation conversationnelle*, analyse Bruno Schmutz. *Ils veulent avoir les moyens d'échanger avec les marques et avec les autres consommateurs.* » Pas de modèle descendant, mais en même temps, « *il faut affirmer des positions fortes, parce que la gen Z n'aime pas le consensuel* », complète Sylvie Gassmann[1].

Il y a dix ans déjà, les adolescents se plaignaient des sms qu'ils recevaient en *opt-out* sur leur téléphone portable ; ceux d'aujourd'hui sont encore moins tolérants et dès qu'ils ont le sentiment que l'on tente une intrusion en ligne, ou qu'on leur impose une communication dans laquelle ils ne se reconnaissent pas, la marque incriminée en payera le prix. Sous prétexte que, grâce aux réseaux sociaux, ils sont informés de tout qui est tendance ou qui fait le buzz, les marques croient souvent qu'il s'agit de proies faciles qui pourront être séduites pour peu que l'on sache surfer sur cette vague de l'éphémère. Mais être informé ne signifie pas que l'on adhère à tout et un marketing un peu trop automatisé peut rapidement conduire à l'échec. Les Z ont souvent une vision très opportuniste et ils n'échangent et ne « *likent* » avec une marque qu'à partir du moment où ils peuvent en tirer une forme d'avantage (discounts, prix, concours...). Pour espérer parvenir à construire une vraie « relation » avec eux, la marque doit savoir enrichir les conversations qui sont issues du réseau sans les interrompre, un challenge très difficile à réaliser que *Dove*, avec sa campagne sur la confiance en soi, était parvenu à réaliser.

Les jeunes Z sont créatifs mais ils ne cherchent pas à être révolutionnaires. De ce point de vue, ils s'inscrivent assez bien dans la continuité de ce que leurs aînés aimaient déjà faire, à savoir non pas casser les codes des marques mais plutôt les détourner. Ils les utilisent avec une logique positionnelle ou statutaire, que ce soit pour montrer leur appartenance à un groupe ou au contraire pour s'en démarquer. Les appareils électroniques digitaux où l'on recouvre la marque avec une coque customisée ou les vêtements qui sont ornés de logos ludiques - vrais ou faux - sont particulièrement prisés par eux. De même, ils apprécient beaucoup de détourner le logo des marques qu'ils aiment bien (comme c'est le cas avec Coca-Cola où l'on peut être à la limite du dénigrement) ou quand celles-ci pratiquent directement l'autodérision ou l'ambiguïté amusante (comme dans l'exemple FCUK - French Connection UK).

En laissant les jeunes faire ce détournement (mais en l'encadrant pour éviter un débordement qui deviendrait néfaste pour la marque) ou en créant une complicité par l'autodérision ou d'autres formes d'humour comme l'absurde, la marque bénéficie d'un capital de sympathie incontestable auprès de cette population. C'est ce que Ezan (2015) appelle la LOL culture. Ainsi, dans la dernière campagne *Free*, on peut voir un père disputer son fils qui lui a mis un préservatif dans la poche car ses parents ne voulaient plus lui payer son forfait mobile. Elle se termine en montrant que «*sinon avec Free on peut en avoir toujours plus, toujours au même prix*». Un exemple particulièrement réussi de cette fameuse culture LOL est la pub *Oasis* qui est analysée en détail par Ezan (2015) ; la marque *Oasis* qui était plutôt une marque pour enfants à l'époque où le chanteur Carlos la promouvait a su se repositionner sur les jeunes grâce à la « *fruit family* » qui devient l'héroïne de toute une saga délirante dans laquelle figurent souvent de mauvais jeux de mots et qui met toujours en avant le slogan « *be fruit* ».

1. http://www.ipsos.fr/communiquer/2016-04-21-generation-z-nouveaux-partenaires-consommation ; Bruno Schmutz est Directeur Général Adjoint, IPSOS connect ; Sylvie Gassmann est Directrice de département, IPSOS Marketing -UU

Bien évidemment, comme l'humour a une vocation naturelle à être partagée, Internet va agir comme une fantastique caisse de résonance et l'on va se dépêcher de diffuser tout ce que l'on a pu trouver de drôle sur une marque, qu'il s'agisse d'un message dont elle est elle-même à l'origine ou d'une création liée à un détournement (d'où le rôle central que va jouer alors le *community manager*)

Toutefois, si les chiffres de l'étude réalisée par *YouGov France* pour *GT Nexus* qui viennent d'être rendus publics se confirmaient au cours des prochaines années, les marques auraient toutes les raisons d'être inquiètes. En effet, même si elle porte sur une catégorie de jeunes plus larges et partiellement plus âgés que la génération Z puisqu'il s'agit des 18-34 ans, elle montre que cette classe d'âge est de moins en moins fidèle : 72 % de ceux qui ont été interrogés déclarent avoir opté pour une autre marque que celles qu'ils préfèrent au cours des achats qu'ils ont effectué dans les 12 mois précédents[1]. Ce sont les catégories « nourriture et boissons » (45 %) ainsi que « habillement et chaussures » (43 %) qui viennent en tête de ce palmarès de l'infidélité.

II. Les marques restent un vecteur de construction identitaire pour les Z

L'identité peut se définir comme étant le fruit d'un équilibre entre une dimension personnelle, l'estime de soi, et une dimension sociale, l'appartenance à un groupe (Erikson, 1972). Le processus de construction identitaire est un processus qui dure tout au long de la vie, mais la période de l'adolescence représente un moment très particulier de celui-ci dans la mesure où l'individu vit une période de déstabilisation et d'interrogation : il a perdu les repères qu'il avait en tant qu'individu-enfant et n'a pas encore trouvé sa place en tant qu'adulte.

Pour l'aider à traverser ce moment difficile de sa vie, le jeune va naturellement rechercher l'appartenance à un groupe de pairs. On trouve généralement beaucoup de ressemblances entre les membres d'un même groupe ; d'abord parce qu'ils se regroupent déjà au départ en fonction de proximités (modes de vie, centres d'intérêt), et ensuite parce que les expériences qu'ils vont vivre ensemble vont accentuer les similitudes initiales et conduire à une certaine homogénéisation.

Au moment de l'adolescence, les groupes de pairs vont aider l'individu de plusieurs manières. Ils vont d'abord jouer un rôle de miroir en lui permettant de voir qu'il n'est pas le seul à connaître cette période difficile. Ils vont ensuite jouer une fonction de béquille, chacun assurant, au travers des relations amicales qui s'établissent, un soutien pour les autres. Enfin, le groupe peut être également l'occasion de tester des relations de domination/soumission ou de compétition pour le leadership du groupe.

Aujourd'hui, **Internet** et les réseaux sociaux modifient la manière dont les relations entre jeunes vont pouvoir s'exercer mais, finalement assez peu la nature de celles-ci quand ces interactions virtuelles viennent prolonger celles qui existent déjà dans le monde réel.

1. Ce taux n'est que de 54 % chez les jeunes Allemands et de 55 % chez les jeunes Anglais.

Comme le rappelle Gentina (2016) : « *les marques sont un soutien nécessaire à la construction identitaire de l'adolescent : elles leur permettent de mettre en avant leur propre personnalité et d'exprimer leur identité auprès du groupe* ». Certes l'individu peut, à travers son identité personnelle, se comparer à autrui dans une relation interpersonnelle. Mais force est de constater que c'est le plus souvent par le biais de son identité sociale qu'il peut gagner une estime de soi valorisante. Or, les marques jouent un rôle social important dans la vie des adolescents (Isaksen et Roper, 2008) ; elles sont utilisées pour s'intégrer dans un groupe et acquérir une certaine reconnaissance : « *les marques jouent un rôle à travers une tension perpétuelle entre une volonté d'assimilation et de différenciation* » (Heilbrunn, 2001). Il existe par conséquent une grande importance au fait de porter les bonnes marques synonymes du « bon style » et de la bonne connaissance.

Les adolescents recherchent des solutions matérielles à leurs problèmes d'identité (Holt et Thompson, 2004) en mobilisant des ressources pour tendre vers un ego idéal qui engendre le respect des autres (en rapport avec leur identité sociale) et inspire un amour pour Soi (identité personnelle) (Gabriel et Lang, 1995).

À cet âge, les bénéfices symboliques du produit sont plus importants que les bénéfices fonctionnels et sont considérés comme le reflet de son identité ; l'adolescent préfère un produit qui lui ressemble (Vernette, 2003). Les possessions, de par leur qualité rassurante et affective, leur capacité à renforcer son image de Soi et son sentiment d'appartenance sont très importantes pour lui (Voss, Spangenberg et Grohmann, 2003). Elles deviennent une extension visible et permettent de véhiculer une certaine image, de se distinguer des autres tout en étant lié à un groupe de référence (Nguyen Chaplin et Roedder John, 2005).

La nouveauté, avec la génération Z, vient de l'usage intensif des réseaux sociaux. Par rapport aux générations précédentes, elles leur offrent à la fois une capacité de démultiplication considérable du nombre de personnes avec qui elle va pouvoir interagir et la possibilité de gérer le niveau et la nature de ces interactions avec chacune des personnes. Il y a donc, par rapport à leurs aînés, une opportunité nouvelle de gérer des sois différents au travers de l'identité digitale. Même s'il est encore trop tôt pour savoir si cette identité digitale peut avoir des effets durables lorsque le jeune quitte le monde virtuel, Sohier (2016) a montré qu'elle impactait - au moins temporairement - la dimension sociale de l'identité.

Partager son activité sur les réseaux sociaux relève pour eux de l'évidence dans la mesure où l'activité sert à l'invention de soi et à l'expression de leur individualité. Les médias sociaux numériques leur permettent de se réunir autour d'affinités socio-culturelles avec leurs pairs, dans un espace où chacun pourra s'approprier l'objet (Stenger, 2015). En caricaturant un peu, on pourrait dire, que les médias sociaux vont être le moteur d'une construction identitaire dans laquelle se mêlent des dynamiques sociales et des supports techniques.

Pour leur part, Coutant et Stenger (2010) ont élaboré une cartographie des profils en fonction des formes de mise en scène de soi (cf Figure 2.1) et du degré d'ouverture à son « audience » sur deux axes : extimité (choix d'ouvrir à tous les profils) et intimité (forte maîtrise de l'audience de l'usager).

Certains profils tendent davantage vers une négociation assumée (co-construction de sa face publique) tandis que d'autres penchent vers une communication unilatérale.

Figure 1 : Cartographie des profils en fonction des formes de mise en scène de soi (Coutant et Stenger, 2010)

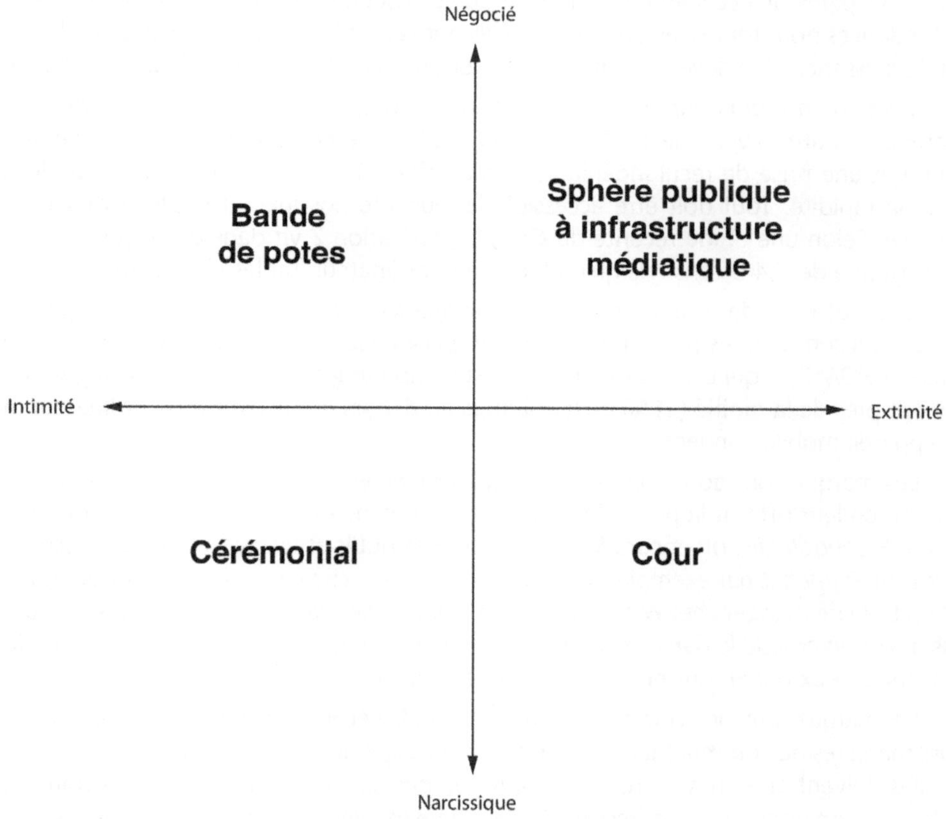

Ils proposent ainsi 4 modèles d'expression identitaire :

- **la cour** : apparenté à « un roi », il interagit peu avec les autres, seul le désir de se montrer compte
- **le cérémonial** : se montrer, peu interagir, mais dans une sphère plus intimiste
- **la sphère publique à infrastructure médiatique :** profil ayant une large audience avec des interactions plus importantes et où la construction de l'identité plus négociée, son identité se construit au fil des interactions.
- **la bande de potes** : profil qui conserve cette interactivité mais avec sa sphère amicale plus restreinte, plus intime.

III. Internet, passage obligé pour communiquer avec les Z

Chaque génération est unique dans sa manière d'appréhender les médias. La génération Z, tout particulièrement, attire l'attention et l'intérêt de la plupart des marques. Non seulement parce que ce sont des jeunes consommateurs avec un vrai pouvoir d'achat, mais aussi parce que ce sont eux qui fixent aujourd'hui un certain nombre de normes et de tendances pour toutes les classes d'âge. Ils ont vécu à la fois la banalisation de l'Internet, la naissance et le développement rapide des réseaux sociaux et de l'internet mobile.

Vrais « *consommateurs média* », les jeunes Z jonglent d'un écran à un autre, d'un contenu à l'autre, avec une facilité déconcertante, une compréhension généralement bonne et une prise de recul indéniable. On a affaire à une génération de la simplicité et de la rapidité. Tout doit être accessible le plus vite possible, et le plus simplement possible. Selon une étude récente du CSA, la génération Z vit dans des foyers équipés en moyenne de 6,4 écrans tels qu'un téléviseur, ordinateur, tablette, Smartphone...

Une autre étude, menée cette fois par *Sparks & Honey*, a mis au jour que ces jeunes, qui sont animés par la peur devenue quasi obsessionnelle de manquer quelque chose (« *FOMO* », qui est l'acronyme de l'expression anglaise « *Fear Of Missing Out* ») passent près de la moitié (41 %) de leur temps en dehors de l'école sur un ordinateur ou un appareil mobile connecté.

Les marques ont donc tout intérêt à utiliser pleinement cette appétence pour l'instantané en leur offrant la possibilité de mettre en scène et de diffuser un vrai moment de vie. *Facebook Live* ou encore *Snapchat* sont des outils efficaces pour cela : grâce aux filtres sur *Snapchat* par exemple, on peut remplacer ses cheveux par des frites quand on est en train de manger chez *McDonald's* ; de même, une marque comme *Lacoste* pourra dissimuler un crocodile dans les photos qu'elle partage avec ses fans et faire gagner des cadeaux à ceux qui auront été capables de le trouver.

Les marques ont bien compris l'enjeu et surtout la nécessité de repenser en profondeur leurs manières de communiquer afin de toucher ces jeunes consommateurs. Elles savent qu'elles doivent être en mesure de s'adapter en permanence et de suivre les évolutions de leurs communautés en s'adressant à elles d'une manière déterminée mais très souple.

Internet, notamment grâce à tous les réseaux sociaux disponibles aujourd'hui, permet aux marques de toucher leurs cibles directement, non pas à travers les pratiques publicitaires traditionnelles mais bien en leur proposant un contenu spécifique qui va les intéresser ; il ne faut pas parler de la marque d'une manière trop directe mais il faut faire indirectement référence à celle-ci dans un objectif de notoriété (village *Coca cola* en Israël, *Diesel* Cam en Espagne).

Comme ils l'ont toujours été, les jeunes d'aujourd'hui sont inspirés par leurs pairs. Mais, en ce qui concerne la génération Z, certains influenceurs vont avoir un statut tout à fait particulier, ce sont les vedettes des réseaux sociaux. Dès qu'ils acquièrent une forme de vedettariat, le moindre de leur *selfie* ou la moindre de leur parole se trouve assailli de « *likes* ». Réussir à associer l'un de ces nouveaux prescripteurs à une marque peut donc en faire un ambassadeur de celle-ci et c'est une promotion valorisante garantie auprès de très nombreux adeptes. Ces ambassadeurs peuvent avoir une vraie notoriété comme c'est entre autres le cas avec Kev Adams pour le *Crédit Agricole* ou avec Norman pour *Orange* ou *Fanta*. Il peut aussi s'agir de clients « anonymes » qui bénéficient d'une certaine aura dans leur cercle privé.

Un bon ambassadeur aura une vraie relation affective avec la marque ; de fait, il sera aussi une courroie de transmission en dialoguant à la fois avec elle et avec les clients ; il pourra donc faire remonter leurs feedbacks, que ceux-ci soient sources de propositions pour améliorer la qualité ou qu'il s'agisse de retombées plus critiques permettant de corriger une erreur avant qu'elle ne prenne des proportions critiques. Son impact auprès des jeunes sera d'autant plus efficace que la relation saura s'inscrire dans la durée et qu'elle ne concernera pas qu'un seul produit mais pourra être déclinée sur tout ou partie de l'offre proposée par la marque. L'ambassadeur devra donc symboliser, pour la génération Z, un ensemble de valeurs, un état d'esprit, voire une philosophie qui lui permet de croire pleinement en cette authenticité à laquelle il accorde une grande importance.

Les entreprises ne doivent pas avoir une démarche uniforme pour travailler le marketing de leurs produits et de leurs marques quel que soit le support digital envisagé. Chacun de ces multiples canaux conditionne désormais le contenu car les adolescents n'ont pas la même logique de comportement sur les uns et sur les autres ; c'est vrai aussi bien en matière de réactivité que de stratégie d'achat. Mais si les entreprises ont bien compris qu'elles ne devaient pas être présentes que sur un seul média pour toucher les jeunes de la génération Z, préparer efficacement une campagne multi-supports nécessite de la coordination et de la cohérence.

Pour atteindre cette cible, les marques doivent comprendre qu'il est essentiel de centrer la mécanique principale de la campagne dans les médias sociaux, mais que cela - selon les budgets disponibles - pouvait tout à fait être couplé avec une présence sur des médias plus traditionnels, car ils touchent encore les adolescents de manière efficace : le mouvement et l'humour de la télévision, l'esthétisme des affiches ou la répétition du message radio. La publicité classique semble avoir encore de beaux jours devant elle. Malgré - ou sans doute grâce à - un panachage plus important avec la publicité digitale, les Z restent en effet encore très friands des médias classiques.

Une voie qui permet aussi à une marque de toucher les jeunes Z en dehors - ou à côté - des médias sociaux consiste à être présente dans les lieux où leur attente émotionnelle est à son pic (alors qu'on a vu dans le rapport Cassandra de 2015, qu'en temps normal, cette attente était sensiblement plus faible que celle de la génération Y), à savoir lorsqu'ils viennent voir un concert ou lorsqu'ils assistent à une manifestation sportive. L'effet de halo entre l'événement et la marque peut, au plan attitudinal, bénéficier à cette dernière.

Sur la manière dont ils envisagent leur utilisation des supports numériques, il existe une véritable rupture entre la génération Z et celle qui la précédait, la génération Y. Cela vient du fait que la génération Z n'a pas connu les balbutiements de l'Internet et qu'elle est née dans un environnement digital qui privilégie l'instantanéité et la capacité à s'approprier immédiatement des nouvelles technologies. Elle est donc à la fois exigeante, volatile et très impatiente... Elle veut absolument pouvoir bénéficier de temps d'affichage qui soient très rapides, de catalogues produits qui soient quasiment exhaustifs, d'une navigation la plus fluide possible, d'un moteur de recherche extrêmement performant avec de nombreux filtres pour circonscrire finement la demande et, en plus, d'une « *shopping experience* » unique... autant d'éléments qui sont devenus déterminants en 2016 pour le succès d'un site Internet. À titre de comparaison, il faut savoir que la tolérance moyenne pour l'affichage d'une page Web était de 8 secondes en l'an 2000 et qu'elle est maintenant tombée à moins de 2 secondes !

Le réel challenge pour les entreprises d'aujourd'hui – en plus bien sûr de toute la dimension communication pure – est de pouvoir mettre au point des applicatifs extrêmement performants qui soient en mesure de consommer le moins de puissance informatique possible. Tous les phénomènes qui se multiplient depuis quelques années, que ce soit la 3D, la réalité augmentée ou bien encore les technologies sans contact font partie de ces nouveaux outils qui permettent de superposer habilement des éléments virtuels aux éléments réels d'une manière qui soit à la fois très simple et très intuitive.

Faire une bonne publicité sur les réseaux sociaux qui permette à une marque de discuter avec des adolescents est donc un exercice beaucoup plus périlleux que l'on pourrait penser. Il faut jouer sur les mêmes codes, au risque de se casser les dents à la moindre petite erreur. Répondre à une critique sur Twitter alors qu'elle a déjà été publiée depuis une heure ou deux peut s'avérer absolument meurtrier pour l'e-réputation d'une marque. « *Les jeunes sont en effet plus exigeants et critiques que leurs parents.* » Les choses évoluent tellement vite qu'il est difficile d'avoir le temps d'établir des bonnes pratiques pérennes en matière de publicité sur les réseaux sociaux.

L'omniprésence du Smartphone a d'ailleurs permis l'émergence d'une nouvelle langue visuelle centrée sur l'image et la photographie, qui remplace souvent l'écrit. Les générations Y – à l'époque presque préhistorique de *MSN* – puis Z sont à l'origine de ce langage, qui a connu une véritable explosion avec les réseaux sociaux très orientés image. Les émoticônes, qui servent à véhiculer les émotions, sont devenues tout à fait indispensables dans les communications digitales (et pas seulement pour les populations jeunes). L'arrivée de *Snapchat, Pinterest* ou *Instagram* a bien sûr fortement amplifié le phénomène.

Les jeunes de la génération Z ne font pas vraiment de grande distinction entre leur monde en ligne et leur monde hors ligne. Ils vont rarement rechercher par eux-mêmes une marque, mais ils sauront être conquis par sa présence dans leur environnement, qu'il soit virtuel ou autre, pour peu que celle-ci sache s'y insérer de manière naturelle et harmonieuse sans avoir l'air de s'y imposer. Il faut donc s'assurer que la marque saura bien être présente là où les jeunes aiment passer du temps et se regrouper (festivals de musique, manifestations sportives, événements retransmis sur les chaînes du net...) et savoir trouver les bons leviers qui parviendront à créer des passerelles capables de relier entre elles les expériences physiques et numériques.

Mais, assez étonnamment, il arrive que des marques qui cherchent à s'adresser aux adolescents ignorent complètement Internet, ou presque. À la rentrée de septembre 2015 par exemple, la marque *Malabar* est revenue en force en retrouvant son atout historique sans doute le plus iconique, à savoir les tatouages. Trois nouvelles collections étaient présentes dans les paquets : « *Bagues* » à porter en bijoux, « *Under the skin* » en trompe l'œil et « *Badass* » pour les plus rebelles. Ces tatouages étaient « *comme des vrais, à un détail près* », ils étaient visibles grâce à deux affichettes que l'on pouvait découvrir pendant une semaine dans toute la France.

La refonte de ces nouveaux tattoos s'inscrivait dans la lignée de la nouvelle stratégie « *Pump Up Your Personality* » qui entend positionner Malabar comme l'accompagnateur de l'émancipation des jeunes ados. Après plusieurs années de silence, c'est donc une marque plus fraîche, plus transgressive et plus espiègle qui a été révélée au travers de cette campagne.

Le tatouage est très présent dans l'univers des moins de 30 ans mais tous n'ont pas envie (ou n'osent pas) se lancer dans l'aventure d'un tatouage définitif et préfèrent se contenter d'un tatouage éphémère. La marque *Malabar* entendait bien en profiter !

Ce qui est très étonnant dans cette campagne est qu'elle ait été conçue sans faire appel de quelque manière que ce soit aux médias sociaux. En effet, aucune mobilisation de réseaux comme *Pinterest*, *Snapchat*, *Youtube*, *Instagram* ou même plus classiquement *Facebook*. Même sur la page *Facebook* de la marque d'ailleurs, la campagne restait assez discrète puisqu'on y voyait simplement une question permettant de gagner des paquets de *Malabar* (En quelle année sont apparus les tattoos *Malabar* ?).

On avait en fait une campagne à l'ancienne avec principalement de l'affichage sur les abribus. Et pourtant c'est l'agence *Marcel* qui est derrière cette campagne, agence qui utilise habituellement abondamment les médias digitaux.

IV. Les Z et les marques : reflet du consumer empowerment ?

Le *consumer empowerment* fait référence à une forme de rééquilibrage de la relation « entreprise-consommateurs » au profit de ces derniers. Il est lié en grande partie à la montée en puissance des médias numériques. Il peut s'exprimer négativement par du *brand bashing* ou positivement par une volonté de participer à la vie des marques ; dans ce second cas, il pourra prendre la forme du *crowdsourcing* ou de la co-création.

1. *Crowdsourcing* et Co-création : des leviers pour mobiliser la génération Z

Le *crowdsourcing* est une pratique dans laquelle on va faire appel au grand public (en passant en général par une plateforme spécialisée) pour concevoir des éléments de la politique marketing (concept de produit, choix de marque, création de slogan...) voire pour mettre en place des prestations marketing. Les « prestataires amateurs » sont souvent récompensés ou rémunérés. Il s'agit donc d'une externationalisation auprès de particuliers.

La co-création représente quant à elle une forme de partenariat dans laquelle l'entreprise et des particuliers vont chacun mobiliser des ressources pour faire évoluer la marque dans un sens qui soit mutuellement profitable. Le public va amener ses idées et ses compétences et, en échange, l'entreprise fera, par exemple, des apports sous forme financière ou à travers sa capacité de production.

Figure 2 : Co-création amont et aval avec les consommateurs (Hamdi-Kidar, 2013)

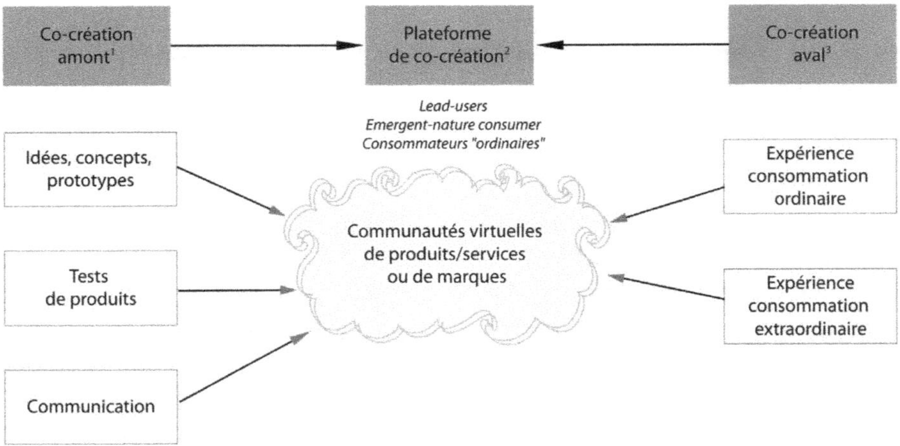

1. Von Hippel (1986)
Lilien et al (2002)
Franke et al (2006)
Hoffman et al (2010)

2. Piller et Walcher (2006)
Füller et al (2008)
Franke et Piller (2004)

3. Vargo et Lusch (2004, 2008)
Prahalad et Ramaswany (2000, 2004)
Ramaswany et Gouillard (2010)

La co-création on-line devient attractive pour les marques, surtout dans le domaine de la grande consommation ; des marques comme *Coca-Cola*, *Nike*, *Danone*, *Starbucks*... mobilisent leurs consommateurs et leurs communautés pour les accompagner dans le développement de leur communication, leurs produits... avec l'apport d'idées nouvelles, de contenu original ou de solutions disruptives[1].

Les vêtements et les accessoires peuvent aussi pleinement bénéficier de ces outils de co-création, à l'instar de *Nike* qui donne la possibilité aux internautes qui le souhaitent de personnaliser ses baskets en allant sur la plateforme *NikeiD*. Plus l'intervention intervient en amont du processus (idéation ou création de concept) et plus le degré d'implication et d'expertise du consommateur est en général élevé.

Comme le rappelle Gentina (2016), l'adolescent d'aujourd'hui peut représenter l'archétype de ce consommateur qui sait profiter de ce nouveau pouvoir qui lui est attribué. À la fois parce que l'adolescence est une période de la vie où la créativité et l'innovativité trouvent pleinement à s'exprimer et parce que sa maîtrise des outils numériques lui donne envie de s'engager dans le processus amont du développement d'un outil et de sa commercialisation. D'ailleurs la co-création est annoncée comme étant l'une des priorités sur lesquelles les entreprises entendent bien investir de manière assez massive en 2017 auprès de ce public.[2]

---

1. Eyeka (2012), Livre blanc, *On line co-creation to accelerate marketing and innovation* : http://fr.slideshare.net/Eyeka/online-cocreation-to-accelerate-marketing-innovation
2. http://itsocial.fr/zoomer/c-level/cmo/actualites-cmo/2017-lannee-marketing-de-generation-z/

Par exemple, la marque de vêtements pour les jeunes, *Bonobo* a lancé récemment une campagne de co-création sur leur site dans laquelle les internautes ont été invités à créer leur « sweet parfait ». Pour cela, une page dédiée y a ainsi été créée sur laquelle on pouvait trouver un *brief* créatif et un *toolkit* qui permettait aux participants de visualiser en temps réel le résultat de leur travail. Les participants pouvaient ensuite voter également sur les créations réalisées par les autres compétiteurs. Le vainqueur avait la possibilité de gagner une somme d'argent et l'opportunité de rencontrer les stylistes de la marque afin de finaliser sa création dans l'optique d'une commercialisation du produit.

Pour sa part, NRJ a lancé une campagne de *crowdsourcing* publicitaire en proposant à trente illustrateurs issus de dix-sept nationalités différentes de participer à la création de ses nouveaux spots TV. Pour lancer l'opération, elle a mobilisé deux stars devenues des emblèmes de la station : Justin Bieber et Kenji Girac. Les participants avaient toute latitude pour laisser libre court à leur imagination et à leur créativité.

Les deux spots évalués comme étant les meilleurs devant faire l'objet d'une diffusion à la fois sur support digital et sur mobile ; mais toutes les illustrations proposées bénéficiaient d'une visibilité en étant réunies au sein d'une exposition dans une galerie digitale.

Un exemple particulièrement intéressant de marque qui a su s'approprier pleinement toutes les possibilités offertes auprès de la génération Z par la co-création est *Crunch*. Elle a d'autant mieux su le faire qu'elle a pu coupler les actions menées dans ce sens en s'adjoignant le soutien d'un vrai ambassadeur de marque auprès des jeunes, à savoir Norman.

Grâce à cette collaboration avec les cibles jeunes et à l'utilisation intelligente des réseaux sociaux, *Crunch* est parvenu à transformer une marque qui était traditionnellement ancrée dans un univers plutôt familial pour l'amener vers un produit destiné aux adolescents et aux jeunes adultes. Particulièrement intéressant, cet exemple est régulièrement analysé dans les ouvrages récents (Batat, 2017 ; Gentina, 2016).

2. Résultats d'une étude pour mieux comprendre la co-création des jeunes consommateurs avec les marques

Juillet (2016) a sans doute conduit une des toutes premières études qualitatives destinées à mieux comprendre la réalité de ce phénomène de co-création que les Z réalisent avec les marques. Nous reprenons ci-après une synthèse des principaux résultats qu'elle a obtenus en croisant les résultats de ses entretiens (menés avec des jeunes de 16 à 20 ans) avec la littérature existante. Deux idées fortes principales émergent de cette étude.

a. La co-création satisfait les besoins d'expression de la génération Z grâce aux outils numériques

Les 16-20 ans sont bien des « créatifs », mais pas au sens premier du terme ; ils le sont parce qu'ils recherchent la reconnaissance d'autres passionnés à travers leurs interactions avec les marques (Oblinger, 2005).

Le digital favorise clairement cette tendance à co-créer car il répond à leur besoin de s'exprimer et de se construire une identité propre par l'appropriation de « l'objet culturel » qui sera soumis à l'approbation des pairs (Stenger, 2015). Ils apprécient notamment les activités où on leur demande de « designer », même si celles-ci peuvent parfois les effrayer en raison d'une certaine difficulté perçue.

Par contre, la co-création « *in real life* » ne fait pas adhérer cette génération car elle nécessite de se déplacer ou de rencontrer des personnes *in situ*. Ils se mobilisent donc plus pour la co-création en amont qu'en aval et préfèrent s'impliquer dans des opérations sur des plateformes en ligne plutôt que de « produire » quelque chose en réel (d'autant que, dans ce cas, ils ont la conviction qu'on ne les sollicite que pour des actions mineures et qu'on utilise ce prétexte pour les instrumentaliser).

La co-création donne lieu à des échanges et des discussions qui jouent un rôle d'inclusion sociale, donc qui favorisent la reconnaissance par les pairs - primordiale dans la stabilisation de leur identité. Elle remplit alors une double fonction d'affichage (montrer ses goûts) et de miroir (se comparer aux autres et se soumettre à leur validation) ; c'est pour eux un moyen d'affirmer leur individualité. Cependant, exprimer une individualité à travers une opération de co-création ne signifie pas pour eux vouloir se différencier à tout prix des autres ; au contraire, l'uniformisation est même ici perçue comme étant plutôt rassurante car elle permet de faire corps avec sa classe d'âge.

Les résultats de l'étude font ressortir deux profils opposés assez nets[1] : les opportunistes d'une part, qui sont centrés sur eux-mêmes et les impliqués d'autre part, qui sont davantage préoccupés par la tâche. En reprenant les critères de structuration des formes de co-création (Reniou, 2009 ; Hamdi-Kidar, 2013), on peut ainsi mettre en perspective les motivations intrinsèques des « Impliqués » à la recherche d'accomplissement personnel et celles d'ordre extrinsèque des « opportunistes » qui vont d'abord privilégier le renforcement de l'égo, la valorisation du soi voire le gain tangible.

Ces deux profils aiment partager leurs activités sur les réseaux sociaux mais dans leur sphère amicale ; les premiers dans un but narcissique et les seconds pour obtenir l'avis de leurs amis en vue de créer un projet collectif.

La co-conception répond particulièrement bien aux besoins des profils « impliqués », notamment via le « co-design » ou la customisation de masse, car elle est en phase avec leur désir d'exprimer une créativité, un talent, un accomplissement ou une reconnaissance. Ce n'est pas prioritairement la tâche consistant à créer un produit qui les intéresse, c'est bien plutôt de pouvoir exprimer leur talent à travers celle-ci et d'être reconnu par les autres.

Dans ce partenariat, la valeur dégagée pour la marque se situe donc dans « l'objet » co-créé qui répond aux attentes de celle-ci et dans le développement de sa notoriété grâce aux médias sociaux. Pour le participant, elle est principalement liée à l'expérience de co-création et au partage de celle-ci avec les pairs ; grâce à la marque, il a l'opportunité

1. Les profils « opportunistes » pourraient se situer sur l'axe « intimité/narcissique » faisant référence au modèle d'expression « cérémonial » (Coutant et Stenger, 2010) et les « impliqués » sur l'axe « intimité/négocié » faisant référence au modèle d'expression « bande de potes » (voir Figure 2).

de s'exposer et de se « promouvoir ». C'est la mise en scène de soi et la sociabilité entre pairs que permettent les réseaux sociaux qui importent pour lui ; la co-création n'est vue que comme qu'un prétexte s'inscrivant dans cette logique.

b. Co-créer avec la génération Z augmente la visibilité de la marque mais ne renforce pas forcément le lien avec elle

Même s'ils participent à la visibilité de la marque grâce aux actions qu'ils conduisent sur ces plateformes, les participants ne se sentent pas particulièrement engagés vis-à-vis de celle-ci sous prétexte qu'ils ont collaboré une fois à une opération de co-création avec elle (même si, bien sûr, le temps qui aura été consacré à cette activité aura indiscutablement un impact sur la nature et sur la force de la relation à la marque). En fait, ils sont en attente d'un feed-back et d'une reconnaissance claire de sa part ; c'est un élément fondamental si l'on veut espérer pouvoir faire naître chez eux une forme de proximité qui aidera à l'émergence d'une communauté de marque et, au-delà, pouvoir envisager d'en faire les ambassadeurs. Un *incentive* important pourra les conduire à se lancer dans l'aventure de la co-création même si la marque les intéresse peu mais, dans ce cas, il y a peu de complicité à espérer une fois l'opération terminée ; ce sera d'abord et avant tout pour eux un effet d'aubaine dont les opportunistes sont coutumiers.

Les différentes formes de co-création n'impliquent pas toutes les consommateurs - et les jeunes consommateurs en particulier - de la même manière. Se prendre en photo, par exemple, peut-il suffire à faire naître un sentiment d'appartenance à la marque ? Pour les participants les moins impliqués, la réponse est clairement non ; en aucune façon ils ne ressentiront la moindre proximité avec elle tant qu'elle n'aura pas su leur transmettre - sous une forme tangible (récompense, gain) ou non (reconnaissance sous une forme ou sous une autre) - ce fameux feedback. Même les plus impliqués, d'ailleurs, seront en attente de ce signal pour se sentir valorisés et avoir alors envie de communiquer sur (et avec) la marque. De même qu'on a généralement envie d'aimer les gens qui vous aiment, les jeunes auront envie de mettre en avant une marque qui aura su leur faire savoir qu'ils pouvaient être fiers d'eux-mêmes.

Toutefois, à partir du moment où la marque aura réussi à enclencher ce processus vertueux en leur indiquant de manière explicite qu'elle s'intéresse à eux et qu'elle apprécie la qualité de ce qu'ils ont su apporter, ils auront envie de partager cela avec leurs amis pour obtenir leur approbation et se sentir valorisés (Stenger, 2015 ; Lardellier, 2016). La marque pourra alors profiter de cette viralité causée par leur besoin de reliance et de mutualisation.

Ce besoin de partage sera d'autant plus grand que l'opération aura lieu sur des applications numériques du type *Instagram* ou *Snapchat*, où les jeunes passent une partie importante de leur temps récréatif. Les « opportunistes » seront plus enclins à utiliser des médias sociaux rapides et faciles d'utilisation alors que « les impliqués » feront davantage d'efforts pour aller sur le site de la marque et partager ensuite leur activité. Pour optimiser le lien avec la génération Z, les marques doivent donc aussi prendre en compte le profil des participants co-créateurs et le choix du réseau social qui en découle.

Ce qu'il faut retenir

La génération Z a vécu dans un contexte de crises successives qui l'a rendu à la fois réaliste et pragmatique. Si un produit l'intéresse, elle donne la priorité à ses principes au détriment des marques. Pour gagner et conserver sa confiance elles doivent privilégier l'authenticité ; mais même informée et lucide, elle est très sensible à l'humour qui reste un vecteur fort de lien aux marques ; elle cherche plutôt à détourner les codes qu'à les casser. Comme l'humour a vocation à être partagé, et que les Z ont toujours connu Internet (ils ont grandi avec le développement des réseaux sociaux), ils y sont souvent à l'origine des échos qui vont faire de la marque ce qu'elle est ; Internet agit alors comme une fantastique caisse de résonance.

Les marques sont une solution matérielle aux problèmes d'identité des adolescents : elles mettent en avant leur personnalité, expriment leur identité auprès du groupe. L'usage intensif des réseaux sociaux est une opportunité nouvelle de gérer des sois différents au travers de l'identité digitale.

Pour atteindre cette cible, les marques doivent centrer la mécanique de la campagne dans les médias sociaux, mais en les couplant souvent avec des médias plus traditionnels qui semblent avoir encore de beaux jours devant eux. Elles ne doivent pas avoir une démarche uniforme quel que soit le support digital envisagé car les adolescents n'ont pas la même logique de comportement sur chacun de ces multiples canaux.

Comme ils l'ont toujours été, les jeunes d'aujourd'hui sont inspirés par leurs pairs. En ce qui concerne la génération Z, certains influenceurs auront un statut particulier : les vedettes des réseaux sociaux. Ces ambassadeurs peuvent être des célébrités comme Kev Adams ou Norman ; il peut aussi s'agir de clients « anonymes » bénéficiant d'une certaine aura dans leur cercle privé.

Les jeunes d'aujourd'hui représentent sans doute l'archétype de ce consommateur qui a acquis, grâce à Internet, un nouveau pouvoir à travers la co-création. Cette démarche fait d'ailleurs partie des priorités dans lesquelles les entreprises comptent investir en 2017 auprès de cette population.

Le digital favorise clairement leur tendance à co-créer car il répond à leur besoin de s'exprimer et de se construire une identité propre par l'appropriation de « l'objet culturel » qui sera soumis à l'approbation des pairs. Même si cette activité n'est pour eux qu'un prétexte dans cette logique, « l'objet » co-créé et le développement de sa notoriété dans les médias sociaux créent de la valeur dégagée pour la marque.

Toutefois, la co-création ne renforce pas forcément le lien entre elle et les jeunes Z ; il faudra pour cela qu'elle sache leur envoyer un feed-back et une reconnaissance claire – sous une forme tangible (récompense, gain) ou non (reconnaissance sous une forme ou sous une autre). Mais à partir du moment où elle leur aura indiqué de manière explicite qu'elle s'intéresse à eux et qu'elle apprécie la qualité de leur travail, ils auront envie de partager cela avec leurs amis. La marque pourra alors profiter de cette viralité causée par leur besoin de reliance et de mutualisation.

Références

W. Batat, *Les nouvelles youthcultures : tendances et pratiques de consommation d'une génération méjugée et paradoxale*, Collection Consommation des 0-25 ans, Éditions EMS, 2017.

A. Coutant et T. Stenger, Processus identitaire et ordre de l'interaction sur les réseaux socionumériques, *Les enjeux de l'information et de la communication*, vol. 1, 2010, pp. 45-64.

L.N. Chaplin et D. Roedder John, The development of self-brand connections in children and adolescents, *Journal of Consumer Research*, 32, 1, pp119-129, 2005.

P. Ezan, « Les vertus sociales de l'humour ou comment créer de la connivence avec les digital natives », in *Digital Natives* (ed : T. Stenger), Collection Consommation des 0-25 ans, Éditions EMS, 2015, pp.

E.H. Erikson, *Adolescence et crise : la quête de l'identité*, Flammarion, 1972.

Y. Gabriel et T. Lang, *The unmananageble consumer : contemporary consumption and its fragmentations*, Sage Publications, 1995.

E. Gentina, *Marketing et Génération Z*, Dunod, 2016.

L. Hamdi-Kadar, *Co-création marketing de produits avec les consommateurs : quelle(s) cible(s) choisir ?*, Thèse pour le doctorat en sciences de gestion de l'Université de Toulouse 1 Capitole, 2013.

B. Heilbrunn, *Les facteurs d'attachement du consommateur à la marque*, thèse pour le doctorat en sciences de gestion, Université Paris 9 Dauphine, 2001.

D.B. Holt et C.J. Thompson, the pursuit of heroic masculanity in everyday consumption, *Journal of Consumer Research*, 31-2, 2004, pp. 425-440.

K.J. Isaksen et S. Roper, The impact of branding on low income adolescents: A vicious cycle?, *Psychology & Marketing*, 25, 11, 2008, pp 1063–1087.

C. Juillet, *En quoi co-créer avec les digital natives peut-il être une source de valeur pour les marques,* Thèse professionnelle présentée pour l'obtention du Mastère Spécialisé Management Digital & Stratégie de marque (sous la direction de Joël Brée), ESSCA Executive Éducation, 2016.

T. Lardellier, *Génération 3.0. : enfants et ados à l'ère des cultures numérisées*, Éditions EMS, 2016.

C. Lejealle, P. Ezan P. et V. Dutot, « Le suivi des marques sur Facebook : Un dispositif éclairant la relation aux marques des digital natives », *Actes du 30e Congrès International de l'Association Française du Marketing, Montpellier*, 2014, 16-17 mai.

D. Oblinger, Learners, learning & technologyEducause Review, 2005.

M. Prensky, « Digital natives, Digital Immigrants », *On the Horizon*, vol 9, 5, 2001, pp. 1-6.

F. Reniou, *Opérations participatives des marques : pourquoi et comment faire participer les consommateurs ? De la compréhension des opérations participatives et des motivations des consommateurs à s'y engager à l'analyse de leurs effets sur la marque*, Thèse pour le doctorat en sciences de gestion, Université Paris Dauphine, 2009.

M. Serres, *Petite poucette*, Éditions Le Pommier, 2012.

R. Sohier, *L'impact de la consommation numérique dans l'équilibre identitaire chez les adolescents. Quelle place pour l'identité digitale ?*, Thèse pour le doctorat en sciences de gestion, Normandie Université, 2016.

T. Stenger (coordinateur), *Digital Natives*, Collection Consommation des 0-25 ans, Éditions EMS, 2015.

E. Vernette, personnalité de marque et image de soi, *Actes du Congrès international les nouvelles tendances en marketing*, janvier 2003.

K.E. Voss, E.R. Spangenberg et B. Grohmann, Measuring the Hedonic and Utilitarian Dimensions of Consumer Attitude, *Journal of Marketing Research*, 40, 3, 2003, pp. 310-320.

Chapitre 5

La relation marque-blogueur de la génération Z

Gwarlann de Kerviler, Professeure Associée à l'IÉSEG School of Management (IÉSEG, Paris)

Introduction

L'objectif de ce chapitre est d'identifier la façon dont les jeunes de la génération Z s'approprient les blogs et développent de nouvelles relations avec les marques. Pour cela, on présentera tout d'abord les spécificités de la génération Z qui vont avoir une influence sur son utilisation des réseaux sociaux : la construction identitaire, l'exploration de nouveaux horizons, l'insertion dans des communautés et le besoin de reconnaissance. On abordera ensuite la façon dont la génération Z s'approprie les réseaux sociaux pour développer sa « marque-personne » en ligne. On finira par les modes de collaboration et les nouvelles relations qui se créent sur les blogs entre la génération Z et les marques. On a choisi de se concentrer sur l'utilisation des blogs par la génération Z et sa relation aux marques sur ces réseaux. Plusieurs raisons ont orienté ce choix détaillé ci-dessous.

La relation des jeunes de la génération Z et des réseaux sociaux est un sujet tout à la fois très actuel et particulièrement complexe. Les jeunes de la génération Z sont nés dans les années 1990, au moment où internet et les réseaux sociaux ont vraiment commencé à se diffuser rapidement. Ces jeunes sont dès lors les premiers « *Digital Natives* » très à l'aise avec les outils informatiques et l'hyper-connectivité. Cependant, les comportements sur les réseaux sociaux sont complexes à appréhender, tant du fait de la diversité des outils, la richesse des possibilités et des influences sociales, psychologiques et économiques qui entrent en jeu.

Lorsque l'on parle des réseaux sociaux, le vocabulaire est assez large et non spécifique étant donné la multiplicité des médias disponibles (Twitter, Facebook, blog personnel, Instagram, Pinterest, WeChat, Myspace, LinkedIn, Tumblr, etc.). Il est donc essentiel de préciser l'objet de son étude et il est préférable de se concentrer en profondeur sur un outil plutôt que de passer trop rapidement sur plusieurs outils. On a fait le choix de se concentrer, en profondeur donc, sur le blog. Un blog, contraction de « *web-log* », est une page personnelle comportant des avis, liens ou chroniques périodiquement créés par son ou ses auteurs sous forme de posts. Un flux RSS ou un service d'alerte email permet en général aux internautes intéressés par un blog d'être avertis des nouveaux posts. Les blogs permettent de partager de façon personnelle, libre et critique, ses opinions et préférences sur des sujets d'intérêt.

Le blog est particulièrement intéressant car : 1) il permet aux jeunes de générer du contenu et d'être en relation avec des personnes qui vont consulter le blog régulièrement (leurs « *followers* ») et 2) c'est un espace contrôlé par son auteur et les informations présentées peuvent être directement reliées aux intentions du blogueur.

Les jeunes en postant du contenu textuel et visuel sur leurs comptes génèrent de l'attention permettant de développer un capital culturel, social et, au final, économique.

Le point clé concernant les blogs et la génération Z sera approfondi : la relation avec les marques. Il s'agit d'appréhender les blogs dans un environnement marketing.

Il est important de comprendre comment le blogueur et la marque peuvent collaborer.

La diffusion d'information par des jeunes qui échangent sur les blogs modifie en profondeur les conditions de communication pour les marques.

Un nouvel écosystème est en place dans lequel les blogueurs, les « *followers* » mais aussi les marques interagissent. Les blogueurs sont des acteurs à part entière de cet écosystème dans lequel les marques doivent réinventer leur façon de contribuer et de générer de la valeur.

On s'intéressera au fait que les marques ne sont plus les seules à prendre la parole sur leurs valeurs, leurs produits ou leurs axes de différenciations : elles doivent composer avec d'autres acteurs qui vont aussi influencer leur image et leurs performances (voir figure 1).

Figure 1 : Un nouvel Ecosystème

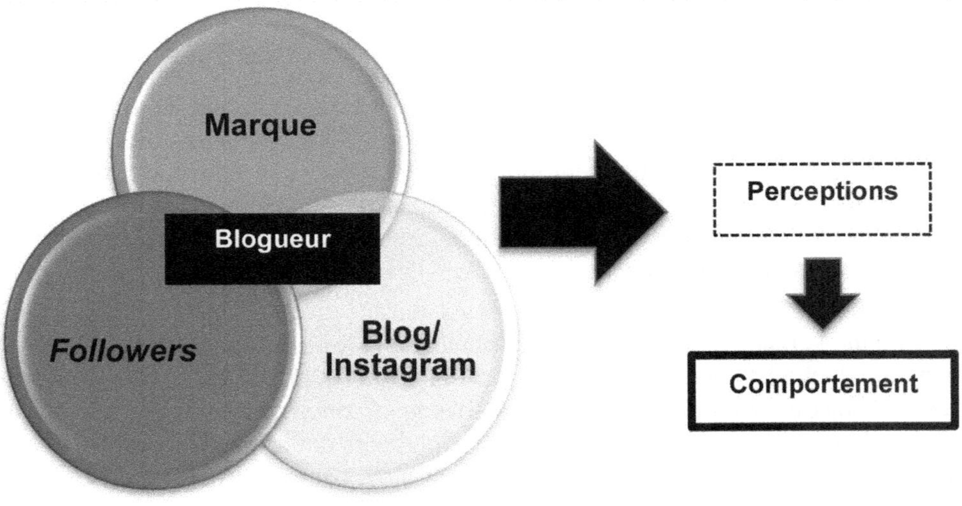

Dans ce chapitre, plusieurs questions seront abordées :

- Pourquoi la génération Z aborde-t-elle les blogs comme étant une opportunité d'expansion de soi ?
- Comment la génération Z crée-t-elle un blog et quel rôle les marques peuvent jouer ?

- Comment la génération Z développe-t-elle une collaboration avec les marques sur les blogs ?

En résumé, ce chapitre permet de mieux comprendre les stratégies digitales de la génération Z et la façon dont les marques peuvent s'insérer sur les blogs.

I. Le blog : une opportunité d'expansion de soi

Au-delà de leur appartenance à la génération Z, très liée aux outils digitaux, les jeunes nés de 1990 à 2000 sont aussi caractérisés par leur âge, de 15 à 25 ans : ils sont donc à une étape bien particulière de leur vie. S'ils ne se voient plus comme des adolescents, ils ne se considèrent pas encore tout à fait comme des adultes (Arnett, 2000), notamment parce qu'ils sont souvent encore dépendants financièrement. Se détachant peu à peu de la seule identité familiale, ils vont chercher à affirmer librement leur personnalité. La formation d'une identité implique d'explorer plusieurs possibilités puis de faire des choix de façon plus autonome.

1. Explorer de nouveaux horizons

a. Découvrir et explorer

La génération Z se caractérise par l'instabilité et l'exploration, avant de pouvoir opérer des choix définitifs, dans le domaine personnel ou professionnel. Dans ce contexte, les blogs peuvent être utilisés comme des outils au service de cette recherche identitaire. Les blogs vont offrir une plateforme adaptée pour explorer et exprimer les différentes facettes de la personnalité du blogueur, en ôtant certaines barrières comme l'apparence extérieure, les capacités physiques ou le statut social (Nguyen et Alexander, 1996).

Les jeunes vont pouvoir participer à différentes communautés en ligne, suivre d'autres blogueurs, réagir à des informations et partager leurs expériences et préférences. Ils sont dans une phase de tension et de transition durant laquelle ils vont étendre et stabiliser leur identité. Ils sont partagés entre des forces opposées : la découverte et l'engagement ; la confusion et la synthèse. Progressivement, ils vont évoluer vers une identité plus stable (Schwartz, 2005).

Une étude menée récemment auprès de la génération Z[1] montre que, dans cette période transitoire, elle est dans une phase d'expansion de soi. Le blog est un outil au service de cette expansion personnelle.

La théorie de l'expansion de soi

La « Self-expansion Theory », développée par Aron et Aron (1986), défend l'idée que chaque individu possède une motivation intrinsèque à renforcer son efficacité personnelle à travers l'acquisition de nouvelles ressources, de perspectives et des identités qui vont permettre de faciliter l'atteinte d'objectifs. Un des moyens de satisfaire cette motivation est de développer

1. Étude menée en 2016 par Gwarlann de Kerviler et Carlos Rodriguez auprès de 40 répondants.

des relations nouvelles et enrichissantes avec d'autres personnes qui favorisent le développement personnel. Cette motivation explique pourquoi la génération Z souhaite créer de nouvelles relations afin d'accéder à des activités et perspectives différentes.

Cette théorie a également été appliquée dans le cadre d'une relation entre des consommateurs et une marque. Les marques peuvent être une source de nouvelles expériences et découvertes enrichissantes qui permettent d'élargir ses connaissances et capacités (Reimann et al. 2012). La relation avec une marque innovante ayant une histoire riche et des valeurs fortes peut répondre à la motivation d'expansion des jeunes de la génération Z.

La création de son blog permet à un jeune de la génération Z d'étendre ses horizons par le développement de nouvelles interactions avec les marques et les « *followers* » l'acquisition de nouvelles compétences, l'activité créatrice nécessaire au blog et enfin l'affirmation de son identité par la prise de parole en donnant son avis.

b. Partager des passions et enrichir ses connaissances

Le travail sur son blog, puisqu'il est à la fois un lieu de création de contenu et d'échange avec la communauté qui lit les posts, les commente et y répond, permet d'enrichir ses connaissances. Les individus de la génération Z se découvrent de nouvelles passions et vont aimer les partager avec d'autres. Le plaisir d'échanger sur un thème et de dialoguer autour de centres d'intérêt communs, va être un puissant moteur pour être actif sur son blog. Cette motivation est particulièrement vraie dans le domaine de la mode, où les blogueurs apprécient de partager leur passion autour du suivi des tendances, styles et marques.

2. Affirmer son identité personnelle

Les jeunes de la génération Z sont encore indépendants d'un rôle social et ils sont dans une phase transitoire où le concept de soi se développe. *Via* leur blog, ils vont pouvoir développer et communiquer leur identité.

a. Gérer sa « marque-personne »

Les informations mises en ligne par le blogueur créent une trace digitale qui communique des impressions et façonne un positionnement. Le jeune de la génération Z est conscient de sa propre image qu'il veut contrôler et rendre attrayante, en utilisant les techniques de communication à sa disposition. Il est tenté de gérer son image comme une marque, pour devenir une « marque-personne » avec une approche structurée pour définir son positionnement (Labrecq et al. 2012). La création d'un profil en ligne et la gestion d'un contenu et de visuels associés, permettent de communiquer ce positionnement. De façon similaire au marketing d'un produit, il s'agit de créer son image et de la communiquer activement (Shepherd, 2005).

Une des tentations, pour la génération Z, est de se créer une image proche du « soi-idéal ». Pour définir son modèle, elle s'appuie parfois sur des représentations comme des archétypes (voir définition ci-dessous). On a mené une étude récemment[1] qui soulignait l'importance de trois archétypes pour les jeunes de la génération Z : **le héros, l'explorateur et le romantique.**

L'archétype et le blogueur

La figure de l'archétype a été développée par le psychiatre Carl Gustav Jung (1875-1961). Il s'agit d'un ensemble de représentations symboliques liées à l'inconscient collectif. Chaque archétype agit selon un « schéma de comportement » préétabli et reconnu.

Parmi les 12 grands archétypes généralement reconnus, trois figures appréciées de la génération Z sont le héros, l'explorateur ou l'amoureux :

- le héros : il trouve sa valeur par des actes courageux, cherche à améliorer le monde par sa force et sa compétence. C'est le sauveur, le guerrier ;
- l'explorateur : il cherche constamment la nouveauté, l'exploration du monde, il veut l'authenticité et être fidèle à lui-même ;
- l'amoureux : il veut l'intimité, être dans une relation, plaire pour être aimé et populaire. Il veut être considéré comme le partenaire idéal.

Ainsi, en se cherchant une identité au travers de leur blog, les jeunes de la génération Z vont pouvoir s'inspirer de représentations reconnues pour se créer un positionnement.

b. Se donner un rôle par rapport à son audience

La théorie de l'identité sociale (Tajfel et Turner, 1979) propose que les individus définissent leur concept de soi par leurs connexions avec des groupes ou organisations. Dans sa quête identitaire, le jeune va rentrer dans un rôle afin de se définir par rapport au groupe. Son rôle correspond à un ensemble de comportements attendus qui l'identifie et le différencie en même temps. On a conduit une recherche auprès de contributeurs en ligne afin de mieux comprendre le rôle qu'ils souhaitent jouer dans la communauté (De Kerviler et Demangeot, 2016). Les résultats ont permis d'identifier trois positionnements possibles sur les sites présentés dans le tableau 1.

1. Étude en ligne menée en 2016 auprès de 136 répondants d'une université française, par Gwarlann de Kerviler et Marine Baud.

Tableau 1 : Les rôles joués sur les réseaux sociaux

Auteur	Confident	Critique	Coach
Verbatim	Émotion / histoire vécue	Description / évaluation	Conseil / Injonction
Positionnement vis-à-vis du lecteur	Partager ses émotions, ses impressions personnelles et subjectives.	Aider le lecteur à se faire une opinion en apportant une information précise.	Influencer les comportements, convaincre le lecteur.

- le rôle du « **Confident** ». Le blogueur veut **raconter son histoire** intime et développe des sujets qui le passionnent. Il présente une description très personnelle de ses expériences et émotions. Il est dans une dynamique de construction d'une relation intime avec le lecteur, dans un registre affectif, comme si l'auteur parlait avec une personne familière ;
- le rôle du « **Critique** ». Le blogueur se positionne sur des sujets qui lui semblent intéressant pour sa communauté et **donne son opinion** avec des arguments précis en poursuivant l'objectif de convaincre son lecteur. Le ton de l'auteur se veut objectif et impersonnel avec une approche intellectuelle ;
- le rôle du « **Coach** ». Le blogueur utilise le style d'un guide qui veut **conseiller le lecteur**. Il donne des indications directes en fournissant des conseils avec un ton prescriptif. Le Coach apparaît comme un mentor, qui personnalise l'information et développe une empathie avec son lecteur en donnant des outils pour le guider dans ses futures expériences.

3. Développer l'estime de soi

Les individus de la génération Z ont un besoin fort d'appartenance à des groupes et sont particulièrement sensibles à la pression sociale des membres de leurs communautés. Il est reconnu que les « pairs » ou personnes du même âge appartenant à sa communauté, exercent une influence très forte sur les références, opinions et comportements des adolescents (Capaldi et al. 2001).

a. Trouver le point de distinction optimale

La génération Z va se choisir un ou plusieurs groupes de référence et vouloir s'y insérer. Pour cela, l'individu va devoir en comprendre les normes et les adopter afin d'être reconnu comme un membre à part entière. En même temps, le jeune veut se construire une identité propre, se différencier et marquer un territoire d'expression personnelle.

Cette génération est à la recherche du point optimal de distinction entre soi et les autres. Selon la théorie de la distinction optimale, il s'agit de réussir à appartenir à un groupe et, dans le même temps, de rester une personne unique et différente.

Bon à savoir : la théorie de la Distinction Optimale

« L'Optimal distinctiveness Theory » est une théorie développée par Brewer en 1991 ; elle est issue de la psychologie sociale. Cette théorie propose que chaque individu désire atteindre un point d'équilibre optimal entre :

- le sentiment d'être inclus dans le groupe comme membre à part entière (appelé Assimilation)
- et le sentiment d'être différent des autres (appelé Distinction).

En tension constante, l'individu va ajuster ses comportements pour conserver un équilibre satisfaisant entre Assimilation et Distinction. Ainsi, le jeune qui se sent trop différent va chercher à développer ses points de similarité avec les membres de la communauté dont il veut faire partie. À contrario, celui qui se sent trop similaire aux autres membres va chercher à développer ses points de singularité.

b. Assurer une reconnaissance par ses pairs

Comme les jeunes sont dans une phase de stabilisation de leur identité, ils vont vouloir vérifier que leur positionnement voulu sur leur blog correspond à l'image perçue par leurs « *followers* ». Un blog est fait pour être consulté et a vocation à être partagé. Le blogueur va développer une expertise pour proposer un contenu et une mise en forme attrayante afin d'être non seulement visible sur internet mais aussi reconnu comme compétent et crédible.

Pour développer cette reconnaissance par ses pairs, le blogueur va chercher à créer un contenu rédactionnel original présentant de nouvelles idées qui ne sont pas présentes sur d'autres blogs. Le fait de partager son savoir avec ceux qui consultent le blog en les informant, les conseillant ou en stimulant leur curiosité, permet aussi de renforcer le sentiment que son expertise peut être utile aux autres. Progressivement, la notoriété permet d'être suivi par de nombreux « *followers* » et d'avoir une réelle influence sur sa communauté. On peut résumer le processus d'implication sur les blogs de la part de la génération Z, à l'aide du schéma ci-dessous, qui va de la motivation liée à l'expansion de soi, vers l'amélioration de l'estime de soi, en passant par le développement de son expertise, l'affirmation de son identité et l'accroissement de son influence en ligne.

Figure 2 : De l'exploration à l'estime de soi

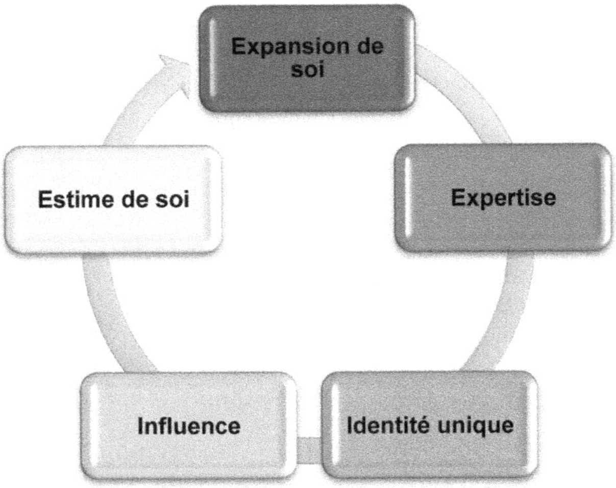

II. Processus de création du blog et rôle des marques

Le processus de développement des marques par les jeunes de la génération Z passe par plusieurs étapes clé où les marques peuvent jouer un rôle important. Il s'agit tout d'abord d'avoir l'envie de créer son blog et de trouver des sources d'inspiration auprès d'autres internautes mais aussi auprès des marques. Ensuite, il faut comprendre comment se présenter avec une attention portée à l'histoire racontée et à sa mise en scène.

1. Déclencheurs de la création de son propre blog

Plusieurs déclencheurs, plus ou moins rationnels ou émotionnels, permettent de passer d'un mode passif d'observateur à un mode actif de contributeur.

- Le premier déclencheur est lié à un **événement** particulier auquel le jeune participe, qui le marque profondément et qu'il a envie de partager. Ainsi, l'invitation à un événement exceptionnel ou le début d'une nouvelle activité enthousiasmante peut générer la création de son blog. Le jeune va détailler son expérience pour la faire connaître et encourager d'autres à essayer. Dès lors, la marque peut susciter des vocations en invitant des consommateurs à des événements privés exceptionnels.
- Le deuxième déclencheur correspond au **besoin de réagir**, de rectifier ou d'apporter un regard différent sur un phénomène par rapport à ce qui se dit sur les réseaux sociaux. Ainsi, le contributeur se voit en critique qui apporte un regard différent sur les choses. Par exemple, un jeune qui est fan d'une marque critiquée sur les

réseaux sociaux aura envie de créer un blog pour transmettre des informations plus positives en communiquant sur sa propre expérience. La marque peut ici encourager les consommateurs fidèles à faire part de leurs opinions.

- Un troisième déclencheur provient d'un **sentiment d'empathie** donnant envie d'apporter aux autres personnes des informations utiles. Il est en ainsi si un jeune possède une expertise - par exemple dans un sport - et souhaite guider d'autres jeunes qui aimeraient s'initier à cette activité. La marque peut alors reconnaître les experts de la marque et leur donner des outils pour faciliter leur prise de parole.

L'activité de blogueur peut donc être induite par des motivations intrinsèques (liées à l'intérêt et au plaisir que l'individu y trouve, sans attente de récompense externe) ou extrinsèques (liées à une circonstance extérieure) depuis le partage spontané d'émotions jusqu'à la présentation construite d'une opinion (Nardi et al. 2004). Dans les différents cas, les marques peuvent jouer un rôle actif pour favoriser l'émergence de blogs sur lesquels des messages sur leurs valeurs ou produits pourront être relayés efficacement.

2. Sources d'inspiration pour son blog

a. Observation des autres blogueurs

Même si les jeunes de la génération Z sont à l'aise avec les médias sociaux, ils vont préférer d'abord être observateurs des blogs qui les intéressent. Ils cherchent à repérer ce qui leur plaît et les stratégies efficaces avant de se lancer eux-mêmes. Ils suivent régulièrement plusieurs blogueurs qu'ils prennent pour modèle et élargissent parfois leurs horizons en consultant occasionnellement d'autres blogs.

Les jeunes vont chercher, dans un premier temps, à analyser comment les autres blogueurs, notamment ceux qui ont beaucoup de « *followers* », développent leur site personnel. Ils vont repérer leur positionnement, les sujets abordés, la façon de se mettre en scène. En sélectionnant des modèles à suivre, ils vont aussi pouvoir identifier ce qui leur correspond le mieux et l'identité qu'ils désirent développer.

Une étude auprès de sept blogueuses (De Kerviler et Audrezet, 2016) montre qu'elles poursuivent une stratégie progressive d'engagement. Les verbatim collectés durant les entretiens montrent clairement un processus dans lequel les futurs blogueurs consultent d'abord d'autres blogs, puis y postent des informations et commentaires avant de créer leur propre site : Amber « *Je voulais faire comme les autres blogueurs, montrer des images de moi et non plus uniquement consulter les photos des autres* », Floy : « *J'avais envie de garder aussi une trace de mes styles vestimentaires, de pouvoir comparer différentes options que j'avais essayées*" ; Karlie : « *Je voulais partager mes idées et mes passions* ». Il s'agit ainsi de renforcer aussi les liens avec la communauté en étant proactif. Fiona « *Je voulais créer un lien social* » ; Amber « *Je souhaitais me sentir proche des autres et partager des choses avec eux* ».

b. Observation des marques

Les marques sont aussi des sources d'inspiration pour les futurs blogueurs qui consultent des sites professionnels. En proposant des plateformes de discussion, en étant créatif sur la communication et en générant des contenus riches autour des valeurs de leur marque, les entreprises peuvent participer à cette recherche d'inspiration.

Ainsi, par exemple, de plus en plus de marques de mode incluent des visuels appelés « street style » sur leur site, c'est-à-dire qu'elles mettent en avant des photos spontanées de consommateurs dans la rue avec leurs produits plutôt que des photos professionnelles avec des mannequins en studio. Cette tendance correspond à une attente des clients qui se projettent plus facilement dans des mises en scène qui leur semble plus proches de leur quotidien. Dans des initiatives comme « *Art of the Trench Burberry* » ou « *MyRedoute* », le consommateur est incité à faire preuve de créativité tout en étant guidé par la marque.

Dans le premier cas, *Burberry* encourage les consommateurs à mettre en ligne des photos sur lesquelles ils portent le célèbre imperméable de la marque. Dans le second cas, *La Redoute* propose aux clients de partager leurs looks sur leurs réseaux sociaux en utilisant le hashtag « #MyRedoute ». La marque peut ensuite faire un montage créatif sur son site de toutes les photos prises par ses clients avec ses produits. Ainsi, les marques peuvent servir de modèles dans la façon de présenter des images « street style » et inciter à la diffusion de photos ou vidéos sur les blogs personnels des consommateurs en prolongeant leur travail créatif réalisé avec la marque.

3. Dimensions artistique et narrative du blog

La présentation de soi sur un blog peut être comparée à une représentation de théâtre où chacun peut définir le décor, le costume et la lumière pour se présenter sous une certaine identité. La dimension créative est importante pour apporter sa touche personnelle et donner envie de consulter un blog. Les talents artistiques et graphiques du blogueur peuvent permettre de travailler les aspects esthétique et visuel auxquels les « *followers* » sont sensibles. Les éléments des pages Web comme le texte, les photos, le montage visuel, permettent de donner libre cours à sa créativité tout en essayant de maintenir une certaine cohérence pour communiquer un positionnement clair du blog.

Une fois lancé, le blogueur va pouvoir partager des histoires personnelles. En effet, les blogs sont des lieux où l'on écrit des histoires et ils peuvent être appréhendés comme des moyens pour aboutir à la production d'un contenu. La forme narrative sert à relater une série d'événements spécifiques avec un début, un milieu et une fin (Bennett et Royle, 1999). En racontant son histoire sur son blog, dans laquelle le lecteur peut se reconnaître au moins partiellement, le jeune de la génération Z va créer une plus forte proximité avec sa communauté. Le blogueur va se choisir un style d'écriture, un ton, des contenus. Il peut choisir une façon de partager ses expériences, par exemple en évoquant systématiquement en premier le lieu de consommation, les personnes présentes ou le produit/service.

Les éléments de contenu et de mise en scène vont permettre de créer pour chaque blog un positionnement unique, reconnaissable pas les « *followers* ».

On peut résumer par le schéma ci-dessous (voir figure 3) le processus de création d'un blog et la façon dont les marques peuvent s'insérer dans ce processus ou le faciliter.

Figure 3 : Le processus de création du blog

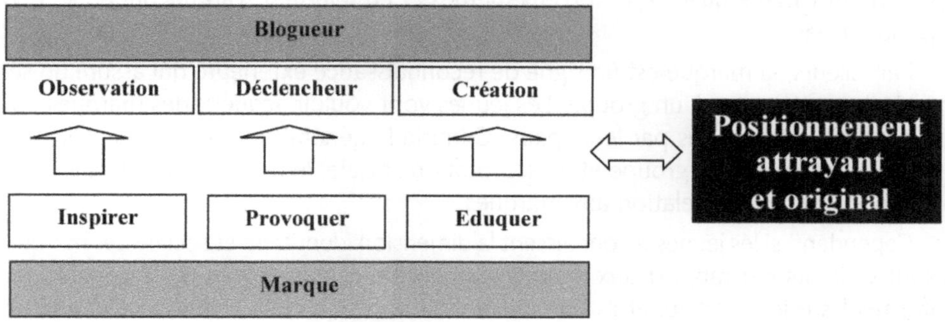

Une fois qu'il est bien défini et structuré, le blog peut être amélioré en fonction des commentaires des lecteurs. Ainsi, certains blogueurs, surtout ceux qui ont comme objectif de donner une dimension professionnelle à leur activité, prennent le temps d'évaluer les réactions aux différents textes et photos qu'ils postent afin de repérer ce qui plaît et de faire évoluer leur blog en conséquence.

III. Blogs et collaboration avec les marques

Une fois compris ce que viennent chercher les jeunes de la génération Z sur les blogs, ainsi que la stratégie qu'ils poursuivent en termes d'exploration, de création d'identité et d'insertion dans une communauté, il convient d'examiner les modes de collaboration marques-blogueurs qui peuvent se mettre en place. Pour les marques, les blogs représentent un canal de communication complémentaire aux médias classiques. S'associer à des blogueurs permet aux marques d'accroître leur visibilité, de promouvoir leur univers, de développer les interactions avec de jeunes consommateurs et de couvrir rapidement une cible large.

Plusieurs modes de collaboration entre les blogueurs et les marques sont possibles. Le « co-branding » correspond à une alliance stratégique dans laquelle deux marques ou plus sont présentées de façon simultanée aux consommateurs (Geylani et al. 2008). Seno et Lukas (2007) soulignent que le soutien d'une marque par une célébrité correspond à une forme de « co-branding » puisque les deux entités sont associées dans une même communication. Le rapprochement d'un blogueur et d'une marque pourrait dès lors être appréhendé comme une forme d'alliance symbolique permettant d'enrichir l'image de la marque par un transfert des qualités associées au blogueur vers la marque qu'il promeut sur son site.

1. Relation ambivalente de la génération Z avec les marques

Les jeunes appréhendent les marques comme un signe d'appartenance et d'affirmation de leur identité. Choisir d'acheter et d'utiliser une marque est un moyen d'affirmer leur identité en partageant des valeurs. Les jeunes sont fans de certaines marques qui représentent l'image qu'ils se font d'eux-mêmes et en rejettent d'autres qui ne leur correspondent pas.

Par ailleurs, la marque est un signe de reconnaissance extérieure qui assure un sentiment d'appartenance à un groupe. Les jeunes vont vouloir acquérir des marques pour être acceptés et reconnus par leurs pairs. Comme la génération Z est particulièrement sensible à la pression du groupe et à l'acceptation sociale, le bénéfice social va jouer un rôle important dans sa relation aux marques.

Cependant, si les jeunes reconnaissent la dimension identitaire et sociale des marques, ils sont vigilants par rapport aux messages publicitaires. Les jeunes de la génération Z s'informent sur les produits et ils ont souvent l'impression qu'ils détiennent une bonne connaissance des offres et de leurs propres besoins. Ils considèrent qu'il est inutile que les marques leur fassent des préconisations d'achat et ils se méfient parfois des communications publicitaires.

Le blogueur va chercher à évaluer les risques et avantages de son rapprochement éventuel avec une marque comme cela est détaillé dans le tableau 2.

Tableau 2 : les avantages et risques des relations marque-blogueur

Relations aux marques	Risques	Avantages
Intrinsèques	Être trop influencé dans l'affirmation de sa propre identité et de ses valeurs personnelles / perdre sa liberté	Renforcer l'estime de soi par une association à des marques valorisantes / devenir plus professionnel dans son approche
Extrinsèques	Projeter une image trop fortement associée à une marque / apparaître comme trop commercial et perdre son originalité	Être accepté et reconnu par ses pairs à travers l'association à des marques de forte notoriété

2. Facteurs clé de succès de la co-création marque–blogueur

Les consommateurs sont de plus en plus demandeurs de propositions de co-création de la part des marques, comme le souligne une recherche récente sur la participation des clients (Pauwels, de Kerviler et Janssen, 2016). La co-création offre aux clients la possibilité de donner leur opinion pour améliorer les produits et ainsi se sentir respectés par les marques (Meuter et al. 2000).

Le consommateur devient co-créateur de valeur et se détache d'une relation verticale de type prestataire-usager pour privilégier une relation collaborative avec l'entreprise (Ezan et Cova, 2008).

La co-création marque – clients

La co-création se réfère au processus par lequel les entreprises et les clients, dans les interactions, vont créer de la valeur (Grönroos et Voima, 2013). Tout en ayant conscience que la co-création s'avère complexe à mettre en œuvre (Roberts et Adams, 2010), les entreprises ont commencé à considérer leurs clients comme des collaborateurs actifs.

Des entreprises telles qu'Apple, Danone, ou Lego utilisent la co-création pour optimiser leur marketing mix, stimuler le soutien pour leur marque et développer des relations plus étroites avec leurs clients.

Cette perspective change la vision traditionnelle représentée par des fournisseurs produisant des biens et des services et des clients les achetant. Désormais, la création de valeur intègre les clients qui interagissent avec la société pour co-créer de la valeur. Vargo et Lusch (2008) ont reconnu le rôle central de la co-création de valeur dans le marketing.

Les jeunes de la génération Z apprécient les opportunités de co-création avec les marques. Les marques qui co-créent avec les blogueurs leur demandent leur avis sur des développements de produits ou de communications publicitaires, leur font tester les offres avant lancement, les associent à la réalisation de photos ou de messages notamment lorsque le blogueur a des compétences en graphisme ou en journalisme.

Ces activités permettent au blogueur de comprendre la marque et se sentir impliqué dans la relation. Il pourra ensuite mieux communiquer et faire connaître les produits de la marque. Ainsi, avant de diffuser sur leur blog des informations associées à une marque, les blogueurs auront au préalable compris ses valeurs et son identité.

Par ailleurs, le fait de collaborer avec une marque pousse le blogueur à redoubler d'efforts lors de l'écriture d'un article ou la mise en page d'une photo afin de se sentir au même niveau de rigueur que les professionnels de la marque avec lesquels il doit travailler. Comme le soulignent Bonnemaizon et Batat (2011), les marques peuvent faciliter le processus de co-création en aidant les jeunes à développer leurs compétences en leur proposant des contenus éditoriaux, en les conseillant sur des mises en page, en leur donnant des pistes pour améliorer le titre d'un article par exemple.

a. Équilibre dans l'échange à trouver

L'échange entre deux parties doit être équilibré pour assurer la satisfaction des deux côtés. Selon la théorie de la justice sociale, chacun doit sentir qu'il reçoit autant qu'il donne pour assurer une pérennité de la relation. Les marques et les jeunes blogueurs de la génération Z vont définir des modes de collaboration « gagnant-gagnant » (voir tableau 3).

Tableau 3 : Le choix de partenariat marque–blogueur

	Objectifs	Critères clé
Sélection d'un blogueur par une marque	• Élargir sa cible auprès des jeunes • Véhiculer une image moderne • Renforcer sa visibilité et accessibilité	• Le blogueur apparaît comme crédible, a une audience large et pertinente, a des valeurs alignées avec celles de la marque
Sélection d'une marque par un blogueur	• Affirmer son positionnement et enrichir son image • Augmenter sa visibilité • Favoriser l'engagement de ses followers	• Image de marque valorisante • Cible cohérente avec son positionnement • Ligne éditoriale en lien avec son univers

Les marques peuvent envisager de collaborer avec un blogueur, choisi selon des critères précis, leur assurant un retour sur investissement. Ces critères peuvent être la crédibilité du blog, la richesse de contenu et l'esthétisme de la mise en forme, le profil des « *followers* » et la cohésion de l'image du blogueur avec les valeurs de la marque. Il est également important - avant de proposer un partenariat avec un blogueur - de tenir compte de sa personnalité, de ses objectifs et de la qualité du dialogue avec sa communauté.

La génération Z a aussi des critères pour choisir les marques avec lesquelles elle veut collaborer. Le blogueur peut décider de s'associer à une marque très cohérente avec son identité pour la renforcer ou bien il peut, au contraire, préférer aller vers des marques qui sont loin de son positionnement afin d'élargir son audience, au risque de rendre son image ambiguë. L'application stricte de ces critères est à nuancer selon la notoriété du blogueur. Lorsqu'il débute, un jeune peut être tenté d'accepter tout partenariat qu'une marque pourrait lui proposer afin de développer sa visibilité.

b. Réponse à apporter aux attentes de la communauté

Il est important que le blogueur tienne également compte des attentes de leurs « *followers* » dans la gestion de son blog et dans sa collaboration avec les marques. Vis-à-vis de son audience, le blogueur doit avoir une communication perçue comme crédible et transparente. Les personnes qui suivent un blog apprécient de se sentir proches du blogueur, de pouvoir s'identifier à lui et se projeter dans son univers quotidien. Les marques qui nouent des partenariats doivent s'assurer dès lors que les collaborations proposées permettent au blogueur de garder une proximité avec son audience et elles doivent éviter de trop contraindre la liberté d'expression du blogueur.

Par ailleurs, une attente forte des lecteurs est de revenir régulièrement sur un blog en y trouvant, chaque fois, de nouvelles choses à découvrir. Une des difficultés rencontrées par les blogueurs est alors de susciter un intérêt constant. Il s'agit de proposer de la variété et des mises à jour fréquentes justifiant une visite fréquente d'un blog. Dans cette quête, les marques peuvent avoir un rôle à jouer en proposant régulièrement des nouvelles offres ou expériences relayées par les blogueurs.

Si l'équilibre entre renouvellement et permanence n'est pas évident à trouver, les marques permettent au blogueur de mieux répondre aux attentes de sa communauté. En effet, une marque peut proposer des contenus nouveaux tout en conservant un positionnement clair, fournir des informations régulières sur ses nouveautés produits ou des opérations de communication à relayer sur un blog.

3. Processus de collaboration

Plusieurs modes de collaboration sont envisageables entre un blogueur et une marque, qui peuvent être catégorisés selon le degré de visibilité du partenariat et le degré de personnalisation de la communication de la part du blogueur. Dans tous les cas, il s'agit de bien comprendre quelles sont les expertises de la marque et celles du blogueur. Par ailleurs, il est essentiel que le rapprochement garde une dimension authentique pour qu'il soit apprécié des « *followers* ».

a. Des forces à associer

Les jeunes de la génération Z sont conscients de leurs compétences et de leur pouvoir d'influence. Ils savent qu'ils ont une sensibilité et une compréhension fines des tendances au sein de leurs communautés puisqu'ils y vivent au quotidien. Avec leur blog, ils considèrent qu'ils font un vrai travail créatif en générant du contenu textuel et visuel attrayant et utile pour leurs lecteurs. Ils ont de plus une similarité et proximité avec leur communauté qui leur assure une crédibilité forte lorsqu'ils donnent des conseils ou recommandent des produits. Par ailleurs, les blogueurs les plus experts ont une connaissance poussée des sujets qui intéressent leur communauté et de formes de communication qui suscitent l'intérêt de leurs « *followers* ».

L'une des difficultés du développement des marques sur internet vient du manque d'expérience réelle du produit. En effet, par rapport à un magasin, il n'est pas possible de toucher ou d'essayer le produit sur un site. Présenter le produit en situation, c'est-à-dire utilisé par un blogueur dans lequel on se reconnaît, peut rassurer le consommateur quant à l'adéquation du produit avec son besoin. Dès lors, les marques peuvent bénéficier de la collaboration avec un blogueur pour donner une image plus accessible de la marque et lever des freins à l'achat.

Quant aux marques, elles ont une expertise sur leurs produits, leurs valeurs et leur histoire. Elles ont aussi accès à des données et des études consommateurs qui peuvent leur donner des informations sur les usages, attitudes, tendances, etc. Elles savent aussi comment communiquer leur message de façon claire et précise. Les informations qu'elles transmettent au blogueur donnent du contenu éditorial qui enrichit le contenu d'un site avec des éléments pertinents sur les marques présentées et sur des tendances.

La collaboration sera donc enrichie à partir du moment où les expertises de la marque et du blogueur seront respectivement reconnues. Le respect mutuel est clé afin d'assurer un partenariat équilibré et fructueux. Le blogueur va être très fier si une marque indique qu'elle apprécie le travail réalisé et il aura d'autant plus envie de continuer à collaborer. La marque va apprécier que le blogueur ait une approche professionnelle et créative lorsqu'il va promouvoir ses valeurs et produits.

b. Des modes de collaboration à envisager

Dans le cadre de la collaboration marque-blogueur, la marque doit avant tout s'insérer, de façon naturelle et non intrusive, dans l'univers du blogueur et être cohérente avec son positionnement. La relation peut être de nature désintéressée : le blogueur partage librement ses coups de cœur avec ses « *followers* » et cite la marque de façon souvent discrète, par un simple hashtag donnant le nom de la marque utilisée.

La relation peut être au contraire commerciale : le blogueur signe un contrat avec une marque et la présente de façon presque publicitaire sur son site. Entre ces deux options, plusieurs possibilités existent allant de la plus spontanée vers la plus commerciale (voir tableau 4).

Tableau 4 : Les stratégies possibles de collaboration avec une marque

Partenariat	Professionnel : fortement influencé par la marque	Amateur : fortement personnalisé par le blogueur
Implicite : orientation individuelle	• Envoi de cadeaux/invitation incitant à rédiger un article, poster une vidéo avec les produits et le blogueur (contenu influencé par la marque). • Liens avec redirection vers la boutique en ligne.	Contenu (article, photo, vidéo) spontané citant une marque coup de cœur, sans intervention de la marque, souvent avec un hashtag pour aller sur le site de la marque.
Explicite : orientation communautaire	• Encart publicitaire (bandeau, pop-up). Rémunération au nombre de clics ou au nombre de vues. • Jeu concours sponsorisé par la marque et relayé sur le blog avec des cadeaux pour les followers.	Placement de produit : la marque commande au blogueur un article ou une vidéo dans laquelle ses produits sont insérés avec une éventuelle contrepartie financière ponctuelle.

Le choix parmi ces options est réalisé selon la maturité du blogueur, son nombre de « *followers* », ses objectifs personnels et la sensibilité de sa communauté. Dans tous les cas, il semble important de bien préciser les règles de fonctionnement selon le mode de collaboration et d'assurer une transparence vis-à-vis de la communauté sur les termes de la relation entre la marque et le blogueur, qu'elle soit ou non de nature contractuelle.

c. Une authenticité à maintenir

Les lecteurs d'un blog apprécient le caractère authentique des contenus qu'ils consultent sur un espace personnel. Dès lors, lorsque le blogueur mentionne une marque, il faut qu'il veille à maintenir le caractère sincère de son soutien, ce qui est encore plus important lorsque le blogueur a une collaboration commerciale rémunérée par une marque. Il est essentiel de préserver une transparence dans la démarche de partenariat et que le blogueur conserve son libre-arbitre et sa liberté de parole.

Avant d'engager une collaboration, le blogueur doit être convaincu de la pertinence de la marque et l'apprécier réellement. Il doit faire sentir que ses choix sont motivés davantage par ses passions et le souci de sa communauté que par des considérations uniquement commerciales. Ainsi, le blogueur démontre qu'il donne la primauté à l'intérêt de ses « *followers* » plutôt qu'à la rentabilité de son blog.

Il est également essentiel qu'il assure une continuité dans son positionnement et que sa façon de s'adresser à sa communauté ne soit pas modifiée lorsqu'il se rapproche d'une marque. Il peut choisir des collaborations qui expriment ses valeurs, comme par exemple défendre une marque qui propose des produits réalisés en France, ou qui défend de jeunes artistes.

La notion d'authenticité

Les blogs sont recherchés pour leur authenticité, sincérité et discours sans langue de bois. Ce sont des facteurs essentiels de différentiation par rapport au site de marques ou à la presse professionnelle.

Une marque perçue comme authentique a les caractéristiques suivantes : maintien de standards de qualité, respect de l'héritage, préservation de l'essence et éloignement d'une approche trop commerciale (Spiggle et al. 2012)

Une célébrité sera perçue comme authentique si son comportement est aligné avec ce qu'elle est (Moulard, Garrity et Rice, 2015) et qu'elle apparaît à la fois comme originale/unique et comme stable dans le temps.

Pour un blogueur, il s'agit aussi de donner des informations intimes, proposer une opinion franche et personnelle non influencée par les marques. L'authenticité d'un blog est fonction de sa transparence, de sa continuité et du souci de son audience (Marwick, 2013).

Une question clé se pose alors pour les blogueurs de la génération Z : comment trouver un bon équilibre entre un positionnement authentique et une collaboration avec des marques, tout particulièrement dans les cas où le partenariat est rémunéré.

Ce qu'il faut retenir

Dans un contexte où les jeunes de la génération Z sont dans une phase bien particulière de leur développement et où ils vont utiliser leur blog pour répondre à leurs besoins de développement identitaire, les marques doivent s'adapter pour proposer des modes de collaborations pertinents.

Ces jeunes poursuivent, au moment où ils quittent l'adolescence pour aller vers l'âge adulte, un double objectif de développer une identité propre et d'appartenir à des communautés. Les blogs vont être un outil au service de ces buts : ils sont une opportunité d'expansion de soi en procurant une plateforme d'expression personnelle et de communication avec une communauté. Les jeunes vont pouvoir se donner un rôle et acquérir de nouvelles compétences leur permettant de construire leur identité et développer leur expertise, d'être ainsi reconnu par leurs pairs et par là d'accroître leur estime d'eux-mêmes.

Le processus créatif sur un blog suit en général un chemin progressif de l'observation vers la personnalisation pour créer - progressivement - un espace de communication original.

Dans leur relation avec les marques, les jeunes de la génération Z sont tout à la fois attirés par les marques, qui leur permettent de s'affirmer, et méfiants envers les discours marketing, qui leur paraissent parfois manipulateurs.

Dès lors, pour assurer une collaboration efficace marque-blogueur (co-création), les marques doivent se faire accepter et démontrer qu'elles peuvent avoir une valeur ajoutée. Les jeunes veulent développer une relation équilibrée qui leur permette de répondre aux attentes de leur audience et de se faire plaisir.

Il s'agira, dans l'évolution de la relation marque-blogueur, de s'orienter plutôt vers une approche de plus en plus créative et personnalisée de sa communication ou plutôt vers une monétisation de son influence. Dans ce contexte, les marques peuvent avoir une stratégie efficace si elles respectent certaines règles :

- Favoriser l'immersion du blogueur dans l'univers de la marque afin qu'il comprenne bien ses valeurs,
- Privilégier des collaborations cohérentes dans lesquelles le blogueur et la marque partagent les mêmes valeurs,
- Permettre au blogueur de faire preuve de créativité et de rester cohérent avec son style dans la présentation de la marque,
- Aider le blogueur à se professionnaliser et se faire connaître en lui permettant de travailler avec des experts et en utilisant la puissance de communication de la marque pour être visible,
- Respecter l'univers du blogueur, son contenu éditorial et son positionnement,
- Définir clairement les règles du jeu et termes de la collaboration avec le blogueur, particulièrement lorsque la relation est monétisée.

Références

A. Aron et E.N. Aron, *Love as the expansion of self : Understanding attraction and satisfaction*, 1986, New York : Hemisphere.

A. Audrezet et G. De Kerviler G, "Instagram and brand engagment-a preliminary study", *19th World Marketing Congress AMS conference*, 2016, Paris, France

A. Bennett et N. Royle, *Introduction to literature, criticism and theory*, Hemel Hempstead, UK : Prentice Hall, 1999.

A. Bonnemaizon et W. Batat, "How competent are consumers ? The case of the energy sector in France", *International Journal of Consumer Studies*, 2011, pp. 348-358.

A. Marwick, "They're Really Profound Women, They're Entrepreneurs' : Conceptions of Authenticity in Fashion Blogging", *In 7th International AIII Conference on Weblogs and Social Media*, 2013.

B. Cova et P. Ezan, « La confusion des rôles de consommateur et de producteur dans les communautés de marque : une complicité dangereuse ? », *Décisions Marketing*, 2008, pp. 51-60.

C. Grönroos et P. Voima, « Critical service logic : making sense of value creation and co-creation », *Journal of the Academy of Marketing Science*, 2013, pp. 133-150.

D. Roberts, et R. Adams, "Agenda development for marketing research. International" *Journal of Market Research*, 2010, pp. 339-362.

D. Seno et B.A. Lukas, « The equity effect of product endorsement by celebrities : A conceptual framework from a co-branding perspective ». *European Journal of Marketing*, 2007, pp. 121-134.

D.M. Capaldi, T.J. Dishion, M. Stoolmiller et K. Yoerger, "Aggression toward female partners by at-risk young men : the contribution of male adolescent friendships", *Developmental psychology*, 2001, p. 61.

D.T. Nguyen, et J. Alexander, "The Coming of Cyberspacetime and the End of the Polity", *Cultures of Internet : Virtual Spaces, Real Histories, Living Bodies*, Rob Shields, editor. London : Sage, 1996, pp. 99–124.

G. De Kerviler et C. Demangeot, "Authors of online reviews and their narrative voice – a qualitative study on tripadvisor", *45th EMAC Conference*, Oslo, Norway, 2016

H. Tajfel et J.C. Turner, "An integrative theory of intergroup conflict". In W.G. Austin & S. Worchel (Eds.), *The social psychology of intergroup relations*, Monterey, CA : Brooks/Cole 1979, pp. 33-47.

I.D.H. Shepherd, "From Cattle and Coke to Charlie : Meeting the Challenge of Self Marketing and Personal Branding", *Journal of Marketing Management*, 2005, 21, pp. 589–606.

J.G. Moulard, C.P. Garrity, et D.H. Rice, "What makes a human brand authentic ? Identifying the antecedents of celebrity authenticity", *Psychology & Marketing*, 2015, pp. 173-186.

J. J. Arnett, "Emerging adulthood : A theory of development from the late teens through the twenties", *American Psychologist*, 2000, pp. 469-480.

M.B. Brewer, "The social self : On being the same and different at the same time", *Personality and social psychology bulletin*, 1991, pp. 475-482.

M.L. Meuter, A.L. Ostrom, R.I. Roundtree, et M.J. Bitner, "Self-service technologies : understanding customer satisfaction with technology-based service encounters", *Journal of Marketing*, 2000, pp. 50–64

S.J. Schwartz, "A New Identity for Identity Research : Recommendations for Expanding and", *Journal of Adolescent Research*, 2005, pp. 293-308.

S. Spiggle, T. Hang Nguyen et M. Caravella, "More Than Fit : Brand extension Authenticity", *Journal of Marketing Research*, 2012, pp. 967–983.

S.L. Vargo, et R.F. Lusch, « Service-dominant logic : continuing the evolution ». *Journal of the Academy of marketing Science*, 2008, pp. 1-10.

T. Geylani, J.J. Inman et F.T. Hofstede, « Image reinforcement or impairment : The effects of co-branding on attribute uncertainty », *Marketing Science*, 2008, pp. 730-744.

V. Pauwells, G. de Kerviler et C. Janssen, "Investigating the relationship between co-création and corporate social responsibility : the role of co-création type", AMS *19th World Marketing Congress*, Paris, France, 2016

Chapitre 6

Les lecteurs hyper-connectés de la génération Z : quel enjeu pour les éditeurs et les médias ?

Joëlle Mainguet-Suarès, Responsable marketing d'un magazine féminin en Suisse romande

Introduction

Internet a modifié la façon d'aborder la lecture dans sa globalité, une évolution que la Génération Z a déjà assimilée au quotidien. Pour cette génération qui affectionne particulièrement, les réseaux sociaux, ces changements transforment le concept même de « lecture » et par conséquent celui de ses différents représentants : éditeurs de livres, journaux, magazines, papier et numérique.

Cette évolution modifie aussi la façon de traiter, de proposer, à cette génération hyper-connectée, des signes, des images, un langage, sur les différents supports et en particulier sur le Web, soit une diversification, autant par la forme que par son contenu, et l'intégration essentielle de critères de lecture revendiqués par les Z :

- rapidité, dans la diffusion internet, et dans la compréhension, textes courts, titres impactants,
- interactivité avec l'image, vidéo, son,
- crédibilité et complémentarité avec des liens correspondants à du contenu, des articles ou références spécifiques,
- créativité dans la forme, mais aussi dans l'énoncé (titres, sous titres, légendes etc.).

Cette génération Z possède une pratique de lecture différentielle avec des fonctions, approches, formes et modalités spécifiques, expliquées dans ce chapitre :

- modèles et pratiques de lecture de la Génération Z
- dispositions cérébrales des lecteurs Z
- naissance d'un nouveau langage chez les lecteurs Z
- les Z lisent autrement
- information et temporalité chez les lecteurs Z
- génération Z et lecture - adaptabilité et implications marketing

I. Modèles et pratiques de lecture de la génération Z

Le numérique a bouleversé la lecture d'une génération à l'autre, en passant du journal papier au Web média, des livres aux e-books ou audio. Les Z lisent quotidiennement et se tiennent constamment informés.

Deux modèles de lecture s'offrent à eux depuis leur naissance :

- **La lecture linéaire** sur papier soit imprimée, conçue pour être lue page après page, avec un mouvement de suivi, de continuité, de globalité, elle est source d'analyses et de réflexions.
- **La lecture hypertexte** sur écran, soit une base de données liées entre elles par des hyperliens, qui offre à son utilisateur la liberté de voyager, de naviguer d'une page à l'autre avec une dynamique de dextérité, rapidité, de discontinuité, plus consommatrice d'attention au détriment de la mémorisation.

Les Z ont assimilé la lecture hypertexte avec des pratiques bien spécifiques, propres au numérique et donc des écrans, claviers, que ce soit pour s'informer, se cultiver, développer son attention ou se distraire, mais ils n'ont pas pour autant renoncer à la lecture linéaire sur papier, comme en témoigne *l'étude CNL - Ipsos* « Les jeunes et la lecture » de Juin 2016 : « *La lecture chez les jeunes de 7 à 19 ans en France, est associée à la notion de « plaisir », 77 % des jeunes interrogés affirment qu'ils aiment lire :*

- *68 % des jeunes lisent au moins une fois par semaine,*
- *28 % lisent tous les jours ou presque* ».

Le manque de temps pour cette génération, selon cette étude, serait un des handicaps pour la lecture linéaire, en effet, ils doivent partager cette dernière avec d'autres activités, quotidiennes ou hebdomadaires, et surtout chez les 13-19 ans, le fait qu'ils passent 14h10 sur internet par semaine en 2016 (vs 12h20 en 2012). Les Z vont principalement sur les réseaux sociaux et messageries, diffuseurs de **lecture instantanée**, selon les préférences suivantes mentionnées par cette étude :

Réseaux Sociaux et messageries — préférences des 13-19 ans	
Facebook	**77 %**
YouTube	**45 %**
Twitter	**30 %**
Snapchat	**29 %**
Isntagram	**28 %**
Skype	**27 %**
Ils utilisent personnellement plusieurs réseaux ou messageries	

Les Z hyper connectés, vont en priorité chercher et lire du texte, de l'information, sur internet, ils vont comparer, échanger, demander aussi l'avis des proches. Les multiples écrans qu'ils utilisent au quotidien sont donc les canaux de diffusion de lecture dans sa globalité. Multitâches, la rapidité est le faire de lance de cette génération au détriment de la concentration, ils ont donc besoin de diversité pour être captivés.

Les Pratiques et supports de lecture

Linéaire, hypertexte, ou instantanée, l'ensemble de la lecture proposée et pratiquée par les Z, ouvre à cette génération un terrain de jeux immense à explorer et les relie à tous les sens : le toucher (au clavier et papier), la vue et l'audition.

La lecture dans sa forme globale peut être considérée par cette génération comme un « support », qui lui ouvre des multiples portes, connaissances scolaires ou personnelles, culturelles ou de distraction, d'évasion, comme nous le démontre le tableau suivant (voir tableau 1).

Tableau 1 : Les supports de la lecture linéaire de la génération Z

Pratiques	Supports de lecture linéaire					
S'informer	Lecture	Presse	Internet	Réseaux Sociaux	Télévision	Radios
Se cultiver	Lecture	Presse	Internet	Réseaux Sociaux	Télévision	Radios
Développer l'attention	Lecture	Presse				
Communiquer			Internet	Réseaux Sociaux		
Se distraire	Lecture	Presse	Internet	Réseaux Sociaux	Télévision	Radios

II. Dispositions cérébrales des lecteurs Z

Cette génération, qui a grandi au fil des années avec la technologie mobile, a développé des aptitudes cérébrales spécifiques comme la rapidité et les automatismes, peut-être aux dépends d'autres dispositions selon *Olivier Houdé, directeur du Laboratoire de la psychologue du développement et de l'éducation de l'enfant (CRNS-La Sorbonne).*

Dans cet entretien accordé à l'AFP, le directeur du Laboratoire de psychologie du développement et de l'éducation de l'enfant du CNRS-La Sorbonne (LaPsyDé) et auteur du livre « Apprendre à résister » (2014 - édition Le Pommier), préconise un apprentissage adapté à ces mutations :

« Le cerveau reste le même, mais ce sont les circuits utilisés qui changent. Face aux écrans, et du coup dans la vie, les natifs du numérique ont une sorte de TGV cérébral, qui va de l'œil jusqu'au pouce sur l'écran.

Ils utilisent surtout une zone du cerveau, le cortex préfrontal, pour améliorer cette rapidité de décision, en lien avec les émotions. Mais cela se fait au détriment d'une autre fonction de cette zone, plus lente, de prise de recul, de synthèse personnelle et de résistance cognitive. »

La génération Z utilise pour lire principalement **le cortex préfrontal,** qui continue à se développer jusqu'à environ 25 ans, et a donc gagné des aptitudes cérébrales de vitesse et d'automatisme qui parfois pourraient induire cette génération dans la perception erronée de certaines informations.

C'est le grand défi de cette Génération Z et la lecture hypertexte qui favorise la production de données informatives et diversifiées, au détriment de la connaissance, de l'analyse et de la perception.

Mécanisme de lecture et cerveau des Z

De la vitesse et de l'automatisme voici ce que la génération Z aurait comme aptitudes cérébrales notoires par rapport aux autres générations, ces aptitudes sont directement liées à la lecture offerte sur des écrans multimédias.

Très sollicités par les différents écrans de lecture, une certaine forme d'automatisme, au détriment du sens critique et synthèse personnelle, serait indue chez les Z.

Voici donc une mission que pourraient se donner les éditeurs de contenu : aider cette jeune génération à déjouer certains clichés et opinions erronées et intrusives, par une lecture enrichie, un sens critique plus acerbe.

III. Naissance d'un nouveau langage chez les lecteurs Z

Cette génération, ayant accès à toutes sortes d'informations prodiguées par les différents écrans, a développé un nouveau langage, basé sur l'image, le son et les idées, qui influence la communication actuelle.

Les lecteurs « Z » sont connectés en permanence grâce à leur téléphone portable, le Smartphone est donc à la base de ce nouveau langage, qui leur permet de photographier et communiquer très facilement et principalement sur les réseaux sociaux et autres plateformes de messagerie instantanées.

Avec la photo et les émoticônes, cette langue se veut ludique, rapide, tout en mettant en scène de l'émotion. *Thu Trinh-Bouvier*, sociologue passionné de l'image et spécialiste de la communication digitale, nous fait découvrir dans son livre *Parlez-vous Pic Speech ?* (2015- Éditions Kawas) **cette nouvelle langue-image « Pic Speech »** qui a une forte influence sur la société d'aujourd'hui et sur notre façon de penser et de communiquer. « *Les jeunes photographient comme ils respirent* », estime Thu Trinh-Bouvier qui décrypte le phénomène : « *Les ados manient désormais une langue particulière que j'appelle le pic speech (pour picture speech), un langage des images au sens large, qu'on pourrait aussi appeler « Parlimage ».*

C'est un mélange d'écrits et d'images. Ils échangent des textos bourrés de signes cabalistiques, les émoticônes, qui symbolisent visuellement leurs émotions. Mais aussi des photos avec texte et dessins associés, parfois tracés au doigt sur l'écran tactile. Ou encore des vidéos très courtes et des gifs, ces images animées. Tout cela grâce à Snapchat, Instagram, les applications de leurs téléphones mobiles »

Cette nouvelle forme d'expression, aussi complexe que riche, évolue constamment. C'est une « langue d'engagements identitaires où l'émotion est le moteur créatif ». Pic Speech permet donc aux jeunes de développer les liens qui les unissent à leur communauté tout en développant leur personnalité, leur identité et de partager de façon instantanée leurs émotions.

Émoticônes, émojis, pictogrammes, entre autres, font partie intégrante de ce nouveau langage ; le développement multiple de ces « images » témoigne de cet engouement. **Un nouveau langage « imagé » qui évolue tout le temps et qui accompagne cette génération hyper connectée, avec souvent beaucoup d'humour et de positivisme.** Un retour aux sources qui rappellerait peut-être à notre mémoire les dessins des grottes de Lascaux ou l'écriture hiéroglyphique égyptienne ?

Pour le lecteur Z, prendre des photos, les modifier, ou les retoucher, avec des filtres, des images et du texte..., ne serait pas toujours effectué dans un objectif de partage, mais tout simplement pour exprimer ses émotions et nourrir sa propre connaissance de soi.

À travers l'échange de SMS et de texto, qui est une des activités préférées de cette génération pour communiquer avec ses réseaux et ses proches, les mots sont souvent remplacés par des images smileys, émoticônes, emojis, (parfois en version animée), devenus indispensables dans les échanges. Ils sont utilisés pour ponctuer et finaliser une phrase, un texte et, sans eux, la politesse ne saurait être au rendez-vous.

Figure 1 : Illustrations d'émojis

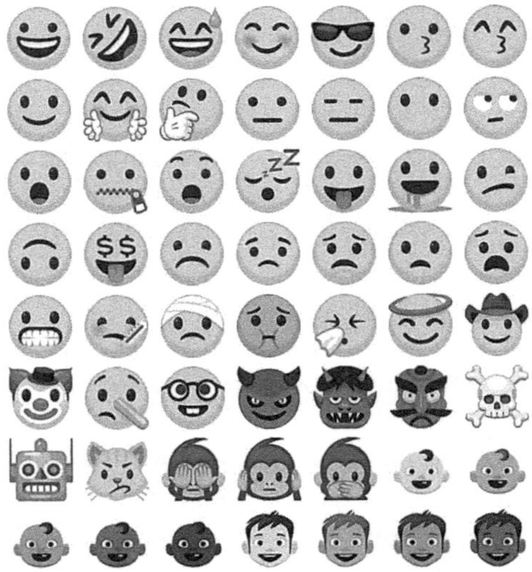

- **Les émoticônes** *sont des petites images représentant symboliquement des expressions faciales utilisées pour ponctuer une conversation électronique.*
- **Les émojis** *nés au Japon sont des pictogrammes, dessins, ne représentant pas forcément des visages avec une expression mais aussi, des animaux, de la nourriture, des véhicules, des soleils, fleurs, etc. Ils peuvent ponctuer aussi des messages électroniques sans toutefois exprimer une émotion par un dessin facial comme les émoticônes.*

Nouveau langage et émotions

L'émotion est donc réinterprétée, formulée dans leur communication quotidienne par des émojis, Smileys ou émoticônes, choisis spécifiquement pour leur signification tel un nouveau langage. Cette génération n'a donc plus besoin de crayon ni stylo pour communiquer ses envies, ses ressentis.

Les bibliothèques de ce nouveau langage s'étoffent un peu plus grâce aux Smartphones et applications. Les 176 premiers émojis ont trouvé place dans un musée, le MoMa, depuis 2016 en tant que référence culturelle d'un nouveau langage :

- Émoji est devenue une marque officielle, un label : émoji®
- Apple sous la pression d'une pétition internet, a dû mettre à jour en février 2015 sa collection d'émoticônes faciaux, afin que toutes les ethnies de la planète puissent s'identifier !

IV. Les Z lisent autrement

L'évolution technologique a transformé la façon dont nous lisons : la lecture papier cède sa place à celle du numérique et, pour la génération Z, c'est une évidence.

Mais que lisent-ils ? Et comment ?

Le livre électronique est arrivé sur le marché en 1998 et avec lui le début de la lecture par le biais du numérique. Cette technologie permet d'ouvrir un horizon nouveau, et surtout une généralisation de certains contenus accessibles par tous.

La génération Z est équipée de **cinq écrans**, cependant la lecture hypertexte par le biais du multimédia, ne s'arrête pas qu'aux livres, mais s'ouvre à l'ensemble de l'information avec les réseaux sociaux.

La manière de lire a donc évolué avec le numérique et surtout chez cette Génération Z qui utilise ces supports à des fins très spécifiques :

- s'informer, se cultiver et développer leur attention par le biais de la presse, internet, mais aussi les réseaux sociaux ;
- échanger sur les réseaux sociaux et internet ;
- s'amuser et se distraire via la télévision, internet, les consoles de jeux et applications.

Quant à la littérature linéaire via les livres, audio ou sur tablettes, elle serait toujours d'actualité, en particulier chez la gent féminine. Une nouvelle définition de la lecture s'impose, plus proche de leurs préoccupations ou intérêts spécifiques, selon les propos recueillis au sein de mon travail et des jeunes apprentis :

- **une lecture séquentielle plus courte** due principalement aux échanges sur les réseaux sociaux, internet, les textos (N'oublions pas que le Smartphone est omniprésent dans leur quotidien). D'où le succès de la presse tel que 20 Minutes presse ou sur internet). Un réel engouement donc pour les petits articles et informations courtes, bien titrées, qui éveillent leur intérêt ;
- **une lecture (souvent) proposée, imposée** : celle qui fait partie des programmes scolaires avec la littérature classique, romans, poésie. Ou celle qui leur est suggérée, conseillée par des proches (parents, amis) ;
- **une lecture plaisir** « ***Young adult*** » :
  - ***Héroic*** : des livres promus par les médias (*Harry Potter, Hunger Games, Ugleis*), souvent adaptés au cinéma, avec des héros courageux plongés dans un univers aux créatures fantastiques ;
  - ***Héroic fantasy*** soit un univers médiéval fantastique, tel que : *À la Croisées des Mondes, Légende, Troie, les chevaliers d'Emeraude... ;*
  - ***La bande dessinée***, car l'image est omniprésente et l'univers souvent fantastique : *Les Légendaires* de *Patrick Sobra, Lanfeust Odyssey* de Didier-Tarquin ;

- ***Les mangas*** venus du Japon sont très prisés : *One piece* de *Eiichiro Oda, Naruto* de *Masashi Kishimoto, My Hero Academia* de *Kohei Horikoshi ou encore : Jojo Bizzare adventure* de *Hiroyuki Kitakub ;*
- ***Les comics*** avec une nouvelle tendance le multimédia et sa conversion au papier, les bandes dessinées ou mangas écrits par des jeunes *Youtubeurs* tels que « *Le Rire Jaune* » par *Kevin* et *Henry Tran,* ou « *Roger et ses Humains* » par *Cyprien.*

- **des livres promus par les médias** (Harry Potter, Hunger Games, Ugleis), souvent adaptés au cinéma, sans oublier la bande dessinée, car l'image est omniprésente, et les mangas venus du Japon.
- **une lecture en ligne - via les plateformes - sites d'auto-publications :** (Amazon, Lulu.com, Books on Demand, Copy-Média, KickStarter, Bookelis, Edilivre, etc.) Wattpad, la saga « *After* » *d'Anna Todd* publiée par cette plateforme a remporté un énorme succès auprès des jeunes femmes. Ces sites proposent à n'importe qui de publier ses textes et d'en discuter avec la communauté (*Wattpad* créé en 2006 au Canada compte au niveau international plus de 100 millions d'histoires à lire et 40 millions d'auteurs).

Les jeunes filles de cette génération seraient plus enclines à trouver du plaisir à se réfugier dans la lecture de livres, qui leur permettrait d'accéder à des univers paisibles, de se recentrer, tout en développant leur part de rêves, comme un jardin secret qui serait cultivé au fur et à mesure de la découverte des écrits. Ce qui expliquerait le développement important de jeunes romancières sur ces plateformes d'édition. À noter l'immense succès de la série « *Did I mention I love you, d'Estelle Maskame* » *(édité par Pocket Junior*) et l'univers de son *website.*

Lecture et supports

Le futur et le développement de l'écrit sont déjà ancrés dans la mobilité. Aux éditeurs d'observer les usagers et d'étudier les supports actuels afin de s'adapter dans le contenu comme dans la forme aux attentes de cette génération Z.

Voici ce que ces Z plébiscitent comme supports :

- **Les écrans** pour l'actualité avec des news courtes ou du contenu très illustré, de la vidéo info live, des conseils et bons plans, des sites internet pour une actualité immédiate, ou plus fréquente, l'esprit communautaire, interactif, etc. :
  - *Huffington post,* et ses infos de dernières minutes très regardées sur Smartphone
  - *M6 Info* aussi bien TV que sur FB, et *M6 et Vous* sur internet,
  - *France 24* sur *YouTube,*
  - *La Presse +* et ses applications enrichies avec info live et personnalisable,
  - *Apple TV* et ses applications, vous regardez ce que vous voulez quand vous voulez sur n'importe quel écran
  - *YouTube* incontournable avec ses vidéos de tout genre, info ou loisir, musique, etc.
- **Le papier** pour la bande dessinée, les romans et magazines avec intérêts spécifiques soit une immersion dans un autre univers avec une sensation différente, celle du plaisir du toucher.

La presse gratuite telle que le quotidien 20minutes, soit de l'actu brève et son site internet avec des services liés à la culture, ou people.

Des exemples de presse où les adolescents sont déjà inscrits dans la philosophie de certains éditeurs :

- *Le Monde des Ados*, magazine bimensuel dédié aux 13-18 ans, édité par *Fleurs Presse*,
- ou encore *Geo Ado* édité par *Milan*, une façon de les « capter » dans des univers spécifiques, sans oublier

V. Information et temporalité chez les lecteurs Z

Avec Internet, tout est devenu « immédiat ». Dans la seconde, nous recevons n'importe quel type d'information. La Génération Z est déjà habituée à obtenir « tout très vite », que ce soit une information, une réponse, un service. **C'est une génération surinformée car elle est indissociable d'internet, qui est leur matrice.**

La lecture hypertexte prend moins de temps de nos jours sur internet et offre une vaste possibilité de sélectionner ce que l'on recherche, que l'on peut ensuite compléter par les suggestions proposées en relation directe avec le contenu que nous lisons. Cette lecture numérique a donc des qualités et facilités que la presse papier ne peut pas toujours proposer :

- **immédiateté** : avec du contenu, de l'information qui peut être mis en ligne plusieurs fois par jour et solliciter son destinataire par des push, alarmes,
- **mises à jour** de certains articles ou contenu existants avec un complément de données plus actualisées,
- **suggestions** par des liens intégrés dans le texte qui amènent le lecteur vers d'autres pages de données et lui ouvrent de nouveaux horizons et références,
- **concision** dans l'écrit, car le lecteur hypertexte n'aime pas les longs textes, non adaptés à la lecture sur Smartphone,
- **information imagée**, car plus que tout l'image parle au lecteur Z, que ce soit de la vidéo ou de l'infographie sur internet,
- **démultiplications des sources et supports**, une visibilité et adaptabilité du contenu tout écran, offrent une meilleure visibilité dans le temps

Tout pour plaire à cette génération Z, qui n'a pas de temps à perdre. Pour cette génération**, les réseaux sociaux sont les premiers fournisseurs de l'info.** La **gratuité** de l'information, via la presse numérique et le papier, est pour eux acquise, d'où la difficulté aujourd'hui de les faire souscrire à un abonnement, qu'il soit numérique ou papier.

Si cette lecture hypertexte, via le numérique, est perçue par d'autres générations comme moins qualitative, précise et analytique que celle de la presse écrite, elle offre la possibilité notoire d'être **personnalisée**, ce que la Génération Z apprécie particulièrement.

L'infographie est une information « imagée » et « synthétique », à développer aussi bien sur internet que dans la presse papier. En un seul coup d'œil, tel un scanner, tout est compris. Encore faut-il que ce soit bien fait dans la forme et, que la thématique corresponde ou, soit utile aux besoins et/ou intérêts.

Vers des lecteurs éditeurs de contenus

Et l'avenir de l'information ne serait-il pas basé sur la créativité et le partage ?

Quelques pistes à développer pour les marques éditrices d'informations :

- personnaliser la forme et le contenu (renforcer l'identité de la marque) ;
- socialiser son engagement (quelle utilité donner à la marque ?) ;
- être agitateur et/ou éveilleur d'informations avec intégration de liens et références ;
- être pertinent au bon moment dans la diffusion de l'information
- proposer des enquêtes approfondies pour mieux comprendre ;
- des services inédits innovants ;
- des *news* pertinentes et/ou exclusives ;
- des résumés à partager rapidement ;
- des titres « impactants » ;
- de l'infographie esthétique ;
- des images magnifiées, surprenantes ;
- des rubriques modernisées ;
- des plumes et intervenants « influenceurs » de différentes générations ;
- mettre l'individu au cœur des objectifs et préoccupations ;
- considérer les lecteurs comme des « ambassadeurs » à valoriser ;
- partager de l'émotion ;
- créer de la complicité avec son audience ;
- donner du plaisir : un but en soi.

VI. Génération Z et lecture - adaptabilité et implications marketing

Difficile pour Le Z de croire en des marques, représentant des supports de lecture (papier ou internet), qui ne partageraient, ni ne développeraient des **engagements** sociétaux **véridiques et proches des préoccupations de cette génération**. La communication de ces marques média doit correspondre aux **valeurs des Z**, ils veulent **vivre** des choses, des événements, des expériences avec la marque média et ils veulent aussi que celle-ci ai un réel un **engagement sociétal**.

Devenir la « **référence** » pour cette génération, envahit par le texte et les visuels, surinformée par une lecture quotidienne (cinq écrans), mais dont la perception du contenu devra être approfondie ou expliquée, afin de développer chez eux un meilleur discernement, **une analyse plus en profondeur** de ce qu'ils lisent.

Vitesse et automatisme, des aptitudes qu'ils appliquent très vite dans leur quotidien et qui est aussi pour eux un mode de lecture, en particulier hypertexte. Un challenge à relever au niveau des marques média, si ces dernières veulent convaincre cette génération Z à les suivre régulièrement sur leur contenu, elles doivent leur **offrir une variété de possibilités de contenu, avec des valeurs ajoutées, des facilités et innovations, des choses à découvrir**, qui les interpellent réellement et, se distinguer de leurs concurrents.

Un **nouveau langage imagé et percutant** qui peut être utilisé à bon escient pour communiquer avec eux, à intégrer aussi dans la lecture même qui leur est proposée. Mais surtout un environnement créatif qui donne de l'inspiration, qui fait rêver, qui amènent de l'émotion et touchent leur sensibilité, jouer la carte de l'appartenance, pour les marques sont une évidence.

Des **valeurs** « **vraies** », fin de la starification, ils maîtrisent totalement leur image et identité sur les réseaux sociaux, leur jardin secret. Aux médias à proposer du texte, de l'info pertinente, des romans, des bandes dessinées et des « signatures » captivantes, à renouveler les intervenants journalistiques à mixer avec des écrivains, blogeurs, Youtubeurs, que les Z apprécient et plébiscitent.

Ils aiment communiquer, échanger avec leurs nombreux amis qu'ils soient dans la vie réelle ou sur les réseaux sociaux. Donner leurs avis, questionner, tout est basé sur cette **force du partage**, la lecture y compris, soit une génération d'influenceurs, mais peut-être ne le savent-ils pas encore.

Leur façon de lire globalement évolue avec le numérique. Chez eux l'utilisation des supports médias est bien spécifique que ce soit pour s'informer, lire, échanger, ou se distraire. Une **nouvelle définition de la lecture** s'impose aussi, plus mobile, donc plus brève. Les éditeurs de contenu doivent donc considérer aussi bien les usagers que les supports actuels et modifier en conséquence la forme aussi bien que le contenu.

L'avenir de l'information pourrait être celui de la **créativité et du partage**, à condition de mettre au centre du contenu les lecteurs qui deviendraient Lecteurs-Éditeurs.

Les grands enjeux actuels du marketing, qu'il soit média écrit ou numérique, sont de **repositionner et personnaliser sa marque**, développer des notions de complicité et d'émotion avec cette génération, socialiser son engagement. Mettre l'individu au cœur des préoccupations, offrir à cette génération Z une certaine intimité, de la pertinence et de l'efficacité.

Ce qu'il faut retenir

Comprendre cette **notion d'immédiateté** chez la génération Z est important, la lecture est mobile, consultée principalement sur Smartphone, elle doit donc être courte et diversifiée.

Il faut repositionner sa marque média ou support de lecture avec **les valeurs de cette génération**, et les intégrer dans sa stratégie globale marketing, démontrer que la marque est utile et partager avec cette génération des expériences enrichissantes.

N'oublions pas que les jeunes de cette **génération Z sont des** « **faiseurs** » **de réputation**, **de succès**, ils représentent un nouveau marché, une nouvelle audience, difficile à fidéliser, avec qui il faut partager, composer et se confronter et qui est déjà une nouvelle aventure.

Références

Étude CLN-Ipsos, *Les jeunes et la lecture*, juin 2016.

AFP interview Olivier Houdé, directeur du Laboratoire de la psychologue du développement et de l'éducation de l'enfant (CRNS-La Sorbonne), auteur du livre «*Apprendre à résister*», 2014, édition Le Pommier.

T. Trinh-Bouvier « *Parlez-vous Pic Speech ?* », 2015, Éditions Kawas.

Figure 2 – Illustrations d'émojis, http://emojipedia.org/facebook/

Chapitre 7

Les 18-25 ans de la génération Z et les musées : le défi du marketing culturel

Franck Moulai, musée du quai Branly – Jacques Chirac, Responsable du service du développement des publics et de la vente et adjoint au directeur des publics

Introduction

Cette tranche d'âge charnière de 18 à 25 ans, durant laquelle se construisent généralement les fondements de toute une vie, représente un enjeu essentiel pour les politiques culturelles, notamment publiques : il s'agit à la fois de contribuer à la construction des citoyens d'aujourd'hui, mais aussi d'asseoir les pratiques culturelles des parents de demain.

Attirer les 18-25 ans dans les musées représente donc un défi majeur, dont l'État a pris la mesure en donnant aux établissements sous sa tutelle les moyens d'une politique volontariste, notamment tarifaire.

Ce chapitre, après avoir exposé quelques éléments sur les pratiques culturelles des 18-25 ans, détaille les étapes qui ont conduit progressivement à la mise en place de cette politique tarifaire incitative basée sur la gratuité, puis dresse le bilan de cette politique et en cerne les limites, notamment concernant la mixité sociale.

Sont détaillées ensuite les stratégies marketing qui ont fait leurs preuves en France et ailleurs pour attirer les jeunes dans les musées, notamment en termes d'offres culturelles et d'actions promotionnelles.

I. Qui sont les Z de 18-25 ans et quelles sont leurs pratiques culturelles ?

Selon le dernier bilan démographique de l'INSEE, **les 18-25 ans représentent en France un peu plus de 9 % de la population**. Les deux tiers possèdent le Baccalauréat, mais une majorité ne poursuit pas d'études supérieures au-delà de Bac +2. Sur la tranche des 20-24 ans, 67 % ont un emploi ou sont en recherche d'emploi. Selon une étude récente[1], 46 % de ces jeunes adultes vivent chez leurs parents principalement pour des raisons financières et notamment à cause du coût élevé des loyers dans la plupart des grandes villes. Ils seraient même 16 % ayant quitté le foyer familial à songer y retourner pour ces mêmes raisons financières.

1. Étude Macif-Opinion way, *Les jeunes et l'accès au logement*, 2014.

Si cette tranche d'âge, 18-25 ans, fait souvent l'objet d'analyses c'est bien qu'elle représente aujourd'hui un moment charnière de la vie. Alors qu'ils ne sont plus des adolescents, mais pas encore des adultes totalement autonomes, les jeunes tentent de se construire dans la plupart des domaines : affectif, professionnel, personnel, culturel, politique...Ils vont chercher à s'émanciper du contexte familial et bâtir leurs propres références.

Cette mission est d'autant plus difficile pour les jeunes au XXIe siècle qu'ils sont conscients que la société leur imposera des remises en cause professionnelles sans doute fréquentes, que les idéologies préalablement structurantes sont battues en brèche alors que de nouvelles formes d'engagement collectif sont sur le point d'émerger.

En dépit de ces enjeux vitaux pour leur avenir, les jeunes, fort heureusement, ne délaissent pas les pratiques culturelles, qui vont au contraire participer à l'éveil de leur personnalité profonde. Une étude de référence du département des études de la prospective et de la statistique (DEPS) du ministère de la Culture et de la communication (MCC)[1], quoique datant de 2009, révèle, au-delà des chiffres, les grandes tendances de ces pratiques. Le point clé est bien sûr que **les 18-25 ans sont des « Digital natives »**, nés avec le numérique, ayant grandi avec les technologies de l'information et de la communication.

Leur rapport à la culture est donc marqué par les bouleversements engendrés par le numérique : modes de consommation culturelle à la demande et immédiats (streaming, VOD), et multitâches grâce aux différents supports utilisables conjointement (Smartphone, tablettes, ordinateur). Néanmoins, l'étude met en lumière le fait que les pratiques culturelles traditionnelles telles que la lecture, ou la visite patrimoniale sont loin d'être négligées, voire corrélées à l'investissement porté dans les pratiques numériques.

Le numérique est donc un accélérateur de curiosité qui permet de découvrir toujours davantage, mais aussi de partager ses découvertes avec son cercle relationnel, notamment par les réseaux sociaux.

On retiendra également de cette étude que **10 % des jeunes sont totalement exclus des loisirs culturels** ce qui n'est pas sans conséquences dans les priorités d'action du service public culturel comme évoqué plus loin dans ce chapitre.

Enfin, il est à noter une certaine **méfiance à l'égard des institutions culturelles**, des musées, perçus comme très scolaires, et n'ayant pas fait évoluer leurs offres de médiation pour s'adapter aux attentes des nouvelles générations de visiteurs.

---

1. Sylvie Octobre, *Pratiques culturelles chez les jeunes et institutions de transmission : un choc de culture*, Ministère de la Culture et de la Communication (MCC) – département des études de la prospective et de la statistique (DEPS), 2009.

Les pratiques muséales des 18-25 ans[1]

- 37 % ont visité un musée ou une exposition dans les douze derniers mois, contre une moyenne de 35 % pour l'ensemble de la population ;
- 83 % des visites muséales des 18-25 ans s'effectuent entre amis ;
- 14 % postent un commentaire sur les réseaux sociaux suite à leur visite ;
- Prédilection pour les musées de Beaux-arts et d'art contemporain.

II. La gratuité dans les musées nationaux pour les moins de 25 ans, une spécificité française

1. Gratuité et diversification des publics

Comment diversifier les publics ? Voilà l'éternelle question que se posent les musées depuis les années 1980. Comment faire en sorte que ce ne soit pas toujours les mêmes publics, issus des catégories sociales supérieures surdiplômées et habitant les beaux quartiers, qui fréquentent les musées ? L'étude du CREDOC évoquée supra confirme bien cet état de fait qui pourrait sembler caricatural :

- si 61 % des Français ont réalisé au moins une visite patrimoniale au cours des 12 derniers mois, ils ne sont que 23 % à avoir visité un musée de Beaux-arts ;
- 57 % des ouvriers et 44 % des employés ont effectué une visite patrimoniale au cours des 12 derniers mois, contre 86 % des cadres ;
- 42 % de non diplômés ont effectué une visite patrimoniale au cours des 12 derniers mois contre 90 % des bac + 3 et plus ;
- 25 % de la population française indique avoir renoncé à visiter une exposition, un musée ou un monument au cours des douze derniers mois en raison du tarif trop élevé de la visite. Il s'agit principalement de visiteurs occasionnels, pas forcément éloignés de la culture, mais qui doivent faire des arbitrages financiers dans leur budget de loisirs.

La variable prix, qui semble la plus évidente à actionner de prime abord dans une perspective de diversification de publics, trouve un formidable écho à partir de 2001, lorsque l'accès aux collections permanentes des musées nationaux du Royaume-Uni devient gratuit. En revanche, les offres périphériques, à commencer par les expositions temporaires restent payantes. Si la fréquentation des musées connaît alors une forte hausse, l'impact sur la diversification de public reste contesté.

1. Régis Bigot, Emilie Daudey, Sandra Hoibian, Jörg Müller, *La visite des musées, des expositions et des monuments*, CREDOC, juin 2012.

En effet, **la gratuité recèle plusieurs paradoxes** et elle est appréhendée de manière très diverse par les publics eux-mêmes, comme le démontre une étude du DEPS[1]. Elle peut apparaître comme une opportunité de faire venir au musée des publics non familiers de la visite culturelle mais aussi comme un effet d'aubaine pour les habitués :

- la gratuité peut avoir un effet de banalisation, de dévalorisation de la prestation, ou au contraire favoriser une visite plus détendue, une meilleure appropriation des lieux et des collections, un partage non marchand ;
- rien n'est vraiment gratuit, et la gratuité généralisée implique que l'État la finance d'une manière ou d'une autre ou que les musées utilisent la gratuité de l'entrée comme moteur marketing pour faire payer les offres périphériques et les services.

Mais si la gratuité représente un vecteur réel dans la démocratisation culturelle, une condition nécessaire, elle n'est cependant pas suffisante au renouvellement de cette pratique culturelle, au changement d'habitude. En effet, pour que cette première visite soit une réussite et se renouvelle, elle doit représenter une expérience porteuse de sens, d'émotions, de partage, de convivialité. C'est pourquoi ***une médiation adaptée est indispensable pour que les nouveaux publics s'approprient les collections et ne se sentent pas exclus de leur compréhension.***

Qu'est-ce que la médiation ?

Il s'agit de donner au public des **clés de compréhension** face aux collections qui lui sont présentées. Selon le public concerné, elle sera plus ou moins scientifique, plus ou moins ludique.

La médiation peut être **humaine**, telle qu'une visite guidée ou un atelier pour enfants, **numérique**, telle qu'une application ou un audioguide, ou encore **documentaire** avec des dépliants ou guides de visite.

Il est également nécessaire que l'accueil, les services, les offres complémentaires soient à même de répondre à cette attente globale d'une expérience mémorable de loisir culturel.

C'est d'autant plus vrai pour les moins de 26 ans que la dimension hédoniste de la pratique culturelle est plus forte chez eux que pour la moyenne des publics.

Désireux de mettre en place une mesure forte de diversification de publics, le gouvernement français, à partir d'avril 2009, choisit d'appliquer une gratuité des collections permanentes dans les musées nationaux pour les moins de 26 ans (et les enseignants du primaire et secondaire), élargie à tous les résidents de l'UE.

Il s'agit là d'une mesure de gratuité ciblée mais ne s'appliquant que sur le critère de l'âge, pour les moins de 26 ans.

Plus besoin d'être étudiant pour avoir un avantage tarifaire ! C'est la spécificité française de cette mesure de démocratisation culturelle.

1. Anne Gombault, Caroline Urbain, Dominique Bourgeon Renault, Martien Le Gall-Ely, Christine Petr, *La gratuité des musées et des monuments : qu'en pensent les publics en France ?*, MCC – DEPS, 2008

2. Historique et application de la mesure de gratuité dans les musées nationaux pour les moins de 26 ans.

Durant la campagne électorale pour l'élection présidentielle de 2007, le candidat Nicolas Sarkozy s'était prononcé en faveur de la gratuité pour tous dans les collections permanentes des musées nationaux, prenant ainsi modèle sur le Royaume-Uni.

Le postulat du futur président est simple : la gratuité est le meilleur moyen de démocratiser l'accès à la culture.

Malgré l'opposition des professionnels de la culture, dubitatifs sur l'effet réel de la seule gratuité à l'égard de la diversification des publics, le MCC pousse à une expérimentation qui est lancée au 1er semestre 2008.

a. L'expérimentation de gratuité de 2008

Durant le 1er semestre 2008, l'accès aux collections permanentes de quatorze musées et monuments nationaux est rendu gratuit pour l'ensemble des visiteurs (figure 1). Ces établissements culturels sont répartis sur toute la France et concernent tout type de musée ou monument. Les résultats de cette expérimentation permettent de tirer les enseignements suivants :

- la fréquentation des sites augmente sur la période en moyenne de 52 % par rapport à 2007. Ce sont les sites à faible fréquentation qui enregistrent les hausses les plus fortes ;
- pour 47 % des visiteurs, la gratuité a joué un rôle dans la décision de visite ;
- même si on enregistre une hausse de la fréquentation des groupes sociaux dits populaires, ceux-ci restent très minoritaires ;
- la hausse de fréquentation est la plus forte chez les jeunes et les étudiants qui sont les plus mobilisés par la mesure de gratuité.

Prenant en compte cette expérimentation et ses résultats mitigés en termes de démocratisation, le MCC propose en novembre 2008 un dispositif limité, réservé aux 18-25 ans qui auront droit à la gratuité une journée par semaine dans les collections permanentes.

Mais le choix de l'Elysée sera différent, et en pleine crise économique, il est symboliquement décidé d'étendre cette mesure de gratuité pour les jeunes à l'ensemble de la semaine. Il est alors prévu que les musées nationaux reçoivent une compensation financière de l'État durant les premières années d'application de cette mesure qui entre en application le 4 avril 2009.

À partir de cette date, et de manière spectaculaire, le caractère spécifique de la tranche d'âge « 18-25 ans » est reconnu par l'État et les jeunes adultes deviennent un public prioritaire dans les musées.

Figure 1 : Les 18-25 ans et politique tarifaire dans les musées nationaux

Avant 2007

Accès payant

⬇

1er semestre 2008

Accès payant avec expérimentation de gratuité dans les collections permanentes de 14 établissements publics culturels

⬇

4 avril 2009

Gratuité des collections permanentes dans l'ensemble des établissements publics culturels

b. Bilan et perspectives de la gratuité pour les jeunes dans les musées nationaux

À partir d'une étude réalisée en avril-mai 2014 par le MCC[1] au sein de grands musées parisiens et en régions, il est possible de dresser un bilan de cette mesure de gratuité chez les jeunes, notamment en termes de profil de visiteurs et de pratique culturelle.

Il faut noter tout d'abord une **forte progression de la présence des jeunes dans les collections permanentes des musées** : elle est passée de 5 à 12 % de la fréquentation globale en 5 ans.

Quel est le profil des jeunes visiteurs de musée ?

Ces jeunes sont majoritairement des femmes à 62 %, dont l'âge moyen est de 22 ans.

Ils ne sont que 27 % à être sortis du système scolaire et dans ce cas ils occupent à 80 % des postes de cadres et professions intermédiaires. 61 % des jeunes visiteurs de musée sont étudiants, principalement dans les filières commerce, droit, arts, lettres.

En termes de provenance sociale, on observe un relatif équilibre entre les jeunes originaires de classes moyennes inférieures et populaires et ceux originaires des classes moyennes supérieures et supérieures.

Comment visitent-ils les musées ?

Les jeunes sont près de 80 % à visiter les musées entre amis ou en couple.

Ils recherchent avant tout le savoir, mais aussi la détente, le partage, la beauté. L'expérience esthétique et l'évasion du quotidien sont de puissants moteurs de visite.

Au niveau de la satisfaction, les jeunes sont très exigeants : ils ne sont que 14 % à considérer que la visite dépasse leurs attentes.

1. Anne Jonchery, Jacqueline Eidelman, *Les 18-25 ans, les musées nationaux et la gratuité*, MCC – Direction générale du patrimoine – Département de la politique des publics, 2014

De ce fait, la recommandation de visite muséale est relativement faible alors même que ce public fonctionne en grande partie sur la recommandation des pairs.

Influence de la gratuité sur les 18-25 ans visiteurs de musées ?

La gratuité compte dans la venue au musée pour 70 % des jeunes mais n'est nécessaire que pour 25 % d'entre eux. Cette mesure est connue à 61 %, et 80 % d'entre eux en ont bénéficié plusieurs fois dans différents musées.

L'influence majeure de la gratuité selon les jeunes est qu'elle permet de venir à plusieurs, de se sentir plus décontracté et de revenir plusieurs fois.

Une suppression de cette mesure de gratuité serait vécue par la majorité des 18-25 ans interrogés comme un accroissement des inégalités d'accès à la culture.

En conclusion, la visite muséale est surtout pour les jeunes une occasion de partage entre amis, d'une expérience nouvelle pour laquelle les exigences sont identiques aux autres loisirs.

Cette mesure de gratuité pour les jeunes de moins de 26 ans s'avère être **un succès en termes de fréquentation**, mais le bilan est plus contrasté en termes de diversification de publics. En effet, le public 18-25 ans dans les musées est un **public composé d'étudiants ou de jeunes actifs des classes supérieures.**

Quel est le profil type du jeune visiteur de musées ?

Il s'agit d'une femme de 22 ans, étudiante, qui visite avec ses amis ou en couple. Sa visite est motivée par le goût d'enrichir et approfondir ses connaissances mais aussi de vivre une expérience émotionnelle partagée. Exigeante, elle fait peu de recommandations sur les réseaux sociaux concernant ses sorties muséales. La gratuité n'est pas essentielle mais fortement incitative.

3. Les jeunes oubliés des musées

Comme vu plus haut, la mesure de gratuité a permis de doubler la fréquentation des 18-25 ans dans les musées mais il s'agit principalement de jeunes déjà habitués de la visite muséale, ou d'étudiants de l'enseignement supérieur.

Il semble donc que s'illustre une fois de plus, avec les jeunes adultes, la thèse ancienne mais toujours d'actualité de *Pierre Bourdieu*[1] sur la visite muséale.

Le rapport à l'œuvre d'art et à la fréquentation d'un musée, dépend non seulement de **l'instruction reçue** mais aussi de **l'environnement familial** et de sa capacité à construire une « éducation ». Ainsi, les classes sociales supérieures cultivées seront peu ouvertes à la vulgarisation de la médiation, la compréhension de l'œuvre devenant un marqueur

1. Pierre Bourdieu, Alain Darbel, *L'Amour de l'art. Les musées d'art européens et leur public*, Collection Le sens commun, Les Editions de Minuit, 1966.

social de l'élite par opposition au sentiment d'incompétence des classes populaires. En outre, le « besoin culturel » étant considéré comme secondaire, *Bourdieu* met en avant le risque d'accroissement du fossé culturel en matière d'accès à l'art.

Une politique des publics volontariste telle que doit l'être celle d'un musée national, désireuse de rompre cette fatalité sociale, devra donc agir à la fois sur l'environnement scolaire mais aussi familial, voire géographique et professionnel.

a. Les passerelles entre l'univers culturel, le monde scolaire et la famille

De nos jours, la visite scolaire d'un musée est devenue un standard de la vie des écoles primaires, des collèges et dans une moindre mesure des lycées. Quel que soit son milieu, un petit Français du XXIe siècle a de très fortes chances de se voir confronté au moins une fois à une visite culturelle dans sa scolarité. Par ailleurs, l'éducation artistique et culturelle est devenue une priorité du MCC depuis quelques années.

De plus, la plupart des établissements publics culturels mettent en place des programmes d'actions spécifiques avec des classes se trouvant dans des banlieues dites « défavorisées » ou « prioritaires » autour d'un projet favorisant la médiation culturelle, qui durent parfois plusieurs mois et se donnent ainsi le temps de l'initiation et de la découverte.

Certains programmes récents parviennent à faire le lien entre le lieu culturel, l'école et la famille. Par exemple, le Centre Pompidou et le musée du quai Branly-Jacques Chirac (MQBJC), développent des opérations qui consistent à distribuer des invitations aux enfants venus en visite avec leur classe, afin qu'ils reviennent gratuitement avec leur famille lors d'une journée événement. C'est l'enfant qui invite sa famille et qui va devenir un petit médiateur, en association avec les médiateurs du musée présents le jour de cet événement. Près de la moitié des familles présentes ce jour-là vient pour la première fois au musée.

C'est ainsi que les musées nationaux mettent en œuvre des actions propres à lutter contre la fatalité de *Bourdieu* et à impliquer éducation et famille dans une découverte de l'art, progressive et construite.

b. Lutter contre les inégalités géographiques

Lorsque l'habitude culturelle n'est pas installée, tout effort pour y accéder peut devenir insurmontable. Il en est ainsi de l'éloignement géographique ou tout au moins de la difficulté d'accès à la culture liée à la difficulté d'accès aux transports privés ou publics.

Nombre de jeunes adultes, notamment issus de milieux défavorisés, n'ont pas les moyens de passer le permis de conduire, et, même s'ils ont pu l'obtenir, encore faut-il disposer ensuite d'un véhicule. Quant aux transports publics, ils sont inégalement répartis sur le territoire national. Lorsqu'ils sont présents, organiser un voyage vers un lieu culturel peut être vécu comme un véritable « parcours du combattant ». En effet, le déplacement peut s'avérer fastidieux et très consommateur de temps. Il nécessite également de maîtriser un certain nombre de codes propres aux fonctionnements des lignes de bus, de métro ou de tout autre mode de transport public lorsque le trajet n'est pas direct. Bref, indépendamment des aspects financiers, le découragement peut vite s'emparer des quelques volontaires. D'autant plus que l'habitude est souvent prise de rester dans son quartier, entouré d'un environnement familier et rassurant.

C'est pourquoi, là encore, une politique volontariste d'accès à la culture doit intégrer l'accès physique au lieu, ou bien la délocalisation « hors les murs » des collections.

À cet égard, le MQBJC développe un projet exemplaire : **les Ateliers nomades**.

Ce dispositif vise à aller à la rencontre de populations franciliennes, à travers l'organisation d'événements hors-les-murs (dont des sorties d'œuvres des collections) mais aussi la mise en place d'actions et de partenariats au long cours avec les relais locaux (établissements scolaires, associations, centres sociaux, lieux culturels, structures médicales etc.) afin de tisser des liens privilégiés entre le musée et les habitants du territoire partenaire. Dans ce cadre, en parallèle des actions délocalisées, le musée prend à sa charge la mise en place d'un service de bus pour y faire venir puis rentrer chez eux les habitants volontaires.

c. À la rencontre des jeunes actifs

Les résultats de l'enquête du MCC en 2014 sont sans appel : au sein de la tranche d'âge 18-25 ans, la part des jeunes actifs dans la fréquentation totale des musées est très minoritaire. En outre, les actifs qui pratiquent la visite muséale sont majoritairement des cadres. Il y aurait donc là aussi un risque de perdre les jeunes actifs des classes populaires si aucun volontarisme n'est mis en œuvre.

Or, d'un point de vue de développement de public, il est particulièrement difficile de cibler les jeunes actifs car ils ne sont pas identifiés spécifiquement, contrairement aux étudiants qui sont organisés en réseaux liés aux bureaux des élèves ou aux mutuelles.

Ainsi, ces jeunes actifs seront exposés à la culture dans les programmes « hors les murs » évoqués supra mais aussi dans les actions que mènent les musées auprès des **comités d'entreprise**, tous publics confondus.

Les comités d'entreprise bénéficient de tarifs avantageux pour leurs salariés aussi bien pour le droit d'entrée, les visites guidées ou les programmes de fidélisation. Ils reçoivent régulièrement des informations de la part des établissements culturels.

En conclusion, l'accès le plus large à la culture pour la génération Z se construit grâce à des partenariats ambitieux qui réunissent d'une part les établissements culturels et d'autre part l'univers scolaire, les familles et les collectivités locales.

III. Comment attirer les 18-25 ans dans les musées ?

Le caractère prioritaire du développement de la fréquentation des jeunes adultes dans les musées étant établi, reste à définir la stratégie marketing propre à atteindre cet objectif. Pour ce faire, seront considérés les principaux éléments du **mix-marketing** : une **politique tarifaire incitative**, une **offre culturelle pertinente**, des **actions promotionnelles ciblées** et des **réseaux de vente adaptés**. Ce plan d'action sera illustré par des exemples puisés auprès des principaux musées français et étrangers.

1. Une politique tarifaire incitative

Ainsi que cela a été largement évoqué supra, les musées nationaux français ont mis en place une large gratuité d'accès dans leurs collections permanentes pour les jeunes. La plupart du temps, l'accès aux expositions temporaires se fait sur la base d'un tarif réduit. Les établissements privés tels que la Fondation Cartier ou la Fondation Louis Vuitton appliquent le tarif réduit pour les 18-25 ans tandis que le musée Jacquemart-André se base sur le statut « étudiant » pour accorder cet avantage tarifaire. Pour certains musées en région, tels que le musée Soulages, le statut « étudiant » octroie même la gratuité, alors qu'un actif de moins de 26 ans paiera le tarif plein.

À l'étranger, c'est ce statut « étudiant » qui permet d'obtenir généralement un tarif réduit, comme dans les musées new-yorkais tels que le Museum of Modern Art (MoMA) ou le Metropolitan museum (MET), ou même la gratuité au Prado à Madrid.

On notera l'exemple du musée des beaux-arts de Montréal qui s'inscrit dans la logique française de segmentation sur l'âge et octroie même la gratuité des collections permanentes jusqu'à 30 ans !

Les événements dédiés aux 18-25 ans dans les musées français sont, quant à eux, généralement gratuits.

Dans le cadre de programme d'adhésions, nombre d'établissements muséaux proposent des tarifs très attractifs pour les moins de 26 ans. Il n'est pas rare de pouvoir bénéficier d'un an d'accès illimité pour 15 €. Certaines cartes jeunes mutualisent l'accès à plusieurs musées. C'est le cas notamment de la « carte jeunes musées » de la ville de Lyon qui pour 7 € par an, donne accès aux six musées de la ville.

Le succès des cartes adhésion « jeunes » est pourtant rarement au rendez-vous, notamment pour les musées nationaux dont l'accès aux collections permanentes est gratuit. Seul le Centre Pompidou peut revendiquer un succès d'adhésion chez les 18-25 ans, grandement dû à son image de référence en matière d'art moderne et contemporain et de lieu événementiel.

Même s'il est établi que la politique tarifaire n'est pas une condition suffisante à la fréquentation des jeunes adultes, elle n'en demeure pas moins une condition nécessaire à leur venue et surtout à leur fidélisation.

Ainsi, dans une logique de favoriser la fréquentation des moins de 26 ans, les politiques tarifaires avantageuses basées sur l'âge plutôt que sur le statut « étudiant » paraissent à la fois les plus efficaces et les plus justes.

2. Une offre culturelle pertinente

Compte tenu des attentes de ce public, l'offre culturelle susceptible de séduire les jeunes peut se résumer par le triptyque suivant : hédonisme, connaissance, et tendance (voir figure 2).

Figure 2 : Une offre culturelle triptyque adaptée à la génération Z

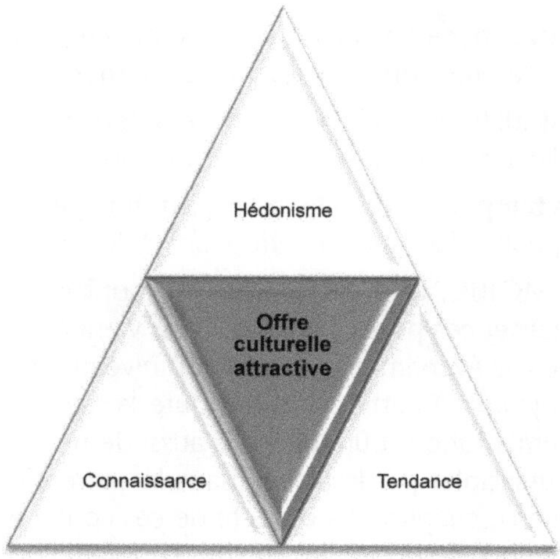

Ces différents éléments peuvent se définir ainsi :

- **hédonisme** : il s'agit de la dimension émotionnelle et conviviale de l'offre, ce qui va susciter plaisir et envie de la partager avec ses proches au sein du lieu de culture ;
- **connaissance** : on traite ici de la découverte, l'expérimentation, l'enrichissement culturel que l'individu perçoit dans l'offre ;
- **tendance :** cet aspect est le plus volatil car il renvoie à ce que l'offre peut véhiculer des modes, de l'air du temps, de la valorisation personnelle ressentie que l'on voudra recommander à son réseau.

Ainsi, l'offre culturelle pertinente pour attirer les 18-25 ans peut se définir comme un **événement,** qui apporte du sens mais aussi du plaisir, de la convivialité et qui est reconnu par les pairs. Idéalement, il doit déboucher sur une fidélisation au musée.

Il convient d'évoquer également un **élément participatif** qui est régulièrement intégré dans l'organisation d'événements muséaux à destination des jeunes adultes dont la médiation ou l'animation est réalisée par des pairs.

De manière moins prégnante, il peut être également pertinent de développer une forme de **médiation**, numérique ou pas, intégrant certains éléments du triptyque et davantage centrée sur la découverte de collections spécifiques.

a. La programmation d'événements

À cet égard, citons en exemple le MQBJC qui a construit, à destination des jeunes adultes, une offre événementielle très riche, ponctuelle ou pérenne. Au-delà de la nature spécifique de cette offre, elle constitue un type d'actions reproductible de multiples façons par un opérateur culturel.

On citera également d'autres expériences en France ou à l'étranger.

Le musée du quai Branly-Jacques Chirac

L'offre du MQBJC s'avère représentative à partir de trois exemples :

- **une soirée festive, riche en activités,** basée directement sur la découverte des collections permanentes ou d'une exposition temporaire : les soirées *Before ;*
- **un festival musical**, basée sur la notoriété des intervenants, s'appuyant en arrière-plan sur les collections du musée : *Les Siestes électroniques ;*
- **une exposition temporaire** dont le thème, le tatouage, est particulièrement prisé de la cible de public : l'exposition *Tatoueurs, tatoués*.

Dans le cadre du MQBJC, tous ces événements sont gratuits pour les 18-25 ans. **L'enjeu est donc de fidéliser ces publics** dont certains viennent pour la première fois au musée. Les objectifs de ces événements, au-delà du niveau de leur fréquentation, sont donc de présenter aux jeunes à cette occasion toute la richesse du musée, grâce à la médiation ou à la documentation fournies, mais aussi de profiter de l'événement pour collecter des adresses utilisables par le musée dans le cadre d'actions promotionnelles étudiées dans la suite de ce chapitre. La collecte de ces contacts s'effectue de manière ludique *via* la participation à des jeux-concours ou l'utilisation d'une borne photo fonctionnant sur inscription.

Les soirées *Before*

Ces soirées sont gratuites et sans réservation. La programmation est d'abord conçue pour les 18-25 ans même si la soirée est ouverte à tous.

La proposition est ici de faire découvrir une exposition temporaire du musée ou ses collections permanentes en intégrant les trois pointes de notre triangle. Si la soirée propose des visites guidées classiques ou des points paroles dans les collections (« connaissance »), elle propose également des activités plus ludiques et conviviales tels que des workshops, des ateliers de pratique artistique ou des performances d'artistes en lien avec le thème choisi (« hédonisme »). Ingrédients hédonistes qui complètent la recette du succès : le bar et le DJ set. La composante « tendance » qui fera de la soirée un franc succès repose sur la notoriété des intervenants, notamment pour les performances ou les DJ sets. Ces soirées riches en intervenants et en activités variées, organisées depuis l'ouverture du musée en 2006 comme un rendez-vous trimestriel, deviennent en elles-mêmes un événement qui fera l'objet d'une forte recommandation sur les réseaux sociaux, avant même les détails de la programmation. Ces soirées accueillent régulièrement plus d'un millier de personnes.

Il est donc indispensable **d'installer dans le temps** une offre culturelle de ce type afin d'espérer en tirer tous les bénéfices pour la fidélisation des jeunes, mais aussi pour le rajeunissement de l'image de l'organisateur.

Les Siestes électroniques

Ces manifestations sont gratuites, sur réservation *via* le site internet du musée. Cette offre est basée sur un partenariat, en l'occurrence avec le label *Siestes électroniques* qui s'est fait connaître à Toulouse. Le musée bénéficie donc de la notoriété d'un partenaire.

Il s'agit d'organiser durant l'été, dans un espace convivial du musée, de préférence en extérieur (le théâtre de verdure) des DJ set de deux heures, et ce durant quatre dimanches de suite. La manifestation s'inscrit directement dans l'esprit « festival », très prisé de la cible. Le principe est d'ouvrir les collections ethnomusicologiques du musée à un DJ plus ou moins connu qui va les assimiler dans un DJ set non pas destiné à danser mais plutôt à rêver, à méditer, ou se reposer entre amis.

Le succès est au rendez-vous puisque chaque dimanche le musée accueille environ un millier de personnes, au maximum de ses capacités pour l'espace concerné.

Il s'agit ici clairement des pointes « hédonisme » et « tendance » de notre triangle. Ce dispositif n'est pas suffisant pour atteindre les objectifs légitimes d'un établissement culturel n'ayant pas comme objet principal le spectacle vivant.

Afin de satisfaire à l'objectif « connaissance » et de fidéliser ce public, un système de réservation obligatoire a été mis en place sur internet afin de connaître le visiteur et, sur une base volontaire, de pouvoir entrer en contact avec lui après la manifestation pour lui fournir des informations sur sa session musicale ou lui proposer de découvrir les collections du musée grâce à une invitation personnelle.

L'exposition temporaire *Tatoueurs, tatoués*

Bien évidemment, le propos du MQBJC n'était pas en organisant cette exposition de faire un événement pour les jeunes adultes. Mais il est évident qu'un sujet de société tel que le tatouage, qui concerne dans leur chair 22 % des 18-25 ans[1], ne peut que recevoir un écho très favorable dans la population des jeunes adultes. L'exposition a donc connu un grand succès de fréquentation auprès de ce public dont une grande partie venait pour la première fois au MQBJC. Un autre argument était que, se trouvant dans l'espace des collections permanentes, cette exposition était d'accès gratuit pour ce public de moins de 26 ans.

Ainsi, les trois pointes de notre triangle se trouvent réunies dans ce type d'offre :

- connaissance : l'exposition a été conçue avec toute la rigueur scientifique des expositions du musée.
- hédonisme : le thème même renvoie à un élément constitutif de la génération Z qui appelle partage et émotion.
- tendance : incontestablement, le fait de donner au tatouage une légitimité dans un musée national a fait parler. L'événement a été relayé par nombre de médias, notamment ciblés sur les jeunes adultes.

Il n'en demeure pas moins que la fidélisation des jeunes venus par le biais de cette exposition reste aléatoire, mais en termes d'image là encore, celle du MQBJC a confirmé sa jeunesse.

1. Étude IFOP, *Les Français et les tatouages*, 2010.

En conclusion de ces exemples d'offres culturelles, on peut tirer quelques enseignements :

- l'indéniable succès de fréquentation de ces événements construits autour du **triangle de l'attractivité culturelle**
- le volontarisme nécessaire afin de **fidéliser les jeunes** et notamment la nécessité de pratiquer une réservation obligatoire pour espérer recueillir des données personnalisées.

En complément, il faut noter l'absence de diversification des publics jeunes fréquentant ce type d'événements, mais les conditions de cette diversification ont été évoquées supra.

D'autres expériences en France et dans le Monde

La plupart des expériences réalisées en France et dans le reste du monde ciblent les publics étudiants plutôt qu'une tranche d'âge. En effet, ceux-ci sont généralement organisés au sein de réseaux, plus faciles à cibler par la communication promotionnelle.

Ainsi le LAM, musée d'art contemporain de Villeneuve d'Ascq, propose régulièrement des « soirées étudiantes » gratuites avec navettes depuis le centre de Lille, DJ set et performances variées. Le musée des Beaux-Arts de Lyon organise, lui, des « nocturnes étudiants » mais aussi des « visites étudiantes » sur l'histoire de l'Art ou des thématiques particulières.

L'exemple de ce musée de Lyon, qui n'a pas le statut de musée national, mérite que l'on s'y attarde. D'un point de vue tarifaire, les jeunes doivent payer un droit d'entrée réduit y compris pour les collections permanentes. Fait plus rare, les soirées et les visites annoncées pour étudiants sont également payantes même si le tarif de 3 € peut paraître symbolique. À l'heure des recherches de ressources propres pour nombre d'établissements culturels, et considérant les polémiques sur la gratuité, il convient de relever cet exemple.

L'offre proposée lors de ces soirées s'éloigne quelque peu de la recette à succès des événements dits « jeunes ». En effet, ce sont des étudiants de différentes filières qui organisent le contenu et la logistique de la soirée sous le contrôle des responsables du musée : des étudiants font découvrir ainsi le musée à d'autres étudiants. De même pour la partie plus festive, de jeunes musiciens peuvent assurer l'animation musicale. Ce modèle de soirées tente de mettre en avant l'élément « connaissance » de notre triptyque, les éléments « hédonisme » et « tendance » reposant sur une animation réalisée par des étudiants pour des étudiants. On retrouve fréquemment cet aspect participatif dans des exemples français ou étrangers. **La participation des étudiants à la création et à l'animation des événements** complète les éléments du triptyque de l'offre, par une dimension identitaire. Par ailleurs, même s'il s'inscrit parfois dans le cadre d'un projet de moyen terme entre le musée et les étudiants, ce type d'offre culturelle procède d'une démarche forcément ponctuelle et événementielle puisque faisant appel à des ressources principalement bénévoles.

Plusieurs musées parisiens pratiquent ce type d'événements pour développer le public jeune, en organisant des soirées thématiques animées par des étudiants mais complétées par l'intervention de professionnels reconnus. On peut citer à Paris le Centre Pompidou, ou encore le musée d'Orsay. Globalement, ces formats se prêtent peu à une fidélisation de long terme mais ce peut être néanmoins une bonne porte d'entrée pour faire évoluer un positionnement et rajeunir l'image du musée à moindre coût.

À l'étranger, comme déjà souligné, c'est le public étudiant qui se voit offrir non seulement tarifs avantageux mais aussi offres culturelles spécifiques. Les actions et événements à destination des jeunes adultes dépendent évidemment des particularités nationales de chaque système muséal. Ainsi, le bénévolat étant abondamment utilisé aux États-Unis, il est possible de faire appel de manière pérenne aux étudiants pour assumer des fonctions dévolues en France à des salariés de l'établissement muséal. Ainsi, la **dimension participative** sera souvent valorisée. On citera le MoMAPS1, émanation pour l'art contemporain du célèbre MoMA à New-York, qui, chaque été, propose à des jeunes de prendre en charge l'accueil de ses événements musicaux et festifs, les *Warm up*, qui s'adressent à ce même public jeune. En contrepartie, les jeunes bénévoles reçoivent des entrées gratuites au musée. Ce sont ici les éléments « hédonisme » et « tendance » qui sont nettement mis en avant mais on notera que les jeunes chargés de l'accueil sont fortement incités à collecter des adresses qui viendront enrichir la base de contacts du musée et proposer ensuite l'élément « connaissance » au public.

On évoquera également la Tate Modern à Londres, musée emblématique de l'art contemporain. À la faveur de l'ouverture de ses nouveaux espaces d'exposition en 2016, la Tate Modern a créé le programme *Tate Collective* qui s'adresse aux 15-25 ans, sans catégorisation de type « étudiants ». Il s'agit de donner à des jeunes les clés d'une partie de la programmation d'événements, d'activités de médiation et d'expositions, à destination du public jeune.

Ce programme, destiné à s'étendre aux autres établissements labellisés *Tate*, implique les jeunes dans tous les aspects de la gestion et de l'organisation. La dimension participative s'organise là de manière pérenne et globale. Très séduisante, cette expérience mérite d'être suivie et évaluée. Elle pourrait constituer un modèle dans la conquête et la fidélisation de la génération Z dans les musées.

b. Une médiation culturelle adaptée ?

Il s'agit bien là d'une question. Est-il nécessaire d'avoir une médiation adaptée pour les jeunes adultes ? Cette question peut en effet se poser dans une perspective de séduction d'un public encore proche de l'adolescence et que l'on considère plus enclin aux loisirs purs qu'à la visite culturelle.

Comme noté précédemment, nombre d'événements à destination des jeunes incluent, avec succès, une médiation très classique du type visite guidée. De même, les études de public réalisées par la plupart des musées ne pointent pas la demande de se voir définir un langage ou un format particulier en termes de médiation. Avides de loisirs sans doute, les 18-25 ans sont aussi avides de connaissance et ne souhaitent pas de discours infantilisant ou réducteur. Néanmoins, selon l'objectif de diversification de public ou de niveau de fréquentation, c'est **l'aspect festif** autour de la médiation qu'il conviendra de moduler.

Pour autant, on ne peut nier le fait que **l'émergence des technologies numériques** ouvre de nouvelles perspectives en termes de médiation, et notamment pour le public qui a grandi avec elles : la génération Z.

Notre propos n'est cependant pas de faire un inventaire détaillé des médiations numériques muséales, des applications mobiles existantes ou des possibilités offertes par les nouvelles technologies (telles que la réalité augmentée ou la réalité virtuelle). Il existe des références en la matière telles que les publications numériques du *Club Innovation et Culture*[1].

Cependant, on peut souligner le développement actuel d'une médiation particulièrement adaptée au public des 18-25 ans : **les jeux transmédia**. Il s'agit d'un **outil de médiation** destiné à la découverte, à **l'exploration ludique et interactive** des musées et de leurs collections.

Le jeu transmédia, qui se situe **entre le jeu vidéo et le guide vidéo muséal**, répond aux problématiques des musées concernant la mise en place d'un continuum de visite (avant, pendant, après la visite) et de captation de nouveaux publics, à visée éducative. Le musée du quai Branly-Jacques Chirac sert de terrain d'expérimentation à ce type de projet dont les enseignements pourront bénéficier à d'autres institutions culturelles.

Si le jeu a pour finalité la venue des visiteurs au musée, ce projet est l'occasion pour le musée de tester un nouvel outil qui permet, grâce aux nouvelles technologies, de s'affranchir des contraintes d'espace et de temps : le jeu dispose d'un volet in situ mais également d'un volet hors-les-murs et la « mémoire » du dispositif permet au visiteur de poursuivre sa partie dans le temps, au fil de différentes visites au musée. Ce dispositif s'inscrit ainsi dans la logique de parcours de visite qui place le visiteur dans une relation à l'établissement et à ses collections qui dépasse la simple visite. En termes de médiation comme de développement des publics, cet aspect est particulièrement intéressant, notamment pour la cible « jeunes adultes », si difficile à fidéliser.

3. Des actions promotionnelles ciblées

Les stratégies marketing, dans le domaine culturel comme dans bien d'autres, s'orientent clairement aujourd'hui vers **la personnalisation**, l'ultra ciblage. Depuis quelques années, les technologies numériques permettent à moindre coût de connaître de manière très précise les comportements d'un individu sur le Web ou les réseaux sociaux : big data, géolocalisation, CRM, activité sur les moteurs de recherche, etc. Autant de concepts qui donnent la possibilité aux annonceurs de cibler le bon individu au bon moment sur le bon support avec la bonne offre.

Pour un public aussi spécifique que les 18-25 ans, le ciblage s'avère d'autant plus pertinent. Les jeunes adultes seront bien sûr exposés comme toute la population aux communications généralistes du type affichage urbain mais il est préférable de privilégier des actions marketing ciblées détaillées infra : actions de **marketing relationnel**,

1. www.club-innovation-culture.fr

souvent en lien avec le digital, mais aussi actions de **marketing opérationnel**, qui toutes vont tenter de conquérir et de fidéliser ce public précis sur la base des offres culturelles spécifiquement conçues pour lui.

a. Actions de marketing relationnel

En matière de **marketing relationnel**, il faut s'attarder sur les actions nécessitant une **base de données qualifiée** permettant de développer une stratégie de marketing direct basée sur l'emailing ou une stratégie de CRM, acronyme anglo-saxon pour la gestion de la relation client, en évoquant par ailleurs les actions sur **les réseaux sociaux**, notamment *Facebook*.

Marketing direct et CRM

Nombre de musées développent aujourd'hui une **lettre d'information électronique** à destination des personnes présentes dans leur base de données de contacts, dits aussi « prospects ». Il s'agit de personnes qui ont laissé leurs coordonnées lors d'une visite au musée, qui se sont inscrites sur le site internet pour recevoir des informations, ou encore qui ont participé à des jeux-concours. Chacune a explicitement accepté de recevoir la lettre d'information en cochant l'incontournable « Opt-in ». Sans cet « opt-in », ce contact serait inutilisable en termes de communication promotionnelle, selon la législation française.

La phase de **conquête des premiers contacts** est donc le préalable à une action de marketing direct : il faut alimenter la base de données. Il est donc nécessaire que le site internet mette en avant la possibilité de « rester en contact » avec le musée et collecte si possible quelques informations sur l'internaute pour le qualifier. Il convient également d'organiser la collecte au sein du musée. Ceci peut se faire lors d'événements ou bien dans le cadre des activités culturelles pérennes, ou encore en partenariat avec des réseaux étudiants. L'alimentation d'une base de données à grande échelle se trouve assez limitée dans un musée qui ne connaît que très peu la grande masse de ses visiteurs. Ainsi, ce sont les acheteurs en ligne ou par téléphone, de même que les possesseurs de carte d'adhésion qui devront être tracés lorsque l'objectif de volumétrie deviendra prioritaire pour l'alimentation de la base de données.

Une fois lancé, le programme de marketing direct sera à la fois un vecteur de fidélisation des contacts de la base mais aussi de conquête par incitation au partage d'information, en relais avec les réseaux sociaux.

Les grands musées français ont largement développé des lettres d'information électroniques, mensuelles ou trimestrielles, parfois avec une version ciblée pour les 18-25 ans, permettant d'informer le public sur l'offre culturelle qui lui est dédiée et de l'inciter à en profiter en cliquant sur un formulaire ou un lien de redirection vers une billetterie. Sur le long terme, l'objectif est de créer progressivement un lien de fidélisation.

Selon les musées, la base de données est plus ou moins sophistiquée, allant d'un simple fichier excel à un logiciel de stockage complexe. Il en va de même pour le graphisme de la lettre et les scénarios marketing associés qui peuvent être conçus en interne sans beaucoup de moyens ou confiés à des agences marketings spécialisés. **Néanmoins, ce type d'action promotionnelle semble aujourd'hui incontournable**.

Plus rares dans les musées sont, pour l'instant, les **actions de CRM** à destination des jeunes adultes, comme d'ailleurs des autres publics. En effet il s'agit dans ce cas de pouvoir identifier plus finement un groupe de contacts pour lequel le musée va faire la promotion d'une offre personnalisée. Ceci implique de disposer d'un logiciel de base de données sophistiqué. Il faut noter le fort intérêt pour la plupart des grands musées mondiaux à développer une stratégie de CRM dans les années qui viennent.

L'exemple des *Siestes électroniques* du MQBJC vu plus haut peut s'apparenter à une action de CRM à destination des 18-25 ans. En effet, des internautes se voient proposer sur le site internet une inscription à l'offre, clairement ciblée jeunes adultes. Ceux qui ont été les plus rapides reçoivent alors une invitation électronique pour participer à l'événement. Cette invitation comprend un code-barres qui la personnalise. Ainsi, la personne qui participe effectivement à la session des *Siestes électroniques* est tracée et va recevoir un message de remerciement avec des contenus spécifiques et une proposition d'inscription à la lettre d'information électronique. Compte tenu des informations récoltées, cette personne sera donc susceptible de recevoir des communications encore plus ciblées.

La RMN-Grand Palais fait également du CRM une priorité en tablant sur les données recueillies depuis ses boutiques de musées, sa carte de fidélisation ou le traçage sur le site internet. À l'étranger, citons l'expérience en cours au Dallas Museum of Art qui a créé une plateforme de fidélisation digitale, avec inscription gratuite, qui permet au public de gagner des points au fur et à mesure de ses participations aux activités proposées, plutôt ciblées jeunes adultes.

Réseaux sociaux

Les réseaux sociaux sont aujourd'hui un élément essentiel de la stratégie de communication de nombreux musées, notamment à l'égard de la génération Z, qui communique et organise sa vie tout comme ses loisirs par l'intermédiaire de ces réseaux. Le métier de *community manager*, animateur de communauté, gagne sa place dans l'univers muséal avec une action qui se place plutôt en relais du site internet et de ses informations qu'en véritable outil marketing. Si *Facebook, Twitter et Instagram* sont présents dans l'essentiel des musées français, c'est ***Facebook*** qui reste le réseau largement plébiscité. Le Louvre, par exemple, compte plus de deux millions d'abonnés *Facebook*. Il convient de noter cependant le développement rapide d'*Instagram*, réseau basé sur l'image, particulièrement bien adapté à l'univers artistique.

Pour la cible 18-25 ans, soucieuse d'émotion et de connaissance, sensible à la notion de mode et d'événement, désireuse de partage et avide de recommandation, *Facebook* présente un intérêt évident. Ce n'est pas le lieu ici de détailler l'ensemble des possibilités de ce réseau mais voyons les avantages que peut en tirer un musée d'un point de vue marketing. Tout d'abord, *Facebook* permet de créer une communauté réunie autour du même intérêt pour le musée, de faire un premier tri et de rassembler des personnes en attente des propositions émanant du lieu. D'un point de vue marketing, il s'agit d'un incomparable outil pour **créer une base de fidèles** sur lesquels il sera possible d'agir de manière plus efficace et rentable qu'avec bien des outils marketing classiques. Il y a néanmoins un enjeu déterminant pour la réussite d'une stratégie de communauté

Facebook : l'animation auprès des personnes fidélisées. Il convient de susciter le dialogue avec ses abonnés, de répondre aux questions, de donner les dernières informations, de faire profiter de fonctionnalités spécifiques telles que des visites à distance en avant-première, d'organiser des jeux-concours...La stratégie marketing tourne autour de la création de viralité positive, d'encouragement à la recommandation du musée afin d'étendre le nombre d'abonnés, avec pour bénéfice de consolider la notoriété et de favoriser la venue physique au sein du lieu de culture.

Ainsi la RMN-GP qui a proposé pour la première fois en France début 2016, une visite de l'exposition *Picasso Mania via* le nouvel outil de streaming de *Facebook*. Quant au MET à New York, il a développé avec *Facebook* une fonction de géolocalisation permettant aux visiteurs de recevoir des informations pertinentes.

Dans la perspective de convertir une visite sur un réseau social vers une visite physique du musée, on peut renvoyer à l'importance de la création d'événements.

Facebook permet là encore un marketing beaucoup plus fin et puissant que par le passé. En effet, le réseau permet au musée de créer un événement, une invitation adressée à l'ensemble de ses abonnés qui eux-mêmes pourront inviter leurs amis.

Une stratégie de montée en puissance est souvent pratiquée, afin de susciter l'intérêt et de ne dévoiler le contenu précis de l'événement que dans les quelques jours qui le précèdent. L'intérêt marketing est là encore d'augmenter la notoriété et plus directement d'encourager la fréquentation du lieu sur une occasion précise.

Il est possible de quantifier l'intérêt suscité par la proposition du musée en observant l'évolution du nombre de personnes intéressées par l'événement *Facebook*, même s'il ne s'agit que d'un indicateur très limité dans sa fiabilité. Néanmoins, des ajustements de stratégie marketing sont possibles grâce au suivi de cet indicateur, qui sera d'ailleurs à comparer avec le nombre réel de visiteurs. On peut reprendre l'exemple des *Siestes électroniques* du MQBJC pour lesquelles l'événement *Facebook* « intéresse » 30 000 personnes mais qui rassemble finalement, et heureusement, dix fois moins de participants.

Indépendamment de la **création de communauté**, *Facebook* permet également **l'achat d'espace publicitaire très ciblé**, géolocalisé, qui constitue dorénavant un point clé d'une stratégie de marketing digital.

Enfin, l'émergence des réseaux sociaux a donné de l'ampleur à la notion d'**influenceurs**, ces personnes reconnues par leurs pairs dans un domaine et qui vont, par leur recommandation, développer la notoriété d'un lieu ou sa capacité d'attraction du public ciblé. L'action du musée envers ces influenceurs fait dorénavant partie d'une stratégie marketing. Le Louvre invite régulièrement des « YouTubeurs » influents à poster des vidéos avec leur vision du musée sur *YouTube*, et Paris-musées a fait de même en 2016 avec des « Instagrameurs » à l'occasion du lancement de la plateforme des collections des musées de la Ville de Paris.

b. Actions de marketing opérationnel

Si le marketing relationnel permet des actions personnalisées et à moindre coût, des actions **de marketing opérationnel** plus traditionnelles permettent également de cibler le public 18-25 ans. Il s'agit d'une part de s'adresser au **réseau étudiant**, souvent par facilité, mais d'autre part de mettre en place des **partenariats** avec des organisations, des lieux ou des réseaux susceptibles d'être en affinité avec ces jeunes adultes.

Le réseau étudiant

Créer un lien entre le musée et le réseau étudiant est un grand classique du marketing culturel. Les bureaux des arts ou bureaux des élèves des universités ou écoles diverses sont des interlocuteurs privilégiés des établissements culturels. Cela passe par la simple mise à disposition de flyers ou d'affiches pour des événements du musée mais cela peut également aller jusqu'à des partenariats plus engageants. Le musée de Cluny, par exemple, confie sa médiation à des étudiants, chaque premier dimanche du mois. Les étudiants en art ne sont pas les seuls à être courtisés. Ceux de Paris Dauphine, université réputée pour la qualité de son enseignement en sciences de gestion, ont été médiateurs pour le musée de Cluny et pour certaines expositions du Grand Palais, après, bien sûr, avoir reçu une formation de base.

Dans certains cas, peut même se développer un accord prévoyant l'intégration de stagiaires par l'établissement culturel. Le réseau étudiant peut également être ciblé *via* les mutuelles étudiantes qui disposent généralement de lettres d'information électroniques et qui diffusent largement des informations sur les loisirs culturels, notamment du type « bon plan ». Il en va de même pour le Centre régional des œuvres universitaires et scolaires de Paris (CROUS) qui relaie régulièrement des informations culturelles. Certaines écoles de commerce encouragent les étudiants à visiter musées et expositions dans le cadre de leur cursus, leur donnant à chaque visite des crédits pris en compte dans la validation de ce cursus.

Pour certains établissements culturels, les étudiants représentent aussi un enjeu en termes de fidélisation. Ainsi, le Centre Pompidou propose avec succès des tarifs très attractifs pour les cartes d'adhésion annuelles à destination des étudiants en écoles d'art. Le succès de cette fidélisation tient cependant autant au tarif qu'à l'image du lieu, à son aura sur la cible, tel que mis en lumière à propos de l'offre culturelle.

Le cas des associations ou des écoles rassemblant des étudiants étrangers est un cas à part. À Paris, nombre de musées ont mis en place des partenariats avec l'Alliance française ou encore l'Université américaine de Paris. En effet, ces étudiants présents en France souvent pour plusieurs mois, sont avides de profiter de la culture française et sont très réceptifs aux offres proposées par les musées.

Les partenariats pertinents

La pertinence du partenaire est en effet essentielle pour apporter au musée notoriété et fréquentation sur la cible 18-25 ans, en veillant à équilibrer les prestations réciproques. Généralement, le musée propose une offre culturelle associée à une offre tarifaire ou privilégiée, tandis que le partenaire fait profiter de sa visibilité et de son réseau auprès des jeunes.

En termes de partenariat institutionnel, l'un des meilleurs exemples est celui de la carte de transport *ImaginR*, proposée par le Syndicat des Transports d'Île de France à l'ensemble des jeunes de moins de 26 ans scolarisés en Île de France. Plusieurs centaines de milliers de jeunes sont concernées par cette carte qui propose régulièrement les incontournables « bons plans », dont une partie concerne la culture. Ainsi, de nombreux musées et lieux de culture franciliens ont, sur une période donnée, proposé un bon plan aux titulaires de cette carte, généralement avec succès.

La carte *M'ra* de la région Rhône-Alpes, adressée aux 15-25 ans est un autre exemple. Elle prévoit, outre des avantages tarifaires multiples, la gratuité dans les musées de la région.

En termes de partenariats commerciaux, l'éventail des possibilités est évidemment très large. Il conviendra donc de trouver un équilibre entre les avantages attendus par chacun. Pour le musée, il s'agit par ailleurs d'être vigilant à l'association de son nom avec celui d'une marque, d'un événement, d'un média ou d'un lieu qui peut séduire les moins de 26 ans mais qui pourrait éventuellement dénaturer son image.

On peut citer le partenariat du MQBJC avec le festival des *Siestes électroniques*, qui adapte le concept existant de ce festival à partir des collections musicales du musée. Dans un autre registre très prisé des jeunes adultes, les réseaux de salles de cinéma sont régulièrement partenaires des musées sur la base d'offres tarifaires relayées sur les tickets ou dans les programmes de fidélisation.

Évoquons enfin un partenariat qui a fait couler beaucoup d'encre et qui est observé de près par nombre d'institutions culturelles dans le monde : l'accord entre la marque de vêtement *Uniqlo* (T-shirt) et le MoMA de New york. Proches géographiquement à Manhattan, le célèbre musée et le navire amiral de la marque se sont rapprochés commercialement en 2013. Ainsi, a été développé le concept *Surprise New York*, projet élaboré autour du slogan « Un lieu où les vêtements et l'art se rencontrent ». Ce projet propose au sein de la boutique new-yorkaise une collection originale de produits de mode inspirés des œuvres du MoMA. L'association de cette marque de vêtement plutôt ciblée jeunes adultes et du MoMA est évidemment un facteur de rajeunissement pour l'institution culturelle mais aussi de diversification de public.

4. Des réseaux de vente adaptés

Il n'y a pas à distinguer un réseau de vente spécifique aux jeunes adultes.

Il convient principalement de leur donner la possibilité de **souscrire en ligne à l'offre** sur les supports utilisés majoritairement par la cible à savoir **mobiles et tablettes**.

Il est donc essentiel pour le musée de disposer de sa propre billetterie en ligne ou de déléguer la vente à des intervenants reconnus et compétents tels que les principaux revendeurs de billetterie événementielle : *FNAC, Digitick, Ticketmaster...*

Outre le réseau et le support, le mode d'obtention du billet est capital. En effet, il est indispensable de proposer l'e-billet (imprimé à domicile) et idéalement le m-billet (affichage conçu pour mobile).

Sur place et pour les musées très fréquentés, la présence de distributeurs automatiques ou de Wifi pour acheter en ligne peut être un avantage pour ce public pressé et soucieux d'immédiateté.

Comment attirer les jeunes dans les musées ?

- Définir une politique tarifaire incitative ;
- Mettre en place une offre culturelle, notamment événementielle, intégrant les dimensions « hédonisme », « connaissance » et « tendance » ;
- Développer une base de données et une lettre d'information électronique ;
- Être présent sur les réseaux sociaux et animer ses comptes ;
- Établir un partenariat institutionnel et/ou commercial pertinent ;
- Vendre en ligne.

IV. Les jeunes dans les musées : vers un monde meilleur ?

Au-delà de la simple sortie culturelle, du loisir à partager entre amis, la fréquentation d'un musée ne serait-elle pas une réponse à certains maux de notre époque tels que le repli sur soi et l'intolérance ?

« Le musée est un des lieux qui donnent la plus haute idée de l'homme » écrit *André Malraux* dans *Le Musée imaginaire*[1]. En effet, quel qu'il soit, le musée a vocation à rassembler des témoignages du génie humain. Que l'on traite de beaux-arts, d'histoire, de sciences, d'anthropologie, de traditions populaires...la visite d'un musée suscite interrogation, émotion, partage, découverte et, par là même, ouverture d'esprit et tolérance.

C'est parce qu'au-delà des aspects strictement culturels, les musées nationaux français ont un rôle sociétal, que nombre d'entre eux tentent d'introduire la culture dans les lieux qui en sont éloignés (prisons, certaines banlieues) et que des programmes d'éducation artistique et culturelle sont développés en collaboration avec le ministère de la Culture et de la Communication.

Sans tomber dans l'angélisme, mener cette mission de découverte muséale auprès de la génération Z, population qui construit sa personnalité, ne peut être que bénéfique pour le « vivre ensemble » actuel et futur.

C'est pourquoi, au-delà des problématiques de fréquentations et de statistiques, ce défi du marketing culturel doit être relevé.

1. André Malraux, *Le Musée imaginaire*, Editions Gallimard, première parution en 1965.

Ce qu'il faut retenir

Moment charnière de la vie, la tranche d'âge 18-25 ans est souvent une période cruciale durant laquelle se construisent les valeurs essentielles d'une personnalité.

Si la pratique culturelle reste présente pour nombre de jeunes, il existe une certaine méfiance à l'égard des musées, notamment pour une grande majorité d'entre eux qui n'est pas familière de la visite muséale.

Conscient de l'importance de la culture dans cette construction d'identité, et afin de les inciter à visiter les musées, l'État français, à partir de 2009, a mis en place une politique tarifaire volontariste basée sur la gratuité d'accès aux musées nationaux pour les 18-25 ans.

Pour relever pleinement ce défi du marketing culturel et attirer les jeunes adultes, les musées développent, tant en France qu'à l'étranger, des offres culturelles qui font appel à trois éléments essentiels : hédonisme, connaissance et tendance.

Les stratégies promotionnelles quant à elles, sont basées sur le marketing relationnel et les partenariats.

Références

R. Bigot, E. Daudey, S. Hoibian, J. Müller, *La visite des musées, des expositions et des monuments*, CREDOC, juin 2012.

P. Bourdieu, A. Darbel, *L'Amour de l'art. Les musées d'art européens et leur public*, Collection Le sens commun, Les Éditions de Minuit, 1966.

A. Gombault, C. Urbain, D. Bourgeon Renault, M. Le Gall-Ely, C. Petr, *La gratuité des musées et des monuments : qu'en pensent les publics en France ?*, MCC, DEPS, 2008.

Étude Macif-Opinion way, *les jeunes et l'accès au logement*, 2014.

Étude IFOP, *Les Français et les tatouages*, 2010.

A. Jonchery, J. Eidelman, *Les 18-25 ans, les musées nationaux et la gratuité*, MCC, Direction générale du patrimoine, Département de la politique des publics, 2014.

A. Malraux, *Le Musée imaginaire*, Éditions Gallimard, première parution en 1965.

S. Octobre, « Pratiques culturelles chez les jeunes et institutions de transmission : un choc de culture », *Ministère de la Culture et de la Communication (MCC)*, département des études de la prospective et de la statistique (DEPS), 2009.

Chapitre 8

Les compétences digitales de la génération Z : l'enjeu de la littératie numérique pour les marques

Cléo Collomb, Docteure en philosophe et ingénieure de recherche
à l'Université de Technologie de Compiègne
Xavier Manga, Docteur en Sciences de l'information et de la communication
et fondateur de *Reputation Net*, Montréal

Introduction

On entend souvent dire que « si c'est gratuit, vous êtes le produit ». Dans ce slogan, l'emphase est mise sur la façon dont les entreprises exploitent les individus qui pratiquent les médias informatisés (Souchier et Jeanneret, 2002). Mais n'est-ce pas une manière de simplifier la situation ? Les leaders du capitalisme contemporain, en effet, ont besoin d'un type de travailleur différent de celui du capitalisme industriel : le travailleur dit « immatériel », qui fait des recherches, produit des connaissances, s'intéresse aux autres et aux contenus qu'ils fabriquent, qui contribue et collabore, clique, bref qui pollinise (Moulier Boutang, 2010). Et ce travailleur n'est pas un produit.

C'est aujourd'hui dans la force de travail intellectuelle, immatérielle et fondée sur la communication que la production de plus-value réside (Hardt et Negri, 2000, p. 55). C'est d'ailleurs ce qu'ont bien compris les leaders du capitalisme contemporain – que certains qualifient de « cognitif » (Moulier-Boutang, 2007) – lorsqu'ils offrent gratuitement aux internautes des plateformes où déployer leur activité : blogs, réseaux socionumériques, messageries, etc. C'est en offrant à ces travailleurs immatériels les conditions techniques de leur activité créatrice qu'ils s'aménagent un accès direct aux traces numériques, à ce nouveau pétrole que sont les données numériques – *data is the new oil*, selon l'expression consacrée.

Seulement, loin de subir passivement les objectifs des acteurs privés qui l'équipent d'outils numériques, la génération Z n'a pas uniquement été alphabétisée au numérique, elle est devenue lettrée du numérique (Cozat et al. 2001). C'est-à-dire qu'elle n'est pas simple utilisatrice de services fournis par d'autres, elle n'est pas simple consommatrice d'outils qui la dépassent, mais elle a au contraire développé un ensemble de connaissances et de compétences relatives aux spécificités du numérique. Maîtrisant toute une *littératie numérique*, la génération Z impose aux firmes de s'adapter aux transformations du travail qu'elle initie et les contraint à des mutations dans leur communication.

L'objectif du présent chapitre consiste à montrer que la génération Z n'est pas passive face aux outils dont l'équipent les acteurs privés, mais qu'elle est au contraire un véritable acteur du monde numérique et qu'elle dicte aux entreprises des adaptations à son savoir-faire. Pour instruire ce propos, il convient d'abord de détailler ce qu'il ***s'agit d'entendre par littératie numérique puis de montrer – à l'aide de quelques exemples concrets – ce que la génération Z, lettrée du numérique, fait aux marques, comment elle les pousse à s'adapter et à développer de nouvelles compétences techniques et communicationnelles pour maintenir des liens avec elle.***

I. La littératie numérique

La notion de littératie, anglicisme de *literacy*, renvoie – au-delà de l'alphabétisme – à la capacité de mobiliser l'écriture pour réaliser ses objectifs. Elle est le contraire de l'illettrisme. D'abord en lien avec l'écriture graphique, elle fait référence aux compétences permises autant que requises par l'écriture. Elle englobe les implications culturelles et les prérequis sociaux liés à l'écriture. « La notion de littératie englobe donc des catégories de situations, de pratiques, de relations sociales, de modalités d'interaction, d'institutions qui donnent sens aux usages de l'écrit pour les individus d'une société ou d'une culture donnée. » (Nonnon, 2007).

Elle ne désigne pas le seul savoir lire et écrire, mais renvoie aux activités de la vie quotidienne médiées par l'écrit : fabrication et manipulation de plumes, papiers, stylets ou tablettes, acquisition de compétences motrices, utilisation de la vue et des livres rangés sur les étagères des bibliothèques, etc. (Goody, 1979). Or la littératie évolue avec le développement d'un nouveau support : le support numérique.

Le numérique repose la question de la littératie au sens où il réinterroge les compétences de lecture et d'écriture qu'il faut maîtriser pour agir avec les objets numériques. L'écriture numérique en effet se caractérise par l'articulation d'un niveau sémiotique – que la génération de la graphie a déjà appris à maîtriser – et d'un niveau calculatoire.

Lorsque l'on est face à un écran, les signes affichés sont toujours sous-tendus de processus calculatoires. Autrement dit, l'écriture numérique est toujours un couplage d'une dimension graphique où des signes sont interprétés par des humains et d'une dimension computationnelle où des calculs sont effectués par des machines. Cette articulation du sémiotique et du calculatoire propre à l'écriture numérique a pu mener des chercheurs tels que Bruno Bachimont, Stéphane Crozat, Serge Bouchardon et Isabelle Cailleau par exemple à défendre l'idée que « Pour bien écrire avec les outils numériques [...] il faut comprendre le numérique dans sa dimension informatique : les algorithmes, les variables, le stockage, la transmission, la recherche, l'identification, la modélisation... Ceci entraîne nécessairement une complexification et une abstraction des connaissances nécessaires à l'écriture, puisque l'on ajoute le niveau logique au niveau sémiotique, sans rien retrancher » (Crozat).

Dès lors, le développement d'une réelle littératie numérique doit permettre de comprendre « les lois numériques qui gouvernent notre monde numérisé, comme les lois physiques gouvernent notre rapport au monde non numérisé » (Crozat). Autrement dit, une littératie numérique implique de connaître les fondamentaux théoriques et techniques qui relèvent du numérique pour saisir la dimension calculatoire sous-jacente à la dimension sémiotique qui se déploie sur nos écrans.

L'on peut parler de littératie numérique à partir du moment où l'on sort du paradigme graphique traditionnel. Une écriture numérique n'est donc pas une écriture seulement numérisée - cette dernière cherchant à préserver les propriétés de l'écriture graphique et reposant sur les compétences d'écriture et de lecture acquise dans le contexte graphique : les documents PDF, stables, fiables et destinés à être imprimés en sont un exemple. L'écriture numérique au contraire cherche « d'abord à profiter des fonctions du numérique, que ce soit pour améliorer la productivité (de l'écriture ou de la lecture) ou pour élaborer des formes d'expression différentes de celles disponibles dans le monde graphique » (Crozat). Elle n'a pas été apprise à l'école (encore largement ancrée dans la sécurité de la tradition graphique), elle ne s'ancre pas dans une tradition qui se compte en siècles comme le fait l'écriture - pensons aux encyclopédies, aux journaux, aux romans par exemple - mais ses canons sont en cours d'invention par celles et ceux qui la pratiquent au quotidien : par exemple, par ceux que certains appellent « la génération Z ».

Si on accepte de reprendre cette étiquette, ce n'est pas pour mettre en évidence une supposée rupture technologique qui se traduirait immédiatement par une mutation anthropologique au point où une nouvelle génération apparaîtrait, mais pour faire référence au fait que les personnes qui pratiquent les médias informatisés ne sont pas que des consommateurs mais qu'elles développent également une réelle littératie numérique : elles ont de vraies connaissances des propriétés fondamentales de l'informatique qui se traduisent par un savoir lire et écrire numériques avec lesquels les acteurs privés n'ont désormais plus d'autres choix que d'apprendre à composer.

II. Les tropismes du numérique

Stéphane Crozat et ses acolytes de l'Université de Technologie de Compiègne (2001) ont identifié des « tropismes du numérique », c'est-à-dire des concepts clés dont l'ambition est d'aider à penser et caractériser le numérique à un niveau théorique fondamental.

Ils donnent à penser les tendances inhérentes aux propriétés du numérique qui se déclinent en modalités effectives d'écriture. Autrement dit, le numérique a des propriétés *tropistiques*, au sens où l'écriture-lecture numérique tend vers elles.

Ces propriétés ne sont pas nécessairement inédites et exclusives au numérique - elles peuvent très bien se retrouver déjà dans l'ordre graphique, sous forme primitive - mais elles sont considérablement amplifiées dans l'écriture numérique. Ces tropismes ont été définis à partir du fait selon lequel l'informatique est une formalisation et une mécanisation de l'activité intellectuelle (Bachimont, 2010 ; Turing, 1936). Ils ne prétendent pas à une vérité établie, mais se veulent heuristiques : ils peuvent évoluer, l'essentiel est qu'en donnant à voir les forces qui orientent les objets numériques, ils aident à découvrir et comprendre des éléments du monde numérique.

Ces tropismes, dont le nombre a pu évoluer au cours de l'avancée des recherches de leurs concepteurs, sont par exemple au nombre de six dans les derniers travaux de Stéphane Crozat : abstraction, adressage, connexion, duplication, transformation et universalité. Ces tropismes s'accompagnent à chaque fois de fonctions principales et secondaires, par exemple l'interactivité, l'asynchronie ou encore la dérivation ou le multimédia. Il n'est pas question ici de présenter tous ces tropismes en détail, seulement de montrer comment ils permettent de comprendre certains faits et gestes de la génération Z dans les termes d'une littératie numérique.

C'est quoi le tropisme numérique ?

Le tropisme de la transformation énonçant que le support numérique permet de transformer un contenu en un autre contenu, a par exemple pour fonction la génération automatique. Il s'agit de créer des contenus automatiquement à partir de contenus existants comme l'extraction d'une image à partir d'une vidéo.

1. Le tropisme de la connexion

Le premier tropisme qui nous paraît heuristique ici est celui de la connexion. Il indique que tout code numérique s'inscrit dans une logique de transmission, il est « transportable sur n'importe quel support, *via* n'importe quel réseau ; les machines numériques sont par construction connectables, au sens où ce qu'elles manipulent est communicable. » (Crozat) Bien entendu, toute information n'a pas nécessairement vocation à être transmise, mais la multiplication des ordinateurs par individu et le développement des applications en réseau « tend à poser de facto la connexion comme nécessaire. » (Crozat) Ce tropisme de la connexion a quatre fonctions principales.

Figure 1 : Quatre fonctions principales du tropisme de la connexion

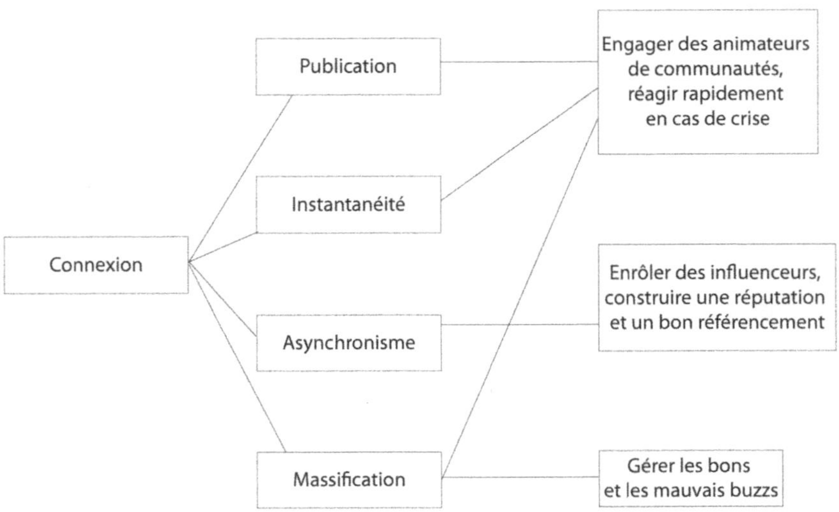

Les quatre fonctions du tropisme de la connexion

- la publication : le numérique permet de rendre un contenu disponible à la lecture pour le monde entier ;
- l'instantanéité : le numérique permet à plusieurs personnes d'accéder et de modifier un même objet en même temps ;
- l'asynchronisme : le numérique permet à plusieurs personnes de travailler successivement sur un même objet afin de le construire à plusieurs ;
- la massification : le numérique permet d'étendre considérablement le volume et la portée de tout système numérique jusqu'à un niveau global.

À ce tropisme de la connexion, l'on peut ajouter des fonctions secondaires, comme l'ubiquité : le numérique permet à une même information d'être logiquement présente à plusieurs endroits en même temps ce qui permet par exemple de reproduire un contenu afin de le rendre accessible à des tiers.

La génération Z a intégré ce tropisme de la connexion et maîtrise la manière dont il configure les objets numériques. Au point où les entreprises n'ont souvent pas d'autres choix qu'avoir recours à des animateurs de communauté qui ont entre autres pour mission de réagir – à leur tour et en bons lettrés du numérique – à ce tropisme de la connexion.

a. Réagir au tropisme de la connexion, animer des communautés de Z

La montée en puissance des réseaux socionumériques, du partage de l'information à grande échelle, permet à n'importe quelle entité (organisation, marque, particulier) de faire l'objet d'un commentaire ou d'en être l'auteur.

Cette spécificité de l'écriture numérique a mené à l'émergence des métiers de gestion de l'image en ligne ainsi qu'à la déclinaison d'une communication particulière pour les réseaux socionumériques - qui opèrent une rupture avec le mécénat et la publicité classique.

Des animateurs de communauté sont désormais mandatés pour interagir avec les internautes afin d'en faire de véritables ambassadeurs de l'entité mise en exergue. « La communication interactive, immédiate, réactive va devenir la norme » (Chauvin, 2011, p. 37) et l'usage des réseaux socionumériques devient incontournable dans la captation des prospects ; Twitter et Facebook peuvent en constituer les outils privilégiés.

La génération Z a développé des connaissances qui requièrent, de la part des entreprises qui veulent maintenir le lien, de nouvelles formes d'interactions, une nouvelle manière de communiquer, plus en adéquation avec ses besoins, surtout les plus urgents : renseignement, réclamation, clarté, etc.

La gestion de communauté en ligne, l'animation quotidienne des réseaux socionumériques demande aux marques d'être constamment à l'affût des informations pouvant stimuler l'intérêt de la communauté.

Connexion et animation de communauté, l'exemple Skinny Cow

Sur un ton très humoristique, *Skinny Cow*, une glace allégée du groupe Nestlé, se veut très proche de ses fans. Avec un avatar décalé et sur un ton familier, la marque propose au quotidien un contenu accrocheur, attrayant et drôle, encourageant de ce fait une interaction qui suscite l'adhésion, voire la dépendance.

Des petits concours au cours desquels le jeune public est invité à publier sur Facebook une photo de lui avec une glace à la main permettent de gagner des bons d'achat et des produits de beauté.

Des questionnaires consistant à sonder le temps que les internautes peuvent tenir sans succomber à la tentation de déguster un chocolat sont mis en ligne.

La communication des marques déclinée aux réseaux socionumériques se doit de :

- capter le bruit, répondre aux attentes des consommateurs, rebondir sur des sujets soulevés par les internautes ;
- générer de l'engagement : promotion, sondage, jeux, co-création de contenus ;
- stimuler l'image de la marque dans les réseaux sociaux, susciter le *buzz* ;
- s'appuyer sur les influenceurs.

b. Enrôler les influenceurs lettrés

La diffusion d'images, de vidéos et d'autres contenus (*Pinterest*, *Instagram*, *Snapchat*) s'accompagne de nouveaux modèles de persuasion où l'influenceur (blogueur, YouTubeur, stratège du Web, etc.) fait figure d'argument d'autorité, de relayeur d'information, en ce sens qu'il détient non seulement des compétences techniques d'animation de communauté, d'analyse et de rédaction de contenu Web, mais aussi des capacités de mise en réseaux (mise en relation), de création de contenus viraux susceptibles de créer du *buzz*.

Parce qu'il fonctionne comme un média doté d'un impact (selon sa popularité), d'une crédibilité et surtout d'une influence sur son groupe, l'influenceur est sollicité par les entreprises pour assurer la promotion de leurs marques, produits ou services dans les médias informatisés. Mais les influenceurs peuvent également avoir un effet technique sur le référencement de la marque : en insérant sur leurs blogs des liens vers le site des entreprises, ils créent du trafic sur les pages des marques et participent ainsi à l'organisation de la visibilité des contenus par les algorithmes de hiérarchisation de l'information sur le Web.

Les entreprises s'adressent à des cibles susceptibles de déclencher un *buzz* autour de la marque. Pour cela, les influenceurs leur sont devenus incontournables. Ils peuvent contribuer à instaurer une relation de confiance - équilibrée et personnalisée - entre la marque et ses publics.

Réunis autour de communautés de marque, de fans ou de consommateurs, les Z connectés constituent un auditoire à émouvoir, une audience à capter. D'où l'importance de l'acquisition de compétences techniques et communicationnels pour les marques et leur intérêt à enrôler des influenceurs et les effets de leur savoir lire-écrire numérique.

c. Intéresser les Z connectés, développer une rhétorique numérique

Le développement des réseaux socionumériques a des effets sur la communication *marketing* des entreprises : elle ne relève plus tant de l'ordre de la transmission avec des rapports humains hiérarchiques (communication verticale ascendante au sein de laquelle l'information promotionnelle est transmise vers les prospects), que de la négociation avec une génération de plus en plus critique et informée, se trouvant la plupart du temps dans des situations d'égalité (Wolton, 2009).

Pour certains spécialistes de la communication, à l'image d'Emmanuel Bloch (2012), les processus communicationnels se font même « de bas en haut » (*bottom up*). Cela se fait peut-être à sens unique, mais sur des réseaux socionumériques qui ont été créés avant tout pour favoriser l'échange et le dialogue. Dès lors, un décalage croissant apparaît entre d'une part des internautes qui passent une partie grandissante de leurs temps à échanger, partager et discuter entre eux et d'autre part des marques qui parlent mais n'écoutent pas. Pour maintenir, avec la génération Z, des liens qui la satisfassent, les entreprises ont *in fine* développé des compétences techniques et communicationnelles propres au tropisme de la connexion : elles doivent tenir compte de publics de plus en plus diversifiés, capables de bâtir ou de nuire à la réputation d'une entité présente sur le Web.

Les compétences techniques et communicationnelles pour intéresser la génération Z

- compréhension de la curation de contenus, maîtrise de l'écriture et connaissance des codes des réseaux sociaux ;
- capacité de réinvention du quotidien pour survivre à l'instantanéité et éviter les risques de crises numériques ;
- connaissance préalable du langage et des règles communicationnelles du Web ;
- capacité à répondre de façon décalée aux *posts* des internautes ;
- savoir tisser des liens de connexion pour susciter l'engagement et la communication participative ;
- savoir créer les leviers favorables à l'implication du public pour bâtir une bonne réputation ;
- s'appuyer sur des valeurs humaines. Ces valeurs sûres entraînent une dynamique participative, créent et suscitent l'interaction, poussent l'internaute à prendre part, à contribuer et à co-construire le discours de la marque ;
- faire preuve d'empathie : désormais, il s'agit de rendre service au consommateur.

Lorsque cela se passe bien, l'animateur de communauté peut répondre à chacun des clients individuellement, publiquement et instantanément. La satisfaction d'un client par le dialogue public et transparent devient alors une source d'information pour les autres clients internautes et abonnés, qui peuvent être, dans un même élan, rassurés ou convaincus. Ils peuvent de ce fait reprendre l'information, la recommander, la tweeter ou la retweeter, la faire circuler et déclencher un *buzz* positif.

L'exemple du feed-back positif de Nespresso

On peut citer à titre illustratif le cas d'un client états-unien, influent sur le Net, qui publie ce *tweet* teinté d'humour : « Mes deux machines Nespresso sont en rade, mais que fait George Clooney ?[1] »

Sitôt après, le service client dépêche un technicien au domicile de l'internaute et le problème fut résolu en un temps réduit. Flatté, le client expose à nouveau sa satisfaction par un *tweet* et déclenche ainsi un *buzz* positif pour la marque.

La réponse rapide et immédiate d'une entreprise face à la revendication d'un client est la plupart du temps vécue « de façon très positive par ce dernier, cela lui donne en effet une reconnaissance soudaine et démontre qu'il est pris aux sérieux » (Bloch, 2012, p. 105).

Les animateurs de communauté qui intègrent le tropisme de la connexion et les fonctions qui l'accompagnent ont l'avantage de traiter publiquement la majorité des attentes et besoins des internautes, ce qui n'est pas toujours le cas avec le service à la clientèle, qui doit gérer individuellement les besoins et réclamations. Cette réactivité est une force d'argumentation démontrant l'aptitude et la capacité de la marque à répondre aux questions des clients, à régler les problèmes en intégrant les suggestions des internautes dans le processus de captation.

L'efficacité du marketing destinée à la génération Z réside dans la réactivité. La véritable clé de la réussite réside peut-être dans cette capacité d'action, de partage de contenu (un capital de sympathie) susceptible de maintenir l'entreprise sur le devant de la scène. Quoi qu'il en soit, une intégration des réseaux socionumériques dans la stratégie globale de la communication marketing de l'entreprise est indispensable. Car, il est primordial d'user des mêmes médias que ceux des Z connectés pour répondre aux commentaires, aussi négatifs soient-ils. La cohérence dans la communication d'une enseigne est primordiale, et ce même si elle circule sur différents médias : plateformes Web, service client ou service après-vente reposant la plupart du temps sur le téléphone et les *emails*.

Si les médias informatisés représentent des occasions à saisir pour communiquer avec la génération Z, encore faut-il en maîtriser les codes : les lettrés du numérique auront tôt fait de sanctionner les erreurs des marques qui se comporteraient en alphabétisées du numérique illettrées. La réactivité pour stimuler le dialogue et garder le contrôle de son image ne peut par exemple plus passer par des stratégies de communication agressives, purement propagandistes et mercantiles, unidirectionnelles, vantardes et égocentrées qui ne feraient qu'abuser de la connexion sans en développer une réelle culture. Les rapports de force entre les marques et les internautes ont largement contribué à atténuer le pouvoir hégémonique des marques. Pour survivre dans les médias informatisés, les entreprises doivent abandonner les pratiques propagandistes et promotionnelles, manifestement manipulatoires, pour écouter, ouvrir le débat et négocier. Autrement dit, elles doivent développer une rhétorique compatible avec le tropisme de la connexion.

1. Lori, D. (2013). « Bienvenue dans la "war room" de Nestlé », http://www.capital.fr/enquetes/strategie/bienvenue-dans-la-war-room-de-nestle-822558, consulté le 2 septembre 2013.

Cette rhétorique implique un déplacement : d'une focalisation sur les produits, il faut désormais porter son attention sur le consommateur internaute, lequel voit désormais ses préoccupations, suggestions et attentes primer sur un message jadis centré sur le produit. Ce déplacement est une conséquence directe d'une adaptation des entreprises aux exigences lettrées de ceux qui pratiquent les médias informatisés et y développent un savoir lire et écrire numériques.

Les Z réclament plus de transparence, de clarté, de dialogue direct. Ils sont exigeants et disposent de moyens de pression redoutables, capables de provoquer une crise, phase ultime d'une déstabilisation rhétorique de l'entreprise. Il faut donc bien les écouter.

Partager avec les individus leurs centres d'intérêt, leurs préoccupations, leurs suggestions et leurs aspirations devient ce qui unit la marque à la génération Z. Le partage des centres d'intérêt, mais aussi des divergences constitue une nouvelle façon de communiquer.

On n'est plus dans l'art du convaincre, mais plutôt dans l'ère des échanges et du dialogue pour inciter les Z connectés à s'impliquer et à s'engager davantage dans des valeurs sociétales communes. Selon leur nature, les entreprises ont différentes missions : vendre des produits ou service, éduquer, informer, venir en aide aux moins nantis, lutter contre la maladie, prévenir contre la délinquance, mettre en relation des individus qui recherchent l'amour, l'amitié, des opportunités professionnelles, etc.

La communication participative chez le groupe Nestlé

Chez le groupe Nestlé, le dialogue instauré sur toutes les plateformes Web existantes dans différents pays tourne autour des différentes marques du groupe. Cela va de la conversation avec les adeptes sur la page *Facebook* de *Nesq*uik au dialogue sur la page *Twitte*r de *Kitkat*, en passant par le compte *Linkedin* de Nespresso. Le suivi des conversations sur toutes les plateformes Web existantes (forums, blogs, réseaux socionumériques, etc.)

Les entreprises interagissent, partagent du contenu pour mieux comprendre, agir et donc séduire. En cela, les médias informatisés constituent des occasions de communication, d'interaction et de dialogue nécessaires à la création d'une complicité avec les internautes. La confiance passe par la proximité créée entre l'entreprise et son public. Elle se nourrit d'un échange public comme privé entre les entreprises et les internautes. La stratégie marketing du Web social relève par définition d'une tactique de recherche de persuasion, mais elle a ceci de particulier qu'elle fait de l'entreprise, un acteur qui partage publiquement son histoire et ses valeurs.

Généralement, les marques qui cultivent une proximité avec leurs clients (on pense notamment à des marques à l'image de *Nike* et *Google*) sont bien perçues par la génération Z. La qualité prônée, la fiabilité des produits et des services mis en avant, la création de l'impression de choix par la diversification de l'offre de gamme, l'élaboration d'une interaction directe avec le client sont autant d'éléments brandis par les communicants comme des facteurs permettant à ces marques de se doter d'un bon capital de confiance auprès de la génération Z. Les entreprises peuvent donc présenter une image affective de leurs marques afin de « galvaniser les participants et d'attirer par ricochets des spectateurs plus éloignés[1] ».

Pour intéresser la génération Z, les entreprises déclinent sur le Web des discours axés sur la confiance, la qualité, la simplicité, le partage, le dialogue, etc. On doit cette évolution aux tropismes du numérique, en particulier celui de la connexion, qui a pour fonctions la publication et l'instantanéité, bien intégrées par une génération Z lettrée du numérique qui impose ses exigences communicationnelles aux marques. Si elles se comportent en illettrées, les marques peuvent le payer cher. C'est le cas de *Coca-Cola*, qui, à force d'axer sa communication sur des sujets liés au bien-être des consommateurs et aux aspects sociétaux et humanitaires, a fini par se faire prendre à son propre jeu.

Coca-Cola face à la publication instantanée des internautes

Le 6 octobre 2012, *John Cardinal*, un jeune californien, lance sur la page Facebook de la firme d'Atlanta un défi appelé *Pink my Cola* en ces termes : « *Coca-Cola*, j'ai une proposition à vous faire. Vous avez 9 millions de fans. Si j'arrive à obtenir 2 millions de j'aime sur ce post, vous devrez commercialiser des canettes roses. Et vous devrez reverser 30 % de vos bénéfices à la recherche contre le cancer du sein. Allez les gens... Aimez !!![2] ».

Le public a pris le pouvoir et peut répondre ou créer un message public, discuter ou exprimer son insatisfaction. Dix jours après la publication de ce *post*, le voilà devenu l'un des plus grands *buzz* de l'histoire de Facebook en atteignant les deux millions de « j'aime ».

En utilisant la propagande des relations publiques dans les médias informatisés, *Coca-Cola* peut-être alphabétisée au numérique, s'est comportée en illettrée en surfant sur les vagues de la transparence et de la solidarité, ce que les Z ont eu tôt fait de lui faire remarquer en lui demandant de changer la couleur de ses canettes – donc de sa marque.

Comment a réagi *Coca-Cola* ? L'enseigne y a-t-elle vu une opportunité de couverture médiatique lui permettant d'opérer, à moindre coût, une campagne de communication institutionnelle, réaffirmant ses valeurs humanistes, son souci de la lutte contre le cancer du sein autant que son alignement sur les préoccupations de ses fans ? Après treize jours de réflexion, la marque a décidé de rejeter le défi d'imprimer des canettes roses, en rappelant la difficulté d'une telle opération. Ne cédant pas à la pression d'une campagne virale non sollicitée, *Coca-Cola* expose le 19 octobre 2012 un compromis mûrement élaboré.

Sur son blogue, la compagnie saisit l'occasion de l'exposition médiatique qui lui a été offerte pour évoquer toutes les nombreuses actions de lutte contre le cancer qu'elle promeut et mène.

---

1. Merzeau, L. (2014). « Vers une rhétorique dispositive : savoir publier dans l'espace transmediatique », Logos 2.0, *Rhétorique, argumentation et nouvelles formes de délibération à l'ère du numérique*, Universite Paris Ouest.
2. Biggio, M. (2012). « Coca-Cola subit le buzz », http://buzzounours.com/coca-cola-perd-le-controle-de-son-community-management/, consulté le 16 février 2015.

En résistant au challenge initié par *John Cardinal* et approuvé par plus de 2 millions d'internautes, *Coca-Cola* a, selon *Marine Biggio*, fondatrice de l'Agence webmarketing BBMB, littéralement perdu le contrôle de sa gestion de communautés. Le fait que la marque ait gardé le silence sur sa propre page pendant plus de dix jours, laissant de ce fait le pari se développer, la provocation s'installer, les « j'aime » se multiplier de manière exponentielle jusqu'à atteindre le seuil des deux millions, prouve un désarçonnement, voire un désarmement sans précédent des responsables des relations publiques de la marque. Ignorer le post ou céder au défi, l'alternative ne se réduit nullement au silence.

C'est sur ce silence que se développent les railleries et toutes les campagnes anti Coca-Cola, car le mutisme de l'enseigne permet aux internautes de s'adonner à leur activité de prédilection. Plusieurs commentaires sous forme de moqueries fusent : « Hé, Coca ! Considérant que vous avez 52 millions de fans, si ce post fait 1623 likes, et bien... euh... je suppose qu'il ne se passera rien ![1] » Alors que certains s'impatientent : « Come on Coca[2] », d'autres inviteront la marque à « penser rose » (*think pink*). Si cette culture de la raillerie voire du sarcasme amuse les internautes, elle n'est pas sans entraîner des risques de crise. « Car l'ironie et le second degré peuvent parfois laisser place à de l'humour noir, et à des articles sur le vrai problème soulevé au travers de la plaisanterie[3]. »

Cette longue attente, preuve de la négligence du tropisme de la connexion – et ses fonctions de publication et d'instantanéité – s'est soldée par une génération Z moqueuse et par la récupération du phénomène par des entreprises concurrentes lettrées à l'image de *CREADS* qui a lancé un concours « *Pink my Cola* » pour soutenir l'initiative de John Cardinal.

Pourquoi *Coca-Cola*, qui pourtant menaient déjà une campagne de conscientisation au cancer du sein, n'a pas répondu aussi rapidement en marquant immédiatement son engagement déjà en cours ? La crise aurait peut-être pu être évitée. Il est vital pour l'entreprise de répondre dans les heures qui suivent le déclenchement d'une situation en phase de se transformer en crise. « En effet, sur le Web, une crise se joue en termes d'heures. Tout simplement parce que la version qui sera vraisemblable et la version que retiendront les gens sont celles qui circulent pendant les premières heures[4] ». *Coca-Cola* a mis treize jours avant de répondre. Autant dire une éternité, une longue attente durant laquelle les internautes, faute de réponse immédiate, se sont massivement joints à la cause défendue par *John Cardinal*. La réponse tardive aussi sincère et pertinente soit elle arrive comme un cheveu sur la soupe. D'autant que le public ne retient finalement que le *buzz* ayant généré plus de deux millions de mentions « j'aime », c'est à peine s'il mentionne la réponse de *Coca-Cola*, qui a pourtant le mérite d'être pertinente d'un point de vue publicitaire.

1. Pilato, D. (2012). 2 millions de «like» Facebook et le défi de la canette rose : Coca Cola devrait réagir, http://leplus.nouvelobs.com/contribution/661101-2-millions-de-like-facebook-et-le-defi-de-la-canette-rose-coca-cola-devrait-reagir.html>, consulté le 11 février 2015.
2. Pilato, D. (2012) ibid.
3. Boussicaud, R. et A. DUPIN (2013). « Tout savoir sur... La marque face aux bad buzz - Anticiper et gérer les crises sur les médias sociaux », Paris, Éditions Kawa.
4. Vanderbiest, N. (2015) « Le livre blanc des crises 2.0 survenues en 2014 », http://www.visibrain.com/fr/data/livre-blanc-crises-2.0-2014.pdf, consulté le 18 février 2015.

Ce cas de *Coca-Cola* représente un exemple de *bad buzz* où l'entreprise n'a pas publié ni réagi vite, négligeant *de facto* le tropisme de la connexion. L'exemple de la Caisse d'épargne, qui suit, relève quant à lui d'un cas de bonne gestion de *bad buzz*, preuve de sa maîtrise d'une littératie numérique.

Le *bad buzz* de la Caisse d'Épargne et sa bonne gestion

Pour mettre en exergue une offre sur les assurances, la Caisse d'Épargne Auvergne-Limousin crée un concept publicitaire accolé à cette phrase d'accroche : « Parce que les accidents n'arrivent pas qu'aux autres, la GAV (Garantie des accidents de la vie) de la *Caisse d'Épargne* prend aussi en charge les séquelles temporaires. » Pour illustrer l'idée de cette campagne publicitaire destinée à vendre une garantie des accidents de la vie, l'animateur de la page *Facebook* publie la photo de la mascotte de la marque (l'écureuil) dans une posture pour le moins étonnante (« pendu par les testicules »).

La ***culture du LOL***, l'envie de faire rire les adeptes, de les interpeller de façon originale, a maladroitement poussé l'animateur de communauté de la *Caisse d'Épargne* Auvergne-Limousin à mettre de la provocation sur la page *Facebook* de la marque, à jeter de l'huile sur le feu. Ceci a très vite suscité des commentaires controversés formulés non seulement par des internautes, mais aussi par des journalistes interloqués par la publication.

Ce cas est un exemple probant de la nature des mésaventures qui peuvent survenir en l'absence d'une connaissance des codes techniques et rhétoriques propres aux médias informatisés. Cela révèle aussi les risques que l'animation des communautés en ligne implique. L'innocence supposée de cette publication prête d'abord à sourire avant de muter vers une ironie grinçante.

Ce genre de maladresse, plutôt drôle, fait désormais partie du quotidien médiatique des animateurs de communauté en ligne, obligés de réinventer le quotidien des marques afin de survivre dans un univers rythmé par l'instantanéité et la stimulation de la communication participative. Il aura fallu deux heures à la banque pour qu'elle supprime définitivement ce message en expliquant : « nous voulions communiquer sur un nouveau produit. C'était un petit clin d'œil, un message décalé destiné aux réseaux sociaux. [...] Nous ne voulions pas heurter nos clients, seulement être drôles[1]... » La solution à la problématique de *la Caisse d'Épargne* a consisté à effacer la photo qui a provoqué l'indignation des internautes ; *de facto*, la cause de la provocation a été traitée par une réponse immédiate, claire et empathique.

1. Huffpost, 18 octobre 2013, « Facebook : la Caisse d'Épargne s'excuse après la photo d'un écureuil en mauvaise posture », http://www.huffingtonpost.fr/2013/10/18/facebook-caisse-epargne-photo-ecureuil_n_4120592.html, consulté le 7 décembre 2014.

2. Le tropisme de la duplication

Le second tropisme qui permet de comprendre les actions de la génération Z dans les termes d'une littératie numérique est la duplication. Utiliser une information numérique, c'est avant tout en faire une copie. L'information qui circule dans les médias informatisés est bien moins déplacée que copiée.

Envoyer un message *via* le réseau consiste à le dupliquer de serveurs en serveurs et non pas seulement à le transférer à quelqu'un d'autre comme le fait par exemple le courrier postal dont le message n'est présent qu'à un seul endroit en même temps. « Toute information numérique a donc été dupliquée, au sein des différents composants de l'ordinateur, ainsi qu'au sein du réseau dans lequel il s'inscrit, et sera à nouveau dupliquée, lors de la plupart de ses utilisations. » (Crozat) Ce tropisme de la duplication a quatre fonctions principales.

Les quatre fonctions du tropisme de la duplication

1. la **dérivation** : le numérique permet d'élaborer une nouvelle information à partir de la copie d'une information existante ;
2. l'**ubiquité** : le numérique permet à une même information d'être logiquement présente à plusieurs endroits en même temps ;
3. l'**historisation** : le numérique permet la mémorisation des évolutions d'une information par conservation de ses états successifs ;
4. le **cache** : le numérique permet de créer des copies d'une information afin d'en simplifier l'accès ultérieur par une machine ou un humain.

Une des manifestations de l'intégration du tropisme de la duplication par la génération Z réside en ceci qu'elle a une culture du « parasitisme actif » (Gunthert, 2013), du remix, des *mashups*, de la copie, de la parodie.

Le succès du *Gangnam Style* par exemple peut être compris comme le marqueur typique d'une culture du partage qui « ne privilégie pas les contenus, mais leur appropriabilité. » Ainsi en va-t-il des *mèmes* par exemple, où une même image est reprise menant à une véritable culture de la « private joke collective ».

Comprendre la duplication, participer à la culture du LOL et de la copie. Là encore, les entreprises doivent s'instruire et apprendre à être à la hauteur d'une génération de lettrés du numérique qui maîtrise les effets du tropisme de la duplication.

Parmi les exemples positifs de marques ayant réussi à suivre le niveau de culture de la génération Z, l'on trouve *La Redoute* – et son concurrent les *3 Suisses* – qui a su réagir à une erreur en véritable lettrée du numérique et en intégrant les codes culturels d'une génération qui a intégré les tropismes du numérique. Dans son catalogue Printemps-Été 2012, *La* Redoute a mis en évidence un *T-shirt* pour enfant. Seulement, à l'arrière-plan de l'image, on voit un homme nu.

« Véritable erreur, la photo a échappé aux contrôles pourtant très stricts[1] » d'après les propos de *Anne-Véronique Baylac*, directrice e-commerce et développement de la marque de prêt-à-porter. Comme à l'accoutumée, la photo va provoquer un *buzz* alimenté par les communautés en ligne qui s'amusent de cette situation. La génération Z s'est accaparée l'image « pour la détourner de son sens premier, en plaçant l'homme nu dans des situations burlesques qui seront cataloguées sur des Tumblr dédiés par exemple, ou au travers de phrases courtes, mais percutantes de type "oh, mon dieu, des enfants" » (Dupin, 2015, p. 202).

De nombreux internautes ont donc détourné l'événement pour le rendre humoristique, marque du caractère constitutif de la duplication et sa fonction de dérivation pour la culture numérique : une même image est copiée puis reprise, constituant ainsi une mémoire commune pouvant servir de base à des phénomènes de « *private joke* ».

Les marques concurrentes, une fois n'est pas coutume, ont également pu profiter de cette mésaventure pour se faire de la publicité. C'est dans cette mouvance que la marque *3suisses*, le principal concurrent de *La Redoute*, propose sur sa page Facebook une réplique de la publicité reprenant le même scénario, mais avec un homme habillé en maillot de bain. La phase d'accroche de la publicité est sans surprise teintée d'humour : « Visiblement, tout le monde ne sait pas que nous avons des maillots de bain à partir de 9,99 €[2] ».

Dorénavant, lorsqu'une entreprise se retrouve en situation de crise, certaines marques concurrentes profitent de cette mésaventure pour s'offrir une vitrine médiatique et se faire de la publicité.

On voit donc à quel point la génération Z, qui a développé une réelle littératie numérique, inspire les marques qui doivent apprendre elles aussi à tenir compte des tropismes du numérique et participer à la culture numérique. Mais si les concurrents de *La Redoute* ont intégré le niveau d'éducation numérique de la génération Z, la firme en a elle aussi fait de même.

La gestion de la présence de l'homme nu dans le catalogue de *La Redoute* s'est faite avec instantanéité et autodérision – preuves d'une saisie des tropismes de connexion et de duplication. Dans une vidéo publiée sur le compte *Facebook* et *Twitt*er de la marque, la directrice e-commerce et développement, sous les conseils de l'agence de communication *CLM BBDO*, prend la parole et s'adresse aux internautes. Intitulée « Les fails de la redoute », sa vidéo débute par un prologue minutieusement formulé sur les excuses de la marque avant de se livrer à un exercice extraordinaire. « J'ai demandé à nos équipes de passer au peigne fin les milliers de photos du site Internet, cela a pris du temps et le résultat est assez embarrassant. En effet nous avons déjà relevé quelques erreurs comme celles-ci par exemple. »[3] Le discours s'interrompt momentanément pour laisser place à une image en gros plan scénarisant des enfants qui se baignent dans une piscine en présence d'un alligator. « Malheureusement, continue-t-elle, il y en a encore d'autres. Voilà

1. Anne-Véronique Baylac, https://www.youtube.com/watch?v=Et6ULKDtj5A, consulté le 12 novembre 2014.
2. Le figaro, 8 janvier 2012, « La Redoute/buzz : 3 Suisses rebondit », http://www.lefigaro.fr/flash-eco/2012/01/08/97002-20120108FILWWW00104-la-redoute-buzz-3-suisses-rebondit.php, consulté le 12 novembre 2014.
3. Baylac, Anne-Véronique, https://www.youtube.com/watch?v=Et6ULKDtj5A, consulté le 12 novembre 2014.

pourquoi j'appelle tous les internautes à nous aider dès maintenant à retrouver toutes les erreurs que nous n'aurions pas encore repérées. Évidemment, *La Redoute* s'engage à récompenser toute personne qui signalera en premier une erreur. Étant donné qu'un homme nu est à l'origine de toute cette affaire, nous habillerons gratuitement chaque gagnant des pieds à la tête. Nous comptons sur vous, merci de votre aide. »[1]

Cette gestion de la crise a été couronnée de succès, *La Redoute* a intégré les codes d'internautes lettrés et a utilisé les fonctions de dérivation, de publication et d'instantanéité des tropismes de connexion et de duplication. Elle a mis en ligne des images comportant des erreurs délibérées, parmi lesquelles on compte un mannequin qui présente un maillot de bain ou encore un avion laissant traîner une banderole « Foire à l'andouillette ».

Cet exemple, toutefois, n'est pas le seul. Plus marquant encore du point de vue du tropisme de la duplication, la marque *Mikado* a lancé une rumeur en jouant sur la mise en circulation d'images sans cesse reprises et modifiées à propos d'une nouvelle gamme de son produit qui s'apprêterait à voir le jour : le *Mikado* sans chocolat.

Les internautes ont fortement réagi à ce qu'ils considèrent comme une dénaturation du produit. Si l'on pourra remettre en question le bon goût consistant, pour la marque, à diffuser une intox dans le seul but de faire du *buzz*, passant par-là à côté de la culture du LOL qui se développe sur le Web, on pourra toutefois mettre en évidence sa maîtrise d'un tropisme du numérique, la duplication, et la façon dont les Z y ont répondu.

Le bad buzz orchestré de Mikado, utiliser la duplication

C'est par un mot-clic *#Mikadostick* que *Mikado*, marque française de biscuit fin au chocolat, annonce le 13 janvier 2015 la fausse sortie d'un nouveau produit sans chocolat.

Le mot-clic *#Mikadostick* déclenche des émotions chez les consommateurs, qui s'indignent d'une production contre nature, à en croire les nombreuses réactions liées au mot-clic *#LeMikadoSansChocolatCestAussiConQue* : la « raclette sans fromage[2] », « Harry Potter sans baguette magique[3] », « un jus d'orange sans orange[4] », « un couscous sans semoule[5] », etc. L'objectif de la marque était de mobiliser l'attention du public avant la commercialisation du biscuit *Mikado King*. Le 15 janvier 2015, l'animateur de communauté s'invite dans le jeu du dénigrement en incitant les internautes à interagir autour du mot-clic *#LeMikadoSansChocolatCestAussiConQue*.

Quelques exemples de réponses de l'animateur de communauté face au mot-clic #LeMikadoSansChocolatCestAussi ConQue.

La marque répond de façon décalée aux *tweets* des internautes et surtout fait preuve d'une maîtrise de l'usage de la culture des réseaux sociaux. Une fois que l'attention des internautes a été retenue, l'animateur de communauté annonce le 16 janvier avec toujours le même ton décalé, qu'il s'agit d'une orchestration parfaite du prélancement de *Mikado King*. Évidemment, un *Mikado* sans chocolat n'existera jamais, les amateurs du chocolat peuvent s'en rassurer.

1. Anne-Véronique Baylac, https://www.youtube.com/watch?v=Et6ULKDtj5A, consulté le 12 novembre 2014.
2. ROOSEN, M. (2015) « Mikado sans chocolat, c'était pour rire », http://www.ladn.eu/actualites/mikado-sans-choco-etait-pour-rire,article,24473.html, consulté le 3 février 2015.
3. *Ibid.*
4. *Ibid.*
5. *Ibid.*

En guise de conclusion de ce chapitre, on peut dire que le développement des médias informatisés s'accompagne de l'émergence de formes sémiotiques et rhétoriques nouvelles qui répondent aux tendances techniques - les tropismes - du numérique. Si l'école prend en charge la transmission des codes qui président à la culture graphique de l'écriture, la littératie numérique qui se développe sous nos yeux doit encore être repérée et thématisée.

La génération Z, qui pratique les médias informatisés, développe de tels savoirs lire et écrire proprement numériques qui s'accompagnent de la maîtrise d'outils, de la production d'objets culturels et de formes rhétoriques particulières. Cette culture numérique, arrimée à une connaissance de la dimension informatique - calculatoire - des outils avec lesquels elle évolue, doit être intégrée par les entreprises qui doivent elles aussi développer une littératie numérique au risque de se couper d'une génération de lettrés du numérique.

À partir d'une explicitation de deux tropismes du numérique - la connexion et la duplication - il a été question de montrer quelles formes rhétoriques et sémiotiques se développaient sur le Web et comment les entreprises devaient les intégrer, au risque de se couper de la génération Z, qui a tôt fait de leur rappeler leur illettrisme par des *bad buzz* aux conséquences potentiellement dramatiques (*Coca-Cola*), autant d'ailleurs que leur maîtrise de la littératie numérique quand elle a lieu d'être (*La Redoute*, les *3suisses*, *Mikado*, etc.) Autrement dit, nous avons cherché à montrer que - loin de n'être qu'un consommateur captif générant des traces numériques vampirisées par des acteurs privés (*data is the new oil*) - la génération Z impose aux entreprises de s'aligner sur ses savoirs lire et écrire numériques.

Ce qu'il faut retenir

Pour intéresser la génération Z, les entreprises doivent suivre les recommandations suivantes :

- Susciter la communication participative et faire mousser l'image de marque dans les réseaux sociaux, les blogs, les forums, etc.
- Intégrer les tropismes du numérique à leur rhétorique.
- Introduire une approche conversationnelle arrimée à l'humour, à la transparence et à la proximité.
- Privilégier la conception de vidéos virale ou de mêmes.
- Maîtriser la culture du LOL et les codes en vigueur dans les médias informatisés (création de contenus drôles et décalés).
- Privilégier la réactivité de même que la créativité (pour se différencier dans le bruit ambiant) et l'interaction avec la génération Z.

A-V Baylac, Les « fails de la Redoute », https://www.youtube.com/watch?v=Et6ULKDtj5A, consulté le 12 novembre 2014.

M. Biggio, « Coca-Cola subit le buzz », http://buzzounours.com/coca-cola-perd-le-controle-de-son-community-management/, consulté le 16 février 2015.

E. Bloch, *Communication de crise et médias sociaux : Anticiper et prévenir les risques d'opinion - Protéger sa e-reputation - Gérer les crises*, Paris, Éditions Dunod, 2012.

B. Bachimont, *Le sens de la technique : le numérique et le calcul*, Paris, Éditions Les Belles Lettres, 2010.

B. Bachimont, « L'intelligence artificielle comme écriture dynamique : de la raison graphique à la raison computationnelle », *Au nom du sens*, Paris, Grasset, 2000.

S. Bouchardon. et *al.*, « Explorer les possibles de l'écriture multimédia », *Les Enjeux de l'information et de la communication*, 12(2), 2011.

R. Boussicaud et A. Dupin, *Tout savoir sur... La marque face aux bad buzz - Anticiper et gérer les crises sur les médias sociaux*, Paris, Éditions Kawa, 2013, p. 253.

S. Crozart et *al.*, « Éléments pour une théorie opérationnelle de l'écriture numérique », *Document numérique*, 2011/3 Vol. 14, 2001, p. 9-33.

S. Crozart, « As we may » [blog de recherche], https://aswemay.fr/co/tropism-pres.html, consulté le 26 novembre 2016.

J. Goody, *La raison graphique La domestication de la pensée sauvage*, Paris, Les Éditions de Minuit, 1979.

A. Gunthert, « La culture du partage ou la revanche des foules », *L'atelier des icons* [carnet de recherche], 2013, http://culturevisuelle.org/icones/2731.

M. Hardt et A. Negri, *Empire*, Éditions Exils, 2000.

Huffpost, « Facebook : la Caisse d'Épargne s'excuse après la photo d'un écureuil en mauvaise posture », http://www.huffingtonpost.fr/2013/10/18/facebook-caisse-epargne-photo-ecureuil_n_4120592.html, consulté le 7 décembre 2014.

D. Lori, « Bienvenue dans la «war room» de Nestlé », http://www.capital.fr/enquetes/strategie/bienvenue-dans-la-war-room-de-nestle-822558, consulté le 2 septembre 2013.

L. Merzeau, « Vers une rhétorique dispositive : savoir publier dans l'espace transmédiatique », Logos 2.0, *Rhétorique, argumentation et nouvelles formes de délibération à l'ère du numérique*, Université Paris Ouest, 2014.

Y. Moulier Boutang, *Le capitalisme cognitif*, Amsterdam, Éditions Amsterdam, 2007.

Y. Moulier Boutang, *L'abeille et l'économiste*, Paris, Carnets Nord, 2010.

E. Nonnon, « La littératie. Autour de Jack Goody », *Revue française de pédagogie*, n° 161, 2007, p. 123-126, http://rfp.revues.org/768, consulté le 26 novembre 2016

D. Pilato, « 2 millions de «like» Facebook et le défi de la canette rose : Coca-Cola devrait réagir », http://leplus.nouvelobs.com/contribution/661101-2-millions-de-like-facebook-et-le-defi-de-la-canette-rose-coca-cola-devrait-reagir.html, consulté le 11 février 2015.

M. Roosen, « Mikado sans chocolat, c'était pour rire », http://www.ladn.eu/actualites/mikado-sans-choco-etait-pour-rire/article/ 24473.html, consulté le 3 février 2015.

E. Souchier et Y. Jeanneret, « Écriture numérique ou médias informatisés ? », *Pour la science*, n° 33, 2002, p. 100-105 http://www.persee.fr/web/revues/home/prescript/article/colan_0336-1500_2007_num_154_1_4688, consulté le 26 novembre 2016.

A.Turing, « On Computable numbers, with an application to the *entscheidungsproblem* », *Proceedings of the London Mathematical Society*, 42(2), 1936, p. 230-265.

N. Vanderbiest, « Le livre blanc des crises 2.0 survenues en 2014 », http://www.visibrain.com/fr/data/livre-blanc-crises-2.0-2014.pdf, consulté le 18 février 2015.

D. Wolon, *Informer n'est pas communiquer*, Paris, CNRS Éditions, 2009, p. 147.

Chapitre 9

Les comportements de consommation à risque chez les adolescents de la génération Z

Élodie Gentina, Professeure IESEG School of Management, LEM-CNRS (UMR 9221)
Pierre-François Dancoine, Médecin Tabacologue, Ramsay Générale de Santé, Hôpital Privé La Louvière, Lille, France

Introduction

Si la société craint le risque et peut transmettre cette peur du risque aux autres, les adolescents de la génération Z, quant à eux, sont loin de cette dynamique qu'est le « risque 0 ». L'adolescence est une période cruciale de la vie pendant laquelle les conduites à risque sont prépondérantes. Les « Z » cherchent à découvrir le monde qui les entoure, en explorant de nouvelles expériences ; ce qui conduit généralement à l'imprévisible et à l'incontrôlable, et donc à l'adoption de « comportements à risque ». « La prise de risque relève avant tout d'une confrontation active et volontaire du sujet, à l'inconnu et à l'aléatoire » (Vandecasteele et Lefebvre 2004, p. 274).

La liste de ces comportements est longue :

- les jeunes cherchent à se surpasser dans le domaine du sport en dépassant leurs limites ;
- ils ont un besoin accru d'être connectés constamment à leurs Smartphones ;
- suscitant des comportements d'addiction, voire même de phobie au fait de ne pas avoir leurs Smartphones à portée de main ;
- ils mettent en danger leur santé en consommant des produits psychoactifs (cigarette, alcool, cannabis, autres drogues dures...).

L'important n'est pas tant d'énumérer tous les comportements de consommation à risque propres aux « Z », mais surtout de comprendre les motivations qui amènent ces « Z » à adopter de tels comportements aujourd'hui. Cette réflexion est d'autant plus importante que les « Z » représentent les futurs consommateurs adultes. Le danger réside dans la répétition de ces conduites à risque pour devenir des formes d'addiction qui se répercutent à l'âge adulte : par exemple, des études ont montré que 90 % des personnes qui meurent du tabac ont commencé à fumer avant l'âge de 18 ans[1].

1. http://www.stop-tabac.ch/fr/133-dialoguer, consulté le 13 août 2016.

Contrairement à l'enfant qui a une perception faible du risque et qui apprend progressivement les limites et les règles mises en place par son entourage (parents, école), le jeune « Z », quant à lui, est davantage conscient du risque par lui-même (Lontie, 2012). Il a les compétences cognitives et sociales suffisantes pour comprendre les limites et les règles mises en œuvre, pour les remettre en question, les discuter, les critiquer et les refuser.

Bien que le jeune « Z » ait une vision plus claire du risque, il a un besoin accru d'adopter ces comportements. La prise de risque est un élément fondamental de l'adolescence, car il s'agit d'un moyen de construire son identité. L'adolescence est une période qui s'accompagne généralement d'un sentiment de mal-être et de doute, durant laquelle l'estime de soi, relativement élevée durant l'enfance, diminue à l'adolescence (Gentina et Chandon, 2014).

L'adolescence est aussi un moment où on affirme sa personnalité, en transgressant les règles et les limites, tout en cherchant à se construire une image positive auprès des copains/ copines. En résumé, il existe trois sphères de vulnérabilité (Gentina et Chandon, 2014 ; Guindon, 2001), en lien direct avec les différentes sphères de construction identitaire du jeune « Z » :

- le social (la pression du groupe de pairs) ;
- le familial (les relations avec les parents, le besoin de transgression) ;
- et l'intime (l'estime de soi, la personnalité).

L'objectif de ce chapitre est de décrypter les comportements de consommation à risque qui caractérisent les « Z » aujourd'hui pour comprendre les mécanismes identitaires sous-jacents à l'adoption de tels comportements, mais aussi comprendre comment y répondre. Il importe pour les chercheurs et les professionnels de ***s'interroger sur le statut de la génération Z et sur ses spécificités en matière de comportements de consommation à risque***, en soulevant un certain nombre de questions, notamment :

- quels sont les comportements de consommation à risque spécifiques chez les « Z », qui se démarquent de ceux des adultes ?
- quel est le rôle structurant de ces comportements à risque durant cette période cruciale de la vie, qu'est l'adolescence ? Quelles en sont les raisons ?
- quelles sont les stratégies sociales et sociétales à mettre en œuvre pour limiter ces comportements à risque à l'adolescence ?
- est-il judicieux de prendre des mesures d'interdiction en établissant des nouvelles réglementations et des lois ? Ou alors est-il plutôt pertinent de responsabiliser les entreprises en menant des actions de sensibilisation à des modes de gestion éthique ?

Ce chapitre apporte des réponses à ces questions en étudiant les spécificités des pratiques éthiques dans le marketing des consommateurs adolescents.

I. Quels types de comportements à risques ?

1. Les risques « physiques »

Les risques routiers et sportifs sont deux fois plus élevés à l'adolescence que lors des autres périodes de la vie. Les chiffres parlent : entre 14 et 18 ans, un décès sur trois est dû à un accident de la route. Les « Z » représentent le tiers des usagers tués à cyclomoteur, et dans neuf cas sur dix, il s'agit de garçons. L'alcool est la première cause de ces accidents mortels (30 %), suivi du cannabis (10 %).

Concernant le sport, les garçons sont généralement plus souvent victimes d'accidents que les filles. 80 % des « Z » âgés de 13 à 18 ans pratiquent un sport en dehors du temps scolaire et 50 % d'entre eux pratiquent en club. Motivés par le plaisir, l'apparence et la santé, 25 % des jeunes font plus de huit heures de sport par semaine, et la majorité des jeunes préfère les sports collectifs aux sports individuels. Les garçons, en particulier, recherchent des sports à sensation forte en vue d'affirmer leur liberté : les sports de glisse, les sports mécaniques et le free ride.

2. La consommation excessive d'écrans : jeux vidéo, Internet, Smartphone, tablette...

Contrairement à la génération Y qualifiée de « digital migrants », l'adolescent appartient à la génération Z qualifiée de « digital natives » : il s'agit de la génération qui est née et qui a ingéré les technologies numériques, en développant surtout des aptitudes. Alors que l'adolescent d'hier monopolisait le téléphone et/ou l'ordinateur familial, l'adolescent « Z » d'aujourd'hui réclame son propre Smartphone et sa tablette avec l'accès à Internet et aux réseaux sociaux pour communiquer avec ses copains/copines. Les « Z » (13-19 ans) passent en moyenne 13h30 par semaine sur Internet et sur leurs tablettes contre 12h20 il y a 4 ans[1].

Les « Z » sont connus pour être les plus grands utilisateurs de Smartphones à travers le monde. Comparé à la console de jeux ou à l'ordinateur, le Smartphone est l'objet électronique par excellence. Les « Z » passent en moyenne six heures par jour sur leur Smartphone, 60 % des jeunes envoient des SMS pendant les heures de cours, en classe, et ont besoin de consulter leur Smartphone toutes les heures (Roberts et al. 2014). Une autre étude révèle qu'un jeune sur 20 ne sait pas doser le temps qu'il passe à se servir de son Smartphone et développe ainsi des symptômes nets de dépendance[2]. Certains vont même jusqu'à prendre leur Smartphone sous la douche et aux toilettes.

Le Smartphone semble devenir incontournable pour les « Z ». Nombreux sont les « Z » qui ont une peur bleue d'être séparés de leurs Smartphone.

---

1. *Source* : *Ipsos*, « Les jeunes, Internet et les réseaux sociaux », http://www.blogdumoderateur.com/etude-ipsos-junior-connect-2015/, 2016, consulté le 15 septembre 2016.
2. *Source* : « JEUNES : Les plus accros aux téléphones portables », 4 février 2014, **http://www.lemauricien.com/article/jeunes%C2%A0%C2%A0les-plus-accros-aux-telephones-portables,** consulté le 3 octobre 2016.

Cette peur excessive d'être loin de son Smartphone a un nom : elle s'appelle la ***nomophobie*** (Yildirim et Correia, 2015). Les « Z » sont les plus perturbés par la perte de leur Smartphone : 25 % sont « énervés » et 18 % « paniqués » lorsqu'ils ne retrouvent plus leur Smartphone[1]. On observe d'ailleurs un grand nombre de « Z » incapables de se séparer de leur Smartphone durant la nuit : ils dorment avec leur Smartphone allumé sous leurs oreillers. Ces phénomènes d'addiction au Smartphone et de nomophobie ont des conséquences importantes :

- elles provoquent des dangers liés à la santé (maux de tête, troubles auditifs, clignements oculaires, pertes de mémoire, fatigue et insomnie...) ;
- des dangers liés à la vie sociale (isolement, solitude, dépression...) ;
- et des dangers liés à la vie scolaire (baisse voire chute des résultats scolaires, troubles de la concentration en classe, allant même jusqu'à la déscolarisation...).

Autre que le Smartphone, le phénomène d'addiction aux jeux vidéo sur ordinateurs en réseau existe aussi chez les « Z ». Chez certains jeunes, leur consommation aux jeux vidéo peut s'apparenter à celle d'une drogue. Selon Frédéric Kochman[2], le cyberdépendant est à 72 % un jeune garçon âgé de 16 ans. Il s'agirait la plupart du temps d'adeptes des jeux de rôle en ligne massivement multi-joueurs (MMORPG[3], type « World of Warcraft »). La passion peut dès lors devenir une obsession : le sujet « Z », jouant 10 à 15 heures par jour, oublie de manger, de dormir et de se laver.

3. La consommation de produits psychoactifs

La consommation de produits psychoactifs est prégnante à l'adolescence, et l'usage de ces produits s'intensifie fortement au cours des « années lycées ». Durant la période du collège, la substance psychoactive la plus fréquemment expérimentée est l'alcool, loin devant le tabac et le cannabis. Les chiffres ci-dessous sont tirés d'une étude récente ESCAPAD 2015[4] : l'expérimentation d'alcool concerne 59 % des élèves dès la classe de 6e, pour toucher plus de 80 % des collégiens de 3e. Les années collège ne constituent pas une phase d'initiation mais plutôt une phase de généralisation de la diffusion de l'alcool.

L'expérimentation de tabac concerne un peu moins d'un tiers des collégiens et croît fortement entre le début et la fin du collège, passant de 12 % à 52 %. Lors du passage au lycée, plus de 30 % des adolescents en seconde se déclarent être des fumeurs réguliers, consommant plus de 10 cigarettes par jour[5]. On constate en effet que c'est lors de l'adolescence que la très grande majorité des fumeurs à long terme s'initie à la cigarette, avec un âge de la première cigarette situé en moyenne entre 11 et 12 ans, au moment

1. http://www.la-croix.com/Famille/Parents-et-enfants/Jamais-sans-mon-portable-2013-04-05-929440, consulté le 6 août 2016.
2. « Addiction ados 2015 » (Kochman, 2015), http://www.fmc-tourcoing.org/new/wp-content/uploads/2015/04/AddictionAdos2015.pdf, consulté le 8 septembre 2016.
3. Le signe MMORPG se réfère à « Massively multiplayer online role-playing games »
4. « Alcool, tabac et cannabis durant les " années collège " », http://www.ofdt.fr/BDD/publications/docs/eftxsss4.pdf
5. « 2015 ESCAPAD Survey on Drug use », http://en.ofdt.fr/publications/tendances/drug-use-17-year-olds-analysis-escapad-survey-tendances-100-may-2015/, consulté le 9 septembre 2016.

de l'entrée au collège. La France est connue comme le mauvais élève de l'Europe en termes de pratiques du tabagisme. Le tabac est la première drogue consommée par les jeunes Français[1].

Enfin, la France est l'un des pays européens où la consommation de cannabis à l'adolescence est la plus répandue. Un collégien sur dix déclare avoir déjà consommé du cannabis. Si l'initiation au cannabis s'avère marginale en classe de 6e (1,5 %), elle devient nettement plus marquée en classe de 3e où pratiquement un adolescent sur quatre déclare avoir expérimenté ce produit. La diffusion du cannabis durant les années collège se caractérise par une progression parmi les plus fortes (1,5 % en 6e vs. 23,9 % en 3e).

Quelques chiffres sur la consommation de produits psychoactifs chez les jeunes de la génération Z

La cigarette

- 40 % des lycéens fument occasionnellement
- Un adolescent sur trois fume régulièrement
- 40 % des adolescents vapotent la cigarette électronique (contre 9 % en 2011)

L'alcool

40 % des collégiens consomment de l'alcool une fois par mois, contre 80 % des lycéens. Un adolescent sur trois se soûle une fois par mois. 50 % des lycéens ont une alcoolisation ponctuelle importante (minimum cinq verres en une même soirée entre copains/copines)

Le cannabis

- Un adolescent sur trois consomme régulièrement du cannabis
- Un adolescent sur huit est dépendant au cannabis
- La consommation de cannabis s'est banalisée chez les garçons et les filles : 40 % des garçons ont déjà expérimenté le cannabis, contre 25 % chez les filles
- Le cerveau continue à se former jusqu'à l'âge de 25 ans. Par conséquent, la consommation de cannabis peut avoir des conséquences irréversibles sur le cerveau (la substance blanche) des adolescents.

Source : Comité National contre le Tabagisme (2015) ; *Addiction ados 2015* (Kochman, 2015). http://www.fmc-tourcoing.org/new/wp-content/uploads/2015/04/AddictionAdos2015.pdf, Consulté le 10 septembre 2016.

La vulnérabilité de l'adolescent a aussi été démontrée en matière de nouvelles pratiques de consommation à risque. Prenons l'exemple du binge-drinking, pratique répandue aujourd'hui parmi les jeunes qui consiste à ingurgiter sur un laps de temps très court une très grande quantité d'alcool.

1. *Source* : Observatoire Français des Drogues et des Toxicomanies. « Usage problématique de cannabis », http://www.ofdt.fr/BDD/publications/docs/eisxiotc.pdf, consulté le 3 juillet 2016.

Qu'est-ce que le « binge drinking » ?

Le « *binge drinking* » est une pratique courante chez les jeunes collégiens et lycéens : chez les jeunes de 16-17 ans, 56 % des garçons et 36 % des filles déclarent pratiquer le « *binge drinking* » occasionnellement. Bien que l'origine de ce phénomène provienne des pays anglo-saxons et scandinaves, il est en constante augmentation chez les adolescents français, plus particulièrement auprès de la tranche d'âge des 13-15 ans. Cette absorption massive d'alcool sur un mode très court, généralement en groupe de pairs, conduit rapidement à l'état d'ivresse.

Une récente étude scientifique[1] a montré que la pratique du *binge drinking* affecte de manière durable et visible la substance blanche du cerveau des « Z », laquelle contient des milliers d'axones, de fibres nerveuses reliant les neurones des différentes régions du cerveau. À l'adolescence, la substance blanche du cerveau s'épaissit, contribuant à une accélération de la vitesse de connexion des neurones.

La pratique du *binge drinking* a donc des effets très néfastes sur le cerveau des « Z » : perte de mémoire, difficulté d'apprentissage, de raisonnement et de lecture (Naasila, 2015). Les individus pratiquant le *binge drinking* sont en général des fumeurs, des consommateurs de cannabis mais aussi d'autres types de drogues. Près de 60 % des « Z » qui pratiquent le *binge drinking* sont des consommateurs de cannabis. Les effets très néfastes sur le cerveau sont en partie dus à cette polyconsommation (Kaczynski et al. 1996).

Au-delà des chiffres dressant un portrait des jeunes « rebelles » qui adoptent divers comportements à risque, il importe de comprendre les raisons amenant ces jeunes à adopter de tels comportements. ***Ce qui est véritablement en jeu est moins le fait que les « Z » soient qualifiés de rebelles, mais surtout le fait qu'ils soient en quête identitaire.***

Les comportements à risque - cigarette, alcool, cannabis, conduites extrêmes sur la route, sports extrêmes, consommation excessive d'écrans... - peuvent se transformer en addictions qui, le plus souvent, répondent à une question identitaire à l'adolescence. Ces comportements à risque sont un moyen pour les « Z » d'affirmer leur besoin d'autonomie en transgressant les règles et en repoussant les limites, de s'intégrer à un groupe et de se tester par rapport aux autres. Si on se réfère aux travaux de Guindon (2001) (cités dans Gentina et Chandon, 2014), ces derniers distinguent trois espaces de l'affirmation identitaire du « Z » qui affectent trois dimensions de sa vie : la dimension biologique, la dimension affective et la dimension sociale :

- l'espace des modifications corporelles lors de la puberté, qui affecte le degré d'estime de soi ;
- l'espace de la construction de l'autonomie affective, vis-à-vis des parents, qui se concrétise par un besoin de transgression ;
- l'espace des relations sociales avec le groupe de pairs qui se manifeste par la recherche d'approbation sociale et par un souci d'intégrer le groupe de pairs.

1. M. Naasila, « Impact cérébral du binge drinking et vulnérabilité à l'alcool dépendance », *Congrès Français de Psychatrie*, 2015, le Corum.Neyrand.

La partie ci-dessous présente ces trois sphères du développement identitaire chez les « Z » que sont l'estime de soi, le besoin de transgression et la pression du groupe de pairs, puisque l'ensemble de ces trois sphères joue un rôle essentiel dans l'adoption des comportements à risque à l'adolescence.

Ces comportements à risque peuvent se transformer en des comportements addictifs, entraînant les « Z » dans un cercle vicieux.

II. Quelles sont les raisons de l'adoption de ces comportements à risque des « Z » ?

1. Un nouveau corps et un manque d'estime de soi

L'adolescence est une étape importante pendant laquelle l'individu construit son identité et fait face à des changements physiques et psychologiques importants. Ces changements vont induire un bouleversement de l'image du corps : le corps est profondément modifié lors de la puberté, et l'image que l'adolescent a de lui-même est généralement remise en cause. Face à ces transformations physiques, l'adolescent demeure fragile et vulnérable, il a du mal à se reconnaître et à se définir. L'adolescence une période qui s'accompagne souvent d'un sentiment de mal-être et de doute, durant laquelle l'estime de soi est faible.

De tels changements confèrent à cette période un caractère de crise identitaire (Erikson, 1968). Le fait qu'un adolescent se désintéresse totalement de son corps témoigne qu'il vit une période de fragilité. Par exemple, les adolescents peuvent être tentés de masquer, cacher, dénier, effacer ou exhiber leurs corps. Il s'agit dans ce cas de l'équivalent d'une « effraction corporelle », tel est le cas des scarifications et de l'automutilation qui sont des atteintes au corps même de l'adolescent.

Notons que des différences de genre marquent ces conduites à risque : la souffrance des filles s'intériorise alors que la souffrance des garçons emprunte plutôt la forme d'agressions à l'encontre du monde extérieur. Les filles sont plutôt dans l'automutilation (11 % des filles contre 6 % des garçons) alors que les garçons sont plutôt dans des démonstrations de force, comme la violence, la délinquance, l'alcoolisation, la toxicomanie, ou encore la vitesse (Le Breton, 2014).

Ce sont surtout les jeunes issus de la génération Z « mal dans leurs corps et dans leur peau » qui recherchent des expériences de consommation à risque (cigarette, alcool, cannabis) pour compenser leur faible estime de soi. Le Smartphone joue aussi un rôle spécifique au moment de l'adolescence. Pour les « Z », le Smartphone dépasse la fonction même d'information et d'expression pour devenir un véritable espace de construction identitaire. Comme nous venons de l'expliquer, l'identité est contrainte de s'adapter en permanence à ces multiples bouleversements, que sont les changements physiques et psychologiques des « Z ».

Les « Z » ont besoin de leur Smartphone pour stocker leurs données personnelles et construire leur identité sociale. Confisquer le Smartphone d'un jeune issu de la génération Z, c'est comme lui arracher une partie de lui-même, et le mettre en situation de soumission à la seule influence directe des adultes qui l'entourent, exactement comme un enfant. Ajoutons à cela que les « Z » les plus dépendants à leur Smartphone sont ceux qui subissent une grande insécurité psychologique : l'utilisation excessive du Smartphone est souvent l'expression d'un sentiment de mal-être.

2. Le poids du groupe de pairs

Dans son article « Qui décide d'allumer la première cigarette ? », Bertrand Dautzenberg (2007), Professeur de pneumologie au Groupe Hospitalier Pitié- Salpêtrière-Paris, y répond : « *les jeunes évidemment, et notamment leurs bandes de copains/copines* ». Les amis jouent un rôle clé dans l'initiation des pratiques sociales, comme les premières expériences en matière de cigarettes, de cannabis ou encore d'alcool. Le jeune « Z » est un consommateur « vulnérable », sensible à la pression de son groupe de pairs et au conformisme social.

De récentes études sur le processus d'autonomisation montrent que le groupe de pairs est pour le « Z » un modèle social qui l'aide à acquérir son autonomie. Ce n'est pas tant une question d'influence du groupe de pairs qui est en jeu, mais plutôt le désir d'acquérir et de défendre une position stratégique au sein du groupe (Gentina et Chandon, 2011, 2014).

Le sujet « Z » est prêt à faire de nombreux sacrifices afin que ses besoins, ses désirs, ses pensées et ses actions soient compatibles avec ceux de son groupe de pairs. Autrement, il risque d'en être exclu. La société et l'industrie du tabac jouent un rôle important dans l'installation de cette norme sociale, et mettent en œuvre des stratégies qui favorisent la persistance de ces rites.

Comment l'industrie du tabac séduit les « Z » ?

De plus en plus souvent confrontée à l'interdiction de faire de la publicité directe ou indirecte pour un produit, dont elle connaît parfaitement la nocivité, l'industrie du tabac mise sur un nouveau média : le consommateur lui-même. Surtout s'il est un jeune issu de la génération Z, et peut servir de modèles à d'autres.

Un nouveau phénomène, vu des États-Unis, apparaît aujourd'hui en France sur Internet : « les *smokings reviews* ». Il s'agit de films réalisés par des adolescents pour vanter à d'autres les vertus de telle ou telle marque de cigarettes qu'ils ont eux-mêmes expérimentée. Les « Z » font eux-mêmes la promotion du tabagisme *via* les réseaux sociaux, et ces films circulent dans toutes les langues.

Source : Mennessier M. (2007). *Pourquoi l'industrie du tabac cible les jeunes*, **http://sante.lefigaro.fr/actualite/2013/04/17/20384-pourquoi-lindustrie-tabac-cible-jeunes**, consulté le 25 septembre 2016.

3. Le besoin de transgression

Le sujet « Z » est par nature un être et un consommateur contradictoire. Il revendique sa liberté, tout en recherchant une autre forme de dépendance – *via* la consommation de produits illicites - comme un mécanisme défensif contre l'angoisse. La citation de Marcelli (1994) illustre ce paradoxe entre le besoin d'indépendance et besoin de dépendance, au cœur du développement identitaire de l'adolescent : « *l'adolescent crie très fort qu'il veut être indépendant tout en allumant frénétiquement une cigarette pour calmer sa tension* ». L'adolescent a besoin de remettre en cause les valeurs parentales et sociales pour marquer son indépendance et transgresser les interdits.

La consommation de produits psychoactifs (cigarette, alcool, cannabis), ainsi que l'adoption de sports extrêmes ou de conduites à risque sont, pour les « Z », un moyen de se rebeller contre leurs parents. Les pratiques à risque ne sont pas envisagées comme la recherche d'un plaisir mais plutôt comme un rite d'initiation lié à la puberté, un rite de passage à l'âge adulte. En effet, dans la société occidentale, les rites brutaux et collectifs ont cédé le pas à un apprentissage gradué et tempéré.

Aujourd'hui, le passage de l'adolescence à l'âge adulte s'est plutôt transformé en une sorte d'apprentissage progressif qui se prolonge dans le temps et admet des allers retours, des sortes d'essais-erreurs (Gentina, 2016). Les adolescents issus de la génération Z se « bricolent » leurs propres rites de passage, en consommant des produits illicites et en adoptant des pratiques à risque. Ces comportements à risque sont une sorte de voie d'initiation pour devenir adulte, pour couper le cordon ombilical avec l'enfance.

III. Quelle stratégie marketing adopter face à ces comportements à risque des « Z » ?

Quelles stratégies doit-on adopter face aux comportements à risque des adolescents de la génération Z :

- faut-il imposer des limites et encourager la prohibition ? Faut-il adopter des stratégies de peur, voire de terreur pour attirer leur attention ?
- faut-il protéger les « Z », face aux risques ? Ou bien faut-il plutôt offrir aux « Z » des opportunités de se prendre en main (« empowerment ») ?
- en d'autres termes, comment les professionnels doivent-ils considérer le « Z » : comme un consommateur « fragile » ou plutôt comme un consommateur responsable et autonome ?
- comment faire en sorte que le sujet « Z » devienne un partenaire, ouvert à la discussion, et capable de comprendre les risques encourus ?

Le tableau 1 présente les principales stratégies utilisées face à l'adoption des comportements à risque des Z.

Tableau 1 : Les types de stratégies utilisées

Stratégies utilisées	Caractéristiques	Exemples
Vulnérabilité perçue	Mettre en avant les dangers de la consommation de produits psychoactifs en suscitant de l'anxiété	• Campagne « Trou dans la gorge, Faisons de notre corps un espace non-fumeur » (2004) • Campagnes Inpes de 2008 et 2010 « Un fumeur sur deux meurt du tabac » et « Arrêtez avant qu'il ne soit trop tard »[1]
Reconnaître le besoin d'autonomie du sujet « Z »	Reconnaître les « Z » comme des êtres et des consommateurs avertis et à part entière	Campagnes d'éducation entièrement dirigées vers le tabagisme adulte
Dénormalisation	• Présenter les produits du tabac comme ni normaux, ni acceptables • Lutter contre la banalisation de la cigarette • Miser sur la motivation et la prise de conscience des risques du tabagisme passif et actif	Concours de « contre-publicités » pour les industries de tabac, intervention de militants anti-tabac pour présenter les stratégies de l'industrie du tabac visant à attirer les jeunes, montrer aux « Z » comment se prendre en main (« *empowerment* ») *via* la mise en œuvre d'actions au cours de journées anti-tabac • Ex : projet SWAT[2] (Student Working Against Tobacco), comptant sur la participation des jeunes pour élaborer des campagnes anti-tabac
Authenticité	Révéler la vérité aux « Z » : présenter l'industrie du tabac comme étant manipulatrice	Présenter l'usage de la cigarette comme une forme de faiblesse face au marketing d'une industrie manipulatrice, plutôt que comme une forme d'indépendance voire de rébellion

1. http://tpetabac2015.over-blog.com/2015/01/i-les-politiques-mises-en-place-par-l-etat-depuis-les-annees-1970-ces-politiques-reposent-sur-2-axes-principaux-une-legislation-anti, consulté le 18 octobre 2016.

2. https://www.google.fr/?gws_rd=ssl#q=projet+Student+Working+Against+Tobacco, consulté le 18 octobre 2016.

1. Reconnaître le besoin d'autonomie des « Z »

Dans une société qui reconnaît à l'enfant des droits et une protection spécifique (adoption de la Déclaration des droits de l'enfant en 1989), il peut paraître naturel de vouloir protéger les « Z » de l'emprise du marketing. De nombreux marchés sont encadrés par la loi en France, comme l'interdiction de vendre de l'alcool et du tabac aux mineurs. Les règles en matière de vente d'alcool et de tabac aux mineurs ont même été durcies par les autorités. Jusqu'à un décret en date du 25 mai 2010, la vente de tabac aux mineurs âgés d'au moins 16 ans était autorisée. Désormais, l'interdiction a été étendue à l'ensemble des personnes de moins de 18 ans (Code de la santé publique, art. L. 3511-2-1, R. 3512-3).

Mais le sujet « Z » a-t-il vraiment besoin d'être protégé, comme le prétendent les lois sur le tabac et l'alcool ? Des textes de loi consacrés spécifiquement aux enfants et aux adolescents témoignent que ces derniers ont accédé à des droits. La loi sur l'autorité parentale du 4 mars 2002, par exemple, reconnaît à l'adolescent une *certaine* autorité sur sa propre vie : on écoute non seulement les parents, mais aussi l'adolescent qui est davantage consulté avant toute décision le concernant. De plus, la loi a défini une série d'actes pour lesquels le mineur dispose d'une certaine autonomie (articles 389 et 450 du Code Civil) : il peut utiliser des moyens de transport, pratiquer des activités sportives, accéder à des spectacles, etc.

Les textes de loi traduisent une conception positive de l'adolescent : l'adolescent devient plus responsable de lui-même. À 12 ans, il est en droit de posséder une carte de retrait bancaire, à 14 ans, il a le droit de conduire un cyclomoteur et à 16 ans il a le droit de détenir une carte de paiement.

À cet effet, le marketing tend à reconnaître aujourd'hui l'adolescent issu de la génération Z comme un être et un consommateur averti et attentif. Les « Z » sont capables d'être critiques, voire méfiants, à l'égard du marketing puisqu'ils développent une pensée indépendante et acquièrent des compétences en matière de consommation (Batat, 2014). De récentes études ont montré que l'affirmation du sujet « Z » en tant que personne autonome, se détachant du cocon familial, constitue une des grilles de lecture à travers laquelle les comportements de consommation des « Z » et leurs motivations s'expriment. Les « Z » utilisent la consommation pour mieux s'intégrer dans la société tout en se démarquant du monde de l'enfance et de celui des adultes (Gentina et Chandon, 2013 ; 2014 ; Palan et al. 2010).

Les études marketing indiquent que de nombreux comportements de consommation sont acquis dès l'âge de 12 ans, correspondant au début de l'adolescence (Gentina, 2016). Les parents et/ou éducateurs encouragent les jeunes consommateurs à adopter des comportements sains le plus tôt possible, au moment où leur autonomie en termes de décisions de consommation s'accroît considérablement (Charry et Pecheux, 2011).

Cette soif d'autonomie ne doit pas être développée à l'extrême. Des chercheurs en marketing soulignent le danger de certaines idées reçues comme « les ados sont de petits adultes » ou encore « ce sont aux parents et non aux entreprises de protéger les adolescents du marché ». Ces excès peuvent-ils conduire les « Z » à adopter des comportements de consommation immoraux ?

Aujourd'hui, les repères moraux au sein de la société semblent souvent flous et chacun utilise l'autonomie, comme il l'entend. Puisque l'autonomie est devenue un principe fondateur de la morale, les « Z » souhaitent vivre leur vie pleinement et peuvent, dans ce contexte, adopter des comportements à risque sans se rendre compte des conséquences de leurs actes.

Reprenons l'exemple de Bergadaà (2004, p. 9) concernant le piratage de la musique sur Internet : « l'adolescent qui pirate des CD sur Internet pour ensuite les échanger par jeu avec ses camarades, ne craint pas la loi. Il ne voit rien d'anormal au fait de dérober des royalties aux producteurs et aux auteurs. Mais il pourrait peut-être chercher à comprendre pourquoi ce qu'il fait n'est pas moral en vertu du principe « *Ne fais pas aux autres ce que tu n'aimerais pas qu'on te fasse* ». Plutôt que d'établir des lois et des réglementations difficilement contrôlables, nous encourageons les responsables marketing à instaurer un dialogue avec les « Z ». Suivant les préconisations de Bergadaà (2004), il faudrait développer un « nouveau marketing relationnel ou participatif » qui se conçoit au niveau ontologique et non pas seulement au niveau des relations entre l'entreprise et les « Z ».

Il importe que les entreprises repensent leurs stratégies d'action en reconnaissant davantage les connaissances et les compétences acquises des « Z » au travers leurs expériences de consommation. Plusieurs études en marketing (Batat, 2014 ; Gentina, 2016, Kratzer et Lettl, 2009) ont montré que les « Z » sont devenus des partenaires à part entière, voire même des producteurs, qui contribuent activement au processus de consommation et de création de l'offre. Les parents et/ou éducateurs peuvent s'inquiéter face à cette « prise de pouvoir des « Z » », devenant des acteurs actifs en lien direct avec l'entreprise.

L'importance que les « Z » accordent à la consommation peut faire même craindre l'avènement de générations matérialistes, ayant la consommation pour seule valeur (Fosse-Gomez, 2011). C'est ainsi que l'on observe une majorité de « Z » fortement dépendants de leur Smartphone et vivant dans un monde connecté en permanence.

2. La « dénormalisation » face à l'adoption de produits psychoactifs

Parmi l'ensemble des programmes traditionnels de prévention anti-tabac mis en œuvre en milieu scolaire, il est maintenant reconnu que la vulnérabilité perçue utilisée à des fins préventives chez les jeunes n'est pas une stratégie efficace. La stratégie de la vulnérabilité perçue souligne les dangers de la consommation de produits psychoactifs en suscitant de l'anxiété.

En insistant sur le risque, cette stratégie a eu des effets contraires en amenant les jeunes à rejeter la recommandation délivrée dans le message de communication en vue d'intégrer un groupe (Pechman et Knight, 2002 ; Gentina, 2016). Selon Werle et Balbo (2011), la vulnérabilité crée l'effet « boomerang » en associant la prise de risque à un outil de meilleure intégration sociale. En d'autres termes, l'adolescent cherche à prendre des risques pour gagner en popularité et défendre sa position sociale au sein du groupe de pairs.

Les campagnes anti-tabac les plus efficaces auprès des « Z » sont celles destinées à cibler les adultes. L'adolescence est une période cruciale de construction identitaire, pendant laquelle le « Z » a besoin d'être reconnu comme un être et un consommateur autonome, au même titre qu'un « petit adulte ». Dès lors, il importe de révéler la vérité aux « Z » en présentant l'industrie du tabac comme étant manipulatrice, cherchant à faire des « Z » des addicts au tabac. Un moyen de toucher et d'attirer l'attention des adolescents est de développer un message de communication présentant l'usage de la cigarette, non comme une forme d'indépendance voire de rébellion, mais plutôt comme une forme de faiblesse face au marketing d'une industrie manipulatrice.

Une telle stratégie de « dénormalisation » de l'industrie de tabac s'avère particulièrement efficace auprès des jeunes (Paradis et Léveillé, 2007). Plusieurs stratégies peuvent contribuer à dénormaliser l'usage des produits psychoactifs en milieu scolaire, comme par exemple : mettre en œuvre des concours de « contre-publicités » pour les industries de tabac, inviter des militants anti-tabac pour présenter les stratégies de l'industrie du tabac visant à attirer les jeunes, permettre aux adolescents de se prendre en main (« *empowerment* ») *via* la mise en œuvre d'actions au cours de journées anti-tabac (Paradis et Léveillé, 2007).

3. L'importance de l'authenticité

Les « Z » semblent jouer la contradiction. Il est nécessaire de dépasser les stéréotypes propres aux adolescents en pensant qu'ils ne voient que par le digital. Au contraire, ces derniers maintiennent le besoin fondamental de sociabilité « réelle ». Un des moments privilégiés pour eux est celui où ils ont des échanges concrets avec leurs amis, dans un monde réel.

Les « Z » : à la recherche d'authenticité et de sociabilité « réelle »

- *44 % des « Z » apprécient les pauses ou la fin des cours pour se retrouver avec leurs ami(e)s.*
- *Les conversations avec leurs amis via le téléphone, les réseaux sociaux ou les SMS arrivent en deuxième position (31,5 %).*
- *Les repas et les moments passés en familles sont les instants préférés de 16 % des « Z » en général.*

Source : Nebia, A. (2014). *Les ados… 6,5 millions d'incompris ?*, 07.03.2014. **http://www.e-marketing.fr/Thematique/Tendances-1000/Consommation-10000/Breves/BVA-decrypte-les-14-18-ans-pour-le-salon-What-The-F--234480.htm** Consulté le 10 octobre 2016

Autre contradiction : bien qu'Internet soit un outil fortement plébiscité par les « Z », ils recherchent la vérité auprès d'autres sources d'information. Près de 70 % des « Z » font confiance à leurs parents, contre 13 % seulement à Internet. Ils ne sont que 13 %

à favoriser les recherches *via* Internet quand ils ont besoin de réponses[1]. Les « Z » sont en quête d'authenticité. Autre signe d'authenticité : on observe que depuis deux ans, le *scoutisme* remonte en flèche. Les « Z » recherchent le lien avec la vérité du monde et la nature. Le concept de vacances libres, sans contraintes ni Smartphone, connu sous le terme de « digital detox » est en vogue en ce moment.

Des vacances sans écrans : le digital detox a le vent en poupe

Le concept de « digital detox » est né aux États-Unis, de la Silicon Valley, en réponse à ce désir de déconnexion. Il consiste à se déconnecter des écrans (Smartphone, tablette, ordinateur) pour mieux se reconnecter à soi-même. Le fait de se déconnecter est une invitation à revenir à la vie réelle afin de mieux profiter de son séjour.

Les jeunes et leurs familles occupent leur temps avec des activités, des livres, des jeux de société, du sport, des massages… L'objectif de ces vacances « digital detox » est d'apprendre à couper avec les écrans pour se recentrer sur des activités concrètes et créer du lien « réel » avec les autres. Ce type de séjour de « désintoxication numérique » commence à se développer en France.

Les « Z » sont en demande de considération et d'authenticité. Ils recherchent des campagnes de communication qui jouent sur l'humain et la transparence. Les professionnels de la santé ainsi que les parents sont demandeurs d'outils pour améliorer la communication avec leurs jeunes.

Selon Xavier Pommereau, pédo-psychiatre au CHU de Bordeaux, l'immersion virtuelle permet une expérience libre et sans risque où on peut essayer des comportements, les analyser tout en jouant. L'hôpital de Bordeaux a mis en place une expérience fondée sur un jeu vidéo, Clash Back, pour rétablir le dialogue avec des adolescents en difficulté, sous l'emprise de produits nocifs ou adoptant des pratiques à risque (boulimie, anorexie, conduites extrêmes...).

Clash-back : un jeu vidéo pour aider les parents à rétablir la communication avec leurs enfants, en situation de danger

Clash-back est un jeu vidéo « simulateur de prise de tête entre parents et enfants », conçu par le Professeur Xavier Pommereau, pédopsychatre et chef du pôle adolescents du CHU de Bordeaux. L'objectif de ce jeu vidéo ludique est d'améliorer la communication entre les parents et leurs adolescents, en période de crise.

Le jeu simule des situations réelles : une situation entre un père et sa fille « Chloé » qui veut se faire tatouer, une autre situation où Guillaume, 15 ans, convoqué par son proviseur pour soupçon de vente de cannabis, une situation en 2015 où le joueur endossera cette fois le rôle du père, confronté à un « ado compliqué ». Agissant comme un simulateur de

1. Nebia, A. (2014). « Les ados… 6,5 millions d'incompris ? », 07.03.2014, consulté le 25 août 2016. http://www.emarketing.fr/Thematique/Tendances-1000/Consommation-10000/Breves/BVA-decrypte-les-14-18-ans-pour-le salon-What-The-F--234480.htm, consulté le 10 octobre 2016

comportements, le jeu met en scène des situations familiales quotidiennes et propose aux « joueurs » d'interagir avec les personnes. Une analyse du comportement par le Professeur Pommereau est ensuite établie. « Clash Back » pourrait à terme ouvrir une voie clinique en devenant un « test médical d'impulsivité », une étude en ce sens est menée dans les CHU de Brest et de Bordeaux auprès d'adolescents en situation de danger. Pour plus d'informations, aller sur le site : http://www.clash-back.com/le-concept/

4. Le devoir de la transmission

a. Les parents

Les parents ont un rôle clé à jouer dans la transmission des codes de bonnes conduites et des comportements sains à adopter. Les parents sont des modèles d'action qui doivent amener à une prise de conscience des risques liés à la consommation de produits illicites (tabac, alcool, cannabis, drogue plus dur). Plus un jeune issu de la génération Z est entouré de personnes qui fument et qui consomment de l'alcool/cannabis ; plus il a de risque d'en consommer à son tour.

Les « Z » sont plus enclins à fumer et être dépendants à la nicotine si leurs parents sont fumeurs. D'après une récente étude américaine (Kandel et al. 2015), les filles sont plus influencées par le comportement de leurs parents. Il en est de même pour les comportements liés à l'alcool et aux autres drogues.

Les parents : des modèles pour les adolescents dans l'initiation au tabac

Selon Denise Kandel, Professeur à l'Université de Columbia, « la plupart des fumeurs commencent à fumer lorsqu'ils sont adolescents. Les parents ont une forte influence sur les enfants. Pour éviter que les jeunes commencent à fumer et deviennent accros au tabac, nous devons mieux aider les parents à décrocher ».

Une étude longitudinale publiée dans *American Journal of Public Health*, menée sur une période de 8 ans (2004 à 2012) auprès de 35000 paires adolescents-parents, a mis en avant le rôle prépondérant des parents sur l'initiation et la dépendance au tabac de leur enfant (Kandel et al. 2015). Cette étude a montré que 13 % des adolescents de parents non-fumeurs déclarent avoir déjà fumé une cigarette.

À l'inverse, près de 40 % d'adolescents de parents dépendants à la nicotine ont déjà fumé leur première cigarette. Globalement, les « Z » sont trois fois plus susceptibles de fumer leur première cigarette et près de deux fois plus enclins à être dépendants à la nicotine si leurs parents le sont également. Les filles sont plus influencées par le comportement parental que les garçons : elles sont quatre fois plus prédisposées à être dépendantes à la nicotine si leur mère l'est aussi.

Les parents ont donc un devoir de transmission et de socialisation : il est important que les parents non seulement informent leurs enfants sur les risques encourus liés à la consommation de produits psychoactifs, mais surtout que les parents amènent leurs enfants à une prise de conscience du processus de dépendance et d'addiction dans lequel leur enfant peut se retrouver.

b. L'école

Bien que l'école ne soit pas l'unique lieu où le « Z » interagisse avec ses pairs, elle prend aujourd'hui de plus en plus de place dans la vie d'un nombre croissant de « Z ». Bien plus qu'une simple institution, l'école est un lieu dans lequel le « Z » vit quotidiennement au milieu de ses pairs. L'école a également un rôle majeur dans le sens où elle a la responsabilité de transmettre au sujet « Z » à la fois les savoirs, qui sont les connaissances, et les « savoir-être », qui sont les outils nécessaires pour s'insérer dans la vie sociale. L'école est un milieu de vie à part entière qui a un rôle clé dans la promotion de la santé. Dans le cadre scolaire, des actions sont mises en œuvre pour promouvoir des journées, voire même une année scolaire, « non fumeur ».

La classe non fumeur, chiche ?

Le principe : chaque année académique, la classe s'engage collectivement à être « non fumeur ». Le responsable de la classe aidé par le professeur principal et l'infirmier font le point chaque mois avec les élèves pour connaître leur rapport avec le tabac. Les classes qui ont réussi à rester « non fumeur » jusqu'à la fin d'année participent à un tirage au sort et gagnent de nombreux lots.

Des études ont montré qu'un règlement visant l'interdiction totale de la consommation de tabac dans l'enceinte de l'établissement associé à l'interdiction de la consommation d'alcool et autres drogues permet de réduire le nombre de jeunes fumeurs quotidiens. Néanmoins, dans la réalité des faits, de nombreux chefs d'établissement ne sont pas favorables à une réglementation stricte d'interdire la consommation de tabac puisque, selon eux, cette mesure ne ferait que « déplacer le problème » en incitant les jeunes à fumer juste devant l'établissement.

Ce qu'il faut retenir

L'adolescence correspond à une période de la vie pendant laquelle les jeunes cherchent à découvrir le monde, au travers leurs propres expérimentations, ce qui conduit généralement à l'adoption de comportements à risque. Différents types de comportements à risque sont notamment relevés à l'adolescence : les comportements à risque physique (risque routier, sports extrêmes), les comportements addictifs en matière d'écrans (Smartphone, tablette, télévision, ordinateur...) et les comportements de produits psychoactifs (cigarette, alcool, cannabis et autres drogues dures).

L'objectif de ce chapitre n'est pas tant de présenter les données chiffrées sur les comportements à risque des « Z », mais plutôt de comprendre la dynamique qui est mise en place à l'adolescence et qui explique le recours à de telles conduites. Lors du passage de l'enfance à l'âge adulte, le risque est un moyen plutôt qu'une fin en soi, notamment un moyen de se construire une identité.

Cette dimension identitaire est particulièrement importante lors de l'adolescence, période de la vie caractérisée par de grands bouleversements du point de vue de la structuration de la personnalité. Plus spécifiquement, les comportements à risque affectent trois dimensions de la construction identitaire des « Z » :

- la dimension biologique et corporelle, affectant son degré d'estime de soi
- la dimension affective, qui se concrétise par le besoin de transgression et d'indépendance vis-à-vis de sa famille, de ses parents en particulier,
- la dimension sociale, qui se concrétise par le besoin de réintégrer un nouveau groupe, le groupe de pairs, et de rechercher son approbation sociale.

Si la société craint et a peur du risque, le « Z » pour sa part, est loin de cette dynamique du risque zéro.

Le « Z » a soif de découvrir de nouvelles expériences, impliquant des prises de risque. Dès lors, pourquoi vouloir tout contrôler, interdire, réprimander de manière stricte, en recourant à des stratégies de peur ou de terreur ?

Ce chapitre montre au contraire l'importance de considérer le « Z » comme un partenaire, ouvert à la discussion et capable de comprendre les risques encourus. Pour cela, reconnaître le besoin d'autonomie du « Z », utiliser la « dénormalisation » face à l'adoption de produits psychoactifs, recourir à l'authenticité, et jouer sur le devoir de transmission offrent des opportunités permettant de limiter les comportements à risque chez les « Z ».

Références

W. Batat, « Comment les adolescents définissent-ils leurs propres compétences en matière de consommation ? Une approche par les portraits », *Recherche et Applications en Marketing*, 2014, pp. 27-60.

M. Bergadaà, « Évolution de l'épistémè économique et sociale : proposition d'un cadre de morale, de déontologie, d'éthique et de responsabilité pour le marketer », *Recherche et Applications en Marketing*, 2004, pp. 55-72.

K. Charry et C. Pecheux, « Enfants et promotion de l'alimentation saine : étude de l'efficacité de l'utilisation de menaces en publicité », *Recherche et Applications en Marketing*, 2011, pp. 3-28.

B. Dautzenberg, « Qui décide d'allumer la cigarette », *Laennec*, 2007, Doi : 10.3917/lae.073.0023.

E. J. Erikson, *Identity : youth and crisis*, New-York, Norton, 1968.

M. H. Fosse-Gomez, « De la Boum a Lol », in M. H. Fosse-Gomez (Coord), *Les Paradoxes du Marketing. Ruptures et nouvelles pratiques*, Eyrolles Éditions, 2011, p. 47-60.

E. Gentina et J. L. Chandon, « Le rôle du genre sur la fréquence de shopping en groupe des adolescents : entre besoin d'individualisation et besoin d'assimilation », *Recherche et Applications en Marketing*, 2014, pp. 435-464.

E. Gentina et J. L. Chandon, « Adolescent shopping behaviour: Different assimilation and individuation needs in France and the United States », *Journal of Retailing and Consumer Services*, 2011, pp. 609-616.

E. Gentina, Marketing et Génération Z. Nouveaux modes de consommation et stratégies des marques, Paris, Dunod, 2016.

J. Guindon, *Vers l'autonomie psychique : de la naissance à la mort*, 2011, Sciences et culture.

D. B., Kandel, P. C. Griesler et M. C. Hu M. C, « Intergenerational patterns of smoking and nicotine dependence among US adolescents », *American Journal of Public Health*, 2015, pp. 63-72.

C. S. Kaczynskina, S. A. Maisto. et R. E. Tarter, « Polydrug use in adolescent drinkers with and without DSM-IV alcohol abuse and dependence », *Alcoholism : Clinical and Experimental Research*, 1966, pp. 1099-1108.

J. Kratzer et C. Lettl, « Distinctive roles of lead users and opinion leaders in the social networks of schoolchildren », *Journal of Consumer Research*, 2009, pp. 646-659.

D. Le Breton, *Adolescence et conduites à risque*, 2014, Yapaka.

M. Lontie, « La notion de risque chez les adolescents », *Analyse UFAPEC décembre*, 2012, N°33.12.

D. Marcelli, *Adolescence et psychopathologie*, 1994, Presses Universitaires de France.

M. Naasila, « Impact cérébral du binge drinking et vulnérabilité à l'alcool dépendance », *Congrès Français de Psychatrie*, 2015, le Corum. Neyrand.

K. Palan, E. Gentina et I. Muratore, « Adolescent consumption autonomy : a cross-cultural study », *Journal of Business Research*, 2010, p. 1342-1348.

Paradis et D. Léveillé, « La dénormalisation : une stratégie de prévention du tabagisme chez les jeunes, Document de synthèse », *Direction de santé publique de l'Outaouais*, 2007, pp. 1-17.

C. Pechman et S. J. Knight, « An experimental investigation of the joint effects of advertising and peers on adolescents' beliefs and intentions about cigarette consumption », *Journal of Consumer Research*, 2002, p. 5-19.

J. A. Roberts, L. H. Petnji Yala et C. Manolis, « The invisible addiction : Cell-phone activities and addiction among male and female college students », *Journal of Behavioral Addictions*, 2014, pp. 254-265.

Vandecasteele et A. Lefebvre, « Le saut dans le vide : approche clinique des enjeux psychiques de la prise de risque », *Psychologie Clinique et Collective*, 2004, p. 275-290.

C. Werle et L. Balbo, « Surconsommation d'alcool et besoin d'appartenance : le danger des messages utilisant la vulnérabilité perçue en grande école », *Actes du 25e Congrès International de l'Association Française du Marketing*, 2011 Belgique.

C. Yildirim et A. P. Correia, « Exploring the dimensions of nomophobia : Development and validation of a self-reported questionnaire », *Computers in Human Behavior*, 2015, pp. 130–137.

Chapitre 10

La génération Z et la publicité média : les enjeux réglementaires

Claude Pecheux, Professeure à l'EDHEC Business School de Lille

Introduction

Contrairement à d'autres, la génération Z n'a pas vu l'arrivée de la publicité, du Web, des réseaux sociaux, ou du digital ... elle est née avec ! Comment la génération Z réagit-elle à la publicité média ? Quels sont ses médias favoris et son comportement de consommation des médias ? Cette génération née avec les nouvelles technologies doit-elle être plus « protégée » qu'une autre ? Quels sont les enjeux actuels en matière de réglementation de la communication commerciale ? Qu'en est-il de la communication hybride ? Si les débats sur la réglementation publicitaire se sont souvent focalisés sur les enfants, des questions concernent actuellement cette génération hyper-connectée, multi-écrans, surfant sans cesse entre différents médias et supports où la frontière entre contenus informatifs et persuasifs est souvent ténue.

Voilà les questions et thèmes abordés dans ce chapitre. Il ne s'agit ni d'expliquer aux annonceurs comment communiquer à cette cible, ni de dresser un portrait de ces jeunes évoluant dans un monde digital qu'ils ont toujours connu. C'est l'objet d'autres chapitres de cet ouvrage. Ce que nous tentons de faire c'est au regard de l'évolution de l'environnement technologique et par conséquent des supports de communication commerciale utilisés par les entreprises, comprendre les réactions de la génération Z à cette communication. Pour ce faire, ce chapitre est structuré autour de deux thèmes principaux. Dans un premier temps, nous abordons la question de la publicité média et des formes de communication hybride. Dans un deuxième temps, les enjeux réglementaires sont abordés, sur base d'une étude réalisée en 2016 auprès de jeunes de la génération Z en Belgique francophone.

I. La génération Z, la publicité média et la communication hybride

Si les années 80 ont été marquées par l'arrivée de la publicité sur nos petits écrans, la fin des années 90 et les années 2000 ont vu une modification de la part des investissements en publicité média par rapport à d'autres formes de communication. En cause, une perte de confiance dans les médias traditionnels au profit du hors média ; l'émergence du Web (et ensuite du digital) ; et enfin une utilisation importante de la communication « hybride » (placement de produits, sponsoring, etc.).

Ce préambule est nécessaire afin de comprendre la réaction de la génération Z à la publicité média. En effet, il est difficile de comparer la génération Z avec leurs homologues de cohortes précédentes puisque l'environnement publicitaire et commercial lui-même a évolué. Quoi qu'il en soit, les médias traditionnels offrent toujours de nombreux supports de publicité auxquels les différents publics (dont la génération Z) sont susceptibles d'être exposés.

Précisons bien que nous ne parlons que de communication média et n'aborderons donc pas les formes de communication hors média utilisées par les entreprises et organisations.

1. La consommation de médias : une génération multi-écrans

Toutes les études s'accordent pour dire que la consommation de médias des jeunes de la génération Z diffère de leurs prédécesseurs. En cause, l'évolution de ces médias mais aussi les caractéristiques propres de cette génération comme son goût pour le collectif se traduisant notamment par sa grande dépendance des réseaux sociaux et bien sûr sa maîtrise des nouvelles technologies leur offrant de nouvelles manières de consommer les médias.

Existant depuis 2011, la 6e édition de « Junior Connect », vaste baromètre réalisé par la société IPSOS auprès de 4700 jeunes de moins de 20 ans nous livre des informations très intéressantes (Schmutz et al. 2016). Tout d'abord, La TV semble être le média connaissant le plus de changements dans sa consommation chez cette cible. En effet, si les 13-19 ans la regardent un peu moins qu'avant, ils la regardent surtout différemment. Ainsi, ils regardent plus en *replay* qu'en live et utilisent leur ordinateur dans ce cas. La consommation de vidéos diverses se fait grâce aux tablettes et smartphones. Cela confirme une autre étude récente (Destrebecq et Pecheux, 2016) réalisée pour le compte du Conseil Supérieur de l'Audiovisuel (CSA) belge[1] au cours de laquelle les jeunes interrogés révèlent que regarder la TV « classique » ne fait plus vraiment partie de leurs habitudes (pour des raisons multiples). Toutefois, ils reconnaissent accéder aux programmes ou séries TV *via* d'autres dispositifs (ordinateurs, tablettes, etc.) :

- Selon l'étude IPSOS, en ce qui concerne la Presse, 41 % des 13-19 ans révèlent la lecture d'au moins un titre de la presse jeunesse (c'est nettement moins que les 7-12 ans chez qui ce chiffre dépasse les 70 %) et en moyenne 4h de lecture de cette presse par semaine. Quant à internet, ils y seraient en moyenne 14 heures par semaine ! C'est trois fois plus que les 7-12 ans, mais c'est surtout 2h de plus en moyenne que leurs homologues en 2012.

1. Pour être exact, il s'agit du CSA de la communauté Wallonie-Bruxelles. La Belgique étant un état communautarisé, un équivalent du CSA existe en communauté flamande.

- Dans l'étude du CSA belge, certains jeunes avouaient d'ailleurs être connectés en permanence *via* leur smartphone. Enfin et sans surprise, au niveau des réseaux sociaux, 77 % des 13-19 ans sont sur *Facebook* ; 30 % sur *Twitter* (contre 25 % en 2015) ; 28 % sur Instagram (contre 14 en 2015).

Et en ce qui concerne les plateformes de partage, 45 % utilisent *Youtube* (31 % en 2015). L'étude IPSOS ne nous donne pas de chiffres relatifs aux autres médias (radio, cinéma, affichage) mais tout porte à croire que la TV (ou la TV *via* un autre dispositif) et *Internet* sont les médias les plus importants pour cette tranche d'âge.

Parallèlement à cet inventaire des médias et supports sur lesquels les jeunes de la génération Z peuvent avoir accès aux différents programmes ainsi qu'à la communication commerciale qui y figure, il est important de comprendre que cette génération utilise tous ces moyens de manière souvent simultanée, faisant d'eux une génération multi-écrans.

Plusieurs études l'ont montré. Il suffit d'abord de retourner aux chiffres de l'étude IPSOS citée plus haut. D'après cette étude, les taux d'équipement personnel des 13-19 ans atteindraient 77 % pour les smartphones, 68 % pour les ordinateurs de même que les consoles de jeux ; 36 % pour les TV ; 34 % pour les tablettes.

En moyenne, les 13-19 ans ont 3 terminaux personnels qu'ils peuvent utiliser simultanément ! Plusieurs disent d'ailleurs être devant la TV avec leur ordinateur ou tablette et leur smartphone (Destrebecq et Pecheux, 2016). Cette nouvelle manière d'utiliser les médias et supports de manière intégrée n'est pas sans conséquences au niveau de la publicité qui s'y trouve comme nous le verrons plus tard dans ce chapitre. Enfin, notons que le smartphone reste leur équipement principal. Ils l'utiliseraient d'abord pour écouter de la musique *via* différentes applications, ensuite pour communiquer grâce aux plateformes de communication et d'échange, après viendrait le Web et enfin le jeu.

Pour terminer cette partie sur les médias utilisés par la génération Z, il faut mentionner la nouvelle classification des médias selon que l'entreprise achète ou pas l'espace et en contrôle ou non les supports de communication : le *paid media* ; le *owned media* et le *earned media* (De Baynast et Lendrevie, 2014) :

- le *paid media* ou « audiences achetées » correspond à la publicité sur les médias classiques (TV, presse, radio, etc.) ; aux insertions en ligne (bannières, vidéos) et sur les moteurs de recherche ; aux emailings et comparateurs ;
- le *owned media* réfère aux supports contrôlés par la marque tels que les brochures, les sites de marques, la présence de la marque sur les réseaux sociaux ou encore les applications mobiles ;
- enfin, le *earned media* renvoie aux « audiences générées par les conversations et les leaders » telles que le bouche-à-oreille classique mais aussi les avis de consommateurs sur des forums, les vidéos sur *youtube*, les blogs, les conversations sur la marque sur les réseaux sociaux, etc.

Tout porte à croire, de par leurs habitudes de consommation des médias et leur maîtrise des nouveaux outils, que la génération Z contribue fortement au *earned media*. Ce n'est pas sans implication au niveau du traitement de la publicité car sur le *earned media*, sources commerciales et non commerciales se mélangent de façon pour le moins indistincte.

2. Une publicité média intégrée, immédiate et interpersonnelle

Comment dès lors caractériser la publicité média en 2017 afin de comprendre les possibles réactions de la génération Z à celle-ci ? Trois mots pourraient la qualifier, du moins si on se base sur les usages des médias de cette cible : intégrée, interactive et interpersonnelle.

a. Intégrée

Le concept de communication intégrée n'est pas nouveau pour les annonceurs (Pickton et Broderick, 2005). Il part du constat qu'un récepteur peut être exposé à des sources de communication très diverses et qu'il convient de s'assurer qu'un seul et même message est délivré par ces différentes sources. Ce concept dépasse d'ailleurs la publicité média puisqu'il est question d'intégrer toutes les formes de communication média et hors média.

Si on en revient à la génération Z, la publicité média à laquelle ils sont exposés se doit d'être intégrée car elle est en fait « imbriquée » dans plusieurs médias à la fois. En effet, ces jeunes passent d'un média à l'autre voire même en utilisent plusieurs en même temps.

- par exemple, lorsqu'ils regardent un programme TV sur le Web, ils s'exposent à un double support publicitaire : la TV et le Web. Quand ils partagent une vidéo publicitaire sur leur page *Facebook*, il y a également un double niveau de supports. Et l'on pourrait trouver de nombreux autres exemples.
- certes, on peut argumenter qu'ils ne sont pas les seuls à être exposés à ces différents supports, par contre ils sont les premiers à maîtriser aussi bien des écrans multiples, parfois même de manière simultanée.
- quelles implications cela peut-il avoir au niveau du traitement de la publicité ?
  - Tout d'abord, le fait que la publicité média soit intégrée dans des supports et médias différents en même temps la rend moins différenciable de son contexte puisque ces contextes deviennent multiples.
  - Si une publicité TV classique est très différenciable du programme qui la précède ou la suit (elle en est d'ailleurs clairement séparée par des jingles ou visuels), qu'en est-il quand un programme TV est visionné sur le Web (en *replay, via Youtube* ou toute autre plateforme de partage) servant lui aussi de support à des publicités ?

b. Interactive

Les supports digitaux et notamment les nombreuses communautés de partage et de communication utilisées par la génération Z offrent des possibilités interactives jamais atteintes par le passé. S'il est vrai que des annonces TV ou écrites avaient déjà tenté des interactions par le biais de code QR code, site Web ou sms, le digital offre des possibilités d'interactions plus rapides voire immédiates.

Une annonce postée sur *Youtube* ou sur une page *Facebook* d'une marque peut enregistrer des réactions quasi immédiates et un vrai dialogue avec ses récepteurs. Certains vont d'ailleurs la diffuser vers d'autres, la partager et donc son pouvoir devient exponentiel.

c. Interpersonnelle

Enfin, à partir du moment où un récepteur d'une annonce la partage avec d'autres, générant un bouche-à-oreille virtuel, l'émetteur de cette annonce peut apparaître comme la personne la partageant et non pas comme celle à l'origine du message.

Les recherches ayant montré une préférence des consommateurs pour des sources de communication personnelles et non commerciales plutôt que de masse et commerciales, cela pose des questions quant au pouvoir persuasif de cette annonce. Le *earned media* auquel contribue largement la génération Z est une illustration parfaite de tout cela.

3. Traitement de la publicité par la génération Z

La publicité a-t-elle une influence sur la génération Z ? Comment la traitent-ils ? Les questions de discrimination de la publicité de son contexte et d'identification de l'intention persuasive de la publicité ont fait l'objet de nombreuses études (De Pelsmacker et al. 2013) plus en particulier quand il s'agit de jeunes publics ne disposant pas nécessairement de toutes les capacités cognitives pour le faire :

- si la plupart des études ont été menées sur la publicité télévisée pour laquelle la publicité est très clairement distinguée de son contexte et annoncée par des séparateurs, ce n'est pas le cas sur les nouvelles plateformes et supports digitaux.
- de plus, les modes de traitement de la publicité par cette génération n'ont pas, à notre connaissance, fait l'objet d'investigation afin de découvrir les mécanismes de formation d'attitude basés sur l'affectif, le cognitif ou le comportement.

Ces modèles, basés sur les hiérarchies des effets publicitaires (Barry et Howard, 1990) et les modèles duaux (Petty et Cacioppo, 1986) sont pourtant bien utiles pour classifier les effets de la publicité (De Pelsmacker et al. 2013).

Dès lors, que pouvons-nous dire au sujet des réactions de cette génération Z à la publicité ? Tout d'abord, les médias et supports qu'elle utilise sont riches en contenu visuel et créatif :

- ces caractéristiques sont donc susceptibles de mener à un traitement plus « périphérique » des annonces ne passant pas par une analyse des arguments sur le produit ou service.
- ensuite, cette génération habituée à surfer d'un support à l'autre ne traiterait pas l'information en profondeur, laissant la place à des mécanismes de persuasion plus affectifs.

- enfin, les frontières plus floues entre contenu commercial et informatif sur différents médias et supports (*Youtube* par exemple) ne favoriseraient pas une identification de l'intention persuasive de la publicité. Tous ces points nécessitent de plus amples investigations (l'étude présentée en deuxième partie de ce chapitre nous livre quelques éléments de réponse).

Pour conclure, n'oublions jamais que bien que cette génération soit éduquée à être critique par rapport aux publicités, cela ne l'empêchera jamais d'avoir une réaction positive par rapport à une annonce particulière et encore plus si elle n'est pas consciente qu'il s'agit d'une publicité !

4. Le cas particulier de la communication hybride

La publicité n'est pas la seule forme de communication commerciale présente dans les médias actuels. En effet, il en est une autre très utilisée en TV (séries, films, émissions), au cinéma, dans les clips vidéo : le placement de produits. Cette pratique n'est pas nouvelle et les études sur le sujet sont nombreuses « voir Charry et Tessitore (2016), pour une synthèse ». Néanmoins, elle pose des questions d'identification.

Bon à savoir

Par définition, le placement de produits appartient à la communication hybride définie comme toutes les tentatives payantes d'influence projetant un caractère non commercial (Balasubramanian, 1994).

En d'autres mots, dans une communication hybride, l'intention persuasive est cachée et donc moins évidente à identifier.

Les effets du placement de produits sur les attitudes et les comportements sont connus et doivent être nuancés mais il n'en reste pas moins que cette pratique peut poser des questions en termes de protection des consommateurs :

- chez les jeunes de la génération Z, les chances d'être exposés à du placement de produit sont plus grandes que pour le reste de la population.
- en effet, ils sont des grands fans de séries, de clips vidéo, de cinéma et de certains programmes TV susceptibles d'en contenir. Il convient donc de continuer les études sur cette population.

En ce qui concerne les programmes TV contenant du placement de produits, des réglementations existent imposant des écrans et un logo d'avertissement. Les études sur la question, concluent souvent pourtant à l'efficacité limitée de telles mesures.

Une étude récente (Hanot et Pecheux, 2016) menée sur une tranche d'âge plus jeune (les 9-14 ans) s'est penchée sur la question dans le cas du programme « The Voice Belgique ». En effet, diffusé depuis 5 ans sur le service public belge francophone, ce programme contient de nombreux produits et services placés et ce n'est pas sans susciter critiques et débats.

Afin d'apporter des éléments de réponse, une étude composée d'une phase qualitative (24 enfants) et de deux expérimentations (110 et 158 enfants) a livré les résultats suivants :

- la majorité des jeunes interrogés n'attribuent pas une intention persuasive (commerciale) au placement de produits ;
- après avoir été exposés à des marques placées, les jeunes interrogés sont plus favorables à ces marques qu'avant exposition ;
- un écran publicitaire contenant une marque faisant l'objet d'un placement renforce l'effet de ce placement en termes de rappel et de reconnaissance de la marque ;
- une majorité des jeunes interrogés ne se rappellent pas avoir vu un avertissement ou logo de placement de produits et ne le comprennent pas. Nombreux sont ceux pensant que le logo « PP » est la marque de la caméra.

Le cas de The Voice Belgique : quand publicité, placement de produits, média et supports s'entremêlent !

Les cas de *The Voice Belgique* sont un exemple parfait d'utilisation simultanée de médias et supports. En effet, diffusée au départ à la TV, cette émission est également en live sur le Web. Mais ce n'est pas tout ! Au cours de l'émission, les animateurs font de nombreuses références au site Web de l'émission, à la page *Facebook* et à ce qui se passe sur *Twitter*. À plusieurs reprises pendant l'émission TV, l'animateur affiche et commente ces tweets ou ce qui se passe sur *Facebook*. Très clairement les téléspectateurs (ou spectateurs Web) sont encouragés à se connecter *via* leur ordinateur, tablette ou téléphone afin de suivre simultanément ce qui se passe en TV mais aussi sur le Web, sur *Facebook* et sur *Twitter*.

De plus, comme nous l'avons dit précédemment, cette émission contient du placement de produits en plus des publicités classiques. Ces marques placées sont elles aussi présentes sur la page *Facebook* ou dans les tweets ! On a donc un mélange des supports et des contenus où il devient très difficile de déterminer la source des messages et ce qui relève de l'émission ou des annonceurs et sponsors…

II. Les enjeux réglementaires

La question de la réglementation de la publicité et les débats parfois stériles entre les « pour » et les « contre » ne sont pas nouveaux. Toutefois, l'apparition de nouveaux supports de publicité, interagissant parfois avec les supports classiques, pose de nouvelles questions. En particulier la question du Web est épineuse. En effet si des règles existent maintenant en termes de contrôle parental ou de protection des mineurs face à certains contenus, il n'en est pas de même pour la communication commerciale sur le Web.

Il faut dire que même définir ce qu'est une insertion commerciale sur le Web n'est pas aisé. Une vision étroite consiste à considérer que celle-ci se limite aux insertions classiques de type bannières, *pop ups*, etc. Dans une vision plus large, on intègre les sites de marques et toutes autres insertions commerciales. En bref, dresser une frontière claire entre ce qui est publicitaire et ce qui ne l'est pas comporte déjà des difficultés.

D'autre part, alors que ce qui se passe dans les médias dits « traditionnels » en termes de contenu des programmes mais aussi au niveau publicitaire est réglementé au niveau Européen ou des états membres et surveillé par des organes comme le Conseil Supérieur de l'Audiovisuel (le CSA est le régulateur, il vérifie la bonne application des lois), ce dernier n'est pas compétent en matière de Web. C'est une situation ubuesque :

- en effet, le CSA peut vérifier que les lois au niveau publicitaire sont bien respectées dans le cadre d'un programme TV mais quand ce programme est diffusé sur le Web *via* un « *livecenter* », en *replay* ou encore *via* une plateforme de partage telle que *Youtube*, là le CSA n'est plus compétent !
- ce constat a poussé récemment le CSA belge (ou plus exactement le CSA de la communauté Wallonie-Bruxelles) à mener une étude sur la question.

Cette étude est présentée dans les paragraphes qui suivent. Bien que le public étudié soit la génération Z en Belgique francophone et pas en France, peu de choses différencie les jeunes belges des jeunes français.

De plus, les Belges francophones sont de grands consommateurs des médias français (les annonceurs français investissent d'ailleurs peu sur les médias belges francophones car ils savent que cette audience est aussi celle des médias français).

1. Étude comparée de la perception de la diffusion publicitaire dans les services de médias audiovisuels linéaires (TV) et non linéaires (*replay* sur le Web)

Le point de départ de cette étude, comme expliqué plus haut, vient de l'apparition de services de médias « non linéaires » (un média linéaire est par exemple la TV classique avec une grille de programme bien définie ; un média non linéaire est par exemple le Web).

En matière de contrôle de la publicité commerciale, les règles d'application en linéaire ne trouvent pas d'équivalent en non linéaire et ce constat remet en avant une question cruciale de protection du consommateur vis-à-vis de cette publicité commerciale, d'autant plus qu'un même programme peut souvent être visionné en linéaire et en non linéaire.

Le but de cette étude est donc de tester si la perception de la communication publicitaire diffusée dans ou autour d'un même contenu audiovisuel est identique selon la plateforme de diffusion ? Si tel est le cas, la réglementation devrait être la même quelle que soit la plateforme.

Plus concrètement, les objectifs de cette étude sont les suivants :

- les 17-25 ans sont-ils **conscients** de la présence de publicités sur les plateformes Web des médias et peuvent-ils en évaluer la quantité ?

- les jeunes de la génération Z peuvent-ils **identifier** qu'il s'agit bien de publicités et pas d'autre chose ?
- quelle est la **tolérance** de la génération Z par rapport aux publicités sur les plateformes Web des médias ?

a. Phase qualitative

Cette étude, menée au printemps 2016, a comporté une phase qualitative suivie d'une phase quantitative par le biais d'une expérimentation. Pour la partie qualitative, 35 jeunes de 17 à 25 ans (correspondant à des profils très variés) ont été interrogés en face-à-face à l'aide d'un guide d'entretien composé de trois parties. Dans la première partie, une discussion spontanée était entamée afin de connaître leurs habitudes en matière de TV et de médias en général (consommation d'internet).

Dans une deuxième partie, il leur était proposé de regarder des extraits en *replay* de plusieurs émissions (journal télévisé, émission sportive ou *The Voice / Top Chef*) provenant à la fois des services public et privé belges Enfin, dans une troisième partie, des captures d'écran étaient présentées.

Ces captures représentaient différentes pages de sites Web différant quant aux publicités qui apparaissaient. Il leur était ainsi demandé de pointer les publicités qu'ils voyaient et s'ils n'en voyaient pas certaines, leur attention était attirée dessus.

Les entretiens se terminaient par des questions sur la nécessité (perçue par les répondants) de réglementer les publicités sur internet. Les résultats de cette étape qualitative peuvent être synthétisés par les points suivants (voir tableau 1).

Tableau 1 : Résultats marquants issus des interviews

Principaux résultats	Verbatims issus des interviews	Implications
La consommation « classique » de TV a disparu	*« Regarder la TV ? non jamais. Par contre je télécharge des séries sur le Web ou je regarde les programmes en replay. »*	Il faut repenser ce que signifie « regarder la TV » pour cette génération.
Fausse croyance d'une présence publicitaire moins importante sur le Web.	*« Je pense qu'il y a moins de pubs sur le Web mais en fait, c'est parce que je me suis habitué à ne pas les voir »*	Importance de changer cette croyance erronée afin de mieux protéger la génération Z.
Absence d'irritation voire même tolérance vis-à-vis des pubs sur le Web/les nouvelles plateformes	*« C'est normal qu'il y ait des pubs puisque les services sont gratuits »*	Éduquer par rapport à cette « légitimité » perçue.
Faible identification de certaines publicités.	*« Ah oui, c'est une pub, je n'avais pas vu. Ça se fond dans le décor. On dirait un petit reportage, pas une pub ».*	Meilleure identification de certains formats publicitaires indispensable sur le Web.

- majoritairement (30/35) les répondants ne sont pas très assidus de la TV linéaire ou ne le sont plus par manque de temps et en raison de leur consommation importante d'internet et du téléchargement de séries ou autres contenus sur le Web. Cette consommation Web se fait sur PC mais aussi *via* les smartphones à tout moment de la journée ;
- avant d'être exposés à des extraits, les jeunes interrogés pensent qu'il y a moins de publicités sur les nouvelles plateformes (27/35). Une fois les extraits visionnés, 33/35 pensent qu'il y en a plus et disent s'être habitués à ne pas les voir. Ils reconnaissent aussi que sur le Web, les publicités sont moins bien séparées du reste qu'à la TV ;
- contrairement à qui a souvent été avancé par les défenseurs des publicités sur les nouvelles plateformes, la majorité des jeunes interrogés (33/35) ne passe pas en mode plein écran quand ils regardent un programme TV sur le Web, s'exposant ainsi à toute une série de publicités additionnelles sur la page consultée ;
- majoritairement les répondants ne sont pas irrités outre mesure par la présence de pubs sur les nouvelles plateformes. Cette génération semble en effet habituée à la présence de publicités sur les sites Web ou du moins dit s'être habituée. Et leur raisonnement va souvent plus loin puisqu'ils trouvent une légitimité aux publicités sur les nouvelles plateformes dans la mesure où ces plateformes sont pour la plupart gratuites ;
- certaines publicités sont plus facilement identifiées que d'autres : le fait que ce soit avant une vidéo ; le contraste de couleur ou de forme avec le reste ; la localisation à droite de l'écran ; l'absence de lien entre la pub et le contenu ; la présence d'une croix ; etc. Il est intéressant de noter que la présence d'une marque, d'un prix ou d'une promotion dans une publicité permet de se rendre compte que c'est une publicité. Par contre, Il est un cas particulier d'annonces qui n'est pas identifié en tant que tel par une majorité des répondants (29/35), même quand le mot « publicité » figure dessus : ce sont les annonces se présentant sous forme d'articles, de rédactionnel. D'un point de vue identification, ces annonces posent donc un vrai problème ;
- enfin, il a été demandé aux répondants ce qu'ils pensaient de l'argument souvent avancé par ceux refusant des restrictions de la présence publicitaire sur les nouvelles plateformes et selon lequel l'internaute aurait un contrôle de la publicité. En réponse à cette question, les répondants sont presque unanimes (34/35) pour dire qu'un contrôle total n'existe pas (à la TV non plus d'ailleurs). Toutefois, la majorité se dit « non influençable » tout en admettant que d'autres personnes sont susceptibles de l'être et qu'en plus, il y sans doute des influences que l'on ne voit pas.

Les répondants de cette étude qualitative, tous « digital natives », semblent plutôt tolérants quant à la présence publicitaire sur les nouvelles plateformes (bien qu'ils ne paraissent pas toujours conscients de son intensité). Si l'attitude générale de nos jours est plutôt de « diaboliser » la publicité ou du moins de dénoncer sa présence massive, cela ne semble pas être l'avis de la génération Z. Il convient néanmoins de nuancer cela. En effet, le discours entendu lors de cette pré-enquête était plutôt empreint de résignation.

Les services sur les nouvelles plateformes étant gratuits, les enquêtés voient donc dans la publicité une contrepartie « normale » même s'ils ne l'ont pas choisie. De plus, il faut prendre avec précaution un discours ouvertement « non influencé » par la publicité d'autant plus que les répondants reconnaissent que d'autres personnes peuvent l'être. La désirabilité sociale peut avoir influencé les réponses fournies.

Il est interpellant de constater que la publicité est peu différenciée d'autres formes de communication que sont l'autopromotion ; le sponsoring/parrainage ; les renvois vers *Facebook*, *Twitter* etc. La densité des pages Web et la multitude d'informations s'y trouvant semblent complexifier la discrimination entre les différents formats.

Enfin, un format particulier de publicités est particulièrement mal identifié, il s'agit des publicités prenant la forme de mini-articles (même quand le mot « publicité » figure dessus). Ce format nécessite sans doute une attention particulière.

b. Phase quantitative

Pour la deuxième étape de cette recherche, une procédure expérimentale a été mise en place afin de fournir un test (dans un environnement contrôlé) de l'expérience de vision d'un même programme en TV et en *replay* sur le Web.

Plusieurs questions de recherche ont été testées :

- **l'expérience** de vision d'un même contenu est-elle différente selon que ce contenu soit visionné à la TV ou en *replay* sur le Web ?
- **le rappel** varie-t-il en fonction de la plateforme (TV *versus* Web) (étant entendu que selon la plateforme la quantité et le placement de la communication commerciale sont différents) ?
- les répondants attribuent-ils de la même manière une intention persuasive à publicité en TV que sur le Web ?

Deux groupes équivalents de jeunes de 17 à 25 ans ont été exposés au même contenu (le début d'un journal télévisé de la RTBF, à savoir un reportage sur la mort du chanteur *Prince*), présenté soit sous forme d'enregistrement TV (avec le tunnel de publicités et d'annonces d'autopromotion qui le précède) (condition expérimentale 1 : « TV » ; 44 répondants) ; soit en *replay via* le site Web de la *RTBF* (avec une publicité en début de vidéo, des annonces diverses à l'écran, des liens promotionnels, de l'autopromotion, etc.) (condition expérimentale 2 ; 42 répondants).

Les principaux résultats sont synthétisés dans le tableau 2 ci-après et détaillés par la suite.

Tableau 2 : Principaux résultats de l'expérimentation

Principaux résultats	Mesures	Implications
La vision du programme en *replay* est plus agréable qu'en TV	Mesure de l'expérience ressentie lors de la vision du programme	Ces deux résultats ont des implications sur l'efficacité des publicités. En effet, le contexte affectif positif suscité par la vision en *replay* peut favoriser l'acceptation et la persuasion des publicités présentes.
La vision du programme en *replay* génère plus d'émotions positives et celle du programme en TV plus d'émotions négatives	Mesure des émotions positives et négatives ressenties lors de la vision du programme	
Moins de rappel des publicités lors de la vision en *replay* qu'en TV	Rappel spontané et assisté des publicités	Lors d'une vision en *replay* sur le Web, les publicités seraient moins bien identifiées en tant que telles.
Meilleure identification des publicités (attribution d'une intention persuasive) lors de la vision en TV	Question sur l'attribution d'une intention persuasive aux publicités présentées	

- l'appréciation de l'expérience est significativement plus positive lors de la vision en *replay* qu'à la TV. Cette différence d'appréciation de la vision s'est ressentie également qualitativement dans les groupes pendant l'expérimentation. En effet, les répondants soumis à l'enregistrement TV se sont montrés plus « impatients » et « dissipés » pendant le tunnel de publicités précédant le JT ;
- les émotions ressenties par les répondants dans les deux conditions ont été mesurées. Les répondants qui ont eu l'expérience de vision à la TV disent avoir ressenti plus de surprise, plus de dégoût, moins de tristesse, moins d'intérêt, plus d'irritation et plus de colère. Ces émotions ressenties justifient donc bien les résultats obtenus pour l'appréciation générale de la vision ;
- bien que la comparaison soit difficile à faire, il semble clair qu'il y a moins de rappel des publicités quand l'expérience de vision est en *replay* qu'en TV. Loin d'être rassurant ce résultat atteste (comme la phase qualitative) d'une moins bonne prise de conscience de la présence de publicités sur une plateforme internet (contrairement à la télévision où les publicités sont isolées du reste et donc mieux repérées) ;
- enfin bien que la comparaison soit ici aussi difficile en raison du nombre différent de publicités présentes dans les deux conditions, il semble que les publicités en TV soient plus faciles à identifier comme telles (c'est-à-dire que les répondants disent bien que c'est de la publicité et pas autre chose) que sur le Web où certes, des formats très divers de publicités sont présents. En particulier et sans grande surprise, les publicités sous forme rédactionnelle posent de réels problèmes.

En conclusion, si l'expérience de vision d'un programme sur une nouvelle plate-forme est davantage appréciée qu'en TV par les 17-25 ans, elle semble aussi être le lieu d'influences plus subtiles, moins visibles. L'environnement des nouvelles plateformes rend la communication commerciale moins facilement identifiable.

Il va de soi que ces résultats devraient être validés sur un échantillon plus large. Néanmoins, le CSA (belge) en a conclu qu'ils « nous interpellent dans un contexte de révision du cadre législatif européen relatif aux services de médias audiovisuels. Un cadre européen balisant la communication commerciale à la fois sur les services linéaires et non linéaires est plus que jamais nécessaire dans un contexte de convergence qui pose un défi au regard des valeurs de protection des consommateurs, de défense de certaines règles éthiques et de compétition équitable ».

2. Autres questions de réglementation

L'évolution des nouvelles technologies et les techniques désormais individualisées de ciblage (qu'il soit contextuel, temporel et géographique) ne sont pas sans poser de nouvelles questions de réglementation protégeant le consommateur.

Pour cette génération Z, née avec les nouvelles technologies, et qui semble trouver « légitimes » certaines pratiques comme la publicité sur internet, la réglementation s'impose sans doute encore plus. Bien évidemment, comme toujours dans ce genre de débats, certains vont prôner l'éducation plutôt que l'interdiction.

Il est vrai qu'une éducation aux pratiques commerciales est toujours nécessaire mais les études montrent qu'une attitude négative envers la Publicité en général n'empêche pas des réactions positives à une annonce publicitaire particulière, notamment parce que dans de nombreuses situations peu impliquantes (c'est le cas pour les produits de grande consommation), l'affectif va l'emporter sur le cognitif.

En conclusion, les nouveaux médias et supports auxquels sont exposés les jeunes de la génération Z changent la donne publicitaire et nécessitent sans doute de se reposer les bonnes questions en matière de réglementation.

Ce qu'il faut retenir

La consommation de médias par les jeunes de la génération Z est très différente de celle de leurs homologues des générations précédentes.

Cette génération multi-écrans utilise souvent de manière simultanée plusieurs écrans. Ce constat pose des questions quant à l'interactivité possible des publicités.

La communication commerciale vis-à-vis de la génération Z est loin d'être limitée aux médias classiques et fait la part belle à la communication hybride.

La pression publicitaire très importante sur les nouvelles plateformes de diffusion de médias ne semble pas irriter la génération Z. Au contraire, elle considère cette présence légitime.

De nouvelles questions se posent en matière de protection des consommateurs et de réglementation des pratiques publicitaires sur les nouvelles plateformes de diffusion des médias.

Références

De Baynast et J. Lendrevie, *Publicitor*, Dunod, 2014.

B. Schmutz, F. Hernaes Fourriez, S. Gassman et T. Nguyen, « Junior Connect 2016 - Les jeunes, nouveaux partenaires de consommation ? », ISPOS, 2016.

C. Castels, « Génération Z. Les générations se suivent et ne se ressemblent pas », *Le nouvel Economistre.fr*, 2012.

C. Charry et T. Tessitore, « Product placement, its supporters and detractors : A quest for balance », in : *Advertising in New Media and Formats : Current research and Implications for Marketers*, Emerald Group Publishing Limited, 2016, p. 265-290.

C. Pecheux et M. Hanot, « Product placement in family TV shows : a need for more legal constraints ? », *Academy of Marketing Science Conference*, Paris, 2016.

D. Pickton et A. Borderick, *Integrated Marketing Communications*, Prentice Hall, 2e éd, 2005.

F. Hernaez Fourrier et L. Lamon, « Qui sont les 15-24 ans ? Quelles sont les valeurs qui influencent la consommation des milennials ? », IPSOS, 2016.

J. Destrebecq et C. Pecheux, « Étude comparée de la perception de la diffusion publicitaire dans les services de médias audiovisuels linéaires et non linéaires », Conseil Supérieur de l'Audiovisuel, Bruxelles, 2016.

P. De Pelsmacker, M. Geuens et J. Van den Bergh, *Marketing Communications - A European Perspective*, Pearson Éducation, 5e ed, 2013.

R. Petty et J. Cacioppo, « The Elaboration Likelihood Model of Persuasion », *Advances in Experimental Social Psychology*, 19, 1986, pp. 123-205.

S. Balasubramanian, « Beyond Advertising and Publicity : Hybrid Messages and Public Policy Issues », *Journal of Advertising*, 23 (4), 1994, pp. 29-46.

T. Barry et D. Howard, « A Review and Critique of the Hierarchy of effects in Advertising », *International Journal of Advertising*, 9, 1990, pp. 121-135.

Chapitre 11

Comment les marques de mode s'y prennent-elles pour séduire la génération Z ?

Xavier Manga, Docteur en Sciences de l'information et de la communication et fondateur de *Reputation Net*, Montréal

Introduction

La mode est par définition ce qui se démode. Son existence est éphémère. Elle relève selon le sémiologue (Barthes, 2001) de l'imitation collective d'une nouveauté qui se renouvelle perpétuellement. Les acteurs qui suscitent son émergence sont aussi ceux qui la démodent chaque année en suivant une nouvelle.

Il y a donc un renouvellement permanent dans la mode vestimentaire non seulement des accessoires et articles achetés par les consommateurs, mais aussi et surtout ceux proposés par les offreurs.

La mode devient donc par définition une institution qui pousse le consommateur, disposant déjà de placards bien remplis de vêtements, à l'achat permanent voire compulsif. Alors pourquoi les individus continuent-ils à acheter des vêtements ? D'où l'intérêt de s'interroger sur une problématisation d'une captation de la clientèle qui incite à l'achat et modifie dans le même élan le processus de création des collections.

En distribuant des produits dits tendances à un public essentiellement jeune, *Asos* pour *As Seen On Screen* (spécialiste du prêt-à-porter en ligne situé au Royaume Uni), *ZARA* (magasin de prêt-à-porter espagnol) et *H&M* (magasin de prêt-à-porter suédois) incarnent incontestablement cette situation. Leur stratégie consiste à proposer des collections de vêtements à la pointe de la mode, parfois directement inspirés des marques de luxe, le tout à des prix accessibles.

Le positionnement de ces trois marques

ZARA

- Cible les hommes, les femmes et les enfants avec des vêtements tendances ;
- S'inspire du luxe en assistant au défilé de mode (délais réduit entre la conception de collections et la distribution) ;
- Maîtrise sa chaîne de production (intégration verticale) ;
- Fait très peu de publicité dans les médias, s'implante dans les grandes artères commerçantes faisant de sa boutique la vitrine de la marque.

H&M

- Comme *Zara, H&M* cible un public large (enfants, adolescents et parents) mais vise particulièrement les adeptes de mode 18 et 35 ans ;
- Pratique le masstige ;
- Contrairement à *Zara, H&M* fait beaucoup de publicités dans les médias.

Asos

- Cible principalement les jeunes femmes de 15 et 35 férues de mode vestimentaire et fans de célébrités ;
- S'inspire des influenceurs : célébrités et créateurs de tendance ;
- Joue sur l'expérience des internautes pour proposer ses collections (maîtrise sa logistique et dispose d'une importante base de données) ;
- Fait rarement de la publicité classique, mais privilégie le marketing viral.

Alors qu'un John Galliano se promenait dans les Indes à la recherche de croquis, de tissus, de dessins à la main, le *Fast* (incarné par ces trois marques) devient si *fast* que le vêtement se fait *Kleenex* et la mémoire de l'habit n'a plus le temps de se faire. Cette révolution du nomadisme, du ***zapping*** à tous les étages, du ***Quick Response System*** où les caisses enregistreuses sont connectées par Internet avec le siège et fournissent ainsi un flot continu d'informations sur les ventes n'est-elle pas symptomatique d'une génération zappeuse, de plus en plus incarnée par les Z ? Derrière cette mode caractérisée par des vêtements vite achetés, vite usés et remplacés, se peaufinent des stratégies marketing dont il convient de questionner avec en toile de fond une question cruciale : comment l'industrie de la mode parvient-elle à allier marketing et technologie pour fidéliser une génération hyperconnectée ?

Pour apporter quelques éléments de réponse, ce chapitre s'attache à examiner les spécificités de la génération Z tout en soulignant la nécessité de la mise en place d'un marketing destiné à des clients hyperconnectés. Ainsi, ce chapitre :

- analyse le potentiel commercial (bien souvent mal exploité par l'industrie de la mode) que referment les réseaux sociaux et met en exergue la figure de l'influenceur comme modèle de persuasion.
- démontre en quoi est-il astucieux de s'appuyer sur ces nouvelles figures, incarnées par de véritables acteurs de la visibilité, pour se rapprocher de leurs *fans.*
- et livre, *in fine*, des solutions permettant à l'industrie de la mode d'être en adéquation avec les comportements de la génération Z.

I. Les Z hyperconnectés et la mode

Née entourée de la technologie, la génération Z pourrait se caractériser par sa préoccupation constante voire son obsession pour les données personnelles. Hyperconnectée, elle publie sur les réseaux socionumériques presque toutes les activités liées à ses interactions sociales (photos sur *Instagram*, *checks-in Foursquare* à profusion, commentaires sur *Twitter*, *selfie* sur *Facebook*, etc.).

Ces Z hyperconnectés affectionnent l'idée de relater leur quotidien et de s'exhiber dans les réseaux socionumériques. Certains d'entre eux mettant un point d'honneur à améliorer leur image : téléphones intelligents, tablettes tactiles, ordinateurs portables et objets connectés sont autant de supports sur lesquels ils s'appuient pour se mettre en scène *via* leurs photos et leurs données.

C'est donc tout naturellement que les marques en général et les marques de mode en particulier ont investi les réseaux socionumériques pour essentiellement deux raisons :

- Les jeunes passionnés de mode y sont hyper-présents et affectionnent particulièrement *Instagram* et *Facebook* pour le partage de leurs photos ;
- Il s'agit d'espaces socionumériques qui favorisent l'interaction autour de photos et de modèles de mode.

On ne peut donc négliger l'influence qu'exercent Internet et ses réseaux sociaux sur l'industrie de la mode. Pour séduire les adolescents, il faut utiliser les mêmes outils qu'eux ; d'où l'intérêt d'intégrer les spécialistes du marketing de la technologie dans la stratégie globale d'entreprise. Mais le premier changement à opérer relève de l'ordre culturel.

Il convient d'aller au-delà de la dichotomie entre clients physiques que l'on rencontre sur le point de vente (et que l'on estime bien connaître) et les cybers acheteurs que l'on traque en vue de proposer une publicité contextualisée. Pour ce faire, il faut donc sortir du marketing traditionnel et du *e-marketing* pour proposer un marketing destiné à une génération « dont le quotidien est de plus en plus lié au numérique[1] ».

L'exemple de l'enseigne TopShop

Le concept d'un marketing destiné à des clients hyperconnectés peut s'apparenter à la stratégie que *TopShop* a adoptée lors de la *Fashion Week* 2015 de Londres. En partenariat avec *Twitter*, la marque a sélectionné les tendances vestimentaires dominantes de l'événement. « Elle a associé ces tendances à des produits *TopShop* disponibles immédiatement faisant augmenter les ventes de 18 % en une semaine[2] ».

1. F. Cavazza, « Il n'y a plus de marketing digital, mais du marketing pour des clients digitaux », 2016, https://fredcavazza.net/2016/07/18/il-ny-a-plus-de-marketing-digital-mais-du-marketing-pour-des-clients-digitaux/, consulté le 20 août 2016.
2. Estelle, « Comment les réseaux sociaux modifient-ils l'acte d'achat ? », http://modelab.fr/comment-les-reseaux-sociaux-modifient-acte-achat/, consulté le 16 novembre 2016.

De par cette posture, *Topshop* a démontré comment est-ce qu'on peut envisager un marketing destiné à des clients dont le numérique fait parti de leur quotidien.

Un marketing de mode pour des clients dont le quotidien est lié au numérique

Dans l'univers de la commercialisation de la mode, cohabitent des pratiques différentes dont celles du marketing traditionnel et celles du digital (*Snapchat*, balises de proximité, courriel etc.).

Bon à savoir

La réalité est que la génération Z s'attend à ce que les marques utilisent la technologie non pas partout mais plutôt là où son usage est nécessaire. L'efficacité des campagnes publicitaires en matière de mode dans les médias traditionnels (si tant est qu'il faille encore aujourd'hui opérer une dichotomie entre médias traditionnels et nouveaux médias) : télévision, presse féminine, magazine, communiqué de presse etc. ne doit pas être remise en cause au nom de la révolution numérique.

L'art de la vitrine de mode qui consiste à déclencher un plaisir lié à un attrait pour les collections vestimentaires et accessoires de mode n'est pas non plus remis en cause. Le génie de la vitrine de mode, guidé par des professionnels (étalagistes ou scénographes) qui sont à l'origine du sentiment d'attirance et de désir d'achat susceptible de submerger le consommateur tire ses fondements sur un réel jeu de séduction et de captation incarné par les produits mis en scène dans la vitrine.

Ainsi dès l'extérieur du magasin, dans la rue, l'exposition des articles vestimentaires et accessoires de mode prédispose d'ores et déjà à leur essayage ou endossement par le biais du regard.

Pour le *merchandiser*, l'acte d'achat se déclenche déjà sur le trottoir, à partir du moment où débute la contemplation des articles exposés en vitrine. Le point de vente et sa vitrine de mode demeure donc le cœur du métier, là où se passe l'activité historique et les clients sont encore nombreux à vouloir toucher, essayer avant d'acheter.

Cependant, le responsable marketing de mode sait que pour toucher pleinement sa jeune clientèle, particulièrement celle dont la technologie fait partie du quotidien, il faut aussi la débusquer *via* des solutions technologiques et sophistiquées, l'exposer à des messages et offres correspondant réellement à ses attentes. L'idée n'est pas d'abandonner le marketing traditionnel. Bien au contraire, dans bien des cas, la technologie s'appuie sur l'expérience client en proposant par exemple de magasiner ou de commander en ligne et de retirer en magasin. Pour améliorer l'expérience sur le point de vente, le marketing de mode doit penser à l'expérience, au global.

La vitrine de mode peut tirer profit du digital mais sans nécessairement vouloir plaquer du digital partout dans les points de ventes. D'une part, les marques de mode doivent se servir de la technologie et de ses méthodes de ciblage précises pour diffuser leur message. D'autre part, les producteurs de contenus mode doivent faire en sorte que la technologie fasse partie du quotidien lorsque cela est nécessaire et sans que cela ne soit nécessairement visible.

Ces deux aspects permettent non seulement de combler le fossé entre le monde physique (la vitrine de mode, son point de vente) et le monde numérique (la technologie et ses outils de communication) mais aussi de valoriser l'expérience d'achat. Là encore l'exemple de l'enseigne *TopShop* permet de démontrer comment est-ce qu'on peut booster et valoriser l'expérience achat à partir de la technologie numérique et *vice versa*.

Pour susciter l'interaction entre les jeunes et booster les ventes, une présence numérique est nécessaire. En offrant la possibilité de rassembler de larges communautés, *Facebook* et *Twitter* permettent de rediriger la jeune clientèle vers le magasin ou le site de vente en ligne. *Instagram*, quant à lui, fonctionne bien souvent comme un magazine voire un webzine *designé*, à partir duquel les jeunes s'imprègnent des tendances et des modes à suivre.

Encore mieux que ne le feraient la presse féminine et les magazines de mode, *Instagram* offre la meilleure expérience possible en stimulant la manière dont la jeune clientèle façonne son inspiration. Même s'il y est pour l'instant impossible d'insérer un lien de redirection sous une photo, *Instagram* est sans doute le réseau le plus interactif car les messages des marques de mode y génèrent un taux d'engagement bien plus élevé que dans les autres réseaux socionumériques.

Ce réseau se présente comme un véritable tremplin en termes de visibilité et donc de vente, tant et si bien que l'on peut imaginer qu'à l'avenir les marques de mode puissent y proposer un bouton « j'achète » en dessous des photos de modèles.

Tableau 1 : Une comparaison de la force de persuasion des médias sociaux

Réseau social	Force de persuasion
Facebook	Permet de rediriger la clientèle vers le site de vente et le magasin. Fait office de support de contact avec les marques
Twitter	Permet de rediriger la clientèle vers le site de vente et le magasin. Plateforme de communication et d'information sur l'actualité innovante de la marque
Instagram	Foyer d'inspiration des tendances et des modes à suivre. S'appuie fortement sur les supports visuels pour susciter l'interaction

Sur le point de vente, l'acte d'essayage qui mène souvent à l'achat est orienté à la fois par les vendeurs, les amis et les *posters* de modèles apposés sur les murs de l'enseigne. Cette tendance est quasiment la même dans la commercialisation de la mode en ligne. ***Les jeunes sont non seulement influencés par le réseau de sociabilité auquel ils appartiennent, mais aussi par l'image que les célébrités véhiculent dans les réseaux socionumériques***.

En effet, lorsque le client pénètre dans le magasin il a souvent un modèle figuratif de référence qu'il veut satisfaire, se vêtir comme telle personnalité ou tel qu'il voudrait paraître aux yeux des autres.

Sur les réseaux socionumériques, l'effet de l'influence exercée par les modèles est à son maximum en ce sens que la dernière tendance portée par une célébrité sur *Instagram*, par exemple, peut susciter massivement de l'engagement.

II. La figure de l'influenceur comme modèle de persuasion

La mise en scène des produits et des accessoires de mode *via* l'utilisation des *stars* est récurrente dans diverses circonstances. En effet, conscientes de l'influence que ces dernières pourraient exercer sur l'habillement des jeunes, les marques se sont associées à elles pour mieux asseoir leurs stratégies marketing.

C'est parce que ces *stars* fournissent, au-delà de leur notoriété, des principes de séductions les reliant à un processus de consommation, qu'elles sont sollicitées par les annonceurs. L'économiste Françoise Benhamou évoque la notion de « marchandise totale » (Benhamou, 2002).

Dans son ouvrage intitulé « *Les Stars* », le sociologue Edgar Morin énonce l'exaltation toute particulière que manifestent les *fans* à l'égard de leurs *stars*. Selon le sociologue, la *star* « devient alors nourriture de rêve » (Morin, 1972, p. 122). « La *star* est donc essentiellement patron-modèle. Le patron-modèle peut être un archétype global ("je suis très pin-up", "tu es belle comme une star", "je me sens très Hollywood"). Il peut être particulier, chacun imitant la star à laquelle il croit ressembler » (Morin, 1972, p. 127). Ce faisant, la *star* séduit et donne envie de s'identifier à elle.

L'imitation du thigh gap

L'exemple du *thigh gap*, phénomène très récemment en vogue dans les réseaux sociaux, consistant à creuser un espace entre les cuisses pouvant atteindre jusqu'à cinq centimètres afin de créer une forme géométrique entre les jambes, est révélateur de ce processus d'imitation et d'identification. Obsédées par leurs apparences physiques et convaincues que le *thigh gap* est un canon idéal de beauté, certaines adolescentes, surtout américaines, se sont ruées vers cette pratique en se livrant à une compétition acharnée dans les réseaux sociaux.

Évidemment, cette tendance relève d'un effet de mode, encouragée par des entreprises qui retouchent leurs mannequins sur *Photoshop* à l'instar de *Target*[1] et inspirée par des *stars* comme Miley Cirus, Cara Delevingne, Emma Watson ou encore Kate Moss. Certaines d'entre elles détiennent même des comptes *Twitter*, *Facebook*, *Instagram*, etc., consacrés à leur silhouette étonnamment fine.

---

1. En mars 2014 le blogueur *The Ethical Adam*, dénonce un stratagème aberrant qui consiste pour l'enseigne à retoucher ses mannequins sur *photoshop*. Le nouveau style de maillot de bain, baptisé « Midkini » et présenté en ligne, n'a en soi rien de grotesque. Cependant, la façon dont l'entrejambe du mannequin est grossièrement coupé relève quant à elle d'une pratique peu orthodoxe pouvant exercer une influence néfaste sur les comportements des adolescentes, plus particulièrement sur leur mode d'évaluation et de réappropriation de la mode.

Dans ces plateformes à l'image du compte *Cara's thigh Gap* du *Top Model* Cara Delevingne, les adolescentes se prodiguent des conseils tout en dévoilant des photos de *stars* considérées comme des modèles à suivre.

Pour la jeune génération, ces *stars* sont des individus sources qui incarnent les mensurations idéales. En sociologie, le concept de « diffusion verticale des goûts » s'est développé à partir du constat selon lequel les tendances naissent des influences. Les influenceurs sont présentés dans le tableau ci-dessous (voir tableau 3).

Tableau 2 : Les principaux influenceurs et les tendances naissantes

Type d'influenceurs	Les influenceurs se composent essentiellement de chanteurs, d'acteurs, de sportifs et de mannequins.
Tendances naissantes	Cependant, la figure de l'influenceur a évolué. Désormais celle-ci se mesure par le nombre d'abonnés et s'accompagne de nouveaux acteurs à l'instar des blogueurs et des youtubeurs. Ces acteurs n'existent qu'en fonction de leurs activités évaluées quantitativement (nombre d'abonnés, de « j'aime », d'amis, de *tweet*, de *post*).
Caractéristiques principales	L'influenceur fonctionne comme un média doté d'un impact (selon sa popularité), d'une crédibilité et surtout d'une influence sur son groupe.
Réseaux sociaux utilisés	Les influenceurs affectionnent particulièrement les réseaux sociaux (*Facebook, Twitter, LinkedIn*), et les plateformes de diffusion d'images, de vidéos et d'autres contenus (*Pinterest, Instagram* et *Snapchat*).
Exemple d'influenceurs devenus égéries de marques	Avec 100 millions d'abonnés sur *Instagram*, Selena Gomez, égérie pour *Louis Vuitton*, bat le record de Taylor Swift (91,4 millions) et fait la part belle des grandes marques de mode qui rivalisent d'ingéniosité pour la séduire.

Parce qu'il exerce une influence sur son groupe, l'influenceur est régulièrement sollicité par l'industrie de la mode pour assurer la promotion de ses marques dans les différents médias et canaux de diffusion.

Si Burberry s'est rapprochée de *Brooklyn Beckham* (17 ans) pour promouvoir son parfum, c'était certes parce que ses parents (*Victoria et David Beckham*) sont des *stars* planétaires, mais c'est également parce qu'il comptabilise 6,4 millions d'abonnés sur *Instagram*[1].

C'est également aussi en partie parce que Selena Gomez, jeune chanteuse américaine de 23 ans, totalise un record sur *Instagram* que la marque de luxe *Louis Vuitton* l'a engagé pour promouvoir sa marque.

1. M. Laisney « L'impact des réseaux sociaux sur l'industrie de la mode », 2016, Leshttp://www.webmarketing-com.com/2016/05/03/47379-impact-reseaux-sociaux-industrie-de-mode, consulté le 20 août 2016.

Pour capter l'attention de la génération Z, l'industrie de la mode doit s'appuyer sur ces influenceurs : Selena Gomez, Taylor Swift, Justin Bieber ou encore Christiano Ronaldo.

Il est donc de toute évidence ingénieux de s'appuyer sur ces nouvelles figures d'autant qu'elles maîtrisent les codes qui régissent les réseaux sociaux et plus particulièrement la culture du LOL (*laughing out loud*), en français : rire aux éclats pour spécifier cet humour bien particulier né de l'Internet et de ses réseaux sociaux.

Ces influenceurs savent également quel profil choisir pour un *selfie* plus attractif ou quel message mettre en exergue pour stimuler une meilleure interaction avec les Z, etc.

Le rôle du selfie dans la promotion de la mode

Booster d'égo, le *selfie* souvent pris sous la forme d'un sourire ou d'une grimace, permet aux adolescents de se montrer sous leur meilleur profil. Il est aussi devenu le meilleur moyen de se sentir connu, voire reconnu pour son style vestimentaire en ce sens qu'il permet de promouvoir son physique à partir des vêtements qui le mettent en valeurs.

L'offre multiple d'articles vestimentaires permet aux adolescents de se créer différents styles, de se démarquer de la masse, et, par conséquent, de s'affirmer comme individu. Ayant pour vocation à être publié dans les réseaux sociaux (*Instagram, Facebook, Twitter, Snaptchat*) afin d'être massivement aimé et partagé, le *selfie* est indubitablement profitable aux entreprises de la mode d'autant qu'il met en exergue les articles vestimentaires associés avec plusieurs pièces.

Les très belles photos et mises en scène dans les réseaux sociaux qu'affectionnent particulièrement les jeunes de la génération Z leur permettent d'afficher leur aspiration à vivre de nouvelles sensations après l'achat. Ce faisant, l'autoportrait devient un prolongement de l'expérience des articles de mode. En publiant dans les réseaux sociaux des *selfies* mettant en exergue des *looks* qu'ils ont eux-mêmes composés, les Z hyperconnectés sont devenus non seulement des vitrines mais aussi des modèles d'inspiration pour l'industrie de la mode.

Les marques n'ont même plus besoin de faire de la publicité en mobilisant de gros budgets de communication puisque les clients se chargent de la promotion dans les médias sociaux. L'influence du *selfie* dans l'industrie de la mode est d'autant plus remarquable que les *tars* se prêtent de plus en plus au jeu.

Il existe beaucoup de *stars* connues pour leurs *selfies* au sein desquels elles mettent en valeurs leur physique, leur mode de vie et leur style vestimentaire. *Asos*, par exemple, surfe sur l'image des célébrités (Michèle Obama, Lea Michele de *Glee*, Rooney Mara) pour promouvoir ses articles dans les réseaux sociaux.

Les *stars* permettent donc bien souvent aux entreprises de réaliser une communication non égocentrée. De ce fait, les marques de mode se doivent de repérer les portes-parole qui représentent de manière positive leurs produits dans les réseaux sociaux, en les relayant dans des sphères privilégiées où la génération Z est hyper présente.

Les youtubeurs de mode, dont la caractéristique consiste à diffuser des vidéos dans lesquelles ils déballent devant une caméra leurs achats d'accessoires et d'articles de mode, sont de véritables *stars* et constituent des sources de relais aussi efficaces que la presse féminine. À titre d'exemple, la Californienne, Bethany Mota, à peine âgé de 20 ans, totalise plus de dix millions de suiveurs sur Youtube.

L'influence des icônes du Web

Dans une étude portant sur l'influence exercée par les *stars* sur les jeunes américaines (13 à 18 ans), le magazine *Variety* révèle que 5 youtubeurs arrivent en premières places devant des célébrités telles que Jennifer Lawrence.

Le lien de proximité (ce sont des filles accessibles et qui ressemblent à la génération Z) que ces youtubeurs tissent avec leurs *fans* constitue le fondement de leur succès. Mettre à profit ces youtubeurs autrement appelés vlogueurs, c'est-à-dire des blogueurs qui utilisent la vidéo, permet aux marques de se rapprocher et d'engager leur public avec du contenu original et créatif. Cependant, pour que l'association fonctionne, les articles de mode plébiscités par les youtubeurs dans leurs vidéos doivent se fondre naturellement avec le décor de manière à ce qu'il n'y ait pas de rupture de ton.

Dans cet exercice, les blogueuses de mode sont devenues des partenaires idéales. Leur popularité acquise à partir du concept de « management des faces » qu'évoque Goffman et qui se manifeste à travers un certain nombre d'interactions et d'expressions identitaires, renferme des stratégies délibérées d'exposition de soi leur conférant une influence hégémonique dans la commercialisation de la mode. En nouant des partenariats avec les blogueuses de mode, les marques peuvent s'assurer une couverture médiatique supplémentaire en ligne.

Ces chroniqueuses les plus suivies de la blogosphère *fashion* ont plusieurs moyens de promouvoir les articles de mode parmi lesquels on peut citer : les collaborations, les publicités sur les blogs, les articles sponsorisés ou encore les liens affiliés.

Somme toute, les jeunes s'inspirent des *stars* qui font une excursion dans la mode. C'est dans ce contexte que ces dernières, qu'elles viennent du cinéma, du mannequinat, du sport de la chanson ou des réseaux socionumériques s'aventurent souvent dans ce métier de styliste avec plus ou moins de réussite. « Plutôt que de donner aux clients le sentiment d'acheter un vêtement simplement parce qu'il est porté par une star, on vend maintenant des produits qui (dit-on) ont été créés par leur idole » (Tungate, 2009, p. 136).

C'est ainsi que de nombreuses *stars* ont créé des lignes de collections le plus souvent en partenariat avec des marques et ou des grands couturiers. Cette tendance appelée masstige provient à la base de la contraction de deux mots : *mass market* et prestige.

Le masstige affectionné par H&M

Le masstige, relève de l'association d'une marque prestigieuse avec une marque moyen de gamme. Que l'on se souvienne, en 2004, c'est avec Karl Lagerfeld que *H&M* s'est associée pour proposer une toute nouvelle collection.

La logique de ce partenariat peut se décrire de la manière suivante : « si le grand public était attiré vers le secteur rajeuni du luxe allant même jusqu'à faire des économies pour l'achat occasionnel d'un article de prix, et si les clients haut de gamme prenaient du plaisir à dénicher des articles dans des friperies à la mode et des boutiques bon marché, pourquoi ne pas formaliser la relation entre eux ? » (Tungate, 2009, p. 42).

Toutefois, les marques n'ont pas attendu l'arrivée du masstige pour cibler les consommateurs grand public. Bien avant, la tendance appelée « luxe de masse » a été pratiquée par des enseignes en quête de renouvellement de leur image. *Gap* par exemple avait embauché Roland Mouret de même que le designer de chaussure Pierre Hardy pour redorer l'image de ses chaussures démodées. *New Look* fit également en faisant appel au service du créateur anglais *Giles Deacon*, un ancien de chez *Gucci*, pour créer toute une gamme de produits.

Chez *Uniqlo*, la grande collection pour laquelle les *fashionistas* se sont précipitées c'est la ligne "J", conçue par la designer Jil Sander. Le plus souvent, des détaillants en manque d'inspiration ont mis entre parenthèses leur créativité en recourant à celle de jeunes designers. Avant que *ZARA*, *H&M* et *Uniqlo* ne fassent leur apparition, la boutique phare de *Topshop* sur *Oxford Circus* à Londres, était le repaire des stylistes fouineurs et des dénicheurs de talent des agences de mannequins.

Le masstige permet donc à la jeune clientèle *H&M* de se procurer le luxe des grands créateurs avec toutes les valeurs esthétiques et symboliques qui leur sont inhérentes. De cette manière, le suédois *H&M* permet aux jeunes de jouer les *stars* en s'habillant comme elles en *Jimmy choo*, Cavalli et Matthew Williamson entre autres, mais aussi de porter des vêtements de haute couture, imaginés par les plus grands designers à l'instar de Sonia Rykiel et Rei Kawakubo.

La communication persuasive atteint son paroxysme lorsque *H&M* annonce les prix des articles de collection issus de ces partenariats. Une véritable aubaine car les jeunes ont désormais l'opportunité et les moyens de s'habiller en vêtements créés par les plus grands stylistes de la mode à des prix proches de ceux habituellement affichés dans les points de vente de *H&M*. Mais pour y parvenir, encore faut-il faire partie des premiers arrivés aux magasins le jour du lancement de la vente de la collection capsule, d'autant que celle-ci est produite en série limitée. Ce n'est pas tout, il faut surtout être à la bonne boutique puisqu'elle n'est aussi vendue que dans quelques-unes.

On l'aura compris, la stratégie de communication marketing de l'enseigne s'appuie avant tout sur la rareté. Un compte à rebours est habituellement présenté dans les médias à l'approche de l'événement commercial, décrivant de ce fait l'attente insoutenable de la clientèle.

Olivier Rousteing, directeur artistique de Balmain, explique que lors de l'opération commerciale de la collection capsule *Balmain x H&M*, il a fallu seulement dix minutes après l'ouverture pour que les différentes boutiques des grandes villes soient entièrement vidées de la ligne de collection. Alors que *H&M* n'est pas une marque de luxe, ces collections successives réalisées par des jeunes (ou moins jeunes) créateurs lui permettent de capter une clientèle toujours plus élargie.

Bon à savoir

Une adolescente de 16 ans vêtue d'une pièce H&M créée par Karl Lagerfeld peut espérer s'octroyer « un petit bout de Chanel » ; c'est ce que pense le couturier en personne : « avec cette collection, *H&M* fait du snobisme à l'envers et donne à l'accessible ses lettres de noblesse[1]. »

Le parfum et les accessoires de mode constituent le rattachement, le point de passage entre le grand public et l'univers du luxe, car quelle que soit la marque de luxe, aussi chère soit-elle, son parfum, ses produits de maquillage et ses accessoires mode restent néanmoins accessibles au grand public. Si le public recule devant le prix d'une robe *Chanel*, il peut en contrepartie se faire plaisir en s'offrant le parfum N°5.

Pour retenir l'attention de la génération Z, il convient de détecter les acteurs disposants d'un véritable potentiel d'influence et d'amplification des messages :

- les stars, qu'elles viennent du cinéma, du mannequinat, du sport de la chanson ou d'ailleurs s'aventurent souvent dans ce métier de stylisme avec plus ou moins de réussite. De nombreuses stars (Beyoncé, Gwen Stefani, Gisèle Bündchen, Sarah Jessica Parker, Kate Moss, Justin Bieber, etc.) ont créé des lignes de collections en partenariat avec des marques. Cependant, le choix de la personnalité et la présence sociale de la *star* sont primordiaux dans cet exercice ;
- parce que les nouveaux influenceurs (blogueur et Youtubeur de mode) sont des acteurs susceptibles de relayer et diffuser du contenu viral, les marques de mode peuvent les recruter en vue d'une association. Mais là encore blogueur et youtubeur de mode devraient éviter la perte d'authenticité entraînée par des lecteurs déçus et une génération qui ne s'identifient plus à eux ;
- mieux encore cette stratégie s'accentue par le masstige qui permet à *H&M* d'offrir aux jeunes non pas des collections s'inspirant des célébrités ou de la haute couture comme c'est le cas chez *ZARA* et *Asos* mais des lignes plutôt signées par des couturiers ou des *stars ;*
- en abordant les questions liées à la mode et à la séduction, la presse féminine de même que certaines séries télévisées détiennent aussi une influence sur les lectrices. Conquête, flirt, drague renforcent cette volonté d'être la plus belle ou le plus beau.

La proposition d'articles *Asos* et *H&M*, inspirés ou créés en partenariat avec des célébrités ou *fashion designers* de renoms, permet aux jeunes, toutes classes confondues, d'accéder au luxe. En combinant, des vêtements *H&M* avec des accessoires de marques haut de gamme, les Z adoptent à leur manière des choix, des styles, des *looks*, des tendances, des airs, des mythes, des époques, etc.

Les jeunes femmes Z peuvent ainsi s'adonner à un jeu de séduction, en se mettant en spectacle de façon amusante parce qu'elles n'y croient qu'à moitié. Mais quel que soit son âge, la femme a envie de séduire, se sentir appréciée voire convoitée.

---

1. L. Bacrie et M. Marcowith, « Couturier chez H&M », 2004, accessible en ligne sur http://www.lexpress.fr/styles/mode-beaute/mode/couturier-chez-h-m_488612.html ?, consulté le 18 juillet 2016.

La consommation de la génération Z témoigne d'une recherche de subtilité en matière de style ; il s'agit de montrer qu'elle sait associer divers éléments et qu'elle fait preuve de bon goût. De cette manière, être capable de faire preuve d'imagination, de distinction et de création de son propre style est une marque d'intelligence et d'acuité. Le tout est de trouver l'art et la manière de s'habiller dans un univers incarné par la mode du *zapping*.

III. Du Zapping à tous les étages

Pour maintenir l'intérêt et l'envie des clients tout au long de l'année, *Asos*, *ZARA* et *H&M* s'adonnent à cœur joie à renouveler leurs offres d'articles en recomposant régulièrement les mises en avant suscitées par l'arrivée perpétuelle des nouveautés en cours de saison.

Le rapport avec des consommateurs avides de nouveauté est direct et ces chaînes jouent leur va-tout sur leur capacité de réponse instantanée aux changements des goûts de leurs clients. Renouveler régulièrement la présentation de l'assortiment permet non seulement de rendre vivant le point de vente mais aussi de pousser les clients à revenir régulièrement dans le magasin parce qu'ils ont bien évidemment le sentiment d'avoir des nouveautés à y découvrir. Constamment aux aguets des dernières tendances de la mode, ces marques font de la nouveauté leur principal argument de communication persuasive.

Pour être en adéquation avec la demande, ces marques s'appuient sur quatre éléments principaux

1. Le savoir-faire bien particulier des bureaux de tendance tels que Worth *Global Style Network* (Wgsn) ou *Promostyl* qui effectuent une veille en vue de la détection des tendances émergentes ;
2. L'air du temps *via* les « snacks créatifs », le flair et l'intuition dans la rue, les médias, les magazines, les salons d'exposition, les voyages, le *shopping* autour du monde et les défilés, sont des sources d'inspiration ;
3. Les marques de luxe et les blogs de mode : le foyer d'inspiration dominant des équipes de style de *ZARA* réside dans l'épluchage des défilés de mode ;
4. *Asos* s'inspire des *stars*, des nouvelles tendances de mode et met un point d'honneur à relayer l'information dès qu'une célébrité arbore une de ses marques. La photo de Michelle Obama en robe *Asos* lors de la réélection de Barack Obama a fait le tour du monde *via* les réseaux socionumériques.

L'accélération du phénomène de mode et la diversification des tendances nécessitent une bonne coordination des temps de réponse. Dans le prêt-à-porter, cette réactivité est incarnée par le circuit court des tendances initialement développé en un réseau parallèle localisé dans un quartier Parisien autour de la rue du *Sentier*.

De petits ateliers indépendants de dimension familiale, géographiquement très concentrés intervenaient à l'origine à titre de façonniers pour les industriels. Ces façonniers jouaient un rôle de régulation : la faiblesse des stocks mobilisés, la légèreté et la souplesse des structures productives, l'élasticité du volant de main-d'œuvre permettent de répondre très rapidement aux besoins des demandeurs en cours de saison et lors des réassortiments.

Ce modèle d'affaires permet de réduire les intermédiaires pour diminuer les coûts de fabrication et les délais de livraison. Chez *ZARA*, la méthode du circuit court se caractérise essentiellement par la rapidité. Le temps de réponse peut être déterminant pour vendre la bonne collection au moment opportun.

La position de *ZARA* tout comme celle de *Asos* consiste à aller au même rythme que les tendances ; ce qui entraîne un renouvellement permanent des collections. Le fort taux de rotation des produits crée une nécessité chez le client qui souhaite s'informer sur les nouveautés mises en rayon ou en ligne. Le rythme moyen de rotation des collections est d'à peu près six semaines. Si l'on prévoit l'échelonnement des livraisons, l'injection progressive des nouvelles lignes de produits, les délais de logistique, alors c'est pratiquement tous les jours qu'il y a de la nouveauté.

La plupart des articles passent moins d'un mois aussi bien sur Asos.com que dans les rayons de *ZARA* et quand ils s'écoulent, ils ne reviennent pas. « Quand il y en a plus, il y en a encore. Mais c'est du totalement nouveau. Du coup, quand un client craque, il n'hésite pas encore des heures car il n'est pas sûr de retrouver la même chose quelques jours plus tard. Ce mouvement perpétuel agit comme un aimant, il attire sans cesse des consommateurs désireux de voir ce qu'il y a de neuf » (M-P. Lannelongue, 2003, p. 190).

Le concept consiste à ne pas maximiser le panier d'achat par visite afin d'optimiser la fréquence d'achat. Le sociologue Guillaume Erner évoque la notion de « fétichisme des marchandises » traduisant le syndrome d'achats compulsifs (G. Erner, 2003, p. 197). De même, les attentes par rapport à la qualité des produits sont réduites, ceux-ci ne devant avoir qu'une fonction esthétique, c'est-à-dire correspondre à la toquade du moment. Dans cette logique, l'achat coup de cœur, au détriment de l'achat investissement, est compréhensible car le vêtement ne répond pas à une demande de praticité et de qualité, mais à un besoin affectif, hédonique et consumériste.

Cette tendance s'arrime bien aux comportements des jeunes adeptes de la mode jetable qui préfèrent acheter souvent qu'acheter cher, acheter des petites pièces que des « gros vêtements ». C'est là une façon de s'habiller propre à l'individualisme de la société moderne. Acheter des petites pièces chez *H&M*, *ZARA*, *Asos*, *Gap*, *Uniqlo* et autres, permet non seulement d'avoir l'occasion d'exercer plus souvent son choix, mais aussi de se faire plaisir fréquemment. Cela permet de se changer le plus souvent, pour le plaisir de s'habiller et de se faire beau. On s'habille à la mode non plus tant pour montrer sa capacité pécuniaire que pour se métamorphoser, être au goût du jour, plaire et exprimer une certaine individualité.

En proposant une mode accessible à des prix très bas, *ZARA*, *H&M*, *Asos* et bien d'autres mastodontes ont contribué à l'émergence d'une mode jetable, éphémère où les vêtements sont à prix compétitifs et ont une durée de vie limitée, le temps d'une saison voire d'une tendance. Cette mode s'inscrit dans la « logique du gaspillage » où les vêtements sont obsolètes avant d'être usés (J. Baudrillard, 1970, p. 57).

Pour le philosophe Gilles Lipovetsky, les individus n'aiment pas les objets pour eux-mêmes ou pour le statut social qu'ils confèrent mais pour le plaisir qu'ils procurent. La mode contribue à « désubstancialiser les objets en instaurant un culte de la nouveauté menant à une mode *kleenex* » (Lipovetsky, 1987, p. 346).

Bon à savoir

Selon Gille Lipovetsky, plus la consommation se développe, plus les objets deviennent des instruments d'individualisation des personnes. En institutionnalisant l'éphémère, en diversifiant les objets, il y a une multiplication du choix individuel. L'offre multiple que ces enseignes proposent, permet aux clients de se créer différents styles, de se démarquer de la masse, et, par conséquent, de s'affirmer comme individus. Par son apparence, l'individu se situe par rapport aux autres et par rapport à lui-même. La différence est devenue pour chacun un idéal de réalisation de soi. Aujourd'hui, la consommation témoigne plutôt d'une recherche de subtilité en matière de style. Le but n'est plus d'afficher ses capacités pécuniaires par le biais d'achats statuaires, mais de montrer que l'on sait associer divers éléments et que l'on fait preuve de « bon goût ».

L'instantanéité pour capter la génération Z

Zara, *H&M*, *Aso* et tant d'autres mastodontes du prêt-à-porter ont institué la mode *Kleenex* avec des clients Zappeurs qui affectionnent le concept du *see now buy now*. En 2016, *Buberry* annonce que désormais ses collections seront mises en vente en ligne et en boutique dans les heures qui suivent ses défilés.

Cette logique évolue en parallèle avec les réseaux socionumériques, lesquels sont régis par l'instantanéité et la culture du « je veux tout et tout de suite ». *De facto*, ces réseaux permettent à l'industrie de la mode de mettre en exergue la parfaite imperfection et l'authenticité en temps réel. On le sait, dans l'univers de la mode, l'inspiration approximative, voire la copie, est récurrente. En diffusant désormais les tendances en même temps que leurs créateurs, c'est le statut d'avant-garde de ces derniers qui s'effrite. D'où l'instantanéité dans la communication et l'interaction constante afin d'instaurer une confiance entre les marques et la génération Z et de faciliter l'expérience client.

Pour capter la génération Z, les professionnels du marketing de la mode doivent donc prioriser la communication spontanée. Parce qu'elles permettent une communication instantanée et naturelle, les applications et services de contenus éphémères à l'image de *Snapchat*, *Periscope* et *Meerkat* sont à privilégier.

Tableau 3 : Comparaison de la communication *via* les applications éphémères

Réseaux sociaux	Fonctionnalité
Snapchat	*Snapchat* s'appuie sur l'image pour raconter l'histoire, les coulisses de création des articles de mode et des défilés. En dix seconde sur *Snaptchat*, une marque de mode peut raconter son quotidien en temps réelle et de manière authentique.
Periscope	*Periscope* est souvent utilisé pour la création de vidéos promotionnelles permettant une théâtralisation et une mise en scène des collections.

En communiquant de façon instantanée, les marques démontrent leur volonté d'interagir avec les clients comme avec leurs amis ; la part d'imperfection que cela suppose plaît aux jeunes. C'est en cela que les réseaux socionumériques sont massivement utilisés par *Asos* pour communiquer sur les futures collections, les nouvelles tendances, l'actualité des *stars*, les séances de photos, etc.

Il s'agit pour le spécialiste anglais de la vente en ligne de faire mousser l'image de sa marque dans les médias sociaux afin de s'assurer une visibilité maximale dans un univers occupée par une jeune clientèle ultra connectée et férue de mode.

Ainsi à l'ère de la transformation numérique le marketing s'appuie sur l'économie de l'attention (propension à produire des valeurs ajoutées) et de l'économie de l'occupation (capacité à mettre en place des offres et des messages contextualisés). Il va de soi que les professionnels de la mode doivent s'inspirer du quotidien des clients pour développer des contenus (visuels de défilés, photos de modèles, coulisses de créations de collections, tutoriels, etc.) sur des supports tels que *Instagram*, *Snapchat*, *Youtube*, *Pinterest*, etc. D'autant que ces supports touchent directement les jeunes de la génération Z et ont la faculté de marquer les esprits de manière durable.

À l'évidence, une bonne perception de la marque passe aussi par une persuasion du public *via* la figure de l'ambassadeur incarnée par l'influenceur. Somme toute, l'industrie de la mode a tout intérêt à recruter les *stars* les plus interactives dans les réseaux socionumériques et de les connecter avec la génération Z. Pour ce faire, elle doit se saisir de l'instantanéité des réseaux socionumériques pour favoriser la participation des *followers* aux événement qu'elle organise et stimuler l'interaction avec des influenceurs telles que les célébrités en vogue, les blogueurs et les youtubeurs de mode.

Ce qu'il faut retenir

L'industrie de la mode doit utiliser les mêmes outils qu'eux en investiguant la technologie (Internet et ses réseaux sociaux), mais la technologie se doit d'être utilisée uniquement là où son usage est nécessaire.

Il faut proposer un marketing destiné à une génération dont le numérique fait partie de leur quotidien ;

Ce qui présuppose que la vitrine de mode peut tirer profit du digital mais sans nécessairement vouloir plaquer du digital partout dans les points de ventes.

Les entreprises de mode ont tout intérêt à s'appuyer sur les nouvelles figures d'influenceurs (icones du Web) pour susciter l'intérêt, l'interaction et l'engagement de la génération Z.

Références

L. Bacrie et M. Marcowith, « Couturier chez H & M », 2004, accessible en ligne sur http://www.lexpress.fr/styles/mode-beaute/mode/couturier-chez-h-m_488612.html ?, consulté le 18 juillet 2016.

J. Baudrillard, *La Société de consommation, ses mythes, ses structures*, Paris, Denoël, 1970.

R. Caroline, « La mode chamboule son modèle économique », 2016, accessible en ligne sur http://www.lemonde.fr/m-mode/article/2016/02/12/la-mode-chamboule-son-modele-economique_4864273_4497335.html , consulté le 25 novembre 2016.

F. Benhamou, *L'économie du star-système*, Paris Odile Jacob, 2002.

F. Cavazza, « Il n'y a plus de marketing digital, mais du marketing pour des clients digitaux », 2016, https://fredcavazza.net/2016/07/18/il-ny-a-plus-de-marketing-digital-mais-du-marketing-pour-des-clients-digitaux/, consulté le 20 août 2016.

F. Cavazza, « De l'inévitable rapprochement entre marketing et technologie », 2016, accessible en ligne surhttps ://fredcavazza.net/2016/08/30/de-linevitable-rapprochement-entre-marketing-et-technologie/, consulté le 4 septembre 2016.

G. Erner, *Victimes de la mode ? Comment on la crée, pourquoi on la suit*, Paris, La Découverte, Paris, 2004.

Estelle, « Comment les réseaux sociaux modifient-ils l'acte d'achat ? », http://modelab.fr/comment-les-reseaux-sociaux-modifient-acte-achat/, 2015, consulté le 16 novembre 2016.

M. Laisney « L'impact des réseaux sociaux sur l'industrie de la mode », 2016, Leshttp://www.webmarketing-com.com/2016/05/03/47379-impact-reseaux-sociaux-industrie-de-mode, consulté le 20 août 2016.

M-P. Lannelongue, *La mode racontée à ceux qui la portent*, Hachette Littérature, 2003.

G. Lipovetsky, *L'empire de l'éphémère : la mode et ses desseins dans les sociétés modernes*, Paris, Éditions Gallimard, 1987.

X. Manga, *La captation de la jeune clientèle en matière de mode. Le cas D'H&M et ZARA*. Thèse pour obtenir le grade de docteur de l'université Paul Verlaine Metz, Discipline (SIC), soutenue le 14 décembre 2010.

X. Manga, « Le marketing digital des marques de mode face aux stratégies des influenceurs du Web », Webinaire franco-québécois de l'Observatoire des médias sociaux en relation publique (OMSRP), Université Laval, Science Po Lyon, Québec, 5 avril 2016.

X. Manga, « L'identité numérique à l'ère de l'e-réputation », sous la dir. de M. Bonenfant et C. Perraton, Presses de l'Université du Québec, collection « Cahiers du gerse », 2015.

M. Tungate. *Le monde de la mode. Stratégies et (dessous) des grandes marques. D'Armani à ZARA*, Paris, Dunod, 2009.

Chapitre 12

Génération « peut-être » : la prise de décision des Z et ses implications pour les marques

Alain Decrop, Professeur de marketing à l'Université de Namur (Belgique)
CeRCLe (Centre de Recherche sur la Consommation et les Loisirs)

Introduction

Les jeunes de la génération Z sont les premiers à être nés avec internet. Ils sont de ce fait « hyper-connectés » et « hyper-communicants » (Rollot, 2012). Ils sont également très à l'écoute de leurs émotions. Cette génération est également appelée génération C pour Communication, Collaboration, Connexion et Créativité. Plus que leurs prédécesseurs, les « Z » éprouvent de plus en plus de difficultés à prendre des décisions, en particulier quand ces dernières les engagent sur le long terme. C'est ainsi que les choix importants concernant les études, le travail ou la vie sentimentale sont mal assurés et souvent reportés. Il en va de même de certains choix de consommation (logement, voiture, participation à des activités etc.) qui peuvent sembler plus dérisoires.

Ce chapitre a pour objectif de cerner les raisons (individuelles, sociales ou culturelles) qui expliquent l'indécision caractéristique de cette génération « peut-être » qui a peur de s'engager et qui préfère le *zapping* au *focusing*.

La première section du chapitre décrit les principales caractéristiques de la génération Z en tant que décideurs ; ensuite, l'on en cerne les principales conséquences en matière de prise de décisions et de comportements de consommation. Enfin, la dernière partie du chapitre est consacrée aux principaux défis marketing qui découlent de cette génération « peut-être ».

I. Qui sont les décideurs Z ?

Cinq grandes tendances typiques des décideurs Z (voir figure 1) sont susceptibles d'avoir un impact important en termes de comportements de consommation et de prise de décisions, à savoir le caractère connecté de cette génération, leur propension sociale, leurs valeurs d'engagement, leur nomadisme et leurs inquiétudes.

Figure 1 : Le profil des décideurs Z

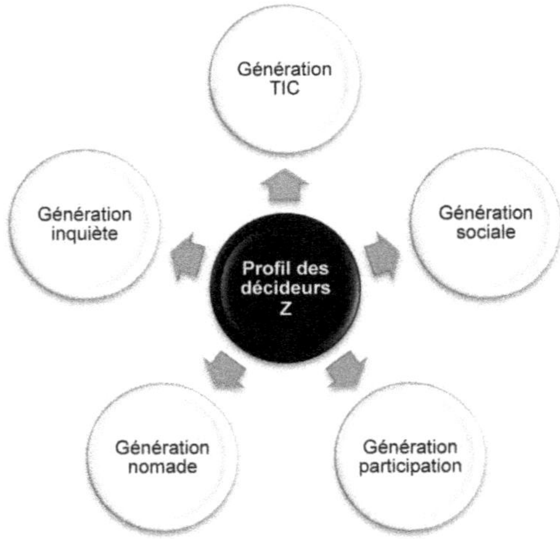

1. Génération TIC

Les membres de la génération Z sont, à juste titre, souvent qualifiés de « digital natives » parce qu'ils sont nés avec Internet. C'est une génération constamment connectée, qui utilise énormément les nouvelles technologies. C'est ainsi que dans un ménage, ce sont souvent les Z qui agissent en tant que « responsables technologiques », influençant de la sorte, directement par l'achat ou indirectement par le conseil, des décisions d'achat qui représentent près de 500 milliards de dollars chaque année.

Internet a également permis l'accès à l'information de masse, disponible 24h sur 24. Le cerveau est ainsi tout le temps sollicité par de l'information (mails, articles, réseaux sociaux, etc.), ce qui rend difficile la concentration sur une seule tâche. Le Z, qui n'a connu que cette façon de penser, ne sait pas lire un article en entier mais le « survole », en en faisant une synthèse, avec les informations essentielles qu'il aurait pu rencontrer. Ayant l'habitude de papillonner sur le net, le Z éprouve des difficultés à se concentrer. De plus, l'abondance d'informations ainsi que la possibilité d'avoir des réponses à toutes ses questions rapidement grâce à internet rend le Z impatient (Levain et Tissier, 2012).

Mais cette « googlization » a aussi ses avantages. Tout d'abord, le Z a une grande capacité d'adaptation et de flexibilité car il a l'habitude de toujours chercher et trouver une réponse à ses questionnements ou problèmes. Ensuite, le fait de savoir jongler avec autant d'informations lui permet de faire beaucoup de choses en même temps. Selon Benoit Arnaud, directeur d'*Edhec Management Institute*, les avantages qu'ont tiré les Y d'internet seraient « *la capacité à traiter beaucoup d'information en même temps, le côté multitâche, une grande créativité et un grand sens de l'humour* » (Rollot, 2012).

2. Génération sociale

Grâce aux TIC, les Z disposent de réseaux sociaux de plus en plus larges, composés d'amis et d'autres personnes avec qui ils partagent des idées et reçoivent du feedback. Ils sont fortement influencés par ces pairs et se tournent spontanément vers leurs amis, plutôt que vers leurs parents ou les sources commerciales, pour prendre leurs décisions.

Incontestablement *Facebook* et d'autres réseaux sociaux ont transformé les rapports humains. On pourrait croire à un manque de sociabilité, à un certain isolement, mais c'est tout le contraire : « *Avec l'irruption d'Internet, la donne semble avoir radicalement changé : on ne parle plus de « déclin de la sociabilité », mais au contraire de l'avènement d'une « nouvelle sociabilité », profondément transformée et renouvelée...* » (Mercklé, 2011, p. 56). En effet, le Z est constamment en contact avec ses amis, pouvant communiquer ensemble, n'importe où et n'importe quand.

Les réseaux sociaux permettent également au Z de partager ses expériences : « *Le partage est synonyme de pouvoir au sein de cette génération quel que soit ce que l'on partage : connaissance, liens, compétences ou musique* » (Perez et Epelboin, 2009, p. 5). De plus, grâce aux réseaux sociaux (ou blogs), le Z se livre, se dévoile, mais « *les jeunes y travaillent davantage une projection de soi plutôt qu'une recherche d'explication de soi* » (Dagnaud, 2012, p. 29). Ce « partage de soi » serait une façon pour lui d'affirmer son individualité. Enfin, par le biais des réseaux sociaux, le Z recherche souvent la popularité et à impressionner son groupe d'amis ainsi que sa communauté.

3. Génération participation

Maillet (2007) considère que le Z est prototypique d'une génération « participation » qui s'affiche comme une réponse à la fois citoyenne et consumériste à la triple dictature de l'émotion, de l'opinion et du court terme qui a caractérisé les générations précédentes. À côté de la participation citoyenne qui ne sera pas développée ici, le Z entend également participer au monde de la connaissance et de la consommation. En témoigne le succès croissant des « wiki » (*Wikipédia*) et de sites comme *YouTube*, *Flickr* ou *Tripadvisor*.

Aujourd'hui, le consommateur ne subit plus le contenu de la toile mais y participe activement : il le fabrique, l'enrichit, le partage et le peaufine. Le Z ne veut pas non plus se contenter d'un rôle de consommateur passif ; il souhaite, au contraire, participer activement, co-créer et être considéré comme partenaire des marques qu'il affectionne. Tantôt il aide les entreprises à coproduire la valeur des offres qui lui sont faites, tantôt il va préférer louer ou partager ses biens plutôt que de les acheter (en témoigne le succès de l'économie du partage et de la consommation collaborative [Decrop, 2017]), tantôt il en va même jusqu'à entrer en résistance face au marché et aux pressions commerciales. Confronté à l'incertain, à l'abondance et au complexe, le Z devient coproducteur de son mode de vie et de sa consommation pour y retrouver des repères qu'il sait instables ailleurs.

4. Génération nomade

Toutes les études réalisées à ce jour sur les Z sont unanimes pour reconnaître la tendance nomade de cette génération. Ayant grandi dans un monde globalisé, les Z se sentent davantage citoyens du monde que les générations précédentes. La société post-moderne que nous connaissons contribue également à libérer l'individu de ses attaches traditionnelles et à multiplier ses points d'ancrage (Maffesoli, 2006).

Facilité par les TIC et le phénomène du low-cost dans le secteur des transports, le nomadisme s'exprime d'abord sur le plan géographique. Les statistiques indiquent clairement que le Z voyage plus que les générations précédentes (Rollot, 2012).

Grâce aux nombreuses compagnies aériennes low cost et aux possibilités de voyager à bon compte grâce à la consommation collaborative (Decrop, 2017), le Z n'hésite pas à partir sur un coup de tête vers d'autres horizons. Les séjours ERAMUS et les voyages professionnels leur permettent également de séjourner pour un certain temps à l'étranger. Certains vont même jusqu'à suspendre leurs études ou quitter leur emploi pour découvrir le monde (Rollot, 2012).

Mais le nomadisme de la génération « peut-être » ne s'exprime par uniquement sur le plan géographique ; il est également intellectuel et affectif. Le Z sait que la relation qu'il peut vivre avec son partenaire ne sera pas éternelle ; il en a tiré cette conclusion car il a vu ses parents se séparer ou divorcer. Selon l'INSEE, le nombre de divorces en France a été multiplié par 3,5 entre 1970 et 2009. Mais ce n'est pas pour autant que le Z veut suivre les traces de ses parents : il souhaite un couple plus libre et moins contraignant mais il n'est pas naïf, il sait que ça ne sera pas pour la vie (Levain et Tissier, 2012).

5. Génération inquiète

En Norvège, on parle de « génération sérieux » (*Generasjon Alvor*) pour qualifier le manque d'optimisme et d'inclinaison hédonique de ces jeunes qui sont nés et ont grandi au milieu des craintes terroristes après le 11 septembre 2001 et d'incertitudes liées à leur emploi. Cette génération Z a grandi avec les images d'attentats, de fusillades et d'autres atrocités commises dans les rues, les écoles, les transports en commun, ou les lieux de divertissement. On pourrait parler de « génération terreur » en quelque sorte. Il n'est pas étonnant que cette crainte permanente augmente la perception du risque et ait de ce fait un impact sur la prise de décision, y compris en matière de consommation.

L'inquiétude a également pour origine la situation économique précaire. Ainsi dans de nombreux pays à travers le monde, les jeunes doivent faire face à des taux de chômage élevés et à des prix de logement galopants. Au Royaume-Uni, 14,4 % des 16 à 24 ans sont au chômage, comparativement à 5,7 % pour l'ensemble de la population active, soit l'écart le plus important depuis plus de 20 ans (Lyons, 2016). Ces mêmes jeunes consacrent en moyenne 47 % (72 % à Londres) de leurs revenus nets à leur loyer.

II. Conséquences en termes de prise de décision des Z

Les cinq grands facteurs que nous venons d'exposer expliquent en grande partie pourquoi le Z éprouve autant de difficultés pour faire un choix et pourquoi il préfère, comme tout bon « adulescent » (Maillet, 2005), le remettre à plus tard en y répondant seulement par un « peut-être ».

L'objectif de cette section est précisément de décortiquer les caractéristiques des Z en termes de planification, d'apprentissage et de prise de décisions. Mais avant cela, il est important de justifier pourquoi l'on peut parler de génération « peut-être » en ce qui concerne les Z.

1. Pourquoi parler de génération « peut-être » ?

En Allemagne, la génération « peut-être » renvoie à un groupe d'individus avec un niveau d'instruction élevé, multilingues, hyperconnectés, citoyens du monde, qui sont confrontés à une myriade d'opportunités mais qui sont dépassés par l'espace des possibilités qui s'offrent à eux, au point d'être incapables de s'engager à quoi que ce soit. « *Nous somnambulons dans un monde d'opportunités en réseau et nous nous sentons peu sûrs face à la pléthore d'options... Nous ne savons plus quoi faire. Nous voulons être là et ne rien rater quoi que ce soit* », comme en témoigne le journaliste Oliver Jeges, qui semble être à l'origine de l'expression « génération peut-être » (Lyons, 2016).

Quand on organise un événement, le réflexe aujourd'hui, c'est de le poster sur *Facebook* en espérant que le message soit rediffusé le plus largement possible. Une autre réaction attendue, c'est le fameux « like » qui va permettre de tester l'appréciation du message. Enfin, les organisateurs de l'événement peuvent tenter d'estimer le nombre de participants qu'ils sont susceptibles d'accueillir car les invitations sur *Facebook* donnent la possibilité aux destinataires de choisir parmi l'une de ces trois réponses possibles : « *Can't Go* » (je ne viens pas), « *Going* » (je viens) et « *Maybe* » (peut-être). Quand on regarde de près les réponses données à ces invitations, force est de constater que bien souvent, c'est une majorité de « peut-être » qui sont recueillis. Cette indécision ou ce refus de s'engager est précisément une des caractéristiques majeures de la génération Z qui est évidemment sur-représentée sur *Facebook*.

2. Implications en termes de planification et d'apprentissage

a. Faible niveau de planification en général

Les technologies de l'information et de la communication ont contribué à créer une génération qui n'aime pas faire des plans à l'avance et qui rechigne à s'engager sur le long terme. Ainsi, selon une enquête récente réalisée en Ecosse (McKim, 2015), 54 % des 18-24 ans déclarent ne pas vouloir réagir définitivement à une sollicitation avant le dernier moment possible.

Pour 69 % de ces jeunes adultes, le fait d'être connectés en permanence via leur Smartphone **signifie qu'ils peuvent être plus spontanés et qu'ils ne ressentent pas l'urgence de s'engager immédiatement dans des plans**. L'étude montre également que lorsqu'ils reçoivent une invitation à un événement social, une large majorité d'utilisateurs de Facebook sont susceptibles de choisir « peut-être » et de prendre leur décision finale de participation ou pas de manière impulsive.

b. Impulsivité pour les décisions à faible implication

Le comportement de choix du Z peut sembler paradoxal en ce sens que tantôt, il ne parviendra pas à opérer un choix, préférant souvent le reporter à plus tard (décisions à forte implication ; voir ci-dessous) et tantôt, il sera très impulsif (pour les décisions à faible implication comme les produits de grande consommation ou des activités de loisir récurrentes). Cependant, cette impulsivité ne sera possible que si son budget le permet car la plupart des Z sont encore aux études ou sont actifs depuis très peu de temps.

Pour les neurologues, le cerveau des Z est un terrain de recherches passionnant. Non qu'il soit construit différemment, mais parce qu'il fonctionne différemment : avec leur *TGV* cérébral allant de l'œil au pouce posé sur l'écran, ils n'utilisent pas les mêmes circuits que leurs aînés. Il existe en effet trois systèmes dans le cerveau humain :

- le premier, rapide, intuitif, sollicité par les écrans, est surdéveloppé chez eux ;
- le deuxième est plus réfléchi, plus lent, plus logique ;
- le troisième permet d'arbitrer entre les deux premiers : il est le siège véritable de l'intelligence. Il permet de résister aux réponses impulsives et d'inhiber les automatismes de pensée lorsque surgit un enjeu d'ordre moral ou logique : « *Pour penser correctement, explique Olivier Houdé, directeur du Laboratoire de psychologie du développement et de l'éducation de l'enfant (CNRS-Sorbonne) et auteur du livre "Apprendre à résister", les Z doivent apprendre à combattre leurs automatismes. Il veut les y aider grâce à une pédagogie du contrôle cognitif* » (Kerdellant, 2016).

c. Procrastination pour les décisions à forte implication

Dans un contexte d'hyperchoix où de nombreuses options s'offrent à lui, le Z prend son temps pour choisir sa voie en ce qui concerne les grandes décisions de la vie (études, carrière professionnelle, logement, conjoint(e) etc.).

Une des principales caractéristiques du Z serait une difficulté à se projeter dans le long terme, qui peut s'expliquer par une incertitude sur l'avenir, un primat de l'instantané et une difficulté à s'engager et à faire des choix (Pichault et Pleyers, 2010). Et il n'est pas difficile de comprendre, au vu de ce qui a été abordé précédemment dans ce chapitre, que l'avenir du Z est pour lui incertain :

- il sait, grâce notamment à l'exemple de ses parents, qu'il ne restera pas toute sa vie avec le/la même compagnon/compagne, dans la même entreprise et qu'il vit dans un monde qui change et qui évolue et qu'il fait partie de la première génération à le découvrir et le vivre ;

- le Z ne sait pas à quoi s'attendre demain. Il est évident que sa prise de décision en est affectée, ne sachant pas toujours quel choix poser ;
- on peut même aller plus loin en considérant que le Z est comme une sorte « d'adulescent », un adulte en plein questionnement, comme pourrait l'être un adolescent (Maillet, 2005). Or l'adolescent a plus de mal à faire des choix et préfère généralement les reporter.

d. Apprentissage et construction identitaire par essai et erreur

Une autre caractéristique majeure du Z se situe au niveau de l'apprentissage. Contrairement aux générations précédentes qui adoptaient généralement un mode d'apprentissage cognitif et un modèle d'identification en se comparant à leurs aïeuls, le Z suivrait un modèle d'expérimentation.

Chez le Z tout comme chez le Y, le soi « se construit au gré de diverses expériences sociales tout au long d'un processus itératif, fait d'essais et d'erreurs, jusqu'à parvenir à une définition de soi qui soit à la fois satisfaisante sur le plan de la « self-esteem » et crédible aux yeux des acteurs institutionnels » (Galland, 1995, p. 19).

Le « Z » expérimenterait car il veut être certain de ses choix et être prêt à les assumer ! Il préfère retarder son arrivée dans le monde adulte car il voit la société d'aujourd'hui comme complexe et en plein changement : « *leur rapport à l'échec est différent du nôtre : ils testent, font des essais et des erreurs, jusqu'à ce qu'ils trouvent. Pour les Z, utiliser un mode d'emploi serait échoir* » (Kerdellant, 2016).

3. Implications sur la prise de décisions

a. Reconnaissance des besoins

Le Z veut tout, tout de suite ; c'est qu'Internet et le haut débit ont considérablement altéré son rapport au temps : il est dans l'instantanéité, il n'aime pas l'attente notamment à cause d'Internet qui permet d'avoir accès à tout, tout le temps et n'importe quand : « *évoluant dans un environnement de joignabilité et de connexion permanentes, les Z ont pris l'habitude d'accéder facilement à leurs souhaits et auraient tendance à vouloir tout, tout de suite* » (Heffinck et Léonard, 2012, p. 15).

En outre, le Z a un autre rapport à l'objet que les générations précédentes : l'accès au bien ou au service devient plus important que sa possession. Moins matérialiste, le Z va chercher à satisfaire ses besoins en louant, en échangeant ou en partageant, plutôt que d'acheter. Cette volonté explique le succès des sites d'échange de services ou de vente de seconde main, emblématiques de l'économie *peer-to-peer* et de la consommation collaborative (Decrop, 2017).

On peut également remarquer que le Z aime être unique et cela transpire dans ses objets et achats ; il aime customiser, personnaliser ce qu'il possède. Enfin, le Z sera également en quête de sens lors de ses achats ; il aimera acheter des produits qui ont une conscience collective, qui aident par exemple les ONG ou les plus démunis (Levain et Tissier, 2012).

b. Recherche d'informations

Internet et les nouvelles technologies ont radicalement changé la manière de s'informer ; tout est disponible et ce, très rapidement. S'il a un « coup de cœur » pour un produit ou une marque, le Z peut facilement succomber en ayant très rapidement toute l'information nécessaire pour conclure son achat (Levain et Tissier, 2012). Cette disponibilité permanente d'informations rend le Z plus paresseux. Pourquoi retenir par cœur, alors que toutes les informations sont constamment à portée de main, *via* le Smartphone, l'ordinateur ou la télévision ? Pourquoi écrire sans fautes si les correcteurs orthographiques vont faire le travail ?

En ce qui concerne les sources d'information, le Z vit depuis sa plus tendre enfance avec la publicité. Il est de ce fait habitué, plus critique et moins sensible à ce genre de médias. Il privilégiera le bouche-à-oreille, le conseil de bloggeurs (voir encadré 1) ou les commentaires disponibles sur internet par d'autres consommateurs avant d'acheter. Par ailleurs, il n'hésitera pas à donner son avis via ces mêmes canaux (Levain et Tissier, 2012).

Encadré 1. Kristina Bazan : Portrait d'une bloggeuse professionnelle

Kristina Bazan est une bloggeuse suisse de 22 ans qui fait carrière à Los Angeles. Depuis ses 18 ans, elle est *digital it-girl* et compte pas moins de 2 millions de suiveurs sur les réseaux sociaux. Sur son site, Kayture.com, on la voit naviguer dans des univers raffinés de la mode (défilés, accessoires etc.), des produits de beauté, des hôtels et restaurants sélects, du *lifestyle* ou de la musique. Tous les jours, elle raconte ainsi ses expériences de produits et de marques à ses adeptes, à la manière d'un journal intime. En quatre ans, elle est devenue une entrepreneuse avertie dans le milieu de la mode, de la beauté et du luxe ; son site compte 5 employés.

Le cas de Kristina Bazan est symptomatique du pouvoir des bloggeuses à l'ère de la génération Z. Son activité consiste à parler d'un univers exclusif à des jeunes filles et des femmes (essentiellement d'autres Z) devenues la cible d'un marché globalisé où l'on achète d'un clic. Quand elles parviennent à toucher un nombre important de suiveurs, ces bloggeuses finissent par attirer les marques (de luxe essentiellement) et elles parviennent à monnayer très cher leurs prestations auprès d'entreprises qui investissent aujourd'hui beaucoup dans la communication digitale.

Au même titre qu'Alexa Cheung ou Lana del Rey, Kristina Bazan fait désormais partie du club select des plus grands *influencers* au niveau mondial. En raison de leur talent mais surtout de leur visibilité, ces dernières en deviennent souvent mannequin, créatrice de bijoux, égérie de marque, actrice ou chanteuse. Ces prescripteurs hybrides font souvent la couverture de magazines tels que *Cosmopolitan*, *Vogue* ou *Elle*, ce qui renforce leur pouvoir d'attraction auprès des grandes marques de la mode ou de la beauté.

c. Évaluation des alternatives avant l'achat

Quand il s'agit de comparer les nombreuses alternatives qui s'offrent à lui, le Z se base souvent sur des critères tels que le prix et l'évaluation des pairs. Moins sensible aux marques que ses prédécesseurs, le Z est souvent à l'affût des meilleurs prix et des bonnes affaires qui peuvent le conduire à des achats assez impulsifs. De plus, le Z sait que la durée de vie des produits n'est plus la même qu'avant et ne souhaite pas mettre un prix très élevé sachant qu'il devra sûrement le changer prochainement. Issu de la génération peer-to-peer, le Z télécharge souvent gratuitement et illégalement de la musique, des séries, de la musique, des films, des logiciels, des jeux... Il consulte la presse gratuite et les sites de partage de vidéos comme *Youtube* ou il regarde des films en streaming. C'est ce qu'on appelle la consommation à la demande (Dagnaud, 2012).

Lorsqu'il a un achat plus conséquent à faire, le Z va se renseigner davantage et faire preuve de patience et de persévérance afin de trouver le meilleur rapport qualité-prix (Levain et Tissier, 2012). Le Z aime les produits de luxe mais il va souvent trouver un moyen détourné pour se le permettre ; « *il n'est pas rare de croiser une jeune femme habillée tout en H&M avec un sac Yves Saint Laurent sur l'épaule puisque le Z n'hésite pas à mélanger les univers* » (Levain et Tissier, 2012, p. 151).

À côté du prix, les Z sont fortement influencés par leurs pairs. Il suffit d'en prendre comme exemple les choix d'hôtels où les avis des clients disponibles sur les sites d'évaluation comme *Tripadvisor* sont devenus un critère de décision important et la première source de planification de voyages avant les agences de voyages et les sites d'opérateurs touristiques (Tripadvisor Barometer, 2013). Un critère qui joue également souvent dans la prise de décision du Z est la capacité de l'alternative de choix à (re)créer du lien social.

Enfin, là où le risque était plutôt perçu de manière négative par leurs prédécesseurs, il est souvent source d'adrénaline et d'inspiration positive pour les Z parmi lesquels on trouve d'ailleurs de nombreux entrepreneurs et créateurs de start-ups.

d. Processus post-achat : satisfaction, fidélité, bouche-à-oreille...

Un des traits caractéristiques de cette génération est également son manque d'engagement. Tout d'abord, c'est parce le Z est très flexible et n'a pas peur du changement.

Il vit dans un monde où tout va très vite, notamment grâce à internet et depuis qu'il est tout petit, le Z ne sait pas ce qu'il fera demain (Levain et Tissier, 2012). De plus, il considère que l'entreprise a peu d'obligations envers ses employés comme il a pu le constater avec ses parents, issus de la génération X, qui ont connu restructurations et licenciements (Rollot, 2012) ou lorsqu'il voit dans la presse de nombreux licenciements et délocalisations d'entreprise (Chaminade, 2009).

En outre, le caractère participatif et engagé du Z a pour conséquence qu'il est habitué à revendiquer depuis qu'il est tout petit et ne se prive pas de le faire au sein de l'entreprise, que ce soit de façon individuelle ou collective (Rollot, 2012).

Le Z va également revendre ses objets, afin de pouvoir gagner de l'argent et se racheter de nouvelles choses. C'est ce qui explique l'engouement pour des sites comme *Ebay*, les vides dressing, les brocantes, etc. La revente se justifie également par le manque de place du Z : il vit souvent en colocation ou dans de petit espace, il ne peut pas tout conserver (Levain et Tissier, 2012).

III. La génération « peut-être » : quelle stratégie pour les marques ?

Sur la base des caractéristiques de la génération Z et de leurs conséquences en termes de prise de décisions et de consommation, on peut à présent esquisser une série de conseils utiles et de tactiques marketing pour engager des relations de long terme avec cette génération. Ces implications, inspirées de Fromm et Garton (2013) sont synthétisées dans le tableau ci-dessous (voir tableau 1).

Tableau 1 : Caractéristiques des Z en termes de prise de décisions et leurs implications marketing

Variable de prise de décision	Caractéristiques des Z	Implications marketing
Planification	• Tendance à l'impulsivité (pour décisions à faible implication) • Tendance à la procrastination (pour décisions à forte implication)	• Intéresser • Ecouter et faire participer
Reconnaissance du besoin	• « Tout, tout de suite » • Accès plutôt que propriété • Lien plutôt que bien • Aventure et amusement • Customisation et participation	• Ecouter et faire participer • Ré-enchanter
Recherche d'information	• « Toujours connecté » • Surcharge d'informations/hyperchoix • Leaders d'opinion pour technologie • Influence des pairs • Showrooming	• Être multicanal • Simplifier l'offre
Évaluation des alternatives de choix	• Critères de choix : prix, évaluation des pairs « experts », lien social • Risque perçu positivement • Indécision et hésitation	• Assurer un avantage prix • Proposer des expériences uniques et authentiques • Positionner son offre de manière sociétale
Décision et achat	• Adoption précoce de technologies • Showrooming	• Être multicanal
Processus post-achat	• Satisfaction reste importante • Fidélité moindre (nomadisme) • Bouche-à-oreilles (surtout virtuel)	• Impliquer les Z comme ambassadeurs de la marque • Valoriser socialement • Réinventer la fidélité / exploiter le nomadisme
Elimination du produit	• Recyclage • Revente	• Promouvoir l'économie circulaire et du partage

1. Intéresser

Le premier défi pour les entreprises est de séduire les Z par des expériences de marque plus stimulantes et satisfaisantes. Il faut engager ces adopteurs précoces de nouvelles technologies et d'outils sociaux émergents. Selon une étude du BCG (Barkley, 2011), les Z sont 2,5 fois plus susceptibles d'essayer une nouvelle technologie que leurs prédécesseurs. De la même manière, ils vont rarement hésiter d'upgrader un produit/service. Il y a donc là un potentiel que les entreprises devraient exploiter pour tenter de fidéliser leurs jeunes clients dès le début.

Étant donné que ce sont souvent les Z qui sont responsables technologiques dans les ménages, il est important de comprendre comment ces derniers colportent et transmettent le message des marques aux adultes des générations qui les précèdent. Bien évidemment, les firmes doivent faciliter ces conversations et pousser les Z à susciter des innovations cruciales de produits ou de services... et les récompenser en conséquence !

Même les marques bien établies qui ciblent des segments plus âgés ne peuvent pas négliger la génération Z, tant au niveau de son importance quantitative que de son influence qualitative. Le plus tôt elles entameront un dialogue avec les Z sera le mieux.

2. Écouter et faire participer

Il s'agit de construire une stratégie d'écoute et de participation qui va permettre à la firme d'interagir avec ses ambassadeurs de marque. Étant donné que les Z passent plus de temps à produire et à uploader du contenu en ligne que les générations précédentes, il est important d'interagir avec authenticité et sincérité avec ces leaders d'opinion.

Il faut toutefois être attentif au fait que les Z ne souhaitent pas tous faire des marques leurs amies. Ils sont ainsi plus de 50 % à estimer que les marques ne devraient pas avoir de présence sur les réseaux sociaux (Forrester Research, 2011). Ce qui rend d'autant plus nécessaire la stratégie d'écoute attentive et nuancée évoquée plus haut. Comme le suggèrent Fromm et Graton (2013, p. 104), « *plutôt que de bombarder les 'Millennials' avec des messages de marque, écoutez d'abord et ensuite engagez la conversation après avoir acquis une compréhension complète de leurs souhaits et besoins* ».

Étant donné que les Z attachent une grande importance à la construction d'une relation, les entreprises doivent essayer de développer une relation de long terme plutôt que des efforts marketing ponctuels avec cette génération. Comme on l'a indiqué précédemment, les Z sont friands de la communication digitale et des réseaux sociaux. Quand un produit ou un service apparaît sur le marché, il y a de bonnes chances que les Z en aient déjà parlé... Le défi pour les responsables marketing est donc, dans un premier temps, de trouver où ces conversations se déroulent et qui sont réellement leurs ambassadeurs et, dans un second temps, de jouer sur ces affinités pour les intéresser et de les « activer » ensuite.

À tous ces niveaux, il s'agit de développer une stratégie d'intéressement qui veillera à mobiliser toutes les facettes de la démarche participative. Selon Fromm et Graton (2013), cette stratégie doit se décliner en cinq axes :

- intéressement plutôt qu'interruption ;
- interaction plutôt que réaction ;
- participants engagés plutôt qu'utilisateurs fréquents ;
- gestes concrets (personnels) plutôt que grandes promesses (impersonnelles) ;
- co-créateurs actifs plutôt que consommateurs passifs.

En bref, les marques doivent éveiller l'intérêt des Z à de multiples niveaux avec un contenu qui suscite la réflexion, et qui doit être poussé sur les plateformes pertinentes où les Z expriment leurs opinions. Étant donné que le bouche-à-oreille et les évaluations de produit sont essentiels dans leur processus d'achat, les entreprises doivent encourager des discussions actives et authentiques concernant leurs marques plutôt que d'envoyer sporadiquement des messages commerciaux soigneusement élaborés.

Elles doivent stimuler la génération de contenu pour délivrer de l'authenticité et interagir directement avec les Z. En effet, ces derniers seront très sensibles à toute tentative honnête de remédier à une situation défavorable en cas de commentaire ou de *tweet* négatif (Malison, 2015).

3. Valoriser socialement

Il faut faire en sorte que les Z apparaissent sous leur meilleur jour auprès de leurs pairs. Comme on l'a vu plus haut, les Z disposent de réseaux sociaux plus étendus que leurs congénères des générations précédentes. Ils peuvent dès lors plus facilement faire appel à des avis et des conseils d'« experts » avant de prendre des décisions importantes. De la même manière, les Z disposent d'un nombre beaucoup plus important de plateformes (médias sociaux, applications mobiles, sites Internet etc.) sur lesquelles ils peuvent glaner de l'information. Le défi pour les entreprises est évidemment de bien identifier la ou les plateforme(s) leur permettant de toucher efficacement les Z.

Les Z ont redéfini ce que signifie être expert. Dans le passé, cela passait par des certificats, des diplômes et de l'expérience professionnelle alors qu'aujourd'hui, l'expertise vient du simple fait d'être né avec les technologies numériques. Il faut capitaliser sur les connaissances et les idées des Z et en particulier, mettre en lumière la voix de ces experts afin d'améliorer la notoriété et l'appréciation de ses marques. En conséquence, les entreprises doivent réévaluer la crédibilité et l'efficacité de leurs endosseurs de marque vis-à-vis de cette génération...

À travers leurs larges réseaux et leurs liens sociaux affirmés, les Z ont le pouvoir de participer et de s'engager dans le processus de construction de marques. De la même manière, ils ont le pouvoir de les détruire très rapidement... Les firmes seront donc vigilantes dans le suivi de ce qui est dit au sujet de leurs marques et elles doivent être prêtes à participer à la discussion.

4. Ré-enchanter

Désenchantés par la société de consommation et inquiets face à leur avenir, les Z sont à la recherche de nouveaux repères et de nouvelles voies pour ré-enchanter leur existence. Plus particulièrement, ils sont à la recherche d'aventure et d'amusement dans leurs expériences de produit/marque.

Selon Fromm et Graton (2013), les Z définissent l'aventure de plusieurs manières. Pour les uns, il s'agira de voyager au bout du monde avant de poursuivre ses études ; pour d'autres, de goûter de nouveaux plats exotiques à base d'insectes ; pour d'autres encore, de s'essayer à la pratique de sports extrêmes tels que le canyoning ou le parapente. Pour les Z, rien n'est impossible et tout ce qui sort des sentiers battus est digne d'intérêt. Aussi, l'avenir est rose pour les marques qui pourront saisir ce désir de nouvelles expériences et ce goût de l'aventure en différenciant leurs offres. Les firmes doivent donc comprendre que les Z trouvent l'aventure et le plaisir au milieu du risque et qu'elles ont tout intérêt à intégrer cette donne dans leurs stratégies de marque pour attirer davantage ces jeunes consommateurs.

Plus généralement, il s'agit d'offrir des expériences de produits et de marques uniques et authentiques. L'expérience est en effet un élément clé pour attirer la génération Z. En 2010, *Ogily & Mather* proposait de remplacer les 4 P classiques du marketing mix par 4 E qui collent beaucoup mieux à cette perspective expérientielle chère au monde digital et à la génération Z (Laubignat, 2013). Ces 4 E sont autant pertinents au niveau de la construction de relations humaines solides qu'en ce qui concerne l'établissement d'une relation durable avec des marques :

- **Émotion** : il faut que la marque soit capable de générer des émotions positives et des sensations fortes chez le Z.
- **Exclusivité** : il faut que la marque puisse offrir au Z un produit personnalisé et unique, qui lui permette de valoriser son « moi » et son « e-moi ».
- **Expérience** : au cœur de ce que recherche le Z, l'expérience de consommation de la marque conditionne largement sa satisfaction individuelle et la discussion collective qui s'ensuit.
- **Engagement** : la marque doit proposer au Z de s'engager et lui démontrer ses propres engagements par des actions concrètes créant du sens.

L'encadré 2 montre comment une marque telle que Smiggle a mis en place une stratégie de marketing émotionnel pour toucher plus efficacement les Z.

Encadré 2. Ré-enchanter par le marketing émotionnel : le cas de Smiggle

Smiggle offre une variété de produits scolaires attractifs allant des trousses aux sacs à dos en passant par des gourdes et alors que le secteur de l'équipement est globalement en déclin, Smiggle planifie un développement international visant Hong Kong, la Malaisie et le Royaume-Uni. Cette croissance, Smiggle le doit essentiellement à la mise en place d'une stratégie de marketing émotionnel autour des 4 E :

- **Émotion** : La marque s'est positionnée comme amusante et unique avec une gamme d'articles colorés, au design attractif avec des motifs bariolés et des personnages attendrissants.
- **Exclusivité** : Pour les jeunes Z, posséder un produit Smiggle est devenu un symbole de statut, une manière d'expérimenter une marque stimulante qui cadre avec leur style de vie.
- **Expérience** : L'expérience d'achat sur son site Web, ponctuée de vidéos et d'interstitiels, se veut amusante et interactive, de même que l'expérience de consommation elle-même où par exemple, un oiseau-cœur en peluche se transforme en carnet de notes.
- **Engagement** : À côté de ses magasins physiques, Smiggle a établi une relation avec ses publics en rendant sa marque accessible digitalement à travers des applis, des jeux ou des fonds d'écrans, sans oublier un programme de fidélité.

5. Réinventer la fidélité

La crise économique et le nomadisme mettent à mal la volonté de la génération Z à rester loyal à une marque. Ainsi, au contraire des générations précédentes, la fidélité à la marque ne compte pas vraiment. Le défi pour les entreprises est donc de revoir leurs stratégies de fidélisation en développant une relation client plus amusante et authentique (voir encadré 2).

Dans un contexte où le prix est devenu le facteur le plus important dans les décisions d'achat des Z, les entreprises doivent analyser leur capacité à proposer de bonnes affaires quand elles développent leur plan marketing pour un nouveau produit/service. Il faut donc donner une bonne raison au Z de choisir sa marque. Créer de la valeur, différencier son offre des concurrents et la communiquer sont plus que jamais les maîtres-mots de la stratégie gagnante. Cette différenciation passe de plus en plus par les services périphériques que les Z vont apprécier.

Enfin, il ne faut pas négliger l'engagement citoyen de la génération Z. Comme indiqué ci-dessus, ces jeunes veulent donner du sens à leur vie, en ce y compris leurs comportements en tant que consommateurs. Ils veulent avoir un impact positif pour la planète, pour ses citoyens et leur avenir ; ils attendent que les entreprises en fassent de même et ils n'achèteront qu'à cette condition. On ne peut donc que conseiller aux entreprises de s'engager dans cette perspective de responsabilité sociétale en soutenant des causes pertinentes pour la marque et ses clients Z.

6. Être multicanal

La dernière recommandation stratégique majeure que l'on peut donner aux entreprises au terme de ce chapitre est de devenir (ou de rester) multicanal. Ainsi, le phénomène de *showrooming* est davantage prononcé chez les Z que pour les générations précédentes. Ces derniers utilisent ainsi souvent des applications spécifiques pour comparer les prix et trouver les meilleures offres, qu'elles soient en ligne ou hors ligne, quand ils magasinent. Il s'agirait donc de développer une stratégie de marque qui incite les Z à passer plus de temps avec la marque pour in fine gagner le « *moment de vérité mobile* » (Fromm et Garton, 2013, p. 73).

Entant donné que la génération Z exprime des attentes très élevées en matière de technologie, les détaillants doivent être capables d'intégrer parfaitement tous leurs canaux de distribution de manière cohérente, qu'ils soient physiques ou en ligne. Comme souligné précédemment, les « digital natives » sont passés maîtres des TIC : ils souhaitent être connectés en permanence et attendent des réponses instantanées. Les entreprises doivent dès lors assurer une présence continue et proactive sur les cinq écrans qui représentent le quotidien des Z (Smartphone, ordinateur, télévision, tablette et objets connectés). Le marketing mobile constitue un défi particulièrement important pour la grande majorité des marques étant donné le potentiel du Smartphone et des objets connectés pour le segment des Z.

Créative, innovante, autonome, connectée, impatiente, multitâche, qualifiée, individualiste, communautaire, narcissique... autant de qualificatifs pour définir la génération Z. Avec une famille plus permissive, l'arrivée d'Internet et la constante évolution des technologies, sans oublier le désenchantement dû aux difficultés qu'ont connu les X (divorces, chômage...), le Z se distingue des autres générations par ses attentes et ses comportements, notamment en matière de consommation. Il est en constante recherche de réalisation de soi et est à l'écoute de ses émotions.

Dans notre société en plein changement, le Z n'a plus de modèle sur lequel se reposer afin de faire des choix. Ses codes, tant sociaux ou économiques, sont à réinventer. Il lui faut donc plus de temps pour prendre des décisions importantes.

Bien entendu, chaque génération arrive avec ses attentes spécifiques et ses propres défis pour les entreprises et les responsables marketing. Comme l'a montré ce chapitre, ceux de la génération Z tournent autour de l'implémentation sans faille de la technologie et de la mise en œuvre d'un marketing expérientiel qui va permettre le développement d'une relation durable.

La Figure 2, inspirée des travaux d'Hetzel (2002), montre que ce cercle vertueux créé autour de l'expérience de consommation du Z passe par la création d'un effet de surprise, la proposition d'expériences extraordinaires et authentiques, la stimulation de ses 5 sens et la création de lien.

Figure 2 : Le cercle vertueux du marketing expérientiel pour les Z (inspiré de Hetzel, 2002)

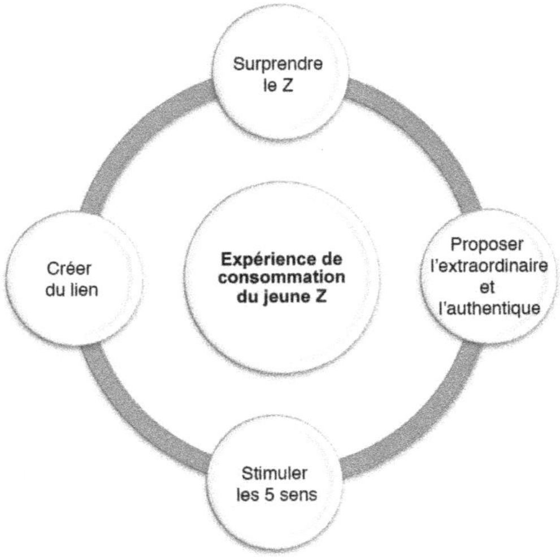

Les entreprises qui n'arriveront pas à relever ces défis ne parviendront sans doute pas à capter l'intérêt des Z et à en faire leurs ambassadeurs.

Bien entendu, on peut se poser la question de l'importance de la génération comme cadre d'analyse et de réflexion stratégique. Peut-on regrouper des personnes présentant des comportements similaires alors qu'elles n'ont en commun que leur période de naissance ? D'autres facteurs comme la culture, la classe sociale, le niveau d'éducation ou les groupes d'appartenance ne sont-ils pas plus à même d'expliquer les décisions et les comportements ? Ces questions font débat et rejoignent l'argument de plusieurs auteurs que la génération n'est qu'un des critères permettant de caractériser les décisions et les comportements de consommation. Ne serions-nous pas finalement tous un peu Z ?

Le monde est en plein changement, que ce soit pour les Z ou les générations précédentes. Essayer de donner un sens à sa vie ou rechercher le bonheur ne sont pas des besoins propres aux personnes de moins de 35 ans mais à toute personne du XXIe siècle. Mais contrairement aux générations précédentes, le « jeune » est un peu plus Z, car il est né dans ces bouleversements et a toujours vécu avec ces nouveaux codes.

Ce qu'il faut retenir

La génération « peut-être » est utilisée pour qualifier les Z parce que ces derniers éprouvent souvent des difficultés à se décider et à s'engager, particulièrement sur le moyen et le long terme.

Les caractéristiques de cette génération telles que la maîtrise technologique, le nomadisme, la sociabilité, la volonté de participation mais aussi l'inquiétude expliquent en grande partie cette difficulté. Les Z sont confrontés à une myriade d'opportunités mais ils semblent incapables de s'engager.

Les caractéristiques principales des Z en termes de prise de décision incluent :

- un faible niveau de planification en général ;
- l'impulsivité pour les décisions à faible implication ;
- la procrastination pour les décisions à forte implication ;
- un apprentissage par essais et erreurs ;
- l'immédiateté de la satisfaction des besoins ;
- l'importance des pairs et des supports digitaux en matière de recherche d'informations ;
- le prix, les évaluations de pairs et le lien social comme principaux critères de choix ;
- l'importance du bouche-à-oreille et la tendance au nomadisme de marques.

Ces caractéristiques des Z en matière de prise de décisions conduisent à une série de défis marketing que doivent relever les entreprises et les marques si elles veulent s'assurer leurs faveurs :

- intéresser ;
- écouter et faire participer ;
- valoriser socialement ;
- réenchanter ;
- réinventer la fidélité ;
- être multicanal.

Les entreprises doivent être capables de développer une stratégie « 4 E » pour toucher efficacement et durablement les Z par les émotions, l'exclusivité, l'expérience, et l'engagement.

La génération n'est qu'un des critères permettant de caractériser les décisions et les comportements de consommation. De nombreuses autres variables entrent en ligne de compte. Par ailleurs, les valeurs et comportements développés par les Z ont tendance à pénétrer les autres générations.

Références

Barkley, The Boston Consulting Group and Service Management Group, *American Millenials : Decifering the Enigma Generation*, 2011.

B. Chaminade. « Alors, ces "Y"... des zappers ? », posté en ligne le 02/02/2009, http://www.generationy20.com/alors-ces-ydes-zappers#more-355, document en ligne consulté le 10 novembre 2016.

M. Dagnaud, *Génération Y. Les jeunes et les réseaux sociaux, de la dérision à la subversion*, Presses de Sciences Po, 2012, 169 p.

A. Decrop (sous la dir. de), *La consommation collaborative : enjeux et défis de la nouvelle société du partage*, De Boeck, 2017.

F. Epelboin et S. Perez, « La génération Y va tout changer », *ReadWriteWeb.com*, 2009, http://streisand.trollab.org/fr.readwriteweb.com/2009/09/08/analyse/generation-y/index.html, document en ligne consulté le 20 juillet 2016

Forrester Research, *Understanding the intricate digital behaviors of young consumers*, 11/03/2011.

J. Fromm et C. Garton, *Marketing to Millenials*, Amacom, 2013.

O. Galland, *Jeunes adultes et précarité : Contraintes et alternatives*, Conseil permanent de la jeunesse, 1995, 200 p.

S. Heffinck et C.Léonard, « Génération Y : Comment manager les 25-35 ? », *CCI Mag' Le magazine des entreprises*, 5 (mai), 2012, pp. 13-24.

P. Hetzel, *Planète conso : marketing expérientiel et nouveaux univers de consommation*, Ed. d'Organisation, 2002.

C. Kerdellant, « La Génération Z, ces 15-25 ans qui façonnent le monde de demain », *L'Express*, 02/02/2016.

P. Laubignat, *Tout Savoir Sur... le Marketing Emotionnel - l'Humain Plus Que le Fric !* Kawa, 2013.

M. Levain et J. Tissier, *La génération Y par elle-même : Quand les 18-30 ans réinventent la vie*, François Bourin Editeur, 2012, 202 p.

K. Lyons, « Generation Y, Curling or Maybe : what the world calls millennials », The Gardian, 8/03/2016.

M. Maffesoli, *Du nomadisme : Vagabondages initiatiques*, Table ronde, Paris, 2006.

C. Maillet, *Le marketing adulescent : comment les marques s' adressent à l'enfant qui sommeille en nous*, Village mondial, 2005.

M. Malison, « How Retailers and Brands Should Prepare for Generation Z », Euromonitor International, 31/12/2015, http://blog.euromonitor.com/2015/12/how-retailers-and-brands-should-prepare-for-generation-z.html, document en ligne consulté le 5 décembre 2016.

C. McKim, « Technology fuels rise of the 'maybe' generation. Facebook and other social media could me increasing indecisiveness in millenials », The Scotsman, 09/10/2015.

P. Mercklé, *Sociologie des Réseaux Sociaux*, Nouvelle Edition, 2011, 128 p.

F. Pichault et M. Pleyers, *Pour en finir avec la génération Y... Enquête sur une représentation managériale,* http://asset.rue89.com/files/2010pichault-pleyers.pdf, document en ligne consulté le 5 juin 2016.

O. Rollot, *La génération Y,* Presse Universitaire de France, 2012, 279 p.

Chapitre 13

Les pratiques alimentaires de la génération Z : comment répondre à leurs préoccupations ?

Stéphanie Lessard, Docteur et Enseignant Chercheur en Sciences de la consommation,
Faculté des sciences de l'agriculture et de l'alimentation de l'Université Laval (Canada)

Introduction

Au cours des dernières années, plusieurs études ont soulevé l'impact de la consommation alimentaire sur différents enjeux de société comme l'économie locale et régionale, la planète et la condition des animaux, et la santé des individus. Dans une perspective globale, la « santé » se trouve au cœur de ces enjeux. Elle représente désormais plus qu'une tendance. Elle s'inscrit dans l'évolution des choix alimentaires des générations, dont celle de la génération Z.

Caractérisée par leur hyperconnexion au web, leur ouverture et leurs valeurs fortes, la génération Z montre diverses préoccupations sociales et environnementales. Celles-ci semblent influencer progressivement leurs habitudes alimentaires de consommation, de manière générale (Helme-Guizon et Ottmann, 2010 ; Nielsen, 2015).

Avec la multitude d'informations qui converge vers la nécessité de modifier son rapport à l'alimentation pour atteindre la « santé globale », et le besoin des Z pour l'achat rationalisé et responsable, la consommation alimentaire actuelle est de plus en plus centrée sur l'éveil des « consciences » tant locales, éthiques que sociales (Observatoire de la consommation responsable, 2016 ; Miele et Evans, 2010 ; Moubarac et coll. 2013). ***L'éveil pousse les entreprises de l'industrie alimentaire à remettre en question l'ensemble de leurs pratiques commerciales pour ainsi inclure ces consciences dans leurs stratégies actuelles et futures***. Il mène à des changements graduels dans la production et la transformation de plusieurs catégories de produits au sein de l'industrie alimentaire. Les changements concernent aussi bien les marques de la restauration rapide que celles commercialisées disponibles en épicerie. Maintenir les Z à l'intérieur du cycle d'achat représente donc un défi majeur pour les entreprises.

De fait, la compréhension des préoccupations sociales et environnementales des consommateurs en général, incluant la génération Z, devient essentielle. Elle peut certes favoriser le développement d'un marketing alimentaire plus efficace. Pour ce faire, le marketing alimentaire doit être redéfini via un marketing diversifié selon des champs spécifiques et propres aux diverses préoccupations.

La compréhension des préoccupations sociales et environnementales permet d'offrir des produits plus attrayants, afin de continuer de générer des ventes à long terme. Ainsi, quelques questions se posent :

- quelles sont les consciences qui animent les jeunes ?
- comment les consciences redéfinissent-elles les valeurs alimentaires et quelles sont ces valeurs ?
- comment le marketing alimentaire doit-il se redéfinir ?
- comment le marketing alimentaire doit-il répondre aux consciences des Z et prendre en compte leurs caractéristiques générationnelles ?

Afin de répondre à ces interrogations, dans un premier temps, ce chapitre présente les points marquants de l'évolution des discours de l'alimentation depuis la fin des années 1980 jusqu'à aujourd'hui. Les perceptions qui entourent l'alimentation sont abordées, suivies des préoccupations qui ont éveillé les consciences de la génération Z. Ceci permet de mieux comprendre comment les consciences altèrent les représentations de l'alimentation et de l'aspect santé.

Dans un second temps, ce chapitre fait état des valeurs qui définissent dorénavant la santé dans une perspective alimentaire globale pour ainsi comprendre comment le discours du marketing alimentaire doit s'adapter à ces valeurs. Des pratiques commerciales qui répondent aux préoccupations des consommateurs sont ensuite élaborées afin d'aider les responsables du marketing alimentaire à prendre des décisions en adéquation avec les représentations mentales émergentes. En résumé, dans une perspective du comportement du consommateur, ce chapitre traite des effets engendrés par la montée des préoccupations des consommateurs en général, incluant la génération Z, envers la santé globale sur les pratiques du marketing alimentaire.

I. L'évolution de l'alimentation : science, perceptions et valeurs

Peu importe la génération à laquelle appartient l'individu, l'alimentation revêt d'une grande importance. Elle nourrit le corps et l'esprit, intervient dans les interactions sociales et participe à la culture d'une population.

Au fil des ans, grâce aux avancés scientifiques et technologiques, l'alimentation a évolué si bien qu'elle s'est vue redéfinir par les professionnels de la santé et de la recherche. L'évolution significative des discours alimentaires (Mathé, Pilorin et Hébel, 2008) (voir figure 1), passant du discours light au discours cacophonique, puis au discours santé/plaisir, a certes influencé les perceptions actuelles des consommateurs à l'égard de l'alimentation et de l'aspect santé.

Figure 1 : Évolution des discours alimentaires de 1980 à 2000

Selon une étude publiée par la Société Française de Nutrition (Hébel et Pilorin, 2011), à la fin des années 1980, l'alimentation était définie par la consistance des plats et la régularité des repas. La consommation de trois repas par jour sur des plages horaires établies, où un « repas complet » était généralement formé d'une entrée, d'un plat de viande, de légumes, de fromage et d'un dessert était privilégiée. En contrepartie, l'aspect santé était issu d'une dimension restrictive de l'alimentation fonctionnelle. Elle fut longtemps associée aux aliments faibles en calories et aux régimes minceurs ; le discours light dominait durant cette période.

Entre la fin des années 1980 et le début des années 1990, se sont installés différents discours alimentaires contradictoires (Fischler, 2001). D'une part, la santé était un terme utilisé pour désigner à la fois l'addition d'aliments sains et la restriction d'aliments malsains. Des discours publics nutritionnels présentaient certains aliments comme étant des produits sains, alors que d'autres discours disaient le contraire quant aux mêmes produits. Les consommateurs avaient du mal à distinguer les aliments sains des aliments moins bons pour la santé. D'autre part, les intoxications et les crises alimentaires touchant notamment les organismes génétiquement modifiés ont fait la une des journaux. Certains discours prônaient la technologie génétique, d'autres faisaient appel au principe de précaution (Fischler, 2001).

Vers la fin du 20ème siècle, la dimension hédonique a pris une place importante dans les discours publics, où s'intégrèrent les plaisirs de manger, de socialiser et de goûter. La santé commençait à être davantage exprimée en termes de besoins nutritionnels par les nutritionnistes. Ces derniers abordaient le bon goût des aliments sains et l'aspect naturel de ces aliments. Les produits faibles en calories ont quant à eux perdu de l'intérêt pour plusieurs consommateurs et sont généralement devenus des produits perçus comme étant sans goût. Alors que les produits « plein gras » étaient les produits agréables à manger. Le plaisir du « plein gras » figurait toutefois comme un « ennemi à la rationalité » (Coveney, 2006) et un allié à l'embonpoint et l'obésité (Poulain et coll. 2009).

Vers 2005, on a assisté au début de l'alimentation raisonnée, voire même médicale (Ravoniarison, 2014). L'affluence de messages nutritionnels de professionnels et la divulgation en ligne d'informations variées sur la santé ont donné lieu à un discours alimentaire public plus centré sur la santé, sans toutefois négliger le goût et la praticité. De manière générale, les consommateurs ont pris conscience du lien entre l'alimentation et la santé. Cependant, en parallèle, plusieurs comportements alimentaires (Recours et Hébel,

2007 ; Sociovision, 2016), allant de l'irrégularité des prises de repas à l'augmentation de la consommation de produits ultra transformés et prêts à manger, se sont intensifiés pour des raisons de goût, de variété et de convenance (voir l'encadré 1). Ils sont sans conteste associés à la progression des problématiques de surpoids tel qu'on les connaît actuellement (Béliveau et Gingras, 2016 ; Seiders et Petty, 2004).

Aujourd'hui, malgré le fait que plusieurs composantes des différents discours précédents soient restées imbriquer au discours actuel, le présent discours alimentaire est « conscientisant » et porte sur le « manger mieux ». L'aspect santé prend une place de plus en plus importante au sein des valeurs alimentaires basiques considérées dans le processus personnel de décision et de comportement, dont le bien-être physique et psychologique, le goût et la perception sensorielle, le prix, la convenance, et les interactions sociales font partie (Connors et coll. 2001).

Encadré 1 : Les changements de comportements au sein des générations

Plusieurs changements comportementaux ont affecté le modèle alimentaire, les rituels et les normes sociales et comportementales :

- l'irrégularité des horaires des repas ;
- la diminution des repas pris en famille ;
- la réduction du temps de préparation des repas ;
- la baisse du nombre de repas structurés et cuisinés à la maison ;
- l'augmentation de la consommation de produits ultra transformés et prêts à manger.

Ces changements impliquent l'ensemble des consommateurs des diverses générations. Cependant, ***la diminution des repas pris à heure fixe touche particulièrement les jeunes, eux qui sont dans un cycle de vie en mouvance.*** L'horaire des repas semble plutôt s'adapter à ce groupe et non l'inverse. Les rythmes de vie propres à chaque individu guident la planification de leurs repas. Au cœur de ces changements se trouve ainsi la montée de l'individualisme et la simplification des repas. Les deux seuls comportements qui demeurent et qui ne sont pas affectés par les changements sont la fréquentation des restaurants classiques et les invitations à domicile.

II. L'éveil des consciences et la redéfinition des valeurs

Dans un contexte où les enjeux de société se sont multipliés, l'éveil envers les consciences locales, éthiques et sociales s'est animé dans la population. Les producteurs d'aliments, les gouvernements, les organismes consuméristes et de protection, ainsi que les professionnels de la santé et de la recherche invitent au partage de la responsabilité de la santé globale entre le citoyen, les gouvernements et les entreprises. Ces différents acteurs cherchent à maintenir ou améliorer la santé globale, c'est-à-dire la santé économique, environnementale, animale et humaine.

Dans cette perspective, soulignons les enjeux clés des composantes de la santé globale.

D'abord, les difficultés économiques persistantes des éleveurs, agriculteurs et producteurs d'aliments font de l'économie locale et régionale un motif pour consommer des produits alimentaires locaux. De plus en plus :

- acheter local et consommer les aliments de saison signifient non seulement encourager les éleveurs, les agriculteurs et les producteurs locaux et régionaux, mais aussi la préservation de l'environnement par la réduction de l'empreinte écologique et des « kilomètres alimentaires » (Merle, Hérault-Fournier et Werle, 2016). La pollution atmosphérique et ses conséquences sur les changements climatiques sont abordées dans les différents médias et affectent la consommation alimentaire (Mapaq, 2009) ;
- les caractéristiques écologiques du processus de production et la surexploitation des ressources naturelles sont prises en compte dans l'évaluation des aliments (Mapaq, 2009). Pour Bernard Lavallée (2015), nutritionniste, « les problèmes environnementaux d'aujourd'hui seront les problèmes de santé publique de demain ».

De plus, l'industrie de l'élevage, grandement liée à la production importante de gaz à effet de serre, amène des questionnements d'ordre environnemental, tandis que le traitement des animaux et ses méthodes d'élevage font l'objet d'interrogations qui font appel à l'éthique. Les recherches estiment que le bien-être animal devient progressivement un critère décisionnel (Kehlbacher, Bennett et Balcombe, 2012).

Par ailleurs, la progression de la prévalence de l'embonpoint et de l'obésité, ainsi que le développement de maladies chroniques sociétales (cancers, maladies cardiaques, diabète, etc.) préoccupent la santé publique et les consommateurs. Pour les professionnels de la santé, ces problématiques posent la question de la pérennité du modèle alimentaire des Occidentaux, affecté par de multiples changements comportementaux, comme discuté préalablement. Les professionnels questionnent la valeur nutritive des aliments et la qualité des ingrédients ingérés, et tiennent en grande partie responsable l'industrie des produits ultra transformés pour l'accroissement des maladies chroniques sociétales (Moubarac et coll. 2013).

Pour pallier les enjeux de société, le guide alimentaire brésilien se démarque des autres guides alimentaires en intégrant considérablement les consciences à ses paramètres de la santé. Par exemple, le guide propose d'acheter des aliments dans des endroits qui offrent une variété d'aliments naturels et peu transformés, et de favoriser la consommation de fruits et de légumes cultivés localement et biologiquement en provenance des producteurs directement. À leur tour, de nombreux consommateurs intègrent de plus en plus les consciences dans leur alimentation et leur mode de vie (Nielsen, 2015), faisant naître des mouvements de consommation responsable, dont les jeunes de la génération Z adhèrent (voir encadré 2) (Observatoire de la consommation responsable, 2016). On pense à l'économie de partage, au souci du bien-être animal, à la déconsommation, ou encore au développement durable.

En concordance, les Z ont développé des croyances et des valeurs humaines fortes (Helme-Guizon et Ottmann, 2010) favorisant la formation d'attitudes positives envers les produits alimentaires visant la santé globale. Ceci avantage la pêche durable ou encore la consommation de produits locaux et de produits biologiques. Ils sont perçus comme étant des produits plus goûteux, frais, sécuritaires, soucieux de la santé, de l'environnement, de l'économie locale et du bien-être animal, et de meilleure qualité en comparaison avec les conventionnels (Pino, Peluso et Guido, 2012). Le prix, la disponibilité et la confiance envers les producteurs et les certifications représentent cependant des déterminants conditionnels à la consommation de produits à fortes consciences (Zakowska-Biemans, 2011).

La prise en compte des consciences dans les choix alimentaires montre que l'aspect santé est vu dans une perspective davantage globale et fait partie prenante du présent discours conscientisant et du « manger mieux » ; elle ne se limite plus aux valeurs nutritives de l'aliment proprement dites. Le sens de l'alimentation et de la santé relève de plus en plus du bien-être global (émotionnel, physique et psychologique), « dépassant le concept de santé au sens étroit du terme et la recherche d'un résultat purement médical » suite à l'ingestion de nutriments (Ravoniarison, 2014).

Pour le consommateur, surtout le Z, la santé apparaît désormais issue d'une relation indissociable entre la qualité des ingrédients, la production locale, la terre et les animaux ; il semble faire le lien entre l'usage de diverses ressources au sein de la chaîne alimentaire et la production des aliments. Les consciences sont donc en interaction et l'individu est au centre de celui-ci.

Encadré 2 : Les tendances alimentaires qui interpellent les Z

De multiples mouvements de consommation responsable semblent naître suite à la prise en compte des consciences. ***Les Z, des jeunes particulièrement éduqués grâce à l'accès au web, recherchent des alternatives au modèle alimentaire traditionnel qui répondent au besoin de santé globale.*** Par le biais de différentes facettes, elles apparaissent entre autres sous quatre grands thèmes. Par exemple :

1. **Le shopping**
   - Épicerie sans déchet
   - Coopérative alimentaire locale
   - AMAP (association pour le maintien d'une agriculture paysanne)
2. **La cuisine**
   - Snacking sain
   - Expériences culinaires immersives (ex. VizEat)
   - Boîtes à ingrédients santé prêtes à cuisiner (ex. Good Food)
3. **Les régimes alimentaires**
   - Vegan, végétarisme, flexitarisme
4. **Les diverses applications mobiles sur l'alimentation et la santé**
   - Pêche durable (ex. SeaChoice)
   - Calcul calorique (ex. Mealsnap)
   - Journal alimentaire personnel (ex. Foodzy)
   - Ingrédients de produits listés sur des emballages (ex. CSPI)

Les diverses informations disponibles sur la santé globale ont donc participé à la croissance des préoccupations des consommateurs en général envers la santé. Ceci a contribué à leur éveil des consciences envers la santé globale jouant un rôle de fond dans la redéfinition de l'alimentation, de l'aspect santé et des valeurs alimentaires (voir figure 2). Les composantes éthiques et sociales s'ajoutent donc aux valeurs alimentaires basiques.

En comparaison avec les consommateurs en général, la génération Z intègre toutefois de manière plus importante les consciences envers la santé de l'économie, de l'environnement, des animaux et de l'individu.

Figure 2 : Processus conduisant à la redéfinition des valeurs alimentaires

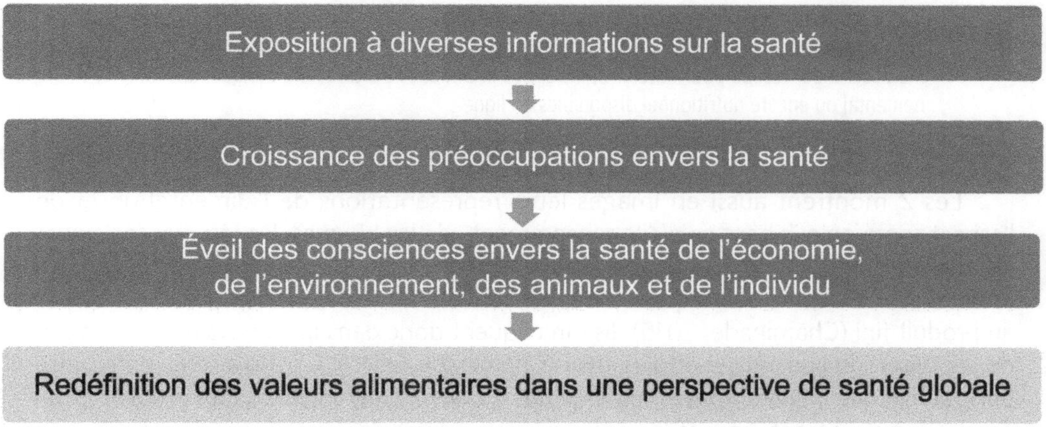

III. Démonstration des valeurs alimentaires des Z

1. Via la culture du web

La technologie, en passant par les écrans tactiles et les ordinateurs portables, constitue ce qui semble être un prolongement naturel des Z. Au travers de l'usage des réseaux sociaux (voir encadré 3) et des dimensions sociales, culturelles et affectives qui s'y rattachent, les Z démontrent leurs valeurs alimentaires (Garabuau-Moussaoui, 2001 ; Helme-Guizon et Ottmann, 2010 ; SocioVision, 2016), surtout celles qui réfèrent à la santé globale. Les mots clics #biolocal, #santé, #naturel, #décadent, #ogm et #vegan sont des exemples qui illustrent leurs valeurs alimentaires influençant leurs choix. Au travers de ces mots, on comprend que la consommation apparaît sélective où les choix sains importent, puisque plusieurs mots-clés populaires s'y rattachent (Chaminade, 2015).

Encadré 3 : Réseaux sociaux, valeurs alimentaires et Z

L'usage de la technologie représente un moyen de :

- communiquer instantanément via les mots et les images sur les réseaux sociaux ;
- s'abonner aux infolettres de chefs et de marques pour des recettes ;
- démontrer la maîtrise de soi et de son image au travers des posts ;
- converser socialement via les communautés du web ;
- avoir accès aux données sur les produits et les marques ;
- suivre l'actualité des marques et des médias ;
- devenir un ambassadeur d'une marque.

Le web constitue une source d'accès rapide d'informations sur l'alimentation que privilégient les jeunes. ***La recherche de recettes ou d'informations visant la santé globale en relation avec les produits alimentaires passe par Facebook ou Twitter*** ; Les Z mobilisent leur réseau pour obtenir et filtrer des informations à caractère éthique, environnemental ou encore nutritionnel disponibles en ligne.

Les Z montrent aussi en images leurs représentations de l'alimentation et de l'aspect santé en exhibant ce qu'ils consomment, via les blogues, les réseaux sociaux et les applications numériques qui permettent le partage de photos. En les partageant, ils arrivent à « co-créer », chose que les Z apprécient ; ils aiment se démarquer et participer au produit fini (Chaminade, 2015). Ils s'impliquent donc dans leurs besoins de montrer, de socialiser, de concrétiser et d'innover (Chaminade, 2015). C'est d'ailleurs dans cette perspective que des entreprises ont créé des « boîtes d'ingrédients santé prêtes à cuisiner ». Ce mouvement marque le besoin de consommer des ingrédients fins et sains, de concilier santé et plaisir alimentaire, de participer à la transformation finale du produit, de diminuer le gaspillage et d'encourager l'économie locale et régionale.

Les Z sont également marqués par les influenceurs web comme les bloggeurs ou encore les youtubers culinaires. Plusieurs invitent aux découvertes alimentaires et à l'intégration de l'aspect santé dans les choix alimentaires. Ils agissent à titre de porte-paroles des différentes composantes de l'alimentation, comme les célébrités le font auprès d'autres publics cibles. Les influenceurs peuvent d'ailleurs faire partie de stratégies multiplateformes de marques alimentaires dans le cadre de placement de produits.

2. Via les cultures du monde

À la base des consciences, l'ouverture est bien présente dans la démonstration des valeurs alimentaires, surtout basiques, via les cultures du monde. Les Z montrent une ouverture envers les voyages et les cultures. Ils aiment découvrir des aliments qui leur sont peu ou pas familiers et qui relèvent de l'exotisme (Recours et Hébel, 2007). La vente de ces produits et la consommation de restaurants ethniques ont d'ailleurs augmenté (Mapaq, 2009) si bien que ceux-ci répondent dorénavant au besoin de variété et de convenance. Ces produits leur permettent de rompre avec la monotonie, une composante essentielle qui participe à la définition de l'alimentation équilibrée pour cette génération (SocioVision, 2016).

La notion d'équilibre occupe une place centrale dans l'alimentation des Z. Elle semble définie comme une alimentation saine au quotidien permettant un écart occasionnel de manière hebdomadaire. Concrètement, cela veut dire que les aliments sains comme les fruits, les légumes et les yaourts sont privilégiés quotidiennement, et que les aliments malsains gras, sucrés et salés comme les burgers, les pizzas et les gâteaux sont consommés occasionnellement dans la semaine. Cette vision de l'équilibre semble harmoniser les repas sans compromettre le plaisir alimentaire qui peut être relié aux produits malsains comme les aliments sains en provenance des différentes cultures. ***Les jeunes semblent donc vouloir mieux manger en intégrant à leur alimentation des ingrédients simples et traditionnels, sans toutefois mettre de côté les plaisirs reliés à la consommation de produits malsains***.

La culture anglo-saxonne intervient dans les pratiques alimentaires des Z, souvent liée aux produits moins sains pour la santé. Elle montre un rapport privé entre l'individu et l'alimentation, où chacun est libre de l'ensemble de ses choix alimentaires (Mathé, Pilorin et Hébel, 2008). Elle s'imbrique à la culture française existante, marquée par une tradition de commensalité, de convivialité et de goût. Les repères habituels se joignent aux cultures du monde influençant les valeurs alimentaires des jeunes et leurs comportements (voir encadré 4).

Encadré 4 : Entre repères alimentaires et exotisme

La transmission familiale, jumelée aux cultures exotiques et anglo-saxonnes, ajoute à l'évolution des pratiques des jeunes. Ils démontrent une ouverture aux saveurs étrangères, ce qui peut sembler contradictoire à la consommation locale. Cependant, la consommation des produits des cultures du monde montre l'ouverture des Z et parvient à s'inscrire dans leur définition de l'équilibre.

IV. Diversification du marketing alimentaire

Du marketing aux particularités de l'alimentaire

Avec l'intervention des Z dans la définition des valeurs alimentaires de nature à la fois locales, éthiques, sociales, et des valeurs alimentaires basiques, le marketing alimentaire traditionnel doit être revisité.

Partie prenante de la gestion de l'offre et de la demande, la discipline du marketing représente un processus visant à planifier et à réaliser un concept, à établir des prix de vente, à communiquer et à distribuer des idées, des produits et des services.

Le processus a pour objectif de « créer des échanges qui répondent aux besoins des individus et des organismes » (Pettigrew, Gauvin et Menvielle, 2003) en créant une valeur ajoutée qui permettra de les satisfaire et de les fidéliser à long terme (Kotler et coll. 2015). De fait, le marketing va au-delà de la publicité, de la communication et de la vente.

De manière plus précise, le marketing met de l'avant des échanges entre entreprises et consommateurs « qui satisfont à la fois les objectifs de ceux qui achètent et de ceux qui vendent des idées, des biens et des services, qu'il s'agisse d'individus ou d'entreprises » (Pettigrew, Gauvin et Menvielle, 2003). Pour parvenir à répondre aux besoins des consommateurs, les entreprises cherchent à :

- comprendre les déterminants des choix qui poussent ou non à consommer ;
- élaborer une stratégie d'affaires et un programme marketing avec valeur ajoutée concurrentielle ;
- construire et entretenir une relation profitable entre individus/organismes et entreprises.

Or, dans une perspective alimentaire, le marketing se distingue par l'inclusion d'une approche pluridisciplinaire couvrant entre autres les sciences du vivant, la sociologie, l'épidémiologie et l'économie, en raison de la complexité des décisions, souvent culturelles et contextuelles, et des pratiques alimentaires qui ne se limitent pas à la nature des ingrédients ou encore au mode de fabrication. ***La consommation alimentaire est un « fait humain total » qui implique des manifestations biologiques, symboliques, identitaires et sociales*** (voir figure 3) (Poulain 2002).

En ce sens, la consommation alimentaire ne peut être vue comme un acte qualifié d'ordinaire ou même être étudiée comme un autre bien de consommation ; seuls les aliments, les produits alimentaires et les médicaments sont ingérés et assimilés par l'organisme, où l'incorporation de produits alimentaires peut avoir des effets irréversibles sur la santé de l'individu (Guichard et Muratore, 2011).

Figure 3 : Les manifestations derrière les pratiques alimentaires

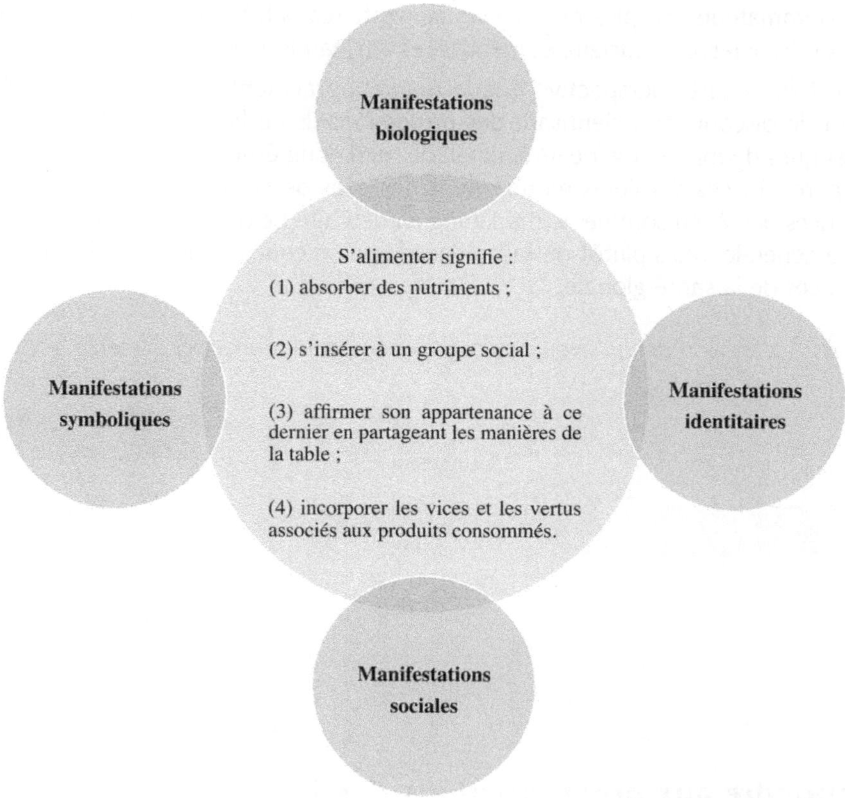

La croyance que « l'on est ce que l'on mange » amène également une intimité particulière et un lien affectif fort entre l'individu et l'alimentation (Rozin, 1994). Ce principe influence « la manière de choisir et de penser la nourriture » (Hébel et Pilorin, 2011). Par conséquent, l'aspect santé conditionne la santé de l'individu, et cet aspect est déterminé par la dimension symbolique qui se rattache à l'aliment et à sa consommation (Guichard et Muratore, 2011). De fait, le processus du marketing alimentaire est basé sur la compréhension des représentations mentales qui participent à la formation des préférences, de la prise de décisions et des comportements.

Pour offrir des produits en adéquation avec les représentations actuelles de l'alimentation et les valeurs de la santé globale, les entreprises alimentaires doivent alors s'ajuster. Il importe pour les entreprises de reconnaître la progression des représentations de l'alimentation et d'offrir une valeur ajoutée allant au-delà des valeurs alimentaires basiques.

Certes, il semble que la santé globale représentera, au fil du temps, une valeur alimentaire de base pour l'ensemble des consommateurs, puisqu'il s'agit d'un mouvement de plus en plus d'envergure collective. En d'autres termes, les consciences associées à la santé globale pourraient vraisemblablement devenir des normes sociales alimentaires, voire même un symbole de qualité. Les entreprises doivent donc mettre l'accent sur les caractéristiques locales, éthiques et sociales pour réduire le niveau de préoccupations des consommateurs, en plus des valeurs alimentaires habituelles préconisées, tout en jouant sur les « ressorts sociaux et identitaires » (Chandon et Quentin, 2015).

C'est dans cette perspective que le marketing alimentaire doit se diversifier en intégrant le discours conscientisant des professionnels de la santé et de la recherche aux pratiques de marketing local/régional, de marketing éthique et de marketing social (voir figure 4) ; ces dernières représentent des axes de communication basés sur les consciences des Z. En somme, le marketing alimentaire ne doit donc plus être traité de manière générale, mais plutôt de façon spécifique en concordance avec les différentes consciences de la santé globale.

Figure 4 : La relation entre l'éveil des consciences et le marketing alimentaire diversifié

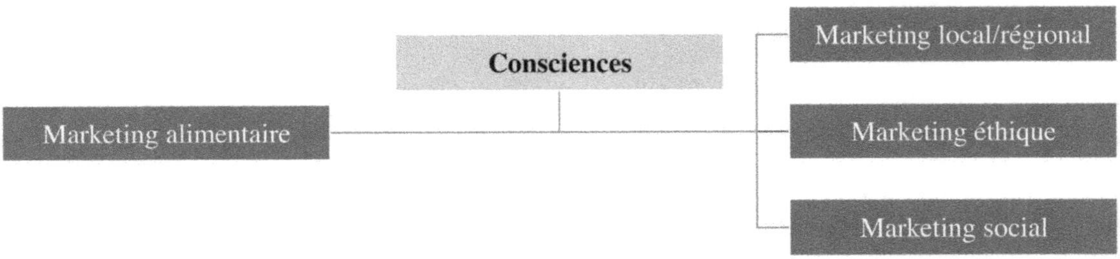

V. Répondre aux préoccupations des Z

Satisfaire les consciences et humaniser les marques

Au-delà des besoins de transparence et de responsabilité des entreprises, attendus par l'ensemble des consommateurs, les Z veulent davantage. Cette génération en appelle à l'éveil des consciences au sein des entreprises et à l'humanisation des marques notamment grâce à l'usage du web. Leurs pratiques alimentaires passent dorénavant par ces besoins émergents.

a. Améliorer, prouver et afficher

Satisfaire les consciences consiste à communiquer la valeur ajoutée des produits, par l'intermédiaire de canaux de communication en ligne et hors-ligne, soit en affichant et expliquant clairement :

- la provenance locale ;
- les bonnes conditions de travail des employés ;
- les pratiques écologiques de production ;

- les conditions animales respectueuses ;
- les bienfaits éprouvés sur la santé.

L'adaptation de l'offre permet de se positionner sur le marché grâce à ces bonnes pratiques, qui jusqu'à présent demeurent des facteurs de différenciation. Les entreprises doivent prouver qu'elles sont « bonnes » pour la santé globale (voir encadré 5).

D'évidence, il va sans dire que cela implique d'améliorer les pratiques de production, dans le cas où ils ne présentent pas déjà une ou plusieurs caractéristiques appréciables pour les consommateurs. L'idéal, de leurs points de vue, est l'intégration de la santé globale dans l'ensemble des produits alimentaires offerts par l'entreprise, et de surcroît dans le processus de production et de transformation.

Encadré 5 : Valorisation de la santé globale

Être une entreprise « bonne » pour la santé globale signifie de donner une information juste, quantifiable et vérifiable sur les ingrédients utilisés de même que sur les pratiques de la chaîne de production et de transformation.

Par exemple :

- Pour démontrer les bienfaits de la santé globale avec clarté (surtout dans le cas de la valeur nutritive des produits), les explications doivent parvenir de scientifiques et être communiquées dans un langage simple, ce qui implique de relier l'expertise des professionnels de la santé globale et celle des marketeurs, intégrant le registre scientifique à celui de la communication.
- Pour faciliter la compréhension de la chaîne de transformation, les marques peuvent être présentes sur les applications dédiées au décodage des emballages alimentaires.
- Pour sécuriser, les entreprises peuvent utiliser la traçabilité, les heuristiques, ou encore les certifications éprouvées et gérées par une tierce partie comme les organismes gouvernementaux.

b. Converser

Humaniser les marques consiste d'abord à échanger avec les consommateurs, et ensuite montrer que les artisans de celles-ci sont en premier lieu des humains soucieux du bien-être et de la santé des individus consommateurs de marques. Ce qui nécessite de voir les travailleurs et les consommateurs d'abord comme des individus ; cette perspective adhère à la vision de la santé globale des jeunes.

Au-delà de l'octroi d'informations et de la vente en ligne, les marques alimentaires doivent arriver à converser avec cette génération bien présente sur les réseaux sociaux en se montrant à l'écoute des opinions et des questions relatives aux produits et aux valeurs qui s'y rattachent. Engager un dialogue étroit et constant avec ces derniers peut se faire grâce à l'élaboration d'une plateforme sociale structurée (voir encadré 6).

Encadré 6 : L'usage d'une plateforme structurée

La plateforme en ligne met de l'avant une présence accrue notamment dans la communauté de marque, sur les réseaux sociaux, le site web, le blogue et les évaluations en ligne. Elle permet l'intégration de ces services numériques dans une structure cohérente, participative et intégrative.

Elle permet de joindre les consommateurs, les informer, les conseiller, recueillir leurs commentaires et obtenir leurs « non-dits » vis-à-vis la marque, pour ainsi améliorer l'offre de produits. L'engagement du gestionnaire web s'avère nécessaire à la réussite de la mise en œuvre efficace de la plateforme.

Mettre à profit le contenu généré en ligne par les consommateurs suscite leur engagement, permet d'établir un climat de confiance au travers d'une communauté et de réduire les coûts en publicité traditionnelle. Un climat de confiance et un sentiment d'appartenance sont d'ailleurs accentués lorsque la marque partage des intérêts communs qui résonnent auprès de son public comme la participation sponsorisée d'une entreprise à un événement sportif apprécié par son public cible (Akrout et Cathalo, 2015).

c. Impliquer

Impliquer les jeunes consiste à susciter une participation qu'elle soit situationnelle ou durable. Bien qu'il soit plus convenable d'envisager une implication à long terme, une implication temporaire s'avère intéressante dans la mesure où elle est affective. Pour les entreprises, il importe d'encourager l'engagement des consommateurs ; il favorise le développement des préférences et distingue la marque (voir encadré 7).

Un exemple de réussite est celui d'une entreprise allemande qui vend en ligne des mélanges personnalisés et modifiables de céréales, en fonction des allergies, des besoins sportifs et des préférences spécifiques, ce qui nécessite l'implication de leurs consommateurs. Ceci concorde avec le fait que les Z ont tendance à délaisser les produits standardisés et fabriqués en série, et ont besoin d'avoir le sentiment de maîtriser leurs choix et de revendiquer leur identité sociale ; ils aiment participer à l'étape de la transformation finale (Chaminade, 2015 ; Garabuau-Moussaoui, 2001).

Encadré 7 : Comment impliquer les jeunes ?

L'intégration des consommateurs à la commercialisation donne l'opportunité à l'entreprise de comprendre leurs motivations à choisir des produits de santé globale, par le biais d'échanges. Ceci aide les entreprises à mieux comprendre les attentes du marché et atténuer les risques liés au développement.

Lorsque les consommateurs expriment ce que représente la santé globale, donnent leurs opinions à l'égard des produits et que l'entreprise en tient compte, ils participent à accroître leur contribution à la création et deviennent des ambassadeurs de la marque. Ce que la génération Z apprécie particulièrement.

Plusieurs moyens existent pour favoriser l'implication affective envers la marque. Voici quelques exemples :

- Intégrer les jeunes à la modification ou la personnalisation de l'offre de produits alimentaires en leur faisant choisir des ingrédients ;
- Inciter les Z à partager leurs idées dans le cadre de conversations rétroactives sur les produits ou encore de concours créatifs ;
- Susciter l'expérimentation de la marque grâce à divers moyens qui permettent à celle-ci de faire découvrir les bienfaits de ses produits sur la santé globale. Les jeux interactifs sont de bons exemples.

Dans ce chapitre, on a constaté l'intégration des consciences locales, éthiques et sociales aux valeurs alimentaires des consommateurs, surtout les Z, et l'impact de la santé globale sur les pratiques du marketing alimentaire. Dans un contexte qui comprend des interventions publiques, des initiatives privées et des demandes des consommateurs, on envisage que le marketing alimentaire doit intégrer les valeurs sociales émergentes en faveur du respect de la santé de l'environnement, des ressources et des individus.

Les consommateurs Z incluent dorénavant la santé globale à leurs habitudes alimentaires. En définitive, la communication sur l'aspect santé ne représente plus un axe majeur de différenciation pour les entreprises ; la redéfinition des valeurs incluant la perspective de la santé globale incite donc à revisiter les axes de communication du marketing alimentaire et de ses pratiques, en réponse aux préoccupations émergentes. S'appuyer sur la diversification du marketing alimentaire permettra de gagner en efficacité répondant ainsi aux préoccupations des Z.

Les démarches qui s'intègrent au discours conscientisant s'inscrivent dans les interventions des gouvernements qui intensifient leur soutien envers les entreprises qui offrent des produits et des services qui contribuent au ralentissement des problématiques de santé globale. En parallèle, les démarches participent à la diversification et à l'augmentation de la qualité de l'offre alimentaire.

Enfin, au-delà des différences générationnelles, l'évolution alimentaire que l'on connaît touche de plus en plus de consommateurs soucieux des retombées liées à leurs choix. Ils prennent de plus en plus conscience de la possibilité d'exprimer leurs préoccupations à travers la consommation en agissant de manière socialement responsable.

Ce qu'il faut retenir

Sachant la compétitivité palpable dans le domaine alimentaire, les acteurs de l'industrie doivent repenser leurs stratégies commerciales pour mieux rejoindre les consommateurs, dont les Z. ***Ces derniers recherchent de plus en plus une harmonie entre leurs valeurs et leurs pratiques alimentaires.*** De sorte que les responsables du marketing doivent intégrer la santé globale à leurs stratégies. Ce qui signifie de s'inscrire dans l'évolution de l'alimentation en intégrant le « manger mieux », le discours conscientisant, au marketing alimentaire diversifié :

Aujourd'hui
Manger mieux
Discours conscientisant

- Marketing local/régional ;
- Marketing éthique ;
- Marketing social.

Pour répondre aux préoccupations de la génération Z, les entreprises alimentaires doivent :

- Offrir des alternatives au modèle traditionnel qui mettent de l'avant les besoins de santé globale ;
- Satisfaire les consciences, ce qui signifie d'améliorer la santé globale des produits, de prouver et afficher ses « bonnes pratiques » industrielles et commerciales ;
- Humaniser les marques au moyen d'une vitrine accessible et partagée par les Z, c'est-à-dire le web en faisant usage d'une plateforme structurée où la conversation est centrale ;
- Impliquer les Z dans leur propre satisfaction des consciences et dans l'humanisation en les engageant émotivement de manière situationnelle ou durable.

Références

H. Akrout et S. Cathalo, « Relation entre fans et marques sur Facebook. Quels fondements pour un management efficace des Communautés Virtuelles de Marques ? », *Revue des Sciences de Gestion*, 2015, pp. 21-42.

R. Béliveau et D. Gingras, *Les aliments contre le cancer, la prévention du cancer par l'alimentation*, Trécarré, 2016, p. 27.

B. Chaminade, *Les différences culturelles entre génération Y et génération Z*, 2015, http://www.generationy20.com/les-differences-culturelles-entre-generation-y-et-generation-z. (Consulté le 1er octobre 2016).

P. Chandon et A. Quentin, « Les effets du marketing sur les comportements alimentaires », *Cahiers de Nutrition et de Diététique*, 2015, pp. 6S69-6S74.

M. Connors, C.A. Bisogni, J. Sobal et C.M. Devine, « Managing values in personal food systems », *Appetite*, 2001, pp. 189-200.

J. Coveney, *Food, morals and meaning : The pleasure and anxiety of eating*, Routledge, 2006, p. 76.

C. Fischler, *L'homnivore*, Odile Jacob, 2001, pp. 32, 106-110, 202.

I. Garabuau-Moussaoui, « La cuisine des jeunes : désordre alimentaire, identité génrationnelle et ordre social », *Anthropology of Food*, 2001.

N. Guichard et I. Muratore, « Ce produit est-il sain ? Trois approches pour appréhender le caractère sain d'un produit alimentaire à partir de son packaging », *Décisions Marketing, 2011*, pp. 55-68.

P. Hébel et T. Pilorin, « Comment les discours nutritionnels influencent-ils les représentations de l'alimentation ? », *Société Française de Nutrition*, 2011, pp. 42-49.

A. Helme-Guizon et M. Ottmann, « Génération Y et marketing : Évolution ou révolution ? », *Association Française du Marketing*, 2010, pp. 83-86.

A. Kehlbacher, R. Bennett et K. Balcombe, « Measuring the consumer benefits of improving farm animal welfare to inform welfare labelling », *Food Policy*, 2012, 627-633.

P. Kotler, S. Burton, K.R. Deans, L. Brown et G. Armstrong, *Marketing*, Pearson, 2015, pp. 4-5.

B. Lavallée, *Sauver la planète une bouchée à la fois*, La Presse, 2015, pp. 14-15, 72-78.

MAPAQ, *Étude de la dynamique et des tendances des marchés au sein du secteur agroalimentaire du Québec*, 2009, http://www.mapaq.gouv.qc.ca/fr/Publications/Etude_tendances_TRANSAQ_2009_5.pdf. (Consulté le 15 janvier 2016).

T. Mathé, T. Pilorin et P. Hébel, « Du discours nutritionnel aux représentations de l'alimentation », 2008, http://www.credoc.fr/pdf/Rech/C252.pdf.

A. Merle, C. Hérault-Fournier et C.O.C. Werle, « Les effets de la mention d'origine géographique locale sur les perceptions alimentaires », *Recherche et Applications Marketing*, 2016, pp. 28-45.

M. Miele, et A. Evans, « When foods become animals : Ruminations on ethics and responsibility in care-*full* practices of consumption », *Journal of Ethics, Place & Environment*, 2010.

J.-C. Moubarac, A.-P. Bortoletto Martins, R. Moreiro Clara, R. Bertazzi Levy, G. Cannon et C.A. Monteiro, « Consumption of ultra-processed foods and likely impact on human health, Evidence from Canada », *Public Health Nutrition*, 2013, pp. 2240-2248.

Nielsen, *We are what we eat, Healthy eating trends around the world*, 2015, https :// www.nielsen.com/content/dam/nielsenglobal/eu/nielseninsights/pdfs/Nielsen %20 Global %20Health %20and %20Wellness %20Report %20- %20January %202015.pdf. (Consulté le 15 juin 2016).

Observatoire de la consommation responsable, Y. Robert, *Les consommateurs responsables rajeunissent au Québec*, 2016, http://www.infopresse.com/article/2016/11/23/ les-consommateurs-responsables-se-rajeunisent-au-quebec. (Consulté le 24 novembre 2016).

D. Pettigrew, S. Gauvin, et W. Menvielle, *Le marketing*, Chenelière, McGraw-Hill, 2003, pp. 8-9.

G. Pino, A.M. Peluso, et G. Guido, « Determinants of regular and occasional consumers' intentions to buy organic food », *Journal of Consumer Affairs*, 2012, pp. 157-169.

J.-P. Poulain, *Manger aujourd'hui. Attitudes, normes et pratiques*, Privat, 2002, p. 16.

J.-P. Poulain, R. Guignard, C. Michaud et H. Escalon, « Les repas : distribution journalière, structure, lieu et convivialité », *Dans Baromètre santé nutrition*, H. Escalon, C. Bossard et F. Beck, 2009, pp. 187-214.

A. Ravoniarison, « Le rôle des traits de personnalité dans l'alimentation-santé : le journal de bord au service d'une étude exploratoire », *Revue Française du Marketing*, 2014, pp. 41-56.

F. Recours et P. Hébel, « Évolution des comportements alimentaires : le rôle des générations », *Cahiers d'économie et sociologie rurales*, 2007, pp. 1-30.

P. Rozin, « La magie sympathique », Dans *Manger magique. Autrement*, C. Fischler, 1994, pp. 22-37.

K. Seiders et R.D. Petty, « Obesity and the role of food marketing : A policy analysis of issues and remedies », *Journal of Public Policy & Marketing*, 2004, pp. 153-169.

Sociovision, *Les jeunes français et l'alimentation*, 2016, http://www.vitagora.com/ assets/files/presse/2016-04_Dossier_Presse-Etude-Sociovision.pdf. (Consulté le 1er novembre 2016).

S. Zakowska-Biemans, « Polish consumer food choices and beliefs about organic food », *British Food Journal*, 2011, pp. 123-137.

Chapitre 14

La génération Z : une génération éco-responsable ?

Isabelle Muratore, Maître de Conférences en marketing, Aix Marseille Université

Introduction

S'il est possible qu'un individu soit sensible aux problématiques liées à l'environnement, il est également possible qu'un autre individu ne le soit pas. Ne serait-il pas réducteur de croire que tous les consommateurs sont, quel que soit leur âge, potentiellement, enclins à avoir un comportement éco-responsable ? L'appartenance à une génération ne pourrait-elle pas constituer un facteur à même d'influencer, d'expliquer les croyances, les attitudes ou encore les comportements à l'égard de la cause environnementale ?

Ainsi, une personne de la génération Z ayant entendu depuis son enfance parler de l'environnement, ne serait-elle pas plus à même d'intégrer cet élément dans sa vie qu'un individu d'une génération antérieure ?

Concrètement, les recherches (*e.g.* Hung et al. 2007 ; Ladwein et al. 2009) mettent en exergue le fait que « les expériences que l'individu vit dans un contexte social, économique, politique et culturel donné durant la période de l'enfance et de l'adolescence sont déterminantes relativement au comportement qu'il adoptera lorsqu'il sera adulte » (Nannipieri et Muratore, 2010).

Le terme « génération » peut être défini de plusieurs manières. Dans le cadre de ce chapitre, il sera entendu comme une cohorte, c'est-à-dire comme un ensemble d'individus nés à la même époque et qui ont partagé les mêmes expériences (*e.g.* Bonnici et Fredenberger, 1992). Plus précisément, l'effet de cohorte estime l'influence d'une période de l'histoire d'une société sur les croyances, les attitudes et les comportements d'individus nés et socialisés durant cette période. Cette acception de la génération nécessite de prendre en compte au moins trois facteurs : l'âge, la période et la date de naissance (Wanner et al. 2000).

Fort de cette définition de la génération comment définir la génération Z ?

Du point de vue environnemental, cette génération a donc vécu ou entendu, par les médias, parler d'événements tels que la marée noire causée par le naufrage de l'Erika ou celui du Prestige, du « trou » dans la couche d'ozone... Ainsi, en accord avec Stanes et al. 2015 « un certain nombre d'études a mis en évidence que l'appartenance générationnelle est un déterminant plus important de l'attitude et du comportement écologique que l'âge chronologique » (Menz et Welsch, 2012).

Sachant qu'un individu éco-responsable est défini comme un individu qui s'efforce de respecter la nature et l'environnement, alors, comment se comporte la génération Z en matière d'environnement ? En somme, cette génération peut-elle être qualifiée d'éco-responsable ?

L'objectif de ce chapitre est de s'intéresser aux attitudes et comportements de la génération Z en matière d'environnement ainsi qu'à leurs perceptions de l'avenir et de s'interroger sur leurs capacités à souhaiter être des acteurs de changement. Pour ce faire, nous répondrons à plusieurs interrogations ; celles-ci constitueront le plan de notre réflexion :

- quels sont les attitudes et les comportements de la génération Z relativement à l'environnement ?
- quels sont les facteurs de socialisation influençant la génération Z en matière d'éco-responsabilité ?
- la génération Z constitue-t-elle un facteur de resocialisation : dans quelle mesure influence-t-elle d'autres générations (parents, grands-parents...) à avoir des pratiques en lien avec l'environnement ?

I. La génération Z est-elle concernée par l'éco- responsabilité ?

Afin de répondre à cette interrogation, il sera question de procéder par étapes en s'intéressant aux attitudes, à la sensibilité ainsi qu'aux comportements de la génération Z en matière d'éco-responsabilité (Bamberg et Möser, 2007).

1. Attitude et sensibilité éco-responsable

Francis et al. (2014) ont élaboré une échelle de sensibilité au développement durable. En ce qui concerne la dimension environnementale de celle-ci, il ressort que pour la génération Z « être concerné » par l'environnement est lié aux activités telles que réutiliser, recycler, récupérer l'eau, éviter les conditionnements, utiliser des énergies propres, aimer la nature et l'apprécier, aimer les activités en milieu naturel et ne pas créer des dépôts sauvages.

La connaissance en matière environnementale est définie comme la capacité à connaître ce qui relève de l'environnement, ceci passe par trois axes. Selon Gentina et al. (2011), les jeunes savent appréhender les différents dangers environnementaux (pollution de l'eau, déforestation, disparition de certaines espèces, émission de CO2...).

Ils sont également à même de parler de comportements à avoir afin de protéger la planète (ne pas gaspiller, récupérer les eaux de pluie, utiliser des modes de transports alternatifs, recycler, acheter des produits responsables, éteindre la lumière...). Ils connaissent également, mais dans des proportions moins importantes, des personnalités engagées pour la cause environnementale ou des associations (José Bové, Greenpeace, WWF...).

La sensibilité à l'environnement, quant à elle, est définie comme « étant fondée sur des valeurs et composée de croyances et d'une dimension affective à l'égard de l'environnement et de la nature » (Leppänen et al. 2012). Cette sensibilité implique trois axes : une sensibilité aux faits environnementaux majeurs ; une implication personnelle à l'égard de l'environnement ; une implication environnementale collective (*i.e.* s'engager au sein d'associations).

Dans l'étude de Gentina et al. (2011), les adolescents ont montré une sensibilité à l'égard de l'environnement à travers leur compassion et leurs inquiétudes (*e. g.* préserver la planète pour les futures générations). Ils ont également démontré une implication personnelle (*e. g.* être un exemple pour les autres). Cependant, du point de vue de l'implication collective, peu d'entre eux souhaitent faire partie d'une association.

En ce sens, l'étude de Leppänen et al. (2012) met en exergue une différence générationnelle en matière d'attitude à l'égard de l'environnement entre les parents et leurs enfants. Ainsi, la génération plus âgée a une attitude environnementale plus exacerbée que leurs adolescents. Les auteurs voient dans ce résultat à l'aune de ce qui caractérise souvent les adolescents (*i. e.* une quête d'identité et la recherche d'autonomie pouvant avoir comme conséquence une crise face aux parents), le fait que la cause environnementale ne constitue plus un moyen de s'opposer à leurs parents car ceux-ci sont déjà sensibles à la cause environnementale. Faut-il pour autant en conclure, premièrement, que la génération Z n'est pas éco-responsable, et, deuxièmement, qu'étant globalement moins sensible à l'environnement que ses parents, l'adolescent de la génération Z n'entreprendra pas de démarches pour les socialiser ?

- En effet, les individus constituant la génération Z n'ont pas tous la même attitude à l'égard de l'environnement. Différentes variables vont influencer leur sensibilité. Ainsi, le niveau d'éducation de l'individu influence sa sensibilité à l'environnement : les adolescents ayant un niveau d'éducation plus élevé sont plus réceptifs à la cause environnementale que ne le sont les adolescents disposant d'un niveau de formation plus faible (Meeusen, 2014).
- Concernant l'impact du sexe sur la sensibilité environnementale, même s'il n'existe pas un réel consensus, une plus grande part des études va dans le sens d'une sensibilité éco-responsable plus accrue chez les filles que chez les garçons. L'analyse de ce type de résultat met en évidence des valeurs plus individualistes qualifiant les garçons alors que les filles sont davantage définies par une logique collective, plus responsable (Leppänen et al. 2012).

Boewe de Pauw et al. (2010) ont étudié le lien existant entre la vision environnementale du monde et la personnalité des adolescents. Ainsi, les adolescents qui contrôlent leurs actions et se sentent responsables des conséquences de leurs actions sont des adolescents plus éco-responsables. En outre, pour la génération Z, les concepts d'éco-centrisme (tourné vers l'environnement) et d'égocentrisme (tourné vers soi) sont diamétralement opposés.

Cette affirmation peut s'expliquer à travers des valeurs plus collectives et altruistes dans le premier cas, et, inversement, par des valeurs plus individualistes dans le second cas. Cependant, la corrélation entre la vision environnementale du monde et la personnalité est faible, autorisant, de fait, ces auteurs, à défendre l'hypothèse selon laquelle la vision environnementale du monde n'est donc pas liée à des caractéristiques stables ou innées de l'individu (*i.e.* les traits de personnalité) mais est le fruit de l'interaction entre l'individu et un contexte. Plus explicitement, ce résultat souligne l'impact des programmes éducatifs en matière environnementale en minimisant le poids de la personnalité de l'individu sur cette relation.

2. Comportement et perception de l'avenir

Le comportement pro-environnemental (Kollmuss et Agyeman, 2002) est défini par le fait de « chercher consciemment à minimiser l'impact négatif de son action sur la nature et de contribuer à la construction du monde (par exemple, minimiser la ressource et la consommation d'énergie, utiliser des substances non-toxiques, réduire le gaspillage) ».

Gentina et al. (2011) ont répertorié, sur la base d'un déclaratif, un certain nombre de comportements quotidiens rapportés par les jeunes, à savoir :

- économiser l'électricité ;
- réduire la consommation d'eau ;
- recycler ;
- ne pas jeter les encombrants de manière sauvage ;
- acheter des produits éco-responsables ;
- envisager des modes de transports alternatifs.

Autio et al. (2009) mettent en évidence trois types de portrait d'adolescents face à l'environnement. Le *Héro Environnemental* a une attitude, un comportement éco-responsable, ses choix sont guidés par le prisme environnemental. Le problème du coût des produits éco-responsables constitue pour ce type d'adolescents un frein potentiel dans le futur.

L'*Anti-héro* est conscient des préoccupations environnementales mais s'oppose à ce type de discours. Il souhaite vivre sa vie confortablement et facilement, en opposition à une vision du consommateur éco-responsable qui nie les plaisirs matérialistes. De son point de vue, il adopte une position fataliste : la planète va se détruire peu importe ce que l'on fera.

L'*Anarchiste* exerce une vision critique sur la capacité des entreprises à être responsables, mettant en évidence le caractère immoral (destruction des habitats des autochtones). En ce sens, les intérêts capitalistes de l'entreprise sont, pour ce type d'adolescents, incompatibles avec la cause environnementale ou sociale. L'*Anarchiste* s'inscrit dans une critique de la société de consommation et donc dans une certaine forme de résistance à la consommation.

Un résultat demeure intéressant : il existe un décalage clair au sein de la génération Z entre l'attitude éco-responsable et le comportement éco-responsable. En effet, l'attitude pro-environnementale ne conduit pas toujours à un comportement pro-environnemental. Selon Francis et al. (2014), le fait de ne pas être éco-responsable dans les actes relève de différentes raisons :

- certaines sont liées à des logiques de facilité (d'accès) et de coût : il est moins coûteux et plus facile de vivre en ne tenant pas compte de l'environnement ;
- d'autres sont liées à l'estimation d'un manque de connaissance relevant davantage d'une forme de cacophonie ne sachant plus ce qu'il faut faire ou ne pas faire.

Par ailleurs, au titre des raisons invoquées se trouve également une certaine apathie et un problème relatif à l'interdiction, les membres de cette génération en ont assez de se voir interdire de faire certaines choses. Enfin, certaines raisons relèvent du fait d'être humain et donc imparfait, quand d'autres vont expliquer que ce sont les pairs qui les détournent d'une logique éco-responsable.

L'étude d'Uitto et al. (2015), quant à elle, met en évidence un problème de linéarité entre la dimension conative de l'attitude pro-environnementale (*i.e.* l'intention d'agir favorablement vis-à-vis de la cause environnementale) et le comportement pro-environnemental.

Leur travail portant sur la fourchette basse de la génération Z, montre une meilleure corrélation entre deux types de comportements pro-environnementaux qu'entre l'intention d'agir de manière pro-environnementale et un comportement environnemental global rapporté. Les auteurs insistent sur le fait que le passage de l'intention au comportement est très dépendant du contexte.

Par ailleurs, et cela permet d'expliquer certains résultats : le fait d'avoir l'intention d'agir ou d'agir dans une logique pro-environnementale est renforcé par des construits psycho-sociaux. Le fait d'avoir des valeurs liées à l'environnement et la perception de sa propre auto-efficacité, c'est-à-dire de sa capacité à changer le monde ainsi que sa croyance dans le fait d'être capable d'atteindre les objectifs fixés, participent à la transformation de l'intention d'agir de manière pro-environnementale en comportement pro-environnemental (Uitto et al. 2015).

Selon un sondage (Ipsos, 2014) effectué auprès de la génération Z concernant l'environnement un certain nombre d'éléments ressortent. La génération Z est consciente des problématiques écologiques et estime qu'il est important de contribuer à la protection de l'environnement. Cependant, lorsqu'il est question des objectifs de vie fondamentaux à envisager, la protection de l'environnement arrive à la 13e place sur 18. Par ailleurs, cette génération pense contribuer de façon très « moyenne » à la protection de l'environnement.

Lorsqu'il est question de regarder leurs gestes, les 15-17 ans sont davantage dans une logique de routine, routine parfois défaillante alors que les plus âgés pratiquent des gestes environnementaux dans une logique davantage de gain économique que de protection de la planète.

Cette génération a une vision pessimiste de l'avenir de la planète et parallèlement semble résignée lorsque l'on regarde son engagement associatif. Ce résultat fait écho à l'étude d'Uitto et al. (2014) selon laquelle cette génération ne pense pas pouvoir changer les choses, doute de sa capacité à pouvoir modifier les choses. Il est donc primordial de lui démontrer sa capacité à être utile dans le cadre des problématiques environnementales.

II. Comment la génération Z se socialise-t-elle en matière d'écologie ?

Le terme de socialisation est emprunté à la sociologie. Ward (1974) définit la socialisation comme le « processus par lequel les enfants acquièrent des compétences, des connaissances et des attitudes utiles pour leur fonctionnement sur le marché ». Si le processus de socialisation intervient lors de l'enfance, cela ne signifie pas que son effet se restreigne à cette période. En effet, un certain nombre de modèles de comportement de consommation de l'adulte sont clairement influencés par les expériences vécues lors de l'enfance et de l'adolescence.

Ainsi, la conséquence des effets à long terme de la socialisation survenue durant l'enfance permet à Ward d'affirmer que « l'étude de ces expériences devrait permettre de mieux comprendre non seulement le comportement de consommation chez les enfants mais aussi le développement des modèles de comportement chez l'adulte ». Concrètement, la socialisation cherche à répondre à la question suivante : qu'est-ce que l'enfant a appris en matière de consommation afin de mieux comprendre ses attitudes, comportements à l'âge adulte ?

L'enfant n'a pas ou peu d'autonomie en matière de décision d'achat et de consommation, il demeure néanmoins un sujet qui vit en société et donc qui se développe en société. Se développant au sein d'un environnement avec lequel il va interagir, l'enfant ne pourra être indifférent - volontairement ou non - à ce qu'il va percevoir. Il va se construire sous l'effet d'influences diverses, en même temps qu'une personnalité, un comportement en matière de consommation. Selon Meeusen (2014) « la théorie de la stabilité de l'âge suppose que quand les adolescents quittent le lycée, leurs attitudes sociales et politiques sont déjà fortement développées et ont tendance à être stables au cours des différentes étapes de leur vie ».

Fort de ce constat de l'importance de l'étude de la socialisation, il est donc nécessaire, dès lors qu'il est question de s'interroger sur la propension de la génération Z (les 15-25 ans d'aujourd'hui) à être une génération éco-responsable, d'étudier la socialisation environnementale.

En conséquence, quels ont été les résultats des recherches menées en la matière sur cette génération actuelle lorsque celle-ci était enfant ? Ces résultats sont, à l'aune des travaux de Ward, susceptibles de mieux nous permettre d'appréhender la formation de leurs croyances, attitudes et comportements actuels. Concrètement, nous ne naissons pas sensibles à la cause environnementale, nous le devons (ou non). Alors, justement, ***comment cette génération Z a acquis des compétences, des connaissances en matière d'environnement ?***

Les facteurs influençant la socialisation sont dénommés « agents de socialisation ». Il existe quatre types de facteurs générant chacun une forme d'influence particulière sur la socialisation de l'enfant : la famille, les pairs, les médias et l'école (voir figure 1).

Figure 1 : Modèle de socialisation (Kulhmann, 1983)

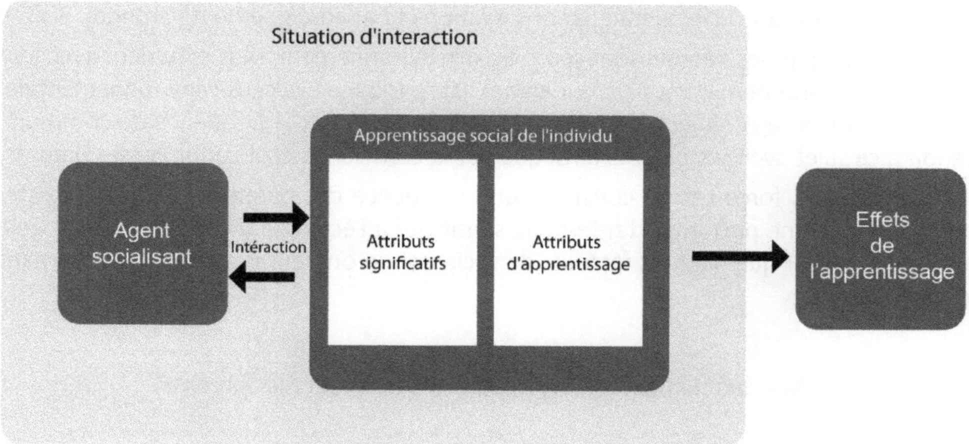

La suite de la réflexion se propose de présenter l'état des connaissances de l'influence des différents facteurs de socialisation environnementale entrant en jeu dans le cadre de la génération Z lorsque celle-ci était enfant.

1. Famille (parents, frères et sœurs)

Le rôle des parents à travers la littérature relative à la socialisation est important. Le poids accordé à cet agent de socialisation fluctue en fonction de l'âge : il apparaît comme très important lors de l'enfance puis s'atténue à l'adolescence sous l'apparition d'autres agents de socialisation tels que les pairs. La question ici est : les parents jouent-ils un rôle dans la faculté du jeune de la génération Z à se sentir concerné par l'environnement ?

Il existe une propension légèrement plus élevée des adolescents à parler de l'environnement avec leur mère qu'avec leur père. Ce résultat trouve un fondement au sein de la revue de la littérature à travers les valeurs féminines et les valeurs masculines : les femmes étant généralement qualifiées de plus expressives du point de vue de la communication, ayant davantage d'empathie relativement aux hommes (*e.g.* Luchs et Mooradian, 2012).

Les mères semblent plus concernées que leurs filles appartenant à la génération Z par une implication dans des causes caritatives ou sociales (Ogle et al. 2014). Ce résultat est à questionner face à l'étendue de l'âge concernée par la génération Z (15-25 ans). En effet, cette étude portant à la fois sur les vêtements et sur la limite basse de cette génération, il est possible de penser, qu'à cet âge, la jeune fille est en quête d'identité de reconnaissance sociale, qu'elle ne dispose pas d'un budget très important, l'ensemble de ces facteurs peut alors engendrer une faible propension à se sentir concernée d'un point de vue environnemental.

Il existe bien, dans les faits, une transmission des parents vers leurs enfants, membres de la génération Z, en matière de sensibilité à la cause environnementale et cette perception est partagée par les parents et leurs enfants (Gentina et al. 2011).

Cette transmission semble être liée au sexe du jeune. En effet, les filles sont davantage la cible de cette transmission que les garçons.

La transmission s'effectuerait par observation et par enseignement (Gronhoj, 2007).

En outre, plus les parents sont sensibles à l'environnement, plus ils parlent avec leur enfant de l'environnement et plus leur enfant est sensibilisé à la cause environnementale. Ainsi la conscience écologique de l'enfant est influencée par la fréquence de communication à ce sujet avec ses parents ainsi que par la conscience écologique de ses parents.

Cependant, force est de constater que l'influence des parents, lorsqu'elle existe, n'explique pas une part importante de la sensibilité à l'écologie (Meeusen, 2014). Cela autorise à penser que d'autres facteurs de socialisation ont leur importance concernant la génération Z.

Une communication environnementale ciblant les parents

« Nos enfants nous accuseront » le titre éponyme de ce film de 2008, témoigne du ciblage parental. Convertir les parents à travers une potentielle culpabilité, il s'agit de jouer sur la fibre affective et la proximité relationnelle.

Le visuel réalisé par *Greenpeace* « Faites aimer les pesticides à vos enfants », même si Greenpeace cherche à discréditer la politique de Leclerc, vise également à atteindre les adultes dans leur rôle de parents nourriciers en les apostrophant relativement à leur mode de consommation.

La communauté de commune *Tarn & Dadou*, invective les parents également dans leurs comportements de consommation. La communication ici est poussée à son paroxysme puisque c'est Emilie (16 mois) qui témoigne de sa « consommation responsable »

http://environnement. ted.fr/

Parallèlement tel que préconisé dans la campagne de communication belge de *yapaka* (http://www.yapaka.be/campagne/lexemple-cest-nous), et même si celle-ci se positionne plus globalement sur la responsabilité, la citoyenneté, la socialisation opère par modélisation et imitation. Les parents sont invités à avoir des comportements responsables car ceux-ci sont susceptibles d'être reproduits par leurs enfants.

© Yapaka

À travers ces différentes campagnes de communication, des objectifs de modification des comportements des parents sont fixés dans un premier temps, pour, dans un deuxième temps, cibler leurs enfants dans une logique de socialisation.

2. Les pairs

Les pairs apparaissent comme un agent de socialisation clé durant l'adolescence. Ils constituent vraisemblablement un facteur susceptible d'influencer les croyances, les attitudes et comportements, permettant ainsi au jeune de s'intégrer, à travers un certain nombre de codes, à son groupe d'appartenance. Si cet agent de socialisation a été étudié à travers différentes thématiques, très peu de recherches se sont penchées sur le poids de cet agent dans le cadre de comportements éco-responsables.

La socialisation éco-responsable de la génération Z effectuée par ses pairs apparaît s'articuler autour de trois axes (Gentina et al. 2011) : le fait de discuter de l'environnement avec les pairs, l'influence des pairs en matière d'environnement et l'existence de normes environnementales au sein du groupe de pairs.

Il apparaît clairement que discuter avec les pairs de la cause environnementale constitue une activité très occasionnelle, celle-ci se réalise souvent suite à un enseignement ou une information externe.

Les jeunes interrogés semblent, pour certains, conscients de l'influence des pairs en matière d'environnement sur leur comportement. Cet élément est en convergence avec la revue de la littérature relative à la socialisation par les pairs. Le jeune de la génération

Z, en dépit de la latitude en matière d'âge au sein de cette catégorie, forge son identité, se construit au contact des autres, en recherchant une certaine forme d'autonomie du point de vue parental et prenant également, pour les plus âgés d'entre eux, une certaine distance concernant le foyer en quittant le domicile parental.

En outre, il semble bien exister, pour certains d'entre eux, une logique normative dans leur groupe de pairs, normes qui sont à la fois observées et suivies dans le but d'être en consistance cognitive et, de fait, d'être accepté par le groupe. À ce stade, il est possible de se questionner sur la constitution des groupes de pairs dans le cadre de la génération Z : choisissent-ils des pairs qui leur ressemblent, qui partagent les mêmes valeurs environnementales qu'eux ? En ce sens, quel est alors le poids effectif de cette socialisation, qui ne fonctionnerait pas comme une forme d'évangélisme mais davantage *via* une formation autour d'une valeur, la cause environnementale ?

Force est de constater qu'aucune étude n'a cherché à évaluer le poids de la socialisation par les pairs relativement aux autres agents de socialisation concernant la transmission d'attitudes et de comportements éco-responsables.

La conscience de l'influence des pairs en matière d'éco-responsabilité

Le Prix Jeunes pour l'Environnement organisé par Entreprises pour l'Environnement et *LCI* en partenariat avec Actu-Environnement tend à rendre le jeune acteur de la modification des attitudes et des comportements de son entourage. Concrètement, ce prix vise à mieux appréhender le système de communication, sur le fond (quels messages) et sur la forme (quels projets *via* quels médias) à mettre en œuvre pour influencer les pratiques actuelles dans le sens d'un comportement éco-responsable. **Qui mieux qu'un jeune sait comment il faut s'adresser à cette cible pour en modifier les comportements ?**

Source : http://www.actu-environnement.com/ae/news/action-communication-ecoresponsable-27852.php4

3. Les médias (off-line et on-line)

La revue de la littérature souligne l'importance des médias comme source de socialisation. En ce sens, les médias sont susceptibles de dispenser des croyances, des attitudes et des comportements. Du point de vue de l'éco-responsabilité, la génération Z est la génération qui a vécu au moment de l'adoption, par 173 chefs d'état, de l'Agenda 21 (un plan d'action lié au développement durable) en 1992, la naissance des différentes COP (Conférences des parties) visant à s'accorder sur les objectifs et les mesures à mettre en place en matière de changement climatique. Concrètement, cette génération a vécu la médiatisation d'un certain nombre de sommets liés à l'environnement. Il s'agit clairement d'un thème d'actualité relayé à travers différentes émissions (actuelles ou depuis qui ont cessées) telles que Thalassa, Capital Terre, Report-terre...Mais aussi de documentaires (*e.g.* La terre vue du ciel de Yan Arthus Bertrand) dont le plus récent au cinéma en 2015 est « Demain, le film ».

Ces médias (affichage, télévision, radio...), parce qu'ils relayent l'information, constituent des sources d'information significatives pour les jeunes au regard de la cause environnementale (Larsson et al. 2010).

Même si l'environnement est une thématique que l'on retrouve dans les médias, peu d'informations existent sur la capacité des médias à être des agents de socialisation environnementale. L'étude de Gronhog (2007) met en évidence le rôle important de cet agent en matière de socialisation environnementale, principalement *via* la télévision et les magazines. Concrètement, les jeunes interrogés disent regarder des émissions. Ces émissions les rendent plus sensibles à la cause et nourrissent des discussions avec les tiers.

Les études concernant les médias en tant qu'agent de socialisation environnementale de la génération Z n'évoquent pas Internet. Ce constat peut questionner lorsque l'on connaît la propension de la génération Z à être connectée. En ce sens, il est surprenant de ne pas envisager Internet comme média de socialisation environnementale. Seule l'étude d'IPSOS (2014) le prend en compte, cependant, les réseaux sociaux, les sites, les blogs ou forums interviennent, pour la génération Z, respectivement à la 11e, 12e et 14e place sur 18 des sources d'information en matière d'environnement. Les médias on line ne semblent donc pas, pour l'heure, constituer des agents clés de transmission de connaissances, attitudes et comportements.

Une campagne de communication éco-responsable

Biocoop a communiqué sur une « communication [...] reflet de nos engagements » poussant à son paroxysme l'éco-responsabilité. Cette campagne de communication à 360° a été envisagée en repensant l'ensemble du processus de production pour être en cohérence avec les engagements de la marque (site internet peu lourd, montage du film à la main, affiches peintes à la main...). Ou quand le médium devient le message...

Source **:** http://www.biocoop.fr/actualites-bio/Biocoop-presente-sa-nouvelle-campagne-responsable

4. L'école

L'école, le collège et le lycée constituent des lieux privilégiés où sont dispensés des savoirs, savoir-faire et savoir-être. Le cadre scolaire joue un rôle en matière d'intégration et de norme sociale. C'est un lieu à la fois de connaissances mais aussi d'interactions (Minuchin et Shapiro, 1983).

Même si, de nos jours, davantage de programmes relatifs à l'éco-responsabilité semblent jalonner la scolarité, il est, ici, nécessaire, concernant la génération Z, de s'intéresser à la période allant de 1996 à 2006 période de début de scolarisation en primaire pour l'ensemble de cette génération jusqu'au collège-lycée actuellement pour les plus jeunes d'entre eux. Il existe clairement, à travers des directives ministérielles notamment, une véritable incitation à intégrer la cause environnementale à l'école.

L'enseignement du développement durable à l'école

Les mesures annoncées en février 2015 permettent de continuer à approfondir la généralisation de l'éducation au développement durable.

Impliquer chaque élève et chaque étudiant

- **Intégrer le développement durable dans tous les programmes scolaires et dans toutes les disciplines**, de la maternelle au baccalauréat, à l'occasion du renouvellement des programmes en cours ; un enseignement pratique interdisciplinaire « transition écologique et développement durable » sera mis en œuvre à la rentrée 2016,
- **Organiser les clefs pour l'éducation à l'environnement et au développement durable** dans toute la France, pour récompenser les meilleurs projets pédagogiques en la matière,
- **Se fixer des objectifs précis et des indicateurs de suivi en matière d'éducation au développement durable** : généralisation des projets d'école ou d'établissement intégrant le développement durable, doublement des labels E3D (Ecole ou Etablissement en Démarche globale de Développement Durable) ou label éco-école, éco-délégués dans tous les collèges et lycées,
- **Généraliser les « éco-délégués »**,
- **Promouvoir le concours « génération développement durable »** pour valoriser les initiatives étudiantes sur le développement durable, en partenariat avec la Conférence des Présidents d'Universités, la Conférence des Grandes Écoles et le magazine « La Recherche »,
- **Encourager la création de « coins nature »** dans les écoles primaires.

Une mise en œuvre progressive de l'éducation à l'environnement et au développement durable :

- 1977 : une circulaire donne naissance à l'éducation à l'environnement en France,
- 2004 : elle devient l'éducation à l'environnement et au développement durable,
- 2007 : lancement de la deuxième phase de généralisation de « l'éducation au développement durable »,
- 2011 : lancement de la troisième phase de généralisation,
- 2013 : la loi de refondation de l'École fait entrer cette éducation transversale dans le code de l'éducation,
- 2013 : lancement de la labellisation « E3D ».
- L'éducation est un volet essentiel de la stratégie nationale de transition écologique pour un développement durable. L'EDD fait partie intégrante de la formation initiale des élèves, dans l'ensemble des écoles et des établissements scolaires.

Extrait du site du Ministère de l'éducation http://www.education.gouv.fr/cid205/l-education-au-developpement-durable.html (consulté en octobre 2016)

Concrètement, de manière globale, la thématique environnementale est effectivement abordée de manière assez transversale à travers les enseignements d'économie, de biologie et de géographie. En dehors de connaissances acquises, les établissements scolaires mettent de plus en plus en place des programmes environnementaux poussant les élèves à se comporter selon une logique environnementale (recycler, veiller à ne pas gaspiller...).

L'optique étant que s'ils apprennent à se comporter ainsi à l'école ils maintiendront alors ces formes de comportements chez eux (à travers l'acquisition d'une forme de routine ou de conviction) et, seront, à leur tour, potentiellement des éléments de socialisation.

Selon Gentina et Muratore (2012), une part importante des élèves ayant suivi un programme ou un enseignement en lien avec l'environnement affirme que cela les influence significativement. Leurs mères sont encore plus nombreuses à trouver que l'école joue un rôle d'information important en matière d'environnement.

Même s'il y a eu un manque de consensus sur le poids de cet agent de socialisation par le passé, les recherches plus récentes, portant de manière plus précise sur l'environnement (Meeusen, 2014) semblent démontrer que l'école constitue un agent de socialisation important en matière de connaissance et de sensibilité à l'éco-responsabilité (Knafo et Galansky, 2008).

Cependant, selon Meeusen (2014) « il est possible que l'environnement ne soit pas un sujet si important pour les adolescents. En effet, quand on demande aux jeunes quels sont les sujets importants dans le cadre de leur vie, des thèmes tels que l'emploi, la criminalité obtiennent des scores plus importants que l'environnement ». En effet, même si cette génération Z est sensibilisée, dans quelle mesure d'autres sensibilisations ne vont-elles pas être supérieures et, de fait, davantage propices à être traduite par des comportements que la cause environnementale ? D'autant plus, comme nous l'avons évoqué antérieurement que « l'optimisme face à l'avenir de l'environnement se fait rare » (PISA, 2012) au sein de cette génération.

Si des recherches mettent en exergue un lien significatif entre l'apprentissage environnemental mis en place à l'école et la sensibilité de l'élève à l'environnement, dans quelle mesure cette sensibilité se décline en comportement effectif ? À notre connaissance, une telle évaluation de l'efficacité des programmes pédagogiques n'est pas mise œuvre. Or, si la sensibilité à l'environnement constitue un concept important et nécessaire afin de développer un comportement, il ne demeure pas suffisant.

Les programmes pro-environnementaux mis en œuvre à l'école semblent contribuer à augmenter l'engagement environnemental des élèves du point de vue cognitif mais ne contribuent que beaucoup plus faiblement à l'augmentation des comportements pro-environnementaux des élèves (Uitto et al. 2015).

Enfin, ces auteurs mettent également en avant le fait que rendre le jeune acteur de l'apprentissage plutôt que passif a plus d'impact.

Plus globalement, l'école et la famille constituent des agents majeurs de socialisation en matière environnementale de la génération Z. Ces deux agents de socialisation perdant au fur et à mesure du vieillissement de cette génération de leur importance au profit des médias d'information classiques (Ipsos, 2014).

III. La génération Z : un facteur de resocialisation en matière d'éco-responsabilité

Les comportements innovants sont influencés à la fois sur un plan intragénérationnel, c'est-à-dire par le groupe de pairs, mais également sur un plan intergénérationnel c'est-à-dire par la famille. Si le comportement responsable n'est pas *stricto sensu* qualifié d'innovation, force est de constater que ce comportement n'est pas encore si massivement partagé et que la sphère de la cause environnementale constitue un terrain d'innovations technologiques rendant les connaissances et les comportements mouvants. L'influence intergénérationnelle des comportements peut, certes, être envisagée dans le cadre d'une socialisation descendante (cf. II) mais peut également être envisagée dans le cadre d'une communication ascendante à savoir de la génération Z vers des générations antérieures (parents, grands-parents). Ce processus est qualifié *resocialisation, socialisation inversée, socialisation secondaire, socialisation anticipée*... Nous utiliserons, par simplicité, le terme de resocialisation.

Figure 2 : Phénomènes de socialisation et de resocialisation environnementale intergénérationnelle

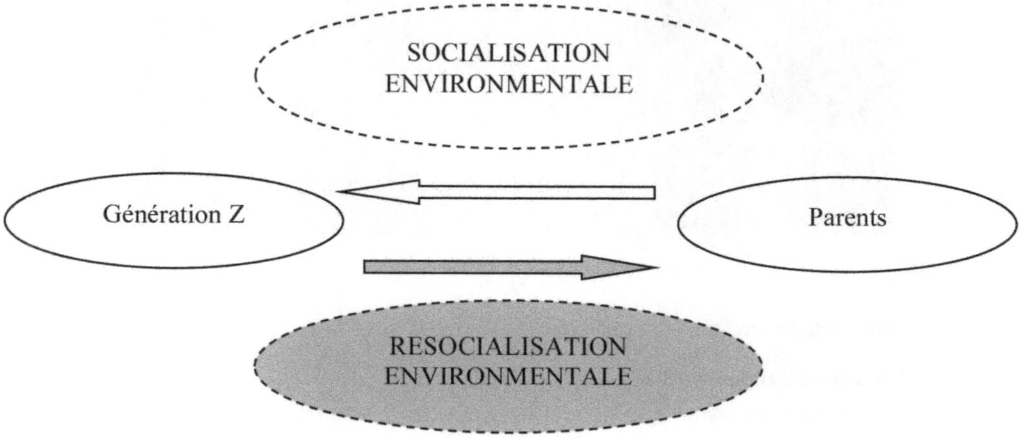

1. Définition et caractéristiques de la resocialisation

Peu d'études, même si leur nombre tend à croître, se sont focalisées sur les phénomènes de resocialisation et encore moins dans la sphère de l'éco-responsabilité (Watne et Brenmann, 2011). En ce sens, peu d'études ont étudié comment les parents, grands-parents... acquièrent des nouvelles informations par leurs enfants ou petits-enfants. En ce sens, la famille doit être perçue comme un lieu d'interactions, un système mouvant, en accord avec Lobet et Calvacante (2014) comme un « *family flow* » c'est-à-dire un lieu de circulation (d'idées, de valeurs, d'apprentissage...) et d'interactions. Cette forme de socialisation ne concerne pas seulement l'enfant ou l'adolescent, mais tous les membres de la famille *(e. g.* Kerrane et Hogg, 2013).

La génération Z, cible de la communication éco-responsable

Uppia (Union interprofessionnelle pour la Promotion des Industries de la conserve Appertisée) a décidé de lancer une campagne 100 % réseau social. Le but étant de rajeunir son image face à la banalisation de la conserve en embrassant des aspirations sociétales : lutter contre le gaspillage, stocker sans consommer d'énergie... Cette campagne prend la forme d'une webserie « Ça déboite ».

© Uppia

Source : http://www.laconserve.com/actualites/lancement-de-la-webserie-ca-deboite

Ben & Jerry's cible les 18-34 ans

Ben&Jerry's à travers son message « Quand c'est fondu, c'est foutu » a participé, en cohérence avec ses valeurs, au Festival de musique *WeloveGreen* revendiquant la préservation de l'environnement et les gestes éco-responsables. La marque invite à signer la pétition contre le réchauffement climatique à travers les réseaux sociaux, sa cible : les 18-34 ans.

Source : http://www.e-marketing.fr/Thematique/marques-1002/Breves/Ben-Jerry-engage-environnement-257662.htm#wGuEvBWvQ7ZM0FGa.97

© HEC

Pour créer une image de marque singulière *HEC* dont la nouvelle signature est « *Tomorrow is our business* » a lancé une campagne de communication afin de se positionner sur des valeurs environnementales (de manière provocatrice « Écologistes, créez des usines ») pour atteindre sa cible (une partie de la génération Z) et répondre aux attentes des candidats.

« Les entreprises de demain auront besoin de managers conscients de leurs impacts environnementaux et capables d'anticiper les évolutions de la société. En repensant la performance au prisme de la responsabilité sociale et environnementale, en développant de nouvelles méthodes de leadership, en favorisant la diversité de culture et d'expériences. HEC apprend à penser maintenant l'entreprise de demain. »

La définition de la socialisation inversée ou de la resocialisation est très consensuelle dans la communauté des chercheurs (*e.g.* Gentina et Muratore, 2012). Concrètement, les parents vont acquérir de nouvelles valeurs, compétences, attitudes, rôles grâce à leur enfant. L'adolescent ayant acquis des connaissances par socialisation, il va influencer ses parents et constitue ainsi un vecteur de transfert de compétences.

L'adolescent, et en l'espèce, ici, la génération Z, devient alors un agent de socialisation. Cette resocialisation est fortement dépendante du style parental, de l'objet de la socialisation, de l'expertise, du fait de vouloir donner et d'accepter de recevoir (*e.g.* Watne et Brenmann, 2011).

Les styles parentaux

Les styles parentaux autorisent à envisager l'influence des parents sur la socialisation de leur enfant selon une perspective globale. En plus de la communication, les styles parentaux comprennent les principes, normes et règles intra-familiales. Carlson et Grossbart (1988) ont élaboré deux catégories : le style parental « chaud » ainsi que le style parental « froid ».

Le style parental « chaud » est constitué :

- de parents « permissifs » cherchant à restreindre au maximum leur champ prescriptif sans, toutefois, exposer l'enfant à un quelconque danger ;
- de parents « autorisants » postulant l'équité entre l'enfant et l'adulte. S'ils permettent à l'enfant de s'exprimer, ils exercent une autorité fondée sur le bien-être de l'enfant. La communication est un élément important dans ce type de famille

Le style parental « froid » est constitué :

- de parents « autoritaires » qui conçoivent l'enfant comme subordonné aux diverses prescriptions normatives inhérentes à leur cellule familiale ;
- de parents « négligents », distants de leurs enfants. Pour eux, l'enfant est auto-impliqué, de tels parents se désengagent de tout conseil et contrôle sur leurs enfants.

Certains styles parentaux sont plus à même d'accepter ce phénomène d'apprentissage inversé (Grossbart et al. 2002). Par exemple les familles au style parental chaleureux semblent plus enclines à envisager leur enfant à son tour comme un agent de socialisation au sein de la famille.

Produits nouveaux et/ou expertise.

Les études mettent également en évidence une plus grande propension de la part des parents à accepter cette forme d'apprentissage ascendant dès lors que le produit est nouveau et/ou que leur enfant montre de fait un niveau d'expertise supérieur au leur.

En ce sens, leur enfant a acquis en dehors d'eux des connaissances, des compétences et des comportements relativement à un objet, une technologie...Ils demeurent alors, dans ce domaine, plus compétents que leurs parents (Grossbart et al. 2002). Peu de chercheurs (*e.g.* Gentina et Muratore, 2012) ont étudié ce phénomène à travers l'écologie.

En conséquence, est-ce que l'éco-responsabilité constitue un thème de resocialisation et ce dans quelles conditions au sein de la génération Z ?

2. La génération Z : un vecteur de changement en matière environnementale ?

Le travail réalisé en matière de resocialisation écologique s'est fondé sur le constat qu'il n'existait que peu d'études s'intéressant à la manière dont les parents apprennent à adopter un comportement de consommation pro-environnemental (Easterling et al. 1995). Force est de constater que très peu d'entre elles ont pris en compte les 15-25 ans actuels.

Or, la génération Z souhaite-t-elle jouer un rôle d'agent de socialisation pour changer les comportements de leurs parents ? Constitue-t-elle, en d'autres termes, un vecteur de changement d'un point de vue environnemental ?

La resocialisation écologique peut être définie à l'aune de la définition de Ward (1974) comme l'influence que le jeune exerce sur ses parents afin de modifier leurs connaissances, compétences et attitudes relativement à des problématiques environnementales.

En dehors des variables existantes dans le cadre d'un phénomène global de resocialisation, Easterling et al. (1995) ont mis en évidence, même si cela concerne l'enfant, d'un point de vue théorique, un ensemble de variables susceptibles d'entrer en jeu dans le cadre du phénomène de resocialisation écologique. La capacité à se sentir concernée apparaît comme nécessaire pour tout acte de resocialisation, cette capacité demeure fonction non seulement d'un certain statut cognitif (les adolescents apparaissent plus à même que les plus jeunes à mener une réflexion plutôt abstraite sur l'intérêt d'un comportement responsable), mais également du degré d'exposition à la nature ainsi que du phénomène de socialisation. Si cette capacité à être concerné par les problématiques environnementales existe, alors, en fonction notamment du modèle de communication existant au sein de la famille, le phénomène de resocialisation peut avoir lieu. La propension des parents à être sensibles à un comportement responsable ainsi que les ressources familiales (le temps disponible, le revenu et la localisation résidentielle) interviennent également au sein du processus. Concrètement, il s'agit d'un cercle vertueux : il faut que l'adolescent ait été socialisé relativement à l'écologie pour qu'il puisse potentiellement resocialiser ses parents.

Ainsi, est-ce que ces différents éléments mis en exergue dans la revue de la littérature entrent en jeu également dans une éventuelle propension de la Génération Z[1] à resocialiser leurs parents d'un point de vue environnemental ?

Si certains travaux (*e.g.* Gentina et Muratore, 2012) ont souligné l'existence d'une resocialisation écologique sur une partie de cette cible, Watne et Brenmann (2011), ont mis en évidence non seulement que les jeunes gens n'influencent pas seulement leurs parents en matière d'écologie mais également que les parents comptent sur eux pour les conseiller notamment dans des choix de produits en lien avec l'environnement.

Plus précisément, l'influence de cette génération Z apparaît dépendante des styles parentaux. Il a été mis en évidence (sur la base de la fourchette basse de cette génération) que les mères chaleureuses sont plus susceptibles d'accepter d'être influencées par leur enfant en matière d'écologie (socialisation effectuée par leur enfant) que ne le sont les mères "froides".

En outre, il apparaît également que le degré d'expertise que la mère pense que son enfant a en matière d'écologie va venir modérer cette relation. En effet, la resocialisation écologique peut, somme toute, prendre place dans le cadre d'un style parental qualifié de « froid » si la mère estime que son enfant possède une expertise supérieure à la sienne, ce qui lui confère une certaine légitimité. En revanche, l'expertise n'entre pas en considération dans le cadre d'une resocialisation d'une mère qualifiée de « Chaude » : peu importe le degré d'expertise perçu par la mère, la resocialisation écologique dans le cadre de ce style parental pourra s'effectuer.

Par ailleurs, en matière d'écologie, la famille (parents et enfants) de manière générale n'estime pas que l'expertise de l'enfant soit supérieure à celle des parents. Cela est vraisemblablement dû à leur manque d'intérêt à l'égard de l'environnement relativement à d'autres thèmes.

Une recherche menée au Vietnam (Aleti et al. 2015) souligne que de manière non convergente avec la revue de la littérature, les produits « *eco-friendly* » étant qualifiés de nouveaux dans ce pays, les 18-25 auraient dû avoir une meilleure connaissance de ceux-ci et un plus grand intérêt à leur égard. Or, il n'en est rien. En effet, le niveau de connaissance de ces produits est le même pour les parents et pour leurs enfants. En outre, les parents montrent un intérêt clairement supérieur à celui de leurs enfants à l'égard de ces produits.

Une autre variable entre aussi en jeu dans le cadre de la resocialisation : la fréquence de communication existant entre la mère et l'adolescent, entendue comme le temps qu'ils passent ensemble. Cette fréquence de communication modère également le phénomène de resocialisation écologique au sein d'un style parental « chaud ». En effet, l'adolescent peut vouloir influencer sa mère, la mère peut être encline à être influencée par son enfant, encore faut-il qu'il existe un point de contact entre les deux.

1. Nous utiliserons ici le terme « enfant » afin de parler de la relation parentale concernant le parent et son enfant. L'âge de cet enfant oscillant entre 15 et 25 ans, conformément à la définition de la génération Z, en fonction des recherches convoquées.

Concernant les stratégies mises en place dans le cadre d'un processus de resocialisation écologique, celles-ci sont différentes en fonction du style parental. Ainsi, dans des familles au style parental « chaleureux » le jeune va s'engager dans des stratégies bilatérales du type négocier, faire raisonner en utilisant un argumentaire spécifique, il va également utiliser son expertise. La stratégie mise en place dans le cadre d'un style parental « froid » est différente puisque le jeune va essayer d'influencer ses parents en réclamant, en insistant, s'inscrivant de ce fait dans le cadre d'une stratégie unilatérale.

Ainsi, l'ensemble de ces recherches permet de mettre en exergue le fait que le jeune de la génération Z, sous certaines conditions, constitue un agent de socialisation environnementale.

Finalement, la génération Z ne serait-elle pas potentiellement plus éco-responsable que les générations précédentes ?

En effet, il est possible de penser que les membres de la génération Z, ayant, depuis l'enfance, entendu parler de l'environnement, sont plus susceptibles d'être sensibles à l'environnement qu'un individu d'une génération antérieure. Toutefois, des bouleversements d'ordre géopolitique ou économique à l'étranger ou en France sont massivement relatés par les médias et peuvent, par conséquent, occulter les problématiques d'ordre environnemental. En d'autres termes, il peut paraître difficile pour les jeunes de la génération Z de manifester de l'intérêt pour la cause environnementale, même si, enfants ou adolescents ils y ont été sensibilisés, compte tenu de l'actualité diffusée par les médias et l'opinion. Ce contexte peut venir éclairer certains résultats récents mettant en évidence une sensibilité environnementale des parents (génération antérieure) supérieure aux membres de la génération Z.

En outre, si les parents sont plus éco-responsables que leurs enfants, c'est probablement, également, parce qu'ils sont préoccupés par l'avenir de leurs enfants (et de la génération future) alors que ces derniers sont plus préoccupés par le très court terme (et ne se transposent pas à long terme).

Par ailleurs, la génération Z a une attitude favorable à l'égard de l'environnement, cependant cette attitude ne se traduit pas forcément en comportement. Cela semble notamment trouver sa source dans une vision pessimiste et fataliste en l'avenir où l'adolescent ne pense pas pouvoir agir pour véritablement changer les choses. Cela se manifeste, de fait, soit par des comportements écologiques routiniers, soit par des gestes écologiques qui semblent moins être le fruit d'une conviction environnementale qu'économique.

En matière de socialisation, si les parents concernés par l'environnement socialisent leurs enfants, il est démontré que l'influence de ces derniers sur la génération Z n'explique que faiblement son éco-responsabilité. S'agissant de la socialisation environnementale par les pairs, elle semble très occasionnelle. Quant aux médias, les émissions TV constituent un élément de socialisation alors que le Web n'est pas perçu comme un média de socialisation environnementale pour l'instant. L'agent de socialisation phare se relève être l'école. Cependant, les programmes pro-environnementaux mis en œuvre à l'école contribuent davantage à accroître la connaissance et l'engagement environnemental des élèves du point de vue cognitif mais ne contribuent que beaucoup plus faiblement à l'augmentation des comportements pro-environnementaux de ceux-ci.

En dépit de ce tableau quelque peu pessimiste concernant l'engagement de la génération Z en matière d'éco-responsabilité, demeure une interrogation : ***l'éco-responsabilité constitue-t-elle un thème de resocialisation et ce dans quelles conditions au sein de la génération Z ?***

La réponse est affirmative : la génération Z peut constituer un catalyseur potentiel de changements comportementaux et attitudinaux de leurs parents en matière d'écologie. Cette resocialisation écologique est fonction des styles parentaux, de l'expertise, de la fréquence de communication. L'élément antécédent cependant réside dans la propension du membre de la génération Z à se sentir concerné par la cause environnementale.

Plus globalement il paraît opportun, non seulement, de poursuivre la socialisation de la génération Z en matière d'éco-responsabilité, mais surtout, à l'aune des recherches convoquées, d'agir à la source, c'est-à-dire sur les raisons qui conduisent cette génération à ne pas suffisamment s'engager dans des actions liées à l'éco-responsabilité. En clair, ce sont le pessimisme et le fatalisme de cette génération qu'il s'agit de combattre afin que germe l'idée - pour la génération post Z ? - qu'il est possible de changer les choses et que l'action de chacun a des conséquences. C'est l'idée développée dans le cadre du documentaire « Demain » (2015) réalisé par Cyril Dion et Mélanie Laurent visant à montrer et valoriser des initiatives locales autorisant ainsi davantage d'auto confiance et d'optimisme dans une logique d'action et de changement. « Demain » un film pour la génération Z ?

Ce qu'il faut retenir

Eco-responsabilité et génération Z :

- **En matière d'attitude** : la génération Z a une attitude et une sensibilité favorables à l'égard de l'environnement (même si la génération antérieure constituée de leurs parents semble partager une attitude plus favorable). Cependant, le poids de cette attitude devient moins important dès lors que la mesure n'est plus effectuée de manière absolue mais relative c'est-à-dire lorsque d'autres sujets d'inquiétudes tels que la violence, le chômage sont évalués conjointement.

  Au sein de la génération Z, les jeunes ayant un niveau d'éducation supérieur ainsi que les filles sont plus réceptifs à la cause environnementale.

  L'attitude à l'égard de l'environnement semble relever davantage de l'acquis que de l'inné.

- **En matière de comportement :** il existe une différence tangible entre la prédisposition favorable à l'égard de l'environnement et la mise en place de comportements pro-environnementaux au sein de la génération Z. Cet écart trouve notamment ses explications dans le coût cognitif et le coût financier que peuvent représenter des actions pro-environnementales. Un autre élément explicatif réside dans les doutes de ces jeunes sur leur capacité à pouvoir changer les choses (auto-efficacité). Il est, sur ces différents points, possible d'agir en communiquant plus clairement sur les comportements à avoir (enrayant ainsi une certaine forme de cacophonie) mais surtout il faut modifier la perception de son auto-efficacité.

- **En matière de socialisation** : il existe bien une transmission des valeurs environnementales des parents vers leurs enfants même si celle-ci ne semble pas représenter un pourcentage important de la sensibilité à l'environnement. L'influence des pairs semble, en l'espèce, opérer. Mais force est de constater que si la socialisation des pairs a fait l'objet d'études marketing relativement à différents champs, l'environnement n'a pas été suffisamment exploité et cela ne permet pas d'estimer le poids de la socialisation par les pairs sur la sensibilité environnementale du jeune de la génération Z. Les médias (davantage off-line qu'on-line) apparaissent comme de véritables sources d'information susceptibles d'influencer la sensibilité environnementale du jeune. Enfin, l'école, constitue un agent de socialisation important en matière de connaissance et de sensibilité à l'éco-responsabilité.

- **En matière de resocialisation :** les jeunes de la génération Z peuvent sous certaines conditions être des agents de socialisation de leurs parents en matière d'environnement. Les différents facteurs à considérer en la matière sont les styles parentaux, l'expertise, la fréquence de communication et la propension du membre de la génération Z à se sentir concerné par la cause environnementale.

  La socialisation apparaît comme un élément clé de la sensibilité à la cause environnementale mais pour que cela se traduise davantage en comportement pro environnementaux il faut agir sur la perception négative que le jeune a concernant son auto efficacité.

Références

T. Aleti, L. Brennan et L. Parker, (2015), « Consumer socialization agency within three-generational Vietnamese families », *Young Consumers*, 16, 2, 2015, pp. 172-188.

M. Autio, E. Heiskanen et V. Heinonen, « Narratives of green consumers – the antihero, the environmental hero and the anarchist », *Journal of Consumer Behaviour*, 8, 2009, pp. 40–53.

S. Bamberg et G. Möser, « Twenty years after Hines, Hungerford, and Tomera : a new meta-analysis of psycho-social determinants of pro-environnemental behavior », *Journal of Environmental Psychology*, 27, 1, 2007, pp. 14-25.

J. Boeve-de Pauw et P. Van Petegem, « The effect of eco-schools on children's environmental values and behaviour », *Journal of Biological Éducation*, 47, 2, 2013, pp. 96-103.

J. L. Bonnici et W. B. Fredenberger, « Cohort analysis : analyzing data on product use », *Journal of Applied Business Research*, 8, 1992, pp. 1-8.

L. Carlson et S. Grossbart, « Parental style and consumer socialization of children », *Journal of Consumer Research*, 15, 1988, pp 77-94.

D. Easterling, S. Miller et N. Weinberger, « Environmental consumerism : a process of children's socialization and families' resocialization », *Psychology and Marketing*, 12, 6, 1995, pp. 531-550.

J. E. Francis et T. Davis, « Exploring children's socialization to three dimensions of sustainability », *Young Consumers*, 15, 2014, pp. 125-137.

J. E. Francis et T. Davis, « Adolescents' sustainability concerns and reasons for not consuming sustainably », *International Journal of Consumer Studies*, 39, 2015, pp. 43-50.

E. Gentina, I. Muratore et C. Sempels, « Adolescent's influence on pro-environmental family decisions and resocialization processes », *4th International Conference on Multidisciplinary Perspectives on Child and Teen Consumption*, 23-27 June, Sweden, 2010.

E. Gentina et I. Muratore, « Environmentalism at home : the process of ecological resocialization by teenagers », *Journal of Consumer Behaviour*, 11, 2, 2012, pp. 162-169.

A. Gronhoj et J. Thogersen, « When action speaks louder than words : the effect of parenting on young consumers' pro-environmental behavior ». *In* Repo P, Pylvänäinen E (eds). *Proceedings of the Nordic Consumer Policy Research Conference*. Helsinki, 2007.

S. Grossbart, H. S. McConnell, S. Pryor et A. Yost, « Socialization aspects of parents, children, and the internet ». *In* Broniarczyk SM, Nakamoto K (eds). *Advances in Consumer Research*, 29, 2002, pp. 66-70.

K. H. Hung, F. F. Gu et C. B. Yin, « A social institutional approach to identifying generation cohorts in China with comparison with American consumers », *Journal of International Business Studies*, 38, 2007, pp. 836-853.

IPSOS (2014), http://www.presse.ademe.fr/wp-content/uploads/2014/04/ipsos-AA_Mise-en-page-1.pdf

B. Kerrane et M. K. Hogg, « Shared or non-shared ? », *European Journal of Marketing*, 47, ¾, 2013, pp. 506 -524.

A.Knafo, A. et N. Galansky, « The influence of children on their parents' values », *Social and Personality Psychology Compass*, 2, 2008, pp. 1143-1161.

A.Kollmuss et J. Agyeman, « Mind the Gap : why do people act environmentally and what are the barriers to pro-environmental behavior », *Environmental Éducation Research*, 8, 3, 2002, pp. 239-260.

E. Kuhlmann, « Consumer socialization of children and adolescents. A review of current approaches », *Journal of Consumer Policy*, 6, 1983, pp. 397-418.

R. Ladwein, A. Carton et E. Sevin, « Le capital transgénérationnel : la transmission des pratiques de consommation de la mère vers sa fille », *Recherche et Applications en Marketing*, 24, 2, 2009, pp. 1-27.

B. Larsson, M. Anderson, M. et C. Osbeck, « Bringing environmentalism home : children's influence on family consumption in the nordic countries and beyond », *Childhood*, 17, 1, 2010, pp. 129-147.

J. M. Leppänen, A. E. Haahla, A. M. Lensu et M. T. Kuitunen, « Parent-child similarity in environmental attitudes : a pairwise comparison », *The Journal of Environmental Éducation*, 43, 3, 2012, pp. 162-176,

D. Lobet et L. E. Cavalcante, « Transmission à rebours, filiation inversée, socialisation ascendante : regards renversés sur les rapports de générations », *Enfances Familles Générations*, http:// efg.revues.org/497, 20, 2014.

M. Luchs et T. Moradian, « Sex, personality, and sustainable consumer behavior : elucidating the gender effect », *Journal of Consumer Policy*, 35, 2, 2012, pp. 127-144.

J-M. McLeod. et S. H. Chaffee, « The construction of social reality », *The Social Influence Process*, ed J. T. Tiedeschi, Chicago : Aldine-Atherton, 1972, pp. 50- 99.

C. Meeusen, « The intergenerational transmission of environmental concern : the influence of parents and communication patterns within the family », *The Journal of Environmental Éducation*, 45, 2, 2014, pp. 77-90.

T. Menz et H. Welsch, « Life-Cycle and cohort effects in the valuation of air quality : evidence from subjective well-being data », *Land Economics*, 88, 2, 2012.

P. P. Minuchin et E. K. Shapiro, « The school as context for social development ». *In* P. H. Mussen (Ed.), *Handbook of child psychology*, 4th ed. New-York : Wiley, 1983, pp. 197-274.

G. P. Moschis, « The role of family communication in consumer socialization of children and adolescents », *Journal of Consumer Research*, 11, Mars, 1985, pp. 898-913.

O. Nannipieri et I. Muratore, « Immersion de l'internaute lors de navigation sur le site Internet d'une marque et effet générationnel », *Les Cahiers du Numérique*, 4, 6, 2010.

J. P. Ogle, K. H. Hyllegard, R-N. Yan et M. A. Littrell, « Mother and teen daughter socialization toward ethical apparel consumption », *Family and Consumer Sciences Research Journal*, 43, 1, Septembre, 2014, pp. 61-77.

E. Stanes et N. Klocker et C. Gibson, « Young adult households and domestic sustainabilities », *Geofrum*, 65, 2015, pp. 46-58.

A.Uitto, J. Boeve-de Pauw et S. Saloranta, « Educational factors explaining 9th graders self-efficacy in ecological sustainable behaviours », *Proceedings of the ESERA 2013 conference : Science education research for evidence-based teaching and coherence in learning*, 2014, pp. 1623-1631.

A.Uitto, J. Boeve-de Pauw et S. Saloranta, « Participatory school experiences as facilitators for adolescents'ecological behavior », *Journal of Environmental Psychology*, 43, 2015, pp. 55-65.

P. Wanner, P. Fei et J. Duchêne, Une application de la méthode Age, Période, Cohorte (APC). « *La fécondité et la mortalité en Suisse* », Document de travail n° 7, Département des Sciences de la Population et du Développement, Université Catholique de Louvain, 2000.

S. Ward, « Consumer socialization », *Journal of Consumer Research*, 1, 1974, pp. 1-17.

T. Watne et L. Brenmann, « Reciprocal consumer socialization : implications for social marketing and sustainable consumption », *Australia and New Zealand Marketing ACademy (ANZMAC)*, 28-30 nov, Perth, Western Australia, 2011.

Chapitre 15

La génération Z et le tourisme : des voyageurs branchés ?

Maryse Côté-Hamel, Docteur en marketing, Professeure adjointe en Sciences de la consommation à l'Université Laval (Québec, Canada) et membre du conseil d'administration canadien de la Travel and Tourism Research Association

Introduction

Bien que les jeunes de la génération Z n'aient pas encore tous commencé à voyager sans la présence de leurs parents, ils accordent beaucoup d'importance au voyage et cet intérêt continuera de croître. Les jeunes Z de 18 à 24 ans voyagent d'ailleurs déjà autant, sinon plus, que les générations précédentes (Skift, 2016).

Ils exercent également une forte influence sur les décisions familiales d'ordre touristique. Selon une étude de Sparks et Honey (2014) aux États-Unis, 65 % des mères estiment que leurs enfants de la génération Z influencent les décisions associées aux voyages familiaux. Les parents sont eux-mêmes impliqués dans les décisions de voyage de leurs enfants de la génération Z, puisque 36 % de ces jeunes reçoivent une aide financière de leurs parents pour leur séjour (Skift, 2016). En conséquence, bien qu'ils disposent de revenus relativement limités pour le moment, ces jeunes voyageurs dépensent, en moyenne, davantage que les générations précédentes pour leur séjour (Skift, 2015). Ce constat s'explique aussi par le fait qu'ils voyagent plus longtemps, puisqu'ils disposent de plus de temps libre.

Enfants de parents prudents issus de la génération X, ils font preuve de prudence eux aussi dans leurs décisions associées aux voyages. Ils apparaissent néanmoins moins craintifs que les générations plus âgées en ce qui concerne les effets du terrorisme, de l'insécurité politique, des épidémies et des catastrophes naturelles sur leur sécurité lors de séjours à l'étranger (Sparks et Honey, 2014).

De plus, ces jeunes voyageurs sont ancrés dans l'ère du numérique. Le téléphone intelligent fait d'ailleurs partie intégrante de leur vie. Autodidactes, ils n'hésitent pas à faire leurs propres recherches, seuls, en ligne, pour planifier leur séjour. Ils souhaitent ainsi être en contrôle de leurs expériences de voyage et organiser leur séjour selon leurs préférences (Sparks et Honey, 2014). Le présent chapitre abordera donc les motivations et attentes spécifiques de ces jeunes voyageurs. Leurs compagnons de voyage, leur cycle de voyage, de même que les stratégies marketing adaptées à ce segment de consommateurs seront également discutés.

I. Les Z et leurs motivations à voyager

Pour les jeunes de la génération Z, voyager n'est pas un luxe, mais plutôt un besoin essentiel contribuant à forger leur individualité et à échapper à la vie quotidienne (Monico, 2016). Ils perçoivent les voyages comme des opportunités de s'exposer à de nouvelles cultures. Ils souhaitent vivre la destination comme s'ils y habitaient ne serait-ce que l'espace d'un moment. Ils cherchent à vivre une expérience plus authentique de la vie locale que celle décrite dans les guides touristiques en découvrant les endroits fréquentés par les résidents de la destination et non uniquement les icônes touristiques (Alton 2016).

Les jeunes de cette génération cherchent, à leur façon, à changer le monde. Ils voyagent pour des raisons plus profondes que le simple fait de partager de belles photos auprès de leurs réseaux sociaux (Peltier, 2015). Ils sont donc très réceptifs aux opportunités de laisser leur marque que ce soit par le bénévolat, la réalisation d'un projet ou une opportunité de contribuer plus largement à faire une différence dans la destination qu'ils visitent (Monico, 2016).

Ils espèrent que leurs expériences de voyage leur permettront d'apprendre, de socialiser, de repousser leurs limites personnelles et qu'elles contribueront à forger leur propre identité (Skift, 2016). Éprouvant une peur de rater quelque chose (i.e., « fear of missing out »), ils éprouvent une urgence de vivre sans retenue. Les voyages leur permettent ainsi de vivre des expériences diverses et nouvelles (Barry, 2015) en découvrant des cultures et des destinations peu connues (Skift, 2016).

II. Les attentes des touristes Z

Les jeunes de la génération Z ont des attentes très élevées à l'égard de leurs expériences de voyage et espèrent être épatés (Alton 2016). Ils sont donc susceptibles de planifier leur séjour de voyage à l'avance, au moins en partie, afin de s'assurer d'en retirer le maximum de bénéfices (Monico, 2016).

Ils portent également une attention particulière au concept de valeur. Ils cherchent à obtenir le meilleur retour sur investissement possible et s'attendent à ce que les organisations touristiques offrent, sans frais supplémentaires, les produits et services auxquels ils accordent de l'importance, tels que le déjeuner et l'accès Internet wifi. Si ces éléments ne sont pas inclus, il peut s'agir d'une raison suffisante pour qu'ils optent pour une autre organisation (Monico, 2016). Ils sont tout de même réticents à acheter des forfaits tout-inclus qui comprennent des produits et services pour lesquels ils ne sont pas nécessairement prêts à payer (Skift, 2016).

Ils priorisent les expériences touristiques au détriment de produits et services plus utilitaires. L'hébergement et le transport vers la destination sont des éléments de leur séjour auxquels ils accordent moins d'importance. Ils sont donc susceptibles de sélectionner des lignes aériennes à bas prix, par exemple, afin d'être en mesure de dépenser davantage pour vivre des expériences touristiques mémorables à destination (Skift, 2015).

1. En matière d'hébergement

Ils perçoivent l'hébergement comme un endroit pour se reposer plus qu'un élément clé de leur expérience touristique. Ils ne s'attendent pas au luxe et sont ouverts à séjourner dans des hébergements de base et partagés, préférant investir dans des expériences mémorables qui leur permettent de vivre des émotions et de découvrir les facettes moins connues de la destination (Skift, 2016). Ils sont prêts à se contenter d'une petite chambre d'hôtel sans superflu à condition que celle-ci soit de bon goût et réponde à leurs attentes prioritaires, telles qu'Internet wifi gratuit et la présence d'un réfrigérateur. Ils accordent une faible valeur à des éléments tels qu'un mini bar, une planche à repasser, la télévision sur-demande, une boutique de cadeaux et le service aux chambres (Monico, 2016).

Néanmoins, le lieu d'hébergement peut représenter une plateforme pour leur permettre de rencontrer d'autres voyageurs et résidents locaux avec qui échanger et partager de bons moments (Skift, 2015). Ils accordent une plus grande importance que les autres générations à la possibilité d'établir des connexions avec d'autres individus, ce qui explique leur fort intérêt pour l'hébergement collaboratif (Monico, 2016), tel que Airbnb, qui leur permet de vivre une expérience plus immersive avec la population locale (Skift, 2015). En effet, bien qu'ils soient très actifs en ligne, ils éprouvent un désir très fort d'interagir avec d'autres et sont orientés vers le groupe (Monico, 2016).

Puisqu'ils accordent une grande importance à la protection de l'environnement et au développement durable, ils voient d'un bon œil les pratiques des hébergements visant à minimiser l'empreinte écologique en économisant, entre autres, eau, énergie et autres ressources naturelles. Ils s'attendent à ce que les hôtels ne changent pas les draps tous les jours et posent des gestes simples, tels que la réduction des factures papiers et l'utilisation d'ampoules à faible consommation énergétique (Monico, 2016).

2. En matière d'activités touristiques

Étant moins actifs physiquement que les générations précédentes (Sparks et Honey, 2014), les jeunes de la génération Z ne sont pas aussi friands des activités extérieures en nature (Childs, 2015).

Les organisations dont l'offre touristique est axée sur le plein air ont intérêt à développer des stratégies personnalisées auprès de ce segment de marché afin de s'assurer de rendre l'expérience suffisamment attirante, unique et différente, voir même ludique, pour les attirer.

En contrepartie, ces voyageurs sont de véritables *foodies*. Ils aiment manger et cuisiner et ces intérêts sont appelés à continuer de croître lorsqu'ils quitteront le foyer familial (Sparks et Honey, 2014).

L'exemple de Geckos adventures

« Geckos adventures » offre des voyages organisés s'adressant exclusivement aux jeunes de 18 à 29 ans dans 50 pays répartis sur 5 continents (Geckos Adventures, 2016). Leur offre est conçue autour de trois piliers qui touchent les cordes sensibles des voyageurs de la génération Z.

- Premièrement, les groupes sont formés de jeunes ayant sensiblement le même âge, leur permettant d'être confortables et de vivre des aventures en groupe adaptées à leur réalité. Les guides font également, dans la mesure du possible, partie de ce groupe d'âge.
- Deuxièmement, l'entreprise promet aux participants de les exposer à la vie locale. Les guides sont d'ailleurs eux-mêmes des résidents de la destination visitée, leur permettant d'introduire les participants aux endroits, restaurants et attraits que seuls connaissent les locaux.
- Et, finalement, il s'agit de voyages socialement responsables. Une partie des revenus de l'organisation est remise à une organisation sociale, *Friends International*, et une compensation est versée pour pallier les émissions de gaz carboniques engendrées par les voyages.

3. En matière de mode de transport

Pour ces jeunes touristes, le transport est perçu comme un service de base et non une expérience à valeur ajoutée. Ils sont très sensibles au coût de leur déplacement, préférant investir dans des expériences touristiques uniques. Des organisations offrant de bas prix en contrepartie de services limités, telles que la compagnie aérienne Wow Air, plaisent à ces jeunes consommateurs. Les compagnies de transport s'adressant à ce segment de marché doivent néanmoins offrir des stations de recharge pour appareils mobiles et l'accès Internet wifi.

Ayant plus de temps à leur disposition que les voyageurs plus âgés, les jeunes de la génération Z sont moins sensibles aux contraintes associées aux délais, à la sécurité, à l'embarquement et aux autres étapes liées au transport (Boston Consulting Group, 2016).

4. Les compagnons de voyage de la génération Z

Les voyageurs de cette génération ont des profils divers et leurs compagnons de voyage sont susceptibles de l'être tout autant. Ils sont ouverts d'esprits et éprouvent une bonne capacité d'adaptation. On observe d'ailleurs une augmentation de 50 % des origines multiculturelles chez les jeunes depuis l'an 2000 (Sparks et Honey, 2015). De plus, 26 % des jeunes de la génération Z aux États-Unis auraient besoin de prendre l'avion pour visiter la majorité de leurs amis issus des réseaux sociaux (Sparks et Honey, 2014).

Néanmoins, puisque la majorité n'a pas encore d'enfants ni de conjoint officiel, ils sont plus susceptibles que les générations plus âgées de voyager seuls (Skift, 2016). Ils sont également plus confortables que leurs aînés de démontrer du respect envers leurs parents (Childs, 2015). À terme, ce segment de marché pourrait donc représenter une cible intéressante pour les voyages inter-générationnels.

III. Le cycle des voyageurs de la génération Z

Les prochaines pages aborderont les particularités de ces jeunes voyageurs à chacune des étapes du cycle du voyageur (voir figure 1). Ces informations sont adaptées d'une étude de Skift auprès des voyageurs de la génération Z (2016).

Figure 1 : Les étapes du cycle du touriste Z

1. Rêve : Ils s'inspirent et découvrent les destinations touristiques

Les jeunes de la génération Z, étant très actifs en ligne, sont exposés, par le biais de photos, vidéos et récits de voyages partagés sur les réseaux sociaux, à l'offre touristique de destinations situées partout sur la planète. En ce sens, puisqu'ils sont sceptiques à l'égard des publicités et des stratégies marketing traditionnelles, les expériences authentiques partagées par leurs parents, amis et autres influenceurs sur les réseaux sociaux sont leur plus grande source d'inspiration pour leurs futurs séjours de voyage.

2. Planification : Ils s'informent au sujet de la destination touristique sélectionnée

Une fois la destination sélectionnée, les jeunes voyageurs de la génération Z s'activent à faire des recherches en ligne. Plus que toutes autres générations, ils font un usage intensif de la toile pour découvrir et s'informer sur l'offre touristique de la destination qu'ils comptent visiter.

Ils lisent et regardent un grand nombre de témoignages, de vidéos et d'images de la destination, afin de faire des choix avisés sur les endroits (hôtels, restaurants, activités, etc.) qu'ils visiteront, le transport pour s'y rendre et les meilleures dates pour y séjourner.

Tout comme à l'étape du rêve, ils sont particulièrement réceptifs aux évaluations et aux contenus générés par les autres utilisateurs, qu'ils considèrent comme plus objectifs que les informations véhiculées par les organisations touristiques elles-mêmes.

3. Réservation : Ils comparent et sélectionnent les organisations touristiques

Très habiles sur Internet, ils comparent assidûment, en temps réel, les différentes offres des fournisseurs par le biais, entre autres, de sites comparateurs de tarifs. Ils cherchent à optimiser leur budget et à obtenir le meilleur retour sur investissement. Les avis des consommateurs en ligne jouent également un rôle important dans leur décision d'achat.

Ils sont des consommateurs peu fidèles, accordant beaucoup d'importance à la liberté. Ils préfèrent ainsi sélectionner eux-mêmes les services souhaités, plutôt que d'acheter des forfaits tout-compris.

Bien qu'ils planifient, dans une certaine mesure, leur séjour avant leur départ, ils s'accordent une certaine latitude afin d'adapter leur plan en cours de route. Ils s'attendent, une fois à destination, à utiliser des plateformes leur offrant un service rapide, sur-demande, telles que UBER, HotelTonight et OpenTable pour réserver des services à la dernière minute.

4. Expérience : Ils vivent des émotions fortes et des expériences uniques à destination

Les voyageurs de la génération Z privilégient des organisations qui les traitent comme un des leurs, en leur offrant un service personnalisé et chaleureux. Bien que le prix demeure un critère de première importance en raison de leurs ressources financières limitées, cela ne signifie pas pour autant qu'ils ne sont pas prêts à investir davantage pour vivre des expériences hors de l'ordinaire dont ils se souviendront longtemps.

Ils sont prêts à faire des compromis sur les services à faible valeur ajoutée, tels que l'hébergement et le transport, pour investir davantage dans des expériences qui leur permettent de vivre des émotions fortes et de vivre de bons moments.

Ils peuvent réserver un dortoir rudimentaire à titre d'hébergement pour s'offrir le luxe d'un repas haut de gamme dans un restaurant unique qu'ils se sont fait recommander, par exemple.

De plus, pour les jeunes de cette génération, il est inconcevable qu'une organisation touristique charge un supplément pour l'accès à l'Internet wifi, sauf en de rares exceptions. Il s'agit pour eux d'un service de base qu'ils utilisent lors de leur séjour, encore davantage qu'à la maison, pour indiquer leur localisation, partager des photos et vidéos, et demeurer en contact avec leurs proches.

Des organisations touristiques s'intéressant à ce segment de marché, telles que les croisières Carnival, semblent avoir entendu cette demande et offrent l'accès Internet à faibles coûts, afin de permettre à leurs voyageurs de s'y connecter, même en mer.

5. Évaluation et partage : Ils partagent des photos, vidéos et commentaires au sujet de leur séjour

Les jeunes de la génération Z sont plus susceptibles de demeurer en relation avec la destination après leur séjour que les générations plus âgées, en maintenant leur abonnement sur les réseaux sociaux officiels des organisations touristiques qu'ils ont fréquentées, par exemple.

Ils peuvent ainsi continuer d'« aimer » le contenu généré au sujet de la destination et s'intéresser aux nouveautés associées à son offre touristique, ce qui peut engendrer de nouveaux motifs de voyage pour de futurs séjours. Ils sont également enclins à communiquer leurs points de vue sur leur expérience touristique par le biais des réseaux sociaux, en rédigeant des témoignages et en partageant des photos et vidéos.

IV. Comment adapter l'offre touristique aux voyageurs Z ?

Il ne suffit pas pour autant d'avoir une offre touristique qui s'adresse aux jeunes de la génération Z pour plaire à ces voyageurs. Les organisations souhaitant s'adresser à ce segment de marché se doivent d'être transparentes et personnelles dans leurs communications (Schneider, 2015). Elles ont intérêt à mettre de l'avant l'expérience locale, à miser sur le visuel et le divertissement, de même qu'à faciliter la recherche en ligne.

1. Mettre de l'avant l'expérience locale

Les organisations touristiques souhaitant s'adresser à ce segment de marché peuvent s'associer à des habitants de l'endroit afin de mettre de l'avant la vie locale et d'offrir une évaluation objective des lieux. Les jeunes de la génération Z étant peu réceptifs aux techniques promotionnelles, il est préférable que les informations véhiculées ne soient pas commanditées afin de présenter l'image la plus authentique possible de l'établissement ou de la destination (Monico, 2016). Ainsi, à titre d'exemple, l'Association touristique de Suède a mis en place, en 2016, la première ligne téléphonique nationale mettant en relation ceux qui appellent avec des résidents locaux. L'initiative permet à ceux qui contactent ces habitants de découvrir la « vraie » Suède et leur donner envie d'y effectuer un séjour (Chokshi, 2016).

2. Miser sur le visuel et le divertissement

Pour convaincre les voyageurs de la génération Z de visiter une destination ou un établissement touristique, le marketing visuel (photos 360 degrés, vidéos, caméras en direct, etc.) et l'opinion des pairs sont des atouts indéniables (Skift, 2016). Les réseaux sociaux sont donc des plateformes privilégiées pour stimuler leur intérêt (Skift, 2015) et ce, à toutes les étapes du cycle du voyageur.

Ayant de la difficulté à se concentrer sur de longues périodes, la « gamification » est une stratégie susceptible de bien performer auprès de ce segment de marché (Childs, 2015). La réalité augmentée permettant de visiter la destination en ligne, en temps réel, et de leur faire vivre des émotions fortes est également appropriée (Skift, 2016).

Pour faciliter la production et le partage de visuels sur leur destination, des organisations touristiques, telles que l'Office du tourisme de Québec, au Canada, organisent des « instameets ». Il s'agit de rencontres auxquelles sont conviés des influenceurs actifs sur les réseaux sociaux, tels qu'Instagram. Les organisateurs de ces événements présentent aux participants les plus beaux points de vue de la destination pour qu'ils capturent ces images et les partagent auprès leurs réseaux, l'objectif étant bien sûr de faire rêver leurs abonnés.

Où suis-je ? (WhereAmI. com), une campagne publicitaire alliant visuel et divertissement

En 2016, l'organisation responsable de la promotion touristique de la province de l'Ontario au Canada, l'Ontario Tourism Marketing Partnership Corporation, a lancé une campagne publicitaire en ligne sur les réseaux sociaux, incluant Youtube. Sous la forme d'une vidéo « sans marque » filmée sur neuf mois, la publicité présentait diverses images et facettes moins connues de l'offre touristique de la destination (MacLean, 2016). Chargée d'émotions, elle se terminait par la question « Où suis-je ? » (Where Am I ?). Les Internautes étaient invités à tenter de deviner la destination touristique présentée dans la vidéo. Des indices étaient offerts par le biais de la plateforme Instagram (@whereamiclues).

Plus de 30 000 personnes ont soumis une réponse et la vidéo a été visionnée 2,6 millions de fois durant les 12 premiers jours de la campagne, menant à une augmentation de 32 % des visites sur le site de touristique de l'Ontario (Ontariotravel.net) une fois la destination révélée (Martin, 2016).

L'importance accordée au visuel, l'aspect ludique et l'approche par le jeu de cette campagne peuvent expliquer son succès auprès des consommateurs, incluant ceux de la génération Z.

3. Faciliter la recherche en ligne

Les jeunes de la génération Z sont autodidactes. Leurs parents leur ont accordé une plus grande liberté qu'aux générations précédentes. Ils sont donc plus ouverts à voyager seuls et à explorer par eux-mêmes.

Ils sont également plus susceptibles de tenter de trouver réponse à leurs questions, en ligne, par le biais de forums ou de tutoriels. Indépendants, curieux et motivés (Levit, 2015), 85 % font des recherches sur Internet (Sparks et Honey, 2014).

Les organisations touristiques doivent donc s'assurer d'optimiser leur référencement en ligne afin d'être faciles à trouver par ces jeunes internautes. La possibilité pour ces voyageurs de communiquer en temps réel avec la destination, par le biais des réseaux sociaux par exemple, et les communications personnalisées en fonction des informations partagées par le consommateur en ligne, sont également des stratégies particulièrement adaptées à ce segment de marché (Schneider, 2015).

Ainsi, on peut dire que les jeunes de la génération Z font peu de distinction entre leur vie en ligne et hors-ligne. Pour eux, la technologie est un facilitateur des interactions humaines. Ils se fient sur l'Internet pour leur fournir toute l'information dont ils ont besoin. Plus sceptiques à l'égard de la publicité et des tactiques marketing, ils sont davantage réceptifs aux images et aux vidéos, particulièrement lorsque générés par leurs pairs, qu'aux publicités traditionnelles. En effet, ils sont réfractaires aux campagnes marketing traditionnelles et sont susceptibles, particulièrement les plus jeunes, de bloquer les publicités sur leur ordinateur et mobile (Skift, 2016).

Il est important pour les organisations touristiques d'être actifs sur les plateformes utilisées par ces jeunes voyageurs. À titre d'exemple, la chaîne d'hôtels Mariott a été une des premières à être présente sur Snapchat. Les hôtels W, de la marque Starwood, se sont également dotés de filtres géographiques sur cette plateforme, afin de promouvoir les activités et l'expérience que peuvent vivre les clients dans les établissements de cette chaîne.

Les organisations touristiques doivent s'assurer d'offrir à ces jeunes voyageurs des opportunités de visiter la destination comme s'ils étaient en présence de locaux, par le biais d'un « storytelling » axé sur des secrets inconnus de la majorité des touristes (Alton 2016). Il est donc important pour les offices de tourisme de s'associer à des habitants locaux qui connaissent très bien leur ville afin que ceux-ci puissent partager leur expérience et contribuer à faire vivre des expériences mémorables aux touristes de la génération Z. Des concours de photos et de contenus générés par les pairs sont des stratégies efficaces pour rejoindre ces jeunes voyageurs qui apprécient être traités comme des « producteurs » plutôt que de simples « consommateurs » de contenu touristique (Mele, 2015).

En conclusion, les voyageurs de la génération Z se distinguent de ceux des générations précédentes. Ils ont des motivations, des attentes, des compagnons de voyage et un cycle de voyage qui leur sont propres et qui doivent être pris en compte dans le développement de stratégies marketing adaptées et ce, dans l'espoir de les séduire et de les fidéliser. En effet, étant relativement jeunes, leur potentiel et leur valeur à vie pour les destinations et organisations touristiques ne peuvent être passés outre.

Ce qu'il faut retenir

Les jeunes de la génération Z considèrent les voyages comme un besoin essentiel contribuant à forger leur individualité et à échapper à la vie quotidienne. Ayant plus de temps libre que les générations plus âgées, ils sont susceptibles de voyager plus longtemps et de dépenser davantage grâce au support financier de leurs parents.

Ils portent néanmoins une attention particulière au concept de valeur. Ils cherchent à obtenir le meilleur retour sur investissement possible et s'attendent à ce que les organisations touristiques offrent, sans frais supplémentaires, les produits et services auxquels ils s'attendent tels que l'Internet wifi.

Ils ont des attentes très élevées à l'égard de leurs expériences touristiques et espèrent être épatés. Ils ne s'attendent pas pour autant au luxe, préférant plutôt investir dans des expériences mémorables qui leur permettent de vivre des émotions fortes et de découvrir les facettes moins connues de la destination. Ils cherchent d'ailleurs, à leur façon, à changer le monde lorsqu'ils voyagent et sont très réceptifs aux opportunités de laisser leur marque dans la destination qu'ils visitent.

À toutes les étapes de leur cycle de voyage, les jeunes de la génération Z font un usage intensif de la toile pour découvrir et s'informer sur l'offre touristique de la destination qu'ils visitent. Ils s'intéressent particulièrement aux évaluations et aux contenus générés par les autres utilisateurs qu'ils considèrent comme plus objectifs que les informations véhiculées par les organisations touristiques elles-mêmes.

Les organisations touristiques souhaitant s'adresser à ces jeunes voyageurs ont intérêt à mettre de l'avant l'expérience locale, à miser sur le visuel et le divertissement et à faciliter la recherche en ligne.

Références

E. Alton, *How Millennials and Gen Z are Redefining Urban Tourism*, Entertainment Designer, 2 juin 2016, http://entertainmentdesigner.com/news/experiences/how-millennials-and-gen-z-are-redefining-urban-tourism/.

C. Barry. *Les y vous ont surpris ? Attendez de rencontrer les z !* Réseau de veille en tourisme, 2015, http://veilletourisme.ca/2015/03/31/les-y-vous-ont-surpris-attendez-de-rencontrer-les-z/

Boston Consulting Group, *Traveling with Millennials*, 2016, https://www.bcgperspectives.com/content/articles/transportation_travel_tourism_consumer_insight_traveling_with_millennials/?chapter=3#chapter3.

C. Childs, *Marketing to Gen Z – Consumers Unlike Previous Generation*, eHotelier, 23 juin 2015, https://ehotelier.com/insights/2015/06/23/marketing-to-gen-z-consumers-unlike-previous-generations/.

N. Chokshi, *'Hello, Sweden Speaking' : Official Hotline Connects you with a Random Swedish Resident*, Washington Post, 8 avril 2016, https://www.washingtonpost.com/news/worldviews/wp/2016/04/08/hello-sweden-speaking-official-hotline-connects-you-with-a-random-swedish-resident/?utm_term=.a2efc73dbf9f

Geckos Adventures, *Adventures for 18-29 Year Olds*, 2016, http://www.geckosadventures.com/en-ca/. Consulté le 29 novembre 2016.

A. Levit, *Make Way for Generation Z*, The New York Times, 28 mars 2015, http://www.nytimes.com/2015/03/29/jobs/make-way-for-generation-z.html?_r=0

R. MacLean, *"Where Am I ?" Tourism Campaign Launches with a Riddle*, FCB, 2016, http://www.fcb.com/news/press-room/%E2%80%9Cwhere-am-i-%E2%80%9D-tourism-campaign-launches-with-a-riddle

R. Martin, *Ontario Obscures Identity for Teaser Tourism Campaign*, Marketing Magazine, 2016, http://www.marketingmag.ca/advertising/ontario-obscures-its-identity-for-teaser-tourism-campaign-178903

J. Mele, *Tips for Reaching Generation Z : The Near-Future Group with Big Hospitality Muscle*, eHotelier, 30 juillet 2015, https://ehotelier.com/insights/2015/07/30/tips-for-reaching-generation-z-the-near-future-group-with-big-hospitality-muscle/

N. Monico, *Goodbye, Millennials : Hello, Generation Z*, Just Luxe, 15 juillet 2016, http://www.justluxe.com/luxe-insider/trends/feature-1963947.php

D. Peltier, *12. Focus Shift From Millenials to Gen Z*, Dans *Skift Magazine : Megatrends Defining Travel in 2016*, Skift, 2015.

J. Schneider, *How to Market to the iGeneration*, Harvard Business Review, Mai 2015, https://hbr.org/2015/05/how-to-market-to-the-igeneration

Skift, *Inside the Mind of the Gen Z Traveler*, 2016.

Skift, *Portrait of the Millennial Traveler 2016 : A Study in Contradictions*, 2015.

Sparks & Honey, *Generation Z 2025 : The Final Generation*, 2015, https://reports.sparksandhoney.com/campaign/generation-z-2025-the-final-generation.

Sparks & Honey, *Meet Generation Z : Forget Everything You Learned About Millennials*, 2014, http://fr.slideshare.net/sparksandhoney/generation-z-final-june-17/57.

Biographies des auteurs

Wided BATAT est docteur et professeur-chercheur en marketing expérientiel et digital.

Elle dirige son cabinet d'études novatrices en « market research & consumer insights » **B&C Consulting Group** spécialisé dans les secteurs du Luxe, du Food, du Well-being, des générations Y et Z et des Youth Cultures.

Orientée marketing innovant et performant, expérience client, comportements d'achat, tendances de consommation et transformation digitale, elle apporte également une approche socioculturelle des pratiques de consommation fondée notamment sur des études ethnographiques.

Wided Batat est aussi formateur et conférencier international bilingue (français et anglais) avec un profil franco-américain combinant recherche scientifique et expertise professionnelle.

Elle est l'auteur de plusieurs ouvrages référents :

- « L'expérience client digitale » (Eyrolles, 2017)
- « Luxe et expérience client » (Dunod, 2017)
- « Les Nouvelles Youth Cultures » (ems, 2017)
- « La génération Z » (ellipses, 2017)
- « Marketing Territorial Expérientiel » (ellipses, 2016)
- « Marketing Expérientiel » (Dunod, 2014)

Suivez-là sur Linkedin et Twitter : @widedbatat

Patrick Cosi est diplomé d'une grande école de commerce à Paris, Tokyo et San Francisco (USA) et titulaires d'un MBA en marketing et administration des affaires. Expert en communication expérientielle et disruptive, il applique depuis plus de 30 ans la méthode *Experiential Disruption* en communication. Il fut également président et fondateur du Groupe de Communication The Good Life créé en 1994. Riche de ses 30 ans d'expérience en marketing, innovation et communication au niveau national et international, Patrick Cosi a occupé par le passé des postes de responsabilité dans différents secteurs d'activité : responsable marketing et innovation Groupe PSA (Peugeot et Citroën) à Milan, Directeur Général Adjoint de la filiale BNP Paribas à Milan. Ces méthodes de communications créatives et disruptives ont d'ailleurs fait l'objet d'une publication dans un livre dédié au marketing expérientiel.

Diplômée de l'EM-Lyon et d'HEC-Montréal, **Élodie de Boissieu** a près de vingt ans d'expertise marketing et commerciale dans l'industrie et les services du luxe. Après son passage par de grandes maisons comme Van Cleef & Arpels, Givenchy-Couture, les Cristalleries de Baccarat et de Lalique, celle-ci devient responsable de la fidélisation des clientes de la marque familiale de soins cosmétiques Daniel Jouvance (groupe Yves Rocher). Elle met ensuite sa connaissance du client au service de la maison Christofle qui cherche à se diversifier sur de nouveaux territoires comme le design, le bijou et la décoration. Cette passion de la transmission la conduit naturellement à la formation en écoles de commerce, puis à la direction de l'EIML Paris qui devient en quelques années et sous son impulsion, la première école de commerce spécialisée sur le luxe en France.

Joël Brée est Professeur à l'Université de Caen et à l'ESSCA Ecole de Management. Il a été Président de l'Association Française du marketing (AFM) de 2004 à 2006. Il fait partie du Comité éditorial de plusieurs revues (*Décisions Marketing*, *Young Consumers*...) et a été Rédacteur en Chef de la revue *Recherche et Applications en Marketing* de 2010 à 2014. Il est l'auteur de nombreuses publications sur le comportement du consommateur, et notamment sur les problématiques se rapportant à l'enfant et à l'adolescent en tant que consommateur (sujet sur lequel il a également dirigé de nombreuses thèses de doctorat).

Gwarlann de Kerviler est Professeure Associée à l'IÉSEG School of Management (Paris) dans le département marketing. Elle est coordinatrice de la filière marketing et directrice académique du programme MBA. Elle est titulaire d'un doctorat de l'Université de Paris Dauphine, d'un MBA de la Harvard Business School et d'un MSc de l'ESSEC Business School. Elle a travaillé plusieurs années en marketing à des postes à responsabilité pour des grands groupes, en France (Danone, Elior) et aux États-Unis (Staples). Ses recherches sont centrées sur la relation clients ; la co-création ; les réseaux sociaux et l'industrie du luxe. Elle a publié dans les meilleures revues académiques en France Recherche et Applications en Marketing et à l'étranger Journal of Business Research et Journal of Retailing and Consumer Services.

Après avoir soutenu une thèse de doctorat portant sur les phénomènes de traçabilité numérique et de profilage, **Cléo Collomb** est actuellement ingénieure de recherche à l'Université de Technologie de Compiègne où elle développe une recherche sur les identités numériques post-mortem et enseigne en philosophie des techniques et en sciences de l'information et de la communication.

Après avoir obtenu une thèse de doctorat (2008) et une Habilitation à Diriger des Recherches (2013) sur les spécificités des comportements de consommation de la génération Z (les adolescents plus particulièrement), **Elodie Gentina** est aujourd'hui Enseignant-Chercheur en Marketing à IESEE School of Management. Ses travaux sur la génération Z ont fait l'objet de conférences et de publications dans des revues académiques nationales et internationales (Journal of Business Ethics, Journal of Business Recherche, Journal of Marketing Management, Recherche et Applications en Marketing, Décisions Marketing...), ainsi que de nombreux articles de presse (Echo Business, Le Monde, Le Figaro, Le Nouvel Observteur...).

Après avoir obtenu son diplôme de Docteur en Médecine à l'Université de Lille 2, **Pierre-François Dancoine** est médecin généraliste dans une maison médicale du Nord de la France. Pierre-François Dancoine a développé une expertise en matière de comportements addictifs et à risque. Il a obtenu son DIU de tabacologie et d'aide au sevrage tabagique ainsi que son DU d'addictologie à la Faculté de Médecine Paris Sud 11. Il exerce en tant que médecin tabacologue à l'Hôpital de Wattrelos, en plus de son activité libérale.

Claude Pecheux est titulaire d'un Doctorat en Sciences de gestion (2001). Après 15 années passées à l'Université Catholique de Louvain à Mons (Belgique) au sein de la Louvain School of Management, elle est depuis septembre 2016 Professeure à l'EDHEC Business School de Lille. Spécialisée en Marketing et en Comportement du Consommateur, ses thèmes de recherche portent sur la protection du jeune consommateur ; le marketing social ; et l'aide à la réglementation de la communication Marketing. Ses travaux ont été publiés dans des revues telles que : Journal of Advertising Research ; Journal of Economic Psychology ; Journal of Business Ethics ; Advances in Consumer Research ; Recherche et Applications en Marketing.

Joelle Mainguet-Suarès est actuellement responsable marketing d'un magazine féminin en Suisse romande. Dans le cadre ses fonctions elle est en charge du développement de la stratégie du titre à 360 degrés selon les objectifs de la direction et stratégie de l'entreprise. Joelle Mainguet-Suarès a travaillé dans l'univers du luxe en Suisse romande en tant que marketing manager du pôle luxe d'un éditeur, magazines principalement féminin et horloger, a créé le premier prix de la cosmétique en Suisse romande et fait partie du Jury pour la sélection de la montre de l'année. Et développé une plateforme internet en relation avec le magazine féminin.

Franck Moulai est diplômé de Paris Dauphine (Master Sciences de Gestion). Après quelques années passées au contrôle de gestion de groupes multinationaux, il s'oriente vers le marketing et occupe pendant 12 ans des responsabilités marketing dans le jouet. Il sera notamment directeur marketing au sein du groupe Smoby pendant 4 ans. En 2009, il concilie sa passion pour la culture et son expérience marketing en rejoignant le musée d'Orsay dont il sera le responsable du développement des publics durant 2 ans. Après un passage par le Centre Pompidou, il occupe actuellement des responsabilités marketing au sein du musée du quai Branly – Jacques Chirac.

Xavier Manga est animateur en construction identitaire au conseil scolaire catholique Providence, de London (Ontario, Canada). Après deux années (2010-2012) passées au DUT Métiers du Multimédia et de l'Internet (MMI ex SRC IUT-Laval) en qualité d'Attaché Temporaire d'Enseignement et de Recherche (ATER), Xavier Manga a poursuivi en (2013-2015) au sein du groupe Homo Ludens (UQAM) une recherche postdoctorale en communication numérique. Le marketing, le management de la mode, les nouvelles technologies de l'information et de la communication, le Web social et les questions liées aux stratégies de numérisation des marques de mode ont toujours été au cœur de ses préoccupations et constituent des aspects importants de ses travaux de recherche.

Alain Decrop est Professeur de Marketing et Directeur du CeRCLe (Centre de Recherche sur la Consommation et les Loisirs) au sein de la Faculté des sciences économiques, sociales et de gestion de l'Université de Namur. Ses intérêts de recherche se concentrent sur la consommation postmoderne et la prise de décision du consommateur, l'économie collaborative et le marketing du tourisme et des loisirs. Il est l'auteur d'un grand nombre de travaux dans ces domaines, publiés dans plusieurs livres et revues internationales de premier plan.

Stéphanie Lessard est chargée d'enseignement à la Faculté des sciences de l'agriculture et de l'alimentation de l'Université Laval. Sa recherche doctorale traite des déterminants des stratégies alimentaires saines et des différences générationnelles associées. Ses intérêts de recherche portent entre autres sur l'adoption de saines habitudes de vie et les déterminants sociaux de la santé.

Isabelle Muratore est Docteur en Sciences de Gestion et Maître de conférences à Aix Marseille Université où elle enseigne le marketing et les études de marché. Elle est également membre du CRET-LOG (Centre de Recherche en Transport et Logistique). Ses recherches concernent le marketing de l'enfant et principalement sa sensibilité à la promotion, au prix, l'influence des pairs sur sa socialisation, la resocialisation.

Maryse Côté-Hamel est professeure adjointe en sciences de la consommation à l'Université Laval et détient un doctorat en administration des affaires, spécialisé en marketing, de l'Université Concordia. Auparavant, elle a enseigné plusieurs années à cette université en tant que chargée de cours en plus de travailler en recherche marketing pour diverses organisations dont l'Office du tourisme de Québec et Ipsos Marketing. Elle est active dans le domaine de la recherche touristique et siège sur le conseil d'administration canadien de la Travel and Tourism Research Association.

Imprimé en France par CPI
en septembre 2017
Dépôt légal : septembre 2017
N° d'impression : 142658